Soluzione dell'ese

① Che hai fatto qui?
④ Era un'ottima idea.

④ Dopo la merenda siamo venuti qui.

. . . . merienda . . . . . venido aquí.

⑤ Siamo venuti in autobus.

. . . . autobús.

Soluzione dell'esercizio 2

① Ha ido – al cine ② Quieres coger el – ③ Hemos ido – ④ Después de la – hemos – ⑤ Hemos venido en –

Nona lezione   9

Non bisogna prendere fischi per fiaschi

1   Un novello *(recentemente)* sposo torna sorridente dal lavoro:

② **Recientemente**, *recentemente*, diventa **recién** davanti a un participio passato; la traduzione di questo avverbio può variare da caso a caso.
Los recién casados, *i novellli sposi*.
Un recién nacido, *un neonato*.

③ **Vuelve**, *lui / lei torna* è voce del verbo **volver**, che ha vari significati oltre a quello di *tornare*. Lo ritroveremo spesso.

④ In spagnolo non esiste una preposizione equivalente all'italiano *da*, che si traduce di volta in volta con **de, para, que, desde,** ecc. a seconda del complemento che regge. In questo caso dobbiamo usare **de**: **vengo del cine**, *torno dal cinéma*.

2 – ¡Da **gus**to ⑤ **ver**te vol**ver** conten**to** del
tra**ba**jo!

3 Te **gus**ta ⑥ **mu**cho tu tra**ba**jo, ¿ver**dad**? ⑦

4 – ¡Mi a**mor**, por fa**vor**!

5 ¡No con**fun**das ⑧ la i**da** ⑨ con la **vuel**ta! □

*2 ¡da **gus**to **ber**te **bol**ber kon**ten**to del traba**χ**o! 3 te **gus**ta
mucio tu traba**χ**o, ¿**ber**da^d? 4 mi a**mor**, ¡por fa**bor**! 5 ¡no
kon**fun**das la i**da** kon la **bue**lta!*

Note

⑤ **Gusto** significa sia *piacere* che *gusto*: **da gusto**, *fa piacere*; **tener buen gusto**, *avere buon gusto*.

⑥ **Te gusta,** *ti piace*.
Me gusta tu proyecto, *il tuo progetto mi piace.* Come transitivo, **gustar** è pressoché identico all'italiano e vuol dire

* * *

Ejercicio 1: Traduzca

❶ Estoy muy contenta. ❷ María vuelve en autobús.
❸ ¿Es verdad? ❹ ¡No confundas! ❺ ¿Te gusta el teatro?

Ejercicio 2: Complete

❶ Ti piace il tuo lavoro, no *(vero)*?
.. .. tu ...., ¿......?

❷ È molto contento!
¡Está ... .!

❸ Siviglia mi piace molto.
Sevilla .. ..

Lo Spagnolo

Collana Senza Sforzo

di Francisco Javier Antón Mᴀʀᴛíɴᴇᴢ

Adattamento italiano
di Mario Aʟᴛᴀʀᴇ

Illustrazioni di J.-L. Goussé

Il dono delle lingue

C.P. 80 - Chivasso Centro
10034 Chivasso (TO)
Tel.: +39.011.91.31.965   www.assimil.it   © ASSIMIL ITALIA 2005
ISBN 978-88-86968-45-4

Tutti i metodi

sono accompagnati da registrazioni su CD audio o Mp3.

Collane Assimil

Senza Sforzo

Americano, Arabo, Cinese, Ebraico, Francese, Giapponese, Greco Moderno, Greco Antico, Inglese, Latino, Persiano, Polacco, Portoghese, Romeno, Russo, Spagnolo, Tedesco

Perfezionamenti

Francese, Inglese, Spagnolo

Evasioni

Americano, Arabo, Brasiliano, Catalano, Cinese, Francese, Inglese, Neerlandese, Piemontese, Portoghese, Romeno, Sloveno, Spagnolo, Tedesco, Wolof

KIT di conversazione

Brasiliano, Francese, Inglese, Romeno, Spagnolo, Tedesco

Titolo originale: "L'Espagnol - Collection Sans Peine"

© Assimil France 200

Sommario

Introduzione VI

Pronuncia XI

Lezioni:

1	Un aperitivo	1
2	¡Hola!	5
3	¿Qué tal?	9
4	Una buena idea	13
5	¿Adónde vas?	17
6	Dos pérdidas	21
7	*Repaso*	25
8	Después del teatro	31
9	No hay que confundir la velocidad con el tocino	33
10	Una cita	37
11	Cuestión de apreciación o... todo es relativo	41
12	Proyectos de futuro	45
13	Hombre precavido vale por dos	47
14	*Repaso*	51
15	¿Cuál es tu profesión?	57
16	Un buen amigo	61
17	¿Qué hora es?	65
18	A última hora	67
19	¡Taxi, por favor!	71
20	Sentido práctico	75
21	*Repaso*	79
22	¿Qué edad tienes?	85
23	¡Feliz cumpleaños!	87
24	Delante del espejo	91
25	Familia numerosa	95
26	Una ganga	99
27	De tal palo, tal astilla	103
28	*Repaso*	107
29	En el médico	111
30	Políticamente correcto	115
31	"Enganchados" a la tele	119
32	En la sección de caballeros	123
33	En el terminal de llegada	129

34	En la aduana	133
35	*Repaso*	137
36	Locura de amor	143
37	En una piscina municipal	147
38	Taxista precavido	151
39	¡De película!	157
40	¡Seguro de sí mismo!	161
41	Con mucha cara	167
42	*Repaso*	173
43	A la llegada del tren	177
44	Lógica descarada	181
45	Distraída	185
46	Coto de pesca	189
47	Mal negocio	193
48	Advertencia	197
49	*Repaso*	201
50	En correos	209
51	Ganas de amargarse la vida	215
52	En la charcutería	217
53	En la consulta del psicoanalista	223
54	Un telefonazo	227
55	Bronca	231
56	*Repaso*	235
57	Sospechas	239
58	Sospechas (continuación)	245
59	Hacer una reserva en un parador	249
60	Excelente consejo	255
61	En el supermercado	259
62	Ociosas en la playa	265
63	*Repaso*	269
64	Una buena acción	275
65	El chico del chiringuito	279
66	Petición de mano	283
67	La víspera del día de Reyes	287
68	Tres cubiertos	293
69	Gusto por la fiesta	299
70	*Repaso*	303
71	Inocentada (traída por los pelos)	309
72	Lenguas de España	313
73	Parecido inverosímil	319
74	Con la carta de vinos	323

75	Con pelos y señales	327
76	Una compra	331
77	*Repaso*	337
78	Una llamada equivocada	341
79	Sin respetar ni rey ni roque	347
80	Hacia Santiago	351
81	Concordancia	355
82	En el museo	361
83	Alta tecnología	365
84	*Repaso*	369
85	Quien sabe... si... quizás... es posible...	373
86	Del buen comer	379
87	En todas partes cuecen habas	383
88	A la vuelta	387
89	¡Que gane el mejor!	393
90	¿Hay que... mirar de otra manera?.	399
91	*Repaso*	403
92	El español en el mundo	407
93	España agreste	411
94	A vueltas con el ordenador	415
95	El flamenco	419
96	Incomprensión	425
97	Apuntes de geografía	429
98	*Repaso*	433
99	¡Enhorabuena!	437
100	¡Hasta la vista!	441

Appendice grammaticale (coniugazione dei verbi) 448

Indice grammaticale 476

Indici lessicali:
Indice lessicale spagnolo-italiano 486
Indice lessicale italiano-spagnolo 534
Indice delle espressioni 584

V

Introduzione

Lo spagnolo è indubbiamente una tra le lingue più importanti nel campo della comunicazione, della cultura e del commercio. Infatti è la lingua materna di oltre 400 milioni di ispanofoni ed è la prima lingua straniera per centinaia di milioni di persone in tutto il mondo, che la studiano e praticano. Inoltre il suo sviluppo è in piena espansione.

Lo spagnolo è una lingua romanza, dal momento che costituisce parte integrante del ramo latino della grande famiglia indoeuropea ed è, per così dire, sorella di altre due lingue della Spagna (ovvero il gallego e il catalano), del portoghese - la lingua parlata nell'altro paese iberico -, del francese e dell'italiano. Quanto all'inglese, si potrebbe dire che ne è cugina, come lo è in rapporto alle altre lingue del vasto gruppo indoeuropeo come il tedesco, il greco, il russo o il sanscrito.

Fin dai suoi esordi nella veste di lingua letteraria, tra l'XI e il XII secolo, lo spagnolo non ha mai cessato di contribuire all'arricchimento della cultura universale. In quest'ambito si distinguono due figure d'eccezione, Don Chisciotte e Don Giovanni, personaggi fuori dal tempo che fanno ormai parte del patrimonio dell'umanità.

Attualmente lo spagnolo è la lingua ufficiale della Spagna e della maggior parte dei paesi dell'America Latina. Inoltre è la lingua più parlata negli Stati Uniti dopo l'inglese. Nonostante la varietà degli accenti e dei lessici, esiste chiaramente una base comune (col suo vocabolario fondamentale e una grammatica unificata) sufficientemente solida e vasta da permettere a tutti gli ispanofoni sparsi per il mondo di capirsi a vicenda.

Ed è proprio questo che rende la lingua spagnola così ricca: la sua unità e la sua varietà. Perfino all'interno delle frontiere della Spagna è possibile apprezzare parlate diverse, con espressioni tipiche e accenti molto marcati a seconda delle regioni. Occorre anche notare che lo spagnolo ha assimilato gli influssi di altre lingue, in particolare di quella araba. Parimenti, nei paesi dell'America Latina, molte parole ed espressioni provengono dalle lingue autoctone parlate in determinate zone. D'altra parte è bene sapere che, molto spesso, parlate simili sono comuni a un'area geografica più che a uno Stato: lo spagnolo parlato nei Caraibi colombiani è, per esempio, più vicino ad alcune parlate del Venezuela che allo spagnolo parlato nella zona colombiana del Pacifico.

In ogni caso, è facile valutare l'importanza di questa lingua, se non altro sul piano economico e commerciale. L'America Latina è una delle zone col più alto potenziale economico al mondo, ed è anche per questo che lo spagnolo sta conoscendo attualmente uno sviluppo considerevole che è tuttora in crescita.

Inoltre lo spagnolo è lingua ufficiale dell'Unione Europea e delle Nazioni Unite. Nell'Unione Europea, anche se non è la lingua abituale di lavoro, gode di un peso particolare, soprattutto in virtù del suo attecchimento culturale e dal momento che costituisce un mezzo di comunicazione con un'utilità commerciale ed economica di prim'ordine. Il fatto d'essere una delle lingue ufficiali delle Nazioni Unite (con l'inglese, l'arabo, il cinese, il francese e il russo) dimostra chiaramente la sua vocazione per l'universalità e l'intesa tra i popoli, le nazioni e le comunità.

Per concludere, un cenno sulla terminologia. La lingua spagnola è chiamata anche "castigliano". Si tratta di una questione di carattere politico che non analizzeremo in questa sede. Naturalmente, sotto l'aspetto prettamente filologico, sarebbe preferibile parlare di castigliano, perché le sue origini si situano nella zona dell'antica Castiglia e l'idioma si è sviluppato di pari passo con l'evoluzione di questo regno. Tuttavia, poiché il castigliano è divenuto, col passare del tempo, la lingua dominante dello Stato spagnolo che si stava formando, si è affermato un fenomeno d'identificazione; per questo, al giorno d'oggi, spagnolo e castigliano sono considerati sinonimi almeno sotto l'aspetto linguistico, che è poi quello che ci interessa.

E ora... **¡manos a la obra!** *(al lavoro!)*

Alcuni consigli utili

• Dedicate allo studio di questo manuale una mezz'ora circa al giorno. La **regolarità** è uno dei segreti più importanti del metodo Assimil: se un giorno non avete tempo, non rinunciate del tutto al vostro studio quotidiano e impiegate anche solo qualche minuto per riascoltare o rileggere il dialogo del giorno prima o svolgere di nuovo un esercizio. Per contro, non cercate di fare più del dovuto per anticipare i tempi: una sola lezione al giorno è sufficiente. È meglio lavorare un pochino ogni giorno anziché fare molto oggi e nient'altro per tutto il resto della settimana.

• Le prime lezioni costituiscono sempre una tappa importante da superare. Non demoralizzatevi quando vi capita di pensare, cosa che avviene ogni volta che ci si avventura in qualcosa di nuovo, che la difficoltà risieda nella materia che affrontate o nell'azione che state compiendo. Niente di tutto ciò: quest'impressione di difficoltà, di solito, è dovuta alla fatica che dobbiamo fare per vincere una specie di resistenza naturale alle novità. I vostri primi contatti con lo spagnolo dovranno essere disinvolti e non rigorosi: presto comincerete ad appassionarvi al vostro viaggio quotidiano nel mondo ispanofono.

• Fidatevi di noi: l'obiettivo del metodo è quello di farvi assimilare progressivamente la lingua attraverso i dialoghi e le note, seguendo un processo che ricorda un po' quello dell'apprendimento di una lingua materna. Per questo vi capiterà di incontrare più volte un'espressione o un elemento grammaticale prima di comprenderne il funzionamento o trovarne la spiegazione. Non vi insegneremo la lingua a forza di regole, ma piuttosto vi metteremo in condizione di intuirle mediante esempi concreti.

• Studiate i dialoghi ad alta voce, servendovi se possibile delle registrazioni. Curate l'intonazione e affinate il vostro accento, così imparerete a parlare divertendovi e senza inibizioni. Inoltre sarete preparati meglio per le "vere" conversazioni che vi attendono.

• Ripassate con regolarità. Se non ricordate una parola o faticate a comprendere un elemento grammaticale, non preoccupatevi: prendetevi il tempo che vi serve e andate avanti. Annotatevi il punto che vi sembra ostico e tornate a occuparvene di tanto in tanto. Con tutta probabilità i problemi si risolveranno da soli nel giro di qualche tempo.

• Completate e integrate il vostro studio approfittando di tutte le occasioni per entrare in contatto con la lingua e la cultura spagnole: guardate dei film in versione originale, comprate riviste, ascoltate delle canzoni... la vostra assimilazione sarà ancora più rapida.

• Divertitevi! Anche questo è un elemento essenziale del metodo Assimil: le barzellette, i disegni e le note sono riuniti insieme per unire l'utile al dilettevole.

Com'è strutturato il metodo?

La prima ondata

È la parte cosiddetta passiva del vostro apprendimento ed è il periodo in cui vi impregnate delle sonorità della lingua e iniziate a conoscere i suoi meccanismi. Ma pur essendo in una fase passiva la vostra mente, statene certi, lavora assai attivamente!

Cominciate con l'ascoltare il testo della lezione, che in genere è un dialogo. L'ascolto è importantissimo per acquisire una buona pronuncia. Naturalmente si può anche seguire il corso senza ascoltare le registrazioni, ma è un po' come leggere le parole d'una canzone senza conoscerne la musica: perciò vi consigliamo vivamente di procurarvele su CD audio o su Mp3.

In seguito, **leggete il testo frase per frase** facendo riferimento alla traduzione in italiano. Consultate le note con attenzione: servono a chiarirvi i dubbi sul lessico e sulla grammatica.

Riascoltate la lezione, stavolta **ripetendo** tutte le frasi una per una. Parlate chiaramente, **a voce alta**, imitando meglio che potete l'accento e l'intonazione. Ripetete il testo tante volte quante pensate sia necessario.
Durante le prime lezioni, i testi sono registrati due volte e sono pronunciati lentamente. La velocità di lettura aumenta progressivamente di lezione in lezione fino a raggiungere una cadenza naturale verso la fine del corso. Se mantenete un ritmo di lavoro quotidiano non avrete nessuna difficoltà a seguire questa progressione.

Fate gli esercizi proposti: rappresentano un'applicazione pratica e immediata di ciò che avete appena imparato.

Al termine di alcune lezioni troverete una nota culturale che arricchirà e animerà il vostro apprendimento con informazioni d'interesse generale su un tema attinente a uno degli elementi trattati nella lezione.

Ogni sette lezioni, le **lezioni di ripasso** servono a verificare i vostri progressi, arricchendoli all'occorrenza. Queste lezioni sono parte integrante del metodo. Dedicate al loro studio tanto tempo quanto ne richiede una lezione nuova, perché completano le informazioni fornite dalle note quotidiane.

Alla fine dell'opera, un'**appendice grammaticale**, un **indice grammaticale**, un **doppio indice lessicale** (spagnolo-italiano e italiano-spagnolo) e un **indice delle espressioni** vi permetteranno di verificare e/o ritrovare più facilmente gli elementi specifici trattati nelle lezioni.

La seconda ondata

A partire dalla 50ª lezione, quando avrete assimilato bene le basi della lingua, il vostro studio diverrà attivo a tutti gli effetti. Oltre a continuare a scoprire ogni giorno una nuova lezione, riprenderete a una a una quelle che avete già studiato cominciando dalla prima e seguendo anche in questo caso il ritmo di una lezione al giorno. Stavolta vi chiederemo di tradurre in spagnolo il testo italiano a fronte di ogni lezione. Questa "seconda ondata", di cui riparleremo quando sarà il momento, vi permetterà di constatare tutti i progressi che avrete compiuto, aiutandovi a consolidarli.

Non dimenticate di imparare i numeri, ordinali e cardinali, che trovate all'inizio di ogni lezione e in fondo a tutte le pagine.

Ricapitolando, un impegno regolare e costante, una progressione graduale e il piacere dello studio sono i fondamenti su cui si basa questo metodo, che vi permetterà di acquisire, quasi naturalmente, una buona padronanza della lingua spagnola.

Pronuncia

1. Introduzione

La pronuncia dello spagnolo non presenta grandi difficoltà.

In questo capitolo vi forniremo alcune semplici indicazioni grazie a cui, con un po' di pratica e senza fatica, arriverete rapidamente ad acquisire disinvoltura e naturalezza nella pronuncia.
Inoltre vi proporremo una trascrizione fonetica "all'italiana" dandovi così modo di apprezzare maggiormente la musicalità dello spagnolo.

L'alfabeto è composto da 29 lettere: 5 vocali, 1 semiconsonante e 23 consonanti.

2. Le vocali

Lo spagnolo ha cinque vocali che corrispondono ad altrettanti suoni. A differenza di quanto avviene in italiano, non esiste una distinzione tra "e aperta" ed "e chiusa" (lo stesso vale, analogamente, per la vocale "o"). Perciò non esistono parole come l'italiano "pesca" che, a seconda di come la "e" viene pronunciata, indica il frutto o l'atto del pescare.

	equivalente italiano	trascrizione	
a	*a*	*a*	**la patata**, *la patata*
e	*e*	*e*	**el tomate**, *il pomodoro*
i	*i*	*i*	**sí**, *sì*
o	*o*	*o*	**no**, *no*
u*	*u*	*u*	**una**, *una*

* La **u** non si pronuncia nelle combinazioni **gue**, **gui** e **que**, **qui**: **guitarra**, *[ghitarra] chitarra*; **que** *[ke], che*.
* In **gue** e **gui** la **u** si pronuncia solo quando ha la dieresi: **argüir** *[arguir], dedurre*.

3. La semiconsonante *y*

La **y** può rappresentare due suoni distinti:
• La vocale **i** in fine di parola e quando, da sola, è congiunzione:
hoy *[oi]*, oggi; **y** *[i]*, e.
• una "i" più breve (e in tal caso ha valore di consonante), come
quella che si trova nei dittonghi in italiano (per esempio nella parola
"miele"), all'inizio di una parola o di una sillaba, che indicheremo
con *[y]*: **ya** *[ya]*, già; **leyes** *[leyes]*, leggi.

4. Le consonanti

B e V   Si pronunciano allo stesso modo perché in spagnolo non
c'è praticamente differenza tra le due lettere. Pertanto, nella
pronuncia figurata, le trascriviamo entrambe con una *[b]*.
In realtà si tratta di un suono vicino alla *b* italiana, ma viene
emesso con le labbra appena socchiuse: **bien** *[bien]*, bene;
deber *[deber]*, dovere; **lavar** *[labar]*, lavare.

C   • Davanti ad **a**, **o**, **u** si pronuncia come la *c* dura italiana di
caro (nella pronuncia figurata, per evitare confusioni, la
trascriveremo col suono *[k]*): **café** *[kafe]*, caffè; **comer**
[komer], mangiare; **cuerpo** *[kuerpo]*, corpo.
• Davanti alla **e** o alla **i**, si pronuncia più o meno come la
th inglese di "thing", per esempio. Per pronunciarla, basta
emettere una *s* avvicinando la punta della lingua ai denti: **cenar**
[θenar], cenare; **cine** *[θine]*, cinema.
In questo caso la trascriviamo *[θ]*. Tuttavia, nell'America
latina, si pronuncia come la **s**.
Il nesso **cc** si pronuncia *[kθ]*, come se i due suoni fossero
staccati: **acción** *[akθion]*, azione.

Ch   Il nesso **ch** costituisce una lettera a sé ed è la quarta
lettera dell'alfabeto spagnolo. Si pronuncia sempre come la
c dolce italiana di *cena*: **chocolate** *[ciokolate]*, cioccolato.
La trascriveremo *[c]* davanti alle vocali *i* ed *e*, *[ci]* davanti
alle altre vocali.

D   • Si pronuncia come una *d* italiana attenuata, simile alla *th*
inglese di *this*: **dar** *[dar]*, dare.
• In fine di parola ha un suono molto flebile: talvolta si pro-

nuncia come una **z** appena accennata e spesso non si pronuncia affatto: **Madrid** *[madriᵈ]*, *Madrid*; **edad** *[edaᵈ]*, *età*. Nella pronuncia figurata trascriviamo questa *d* finale *[ᵈ]*.

F Si pronuncia come la *f* italiana: **efecto** *[efekto]*, *effetto*.

G • Davanti ad **a**, **o**, **u** si pronuncia come una *g* dura italiana attenuata: **gato** *[gato]*, *gatto*; **gota** *[gota]*, *goccia*; **agua** *[agua]*, *acqua*.
• Nelle combinazioni **gue** e **gui** si pronuncia rispettivamente *ghe* e *ghi*: **guerra** *[gherra]*, *guerra*; **guía** *[ghia]*, *guida*.
• Davanti alla **ü** si pronuncia *gu*: **cigüeña** *[θiguegna]*, *cicogna*; **pingüino** *[pinguino]*, *pinguino*.
• Davanti alla **n** si pronuncia come una *g* dura italiana, senza fondersi col suono successivo: **ignorar** *[ig-norar]*, *ignorare*.
Davanti alla **e** o alla **i**, ha il suono di una *h* molto aspirata. Anche la lettera **j**, la **jota** *[χota]*, si pronuncia così (vedi oltre).
In questo caso, come per la lettera **j**, la trascriviamo *[χ]*.

H È sempre muta come in italiano: **haber** *[aber]*, *avere*; **hoy** *[oi]*, *oggi*.

J È un suono gutturale, inesistente in italiano. Come abbiamo detto parlando della **g** davanti alle vocali palatali, è una *h* molto aspirata e ricorda la *c* toscana o la *ch* tedesca di "Bach": **jota** *[χota]*, *j*; **jugar** *[χugar]*, *giocare*; **reloj** *[rreloχ]*, *orologio*.
La trascriviamo *[χ]*, come nel caso della **g** davanti alla **e** o alla **i**, perché è lo stesso suono.

K Si pronuncia come la *c* dura italiana: **kilo** *[kilo]*, *chilo*.

L Si pronuncia come la *l* italiana: **libro** *[libro]*, *libro*.

Ll Il nesso **ll** non è una **l** doppia, bensì una lettera particolare e indivisibile. La sua pronuncia "classica" è un suono molto simile al nesso italiano *gl* in *maglia*: **llamar** *[gliamar]*, *chiamare*; **sello** *[seglio]*, *francobollo*.
Tuttavia, in una grande area della Spagna e in vaste zone dell'America, la **ll** si pronuncia come la **y** con valore consonantico; così, per esempio, può capitare di sentire pronunciare allo stesso modo le parole **pollo**, *pollo*, e **poyo**,

panchina di pietra appoggiata al muro, come quest'ultima, ovvero *[poyo]*. Questo fenomeno, noto col nome **yeísmo** *[yeismo]*, costituisce una variante di pronuncia ritenuta corretta dalla **Academia**.

Da parte nostra abbiamo preferito avvicinarci al suono che sentirete più spesso anziché al suono originale, per cui trascriveremo questa lettera *[y]*.

Esistono anche altre varianti di pronuncia della **y** e della **ll**, simili per esempio alla *j* francese o alla *g* dolce italiana.

M   Si pronuncia come la *m* italiana: **mano** *[mano]*, *mano*; **hombre** *[ombre]*, *uomo*.

N   Si pronuncia come la *n* italiana: **¿quién?** *[kien]*, *chi?*

Ñ   La lettera **n**, quando porta la **tilde** *[tilde]* (~) rappresenta una lettera a sé stante dell'alfabeto spagnolo, ovvero la **ñ**, **eñe** *[egne]*; è un suono equivalente al nesso italiano *gn*: **España** *[espagna]*, *Spagna*; **viña** *[bigna]*, *vigna*.
Ovviamente la trascriveremo *[gn]*.
Ricordate che, nel gruppo **gn**, invece, ciascuna delle lettere conserva il suo suono e va pronunciata separatamente: **signo** *[sig-no]*, *segno*.

P   Si pronuncia come la *p* italiana: **pan** *[pan]*, *pane*; **aplaudir** *[aplaudir]* *applaudire*.

Q   È sempre seguita da una *u* (muta) e si pronuncia come la *c* dura italiana: **que** *[ke]*, *che*; **queso** *[kesso]*, *formaggio*; **quiosco** *[kiosko]*, *chiosco*.

R   • La **r** si pronuncia come la *r* italiana quando si trova fra due vocali o in fine di parola: **pero** *[pero]*, *ma*; **toro** *[toro]*, *toro*; **hablar** *[ablar]*, *parlare*; **beber** *[beber]*, *bere*; **flor** *[flor]*, *fiore*.
• È più forte e vibrante della *r* italiana quando si trova all'inizio di una parola, quando è doppia (**rr**) o dopo le lettere **l**, **n** o **s**: **repita** *[rrepita]*, *ripeta*; **rito** *[rrito]*, *rito*; **alrededor** *[alrrededor]*, *intorno*; **honrado** *[onrrado]*, *onesto*; **Israel** *[isrrael]*, *Israele*; **perro** *[perro]*, *cane*.
In questo caso la trascriviamo *[rr]*, dal momento che questo suono è vicino alla *r* doppia italiana.

S   Si pronuncia sempre aspra come la *s* italiana di *sasso*, anche quando si trova fra due vocali, come se fosse una *s* doppia italiana: **saber** *[saber]*, *sapere*; **cosa** *[kossa]*, *cosa*; **mes** *[mes]*, *mese*.
Nei casi in cui è intervocalica, la trascriviamo *[ss]*.

T   Si pronunica come la *t* italiana.

V   (vedi la lettera **B**)

W   Come avviene in italiano, questa lettera si usa soltanto nelle parole di origine straniera, soprattutto quelle inglesi e tedesche.
• Nelle parole di origine tedesca si pronuncia come una **v**: **walkiria** *[balkiria]*, *valchiria*.
In tal caso la trascriviamo dunque *[b]*.
• Nelle parole di origine inglese si pronuncia **u** *[u]*: **whisky** *[uiski]*, *whisky.*
In quest'altro caso la trascriviamo *[u]*.

X   Si pronuncia come la *x* di *xilofono*: **taxi** *[taxi]*, *taxi*. Tuttavia quando precede una consonante o si trova all'inizio di una parola, si pronunica comunemente **s** (ma è corretto anche pronunciarla **x**): **exterior** *[esterior / exterior]*, *esteriore*; **extra** *[estra / extra]*, *extra;* **xilófono** *[silofono / xilofono]*, *xilofono*.
In questo caso la trascriveremo *[s]*.

Z   Ha lo stesso suono della **c** davanti alla **e** o alla **i**: **caza** *[kaθa]*, *caccia*; **zumo de manzana** *[θumo de manθana]*, *succo di mela.*
Si pronuncia così anche in fine di parola: **feliz** *[feliθ]*, *felice*; **paz** *[paθ]*, *pace*.
Pertanto la trascriviamo *[θ]* nella pronuncia figurata.

5. Le lettere speciali

Le lettere **ch**, **ll** e **ñ** sono lettere particolari dell'alfabeto spagnolo. Perciò è bene sapere che, salvo eccezioni, nei dizionari e nelle enciclopedie si trovano sempre dopo la **c**, la **l** e la **n** rispettivamente.

In seguito alla richiesta da parte di vari organismi internazionali, nel 1994 la **Asociación de Academias de la Lengua Española** ha deciso di integrare i nessi **ch** e **ll** nelle lettere **C** e **L** come avviene nell'alfabeto latino universale. Dunque le parole che cominciano per **ch** si trovano ormai sotto la lettera **C** e quelle che cominciano per **ll** sotto la lettera **L**, seguendo il principio usato in tutti i dizionari italiani.

Per quanto riguarda la lettera **Ñ**, si trova sempre tra la **N** e la **O**.

6. L'alfabeto spagnolo

Lettere	Nomi	Pronuncia*
a	a	*a*
b	be	*be*
c	ce	*θe*
ch	che	*ce*
d	de	*de*
e	e	*e*
f	efe	*efe*
g	ge	*χe*
h	hache	*ace*
i	i	*i*
j	jota	*χota*
k	ka	*ka*
l	ele	*ele*
ll	elle	*eglie / eye*
m	eme	*eme*
n	ene	*ene*
ñ	eñe	*egne*
o	o	*o*
p	pe	*pe*

q	cu	*ku*
r	erre	*erre*
s	ese	*esse*
t	te	*te*
u	u	*u*
v	uve	*ube*
w	uve doble	*ube doble*
x	equis	*ekis*
y	i griega	*i griega*
z	zeta / ceta	*θeta / θeta*

* La sillaba tonica è indicata in grassetto.

Inoltre sappiate che le lettere **b**, **v**, **w**, **y** e **z** hanno almeno un altro nome. Per esempio, in Argentina, per compitare la *v*, non si dice **uve** *[ube]*, bensì **ve corta** *[be korta]*, (*v corta*) per distinguerla dalla **be larga** *[be larga]*, (*b lunga*), che è il nome comunemente attribuito alla *b*.
Tuttavia, per quanto riguarda queste cinque lettere, i nomi elencati nella nostra tabella sono i più diffusi nel mondo ispanofono.

7. L'accento

In spagnolo, ci sono due tipi di accento: l'accento tonico e l'accento grafico.

☞ L'accento tonico

Tutte le parole spagnole che hanno più di una sillaba ne hanno una accentata, su cui si rafforza l'intensità della voce. Questo tipo di accento è detto tonico.

D'ora in poi, come abbiamo fatto nella tabella dell'alfabeto spagnolo, segnaleremo in grassetto la sillaba che reca l'accento tonico in ogni parola di cui vi forniamo la trascrizione fonetica: **palabra** *[palabra], parola;* **sílaba** *[silaba], sillaba;* **acento** *[aθento], accento.*

☞ L'accento grafico

Ciascuna delle cinque vocali dell'alfabeto spagnolo può portare un accento grafico (che è sempre acuto); non ce ne può essere più di uno in ogni singola parola.

Naturalmente l'accento grafico è sempre posto sulla vocale della sillaba accentata: **árbol** *[arbol]*, *albero*; **ésta** *[esta]*, *questa*; **aquí** *[aki]*, *qui*; **¿cómo?** *[komo]*, *come?*; **útil** *[util]*, *utile*.

Vedremo le regole sull'indicazione dell'accento grafico strada facendo.

8. I dittonghi

Un dittongo è costituito dall'unione di due vocali che si pronunciano con una sola emissione di voce.

Si ha un dittongo in due casi:

• Ogni volta che s'incontrano una vocale forte **a**, **e**, **o**, e una vocale debole, **i**, **u** (o **y**): **ai̯re** *[aire]*, *aria*; **vi̯aje** *[biaχe]*, *viaggio*; **ni̯eve** *[niebe]*, *neve*.

• Ogni volta che s'incontrano due vocali deboli: **vi̯uda** *[biuda]*, *vedova;* **ru̯ido** *[rruido]*, *rumore;* **mu̯y** *[mui]*, *molto*.

D'ora in poi, per aiutarvi ad assimilare meglio la pronuncia dei dittonghi, sottolineeremo sistematicamente la vocale tonica nella nostra trascrizione fonetica: **fuerte** *[fuerte]*, *forte;* **hay** *[ai]*, *c'è, ci sono;* **euro** *[euro]*, *euro*.

☞ Attenzione:

• Due vocali forti non fomano mai un dittongo: ciascuna forma una sillaba a sé o contribuisce a formarne una: perciò **teatro** *[teatro]*, *teatro*, è una parola formata da tre sillabe: **te-a-tro**.

• Quando una vocale debole tonica s'incontra con una vocale forte, ma non c'è più dittongo, bensì due sillabe distinte: **pa-ís** *[pais]*, *paese;* **ve-hí-cu-lo** *[beikulo]*, *veicolo*.

• Quando il dittongo è tonico, l'accento cade sulla vocale forte: **fiesta** *[fiesta]*, *festa;* **puerta** *[puerta]*, *porta*.

• Se le due vocali sono deboli, l'accento cade sulla seconda: **circuito** *[θirkuito]*, *circuito;* **ruina** *[rruina]*, *rovina*.

• Se il dittongo non è tonico, ovvero se l'accento cade su una sillaba diversa da quella del dittongo, le due vocali si pronunciano con la stessa intensità: **Europa** *[europa]*, *Europa;* **familia** *[familia]*, *famiglia*.

☞ Ricordate:
• La presenza di una **h** tra due vocali non impedisce la formazione di un dittongo: **ahijado** *[ai̯χado]*, *figlioccio*; **prohibir** *[proi̯bir]*, *proibire*.

9. I trittonghi

Un trittongo è un complesso di tre vocali che si pronunciano in una stessa sillaba con una sola emissione di voce: **buey** *[bu̯ei̯]*, *bue*; **estudiáis** *[estudi̯ai̯s]*, *studiate*.

Le spiegazioni fornite in questo capitolo non sono esaustive né illustrano tutte le particolarità degli argomenti trattati. Tuttavia sono abbastanza complete e rappresentano una base solida cui potrete far riferimento ogni volta che vorrete approfondire le nozioni imparate o mandare a mente un dettaglio in particolare che avevate dimenticato.

Nessuna di queste nozioni è da imparare a memoria: leggete con attenzione, ma rilassati.

Quanto all'intonazione e alle regole sull'indicazione degli accenti, ricordate che la sillaba tonica sarà segnata in grassetto nei testi delle lezioni e nella pronuncia figurata affinché possiate assimilarla naturalmente.

Prima di cominciare il corso leggete attentamente le pagine precedenti. Troverete tutte le spiegazioni preliminari indispensabili per un buon apprendimento.

1 Lección primera [lekθión primera]

Un aperitivo ①

1 – Buenos **dí**as, una **ta**pa de tor**ti**lla, por fa**vor**.
2 – Sí. A**ho**ra **mis**mo.
3 ¡A**quí tie**ne! ② ③

Pronunciación [pronunθiaθión] – **Pronuncia**
un aperitibo **1** *buenos dias, una tapa de tortiya, por fabor.*
2 *si. aora missmo.* **3** *¡aki tiene!*

Note sulla pronuncia
Per facilitarvi, all'inizio vi daremo qualche suggerimento supplementare sulla pronuncia. In caso di bisogno, comunque, consultate l'introduzione.

Note

① La **a** e la **o** sono, rispettivamente, le terminazioni dei nomi femminili e maschili, esattamente come avviene in italiano (**una tap*a***, **un aperitiv*o***). Non mancano le eccezioni, d'altronde presenti anche nella nostra lingua: **un día**, un giorno. Le scoprirete man mano.

② **Aquí tiene** (letteralmente *qui ha*), è un modo per dire *ecco*. **Tiene** è la terza persona singolare del presente indicativo di **tener**, *avere*. Vedremo questo verbo in dettaglio nella settima

Prima lezione   1

*Per aiutarvi nella traduzione dei termini spagnoli ne abbiamo indi-
cato la traduzione letterale, tra parentesi e in corsivo, quando ci è
sembrato necessario.*

Un aperitivo

1 – Buon giorno *(buoni giorni)*, Una porzione *(un
     pezzo)* di frittata, per favore.
2 – Sì. Subito *(Ora stesso)*.
3   Ecco *(Qui ha)*!

Ricordate:
• La **c** davanti alla **e** e alla **i** è indicata con θ nella pronuncia figurata
ed è un suono simile alla *th* - dell'inglese *thing*. Per pronunciarla
bene provate a dire la **s** avvicinando la lingua ai denti.
• La **b** e la **v**, tranne in qualche regione, hanno lo stesso suono,
simile a quello della nostra *b*, ma più debole.
• La **s** è sempre aspra (come in *sera*), mai dolce (come in *rosa*).
Anche la **s** di **mismo** va pronunciata aspra, come se fosse
doppia.
• La **r** è un po' più forte e vibrante della nostra quando è doppia
o si trova all'inizio di una parola.

▸ lezione, dedicata al ripasso.

③ Avete notato il punto esclamativo rovesciato? Lo avete già
incontrato nell'introduzione, alla fine di pag. VII: precede una
frase esclamativa. In spagnolo c'è anche il punto interrogativo
rovesciato che, analogamente, si trova all'inizio di una frase
interrogativa. Questi segni di punteggiatura sono molto utili per
chi legge perché suggeriscono l'intonazione.

4 – **Grac**ias. **Adiós**.④

5 – ¡Eh! Son dos **eu**ros.⑤ ☐

*4 gra*θ*ias. adi*o*s. 5 ¡e! son dos* **e**u*ros.*

Note

④ **Adiós** vuol dire anche *addio*, ma corrisponde a un saluto più comune, *arrivederci*.

⑤ **Son dos euros**, *fanno* oppure *sono due euro*.

* * *

Ejercicio 1: Traduzca [eχerθiθio uno: traduθka] – **Tradurre**

❶ ¡Buenos días! ❷ Una lección. ❸ Por favor. ❹ Gracias. ❺ Adiós.

Ejercicio 2: Complete [eχerθiθio dos: complete] – **Completare**

(Ogni punto corrisponde a una lettera.)

❶ Traduca, per favore.
Traduzca, ...

❷ Subito.
. . . .

❸ Grazie.
. . . .

❹ Ecco un euro.
. . . . tiene . . . .

❺ Ecco una frittata.
Aquí . . . . tortilla.

4 – Grazie. Arrivederci *(Addio)*.

5 – Ehi! Fanno *(sono)* due euro.

UNA LECCIÓN

Soluzione dell'esercizio 1 (Traduzione)

❶ Buongiorno! ❷ Una lezione. ❸ Per favore. ❹ Grazie. ❺ Arrivederci.

Soluzione dell'esercizio 2 (Parole mancanti)

❶ – por favor ❷ Ahora mismo ❸ Gracias ❹ Aquí – un euro ❺ – tiene una –

In Spagna la cultura della **tapa** *è una vera e propria istituzione. Le* **tapas** *sono minuscole porzioni di cibo servite come stuzzichino o antipasto che, tradizionalmente, accompagnano una bevanda. Si trovano sul banco dei bar, delle caffetterie e altre mescite nella maggior parte dei casi. I clienti possono così scegliere facilmente, anche indicandolo col dito, quello che desiderano, perché i nomi delle* **tapas** *(solitamente esposti su una lavagna o altro supporto, bene in vista) variano da un posto all'altro; per questo ogni bar ha la sua* **especialidad de la casa**. *Gli Spagnoli amano fare il giro dei bar e delle caffetterie per andare a caccia di stuzzichini (***ir de tapas***) e assaggiare le varie specialità offerte. Quando ci vanno in gruppo, secondo la tradizione, ognuno paga un giro. Ultimamente questa moda si è diffusa anche in Italia, e prende il nome di "aperitivo a buffet".* Buon appetito! **¡Buen provecho!**

¡Hola!

1 – ¡Hola! Yo ① soy ② **Pe**dro.
2   Y tú, ¿**có**mo te **lla**mas? ③
3 – Me **lla**mo ④ **Cla**ra.
4   Soy fran**ce**sa, ⑤ ¿y tú?

Pronunciación [pronunθiaθion] – **Pronuncia**
¡ola! **1** ¡ola! yo s<u>oy</u> pedro. **2** i tu, ¿**ko**mo te **ya**mas? **3** me **ya**mo **kla**ra. **4** s<u>oy</u> fran**θe**ssa, ¿i tu?

Note sulla pronuncia
Ricordate:
• La **h** è sempre muta, come in italiano.

Note

① Anche se in questa frase il soggetto è espresso, in spagnolo non è necessario specificarlo, tranne quando gli si vuole dare risalto o si vuole marcare un'opposizione.

② **Soy**, *sono*, è la 1ª persona singolare del presente indicativo di **ser**, *essere*.

③ Ecco il punto interrogativo rovesciato: ne avevamo già parlato nella prima lezione. Indica il punto preciso in cui comincia la domanda e suggerisce al lettore quando sale l'intonazione.

Ciao!

1 – Ciao! Io sono Pedro.
2   E tu, come ti chiami?
3 – Mi chiamo Clara.
4   Sono francese, e tu?

• La **y** si pronuncia breve, come nei dittonghi, quando precede una vocale (come nell'italiano *piano*); se la segue, invece, si pronuncia come la nostra *i* in *poi*. La congiunzione **y** si legge come l'articolo italiano *i*.
• Il gruppo **ll** costiruisce una lettera a sé (per altri dettagli in proposito vedi il paragrafo 5 dell'introduzione) e si pronuncia come il gruppo *gl* davanti a *e* oppure *i*.
• La lettera **ñ** (**eñe**, pronuncia **egne**) è peculiare dell'alfabeto spagnolo. Si pronuncia come il nostro gruppo *gn*.

④ **Llamo** e **llamas**, *chiamo, chiami*, sono rispettivamente la 1ª e la 2ª persona singolare del presente indicativo di **llamar**, *chiamare*, verbo regolare della 1ª coniugazione, che comprende i verbi in **-ar**.
⑤ **Francesa**, *francese*. Fate attenzione: in spagnolo questo aggettivo ha una forma femminile diversa da quella maschile (**francés**), cosa che in italiano non avviene.

5 – Soy español ⑥, de **Cór**doba.
6 ¿Cuál ⑦ es tu ⑧ **nú**mero de te**lé**fono? ☐

*5 soy espa**gnol**, de **kor**doba. 6 ¿ku**a**l es tu **nu**mero de te**le**fono?*

Note

⑥ Il segno che caratterizza la lettera **ñ** [*egne*] si chiama **tilde**.

⑦ **¿Cuál?**, *quale?*.Vi siete accorti che la parola comincia con la **c**? Lo stesso avviene con altre parole utili per porre domande come **¿cuándo?**, *quando?* e **¿cuánto?**, *quanto?*

⑧ **Tú**, con l'accento, vuol dire *tu* (frasi 2 e 4), ma **tu**, senza accento, significa *tuo* o *tua*. Avete notato che gli aggettivi possessivi non vogliono l'articolo?

* * *

Ejercicio 1: Traduzca [*eχer**θ**i**θ**io **u**no: tra**du**θka*] – **Tradurre**

① ¡Hola, buenos días! ② ¿Cómo te llamas? ③ ¿Y tú? ④ Me llamo Pedro. ⑤ Yo soy español.

Ejercicio 2: Complete [*eχer**θ**i**θ**io dos: com**ple**te*] – **Completare**

① Ciao!

¡ . . . . !

② Come?

¿ . . . . ?

③ Mi chiamo Clara.

. . . . Clara.

④ Io sono francese.

. . . . . francesa.

⑤ Qual è il tuo numero di telefono?

¿ . . . . . . tu número de . . . . ?

5 – Sono spagnolo, di Cordoba.

6 Qual è il tuo numero di telefono?

SOY ESPAÑOL.

Soluzione dell'esercizio 1

① Ciao, buon giorno! ② Come ti chiami? ③ E tu? ④ Mi chiamo Pedro. ⑤ Io sono spagnolo.

Soluzione dell'esercizio 2

① Hola ② Cómo ③ Me llamo – ④ Yo soy – ⑤ Cuál es – teléfono

A volte gli Spagnoli si salutano dicendo **¡hola!** *o* **¡buenos días!** *anche se non si conoscono, per esempio alla fermata dell'autobus o in un bar.*

Anche se non è bene generalizzare, nel complesso gli Spagnoli hanno un carattere gioviale e amichevole e sono inclini a socializzare.

Naturalmente, nel pieno centro di Madrid o di Barcellona, in **una hora punta**, *un'ora di punta,* *la gente si occupa delle proprie faccende come in tutte le grandi città. Ma nella maggior parte dei casi, anche in circostanze un po' stressanti, se domandate un'informazione vi aiuteranno, spesso con un sorriso accattivante. Non stupitevi, per contro, se vi daranno subito del tu. Non è un eccesso di confidenza o una mancanza di rispetto nei vostri confronti: è semplicemente un'abitudine linguistica diffusa. In ogni caso vi consigliamo di lasciare l'iniziativa al vostro interlocutore .*

¿Qué tal? ①

1 – ¡**Bue**nos **dí**as! ¿Qué tal?
2 – Muy bien, ¿y tú?
3 – Yo he dor**mi**do ② muy bien.
4 – ¿**Quie**res desayu**nar**? ③

Pronunciación [pronunθia**θion**]
¿ke tal? **1** ¡**bue**nos **dí**as! ¿ke tal? **2** muy bi**en**, ¿i tu?
3 yo e dor**mi**do mu**y** bi**en**. **4** ¿**kie**res dessayu**nar**?

Note

① **¿Qué tal?**, *come stai?* o *come va?* è una delle espressioni
più comuni, spesso preceduta da **hola** o **buenos días**, e si usa
dovunque per cominciare una conversazione: a casa, in
ufficio, in famiglia o tra amici, dal panettiere o con persone
appena conosciute.

② **He dormido**, *ho dormito*, è un passato prossimo, composto dalla
1ª persona singolare dell'indicativo presente di **haber**, *avere* e
dal participio passato di **dormir**. Ne riparleremo nella lezione 7. ▶

Come va *(Che tale)*?

1 –   Buon giorno! Come va?
2 –   Molto bene, e tu?
3 –   Io ho dormito molto bene.
4 –   Vuoi fare colazione?

③   **Desayunar**, *fare colazione*, è un altro verbo regolare della 1ª coniugazione che, come abbiamo visto, comprende i verbi che terminano in **-ar**. Il sostantivo **desayuno**, *colazione*, appartiene alla stessa "famiglia" di **desayunar**, e deriva da **ayuno**, *digiuno*, da cui a sua volta si forma il verbo **ayunar**, *digiunare*.
Di conseguenza **desayunar** vuol dire letteralmente "rompere il digiuno". Altre parole legate ai pasti sono **almorzar**, **almuerzo** (*pranzare, pranzo*), **merendar**, **merienda** (*fare merenda, merenda*) e, più simili all'italiano, **cenar** e **cena** (*cenare, cena*).

5 – ¡Claro! ④ □

Note

④ **¡Claro!**, *certo!*, è una parola molto frequente in spagnolo. Vuol dire anche *è vero* oppure *hai ragione*. Può essere seguita da altre parole che rafforzano l'affermazione o indicano un grado di convinzione ancora maggiore da parte di chi parla: **¡Claro que sí!**, *certamente sì!*
Come aggettivo, infine, **claro** significa *chiaro*.
È chiaro?, ¿**está claro**?

* * *

Ejercicio 1: Traduzca

❶ ¿Qué tal? ❷ ¡Muy bien! ❸ He dormido bien.
❹ ¿Quieres una tapa? ❺ ¡Claro!

Ejercicio 2: Complete

❶ Molto bene!
  ¡ . . . . !
❷ È chiaro?
  ¿ . . . . claro?
❸ Certamente sì!
  ¡ . . . . . que sí!
❹ Ho dormito.
  . . dormido.
❺ [Ne] vuoi?
  ¿ . . . . ?

Soluzione dell'esercizio 1

① Come va? ② Molto bene! ③ Ho dormito bene. ④ Vuoi uno stuzzichino? ⑤ Certo!

Soluzione dell'esercizio 2

① Muy bien ② Está – ③ Claro – ④ He – ⑤ Quieres

In Spagna, il **desayuno** *tradizionale varia da regione a regione, e nelle case dipende per di più dalle abitudini familiari.*
Il celebre **chocolate con churros***, ovvero* cioccolato con "churros" *(frittelle zuccherate di forma tondeggiante a base di farina e acqua) è una specialità nazionale e si mangia soprattutto la domenica e nei giorni festivi. Nei giorni feriali il* **desayuno** *si fa a casa, da soli o con i familiari, a seconda dell'ora in cui ci si deve recare al lavoro.*

---

4   Lección cuarta [lekθion kuarta]

Una buena idea

1 – La ① **ami**ga de Ana ha ② telefone**ado**.③
2 – ¿Qué quería?
3 – Invi**tar** a ④ los **ni**ños ⑤ a meren**dar**.

Pronunciación
una bu*e*na idea **1** la amiga de ana a telefone*a*do. **2** ¿ke keria? **3** imbitar a los nignos a merendar.

Note

① **La amiga**, *l'amica*; **el desayuno**, *la colazione*.

La è l'articolo determinativo femminile, **el** quello maschile.

② **Ha**, *ha*, è la 3ª persona singolare del presente indicativo dell'ausiliare **haber**, *avere*. Nella scorsa lezione avevamo già incontrato **he** (*ho*).

③ I verbi in **-ar** formano il participio passato con la desinenza **-ado**. **Telefonear**, **telefoneado**, *telefonare, telefonato*; **llamar**, **llamado**, *chiamare, chiamato...*
Tra l'altro *telefonare si può dire anche* **llamar por teléfono**.

13 • trece [**treθe**]

Vi accorgerete, comunque, che agli Spagnoli piace **desayunar** *nei caffé o nei bar, prima di cominciare la giornata di lavoro o mentre fanno il* **desayuno***, una vera e propria istituzione.*
Negli alberghi, naturalmente, la colazione è internazionale più o meno dappertutto, ma se vi è possibile ordinate quella spagnola: non ve ne pentirete.

Una buona idea

1 – L'amica di Ana ha telefonato.
2 – Che cosa voleva?
3 – Invitare *(a)* i bambini a fare merenda.

④ **Invitar a los niños**, *invitare i bambini*. Ecco una delle particolarità fondamentali della lingua spagnola: quando il complemento oggetto è una persona, va sempre preceduto dalla preposizione **a**: *ho chiamato Ana*, **he llamado a Ana**.

⑤ Per formare il plurale dei sostantivi e degli aggettivi che finiscono per vocale non accentata, basta aggiungere una **s**: **niño**, **niños**, *bambino*, *bambini*; **amiga**, **amigas**, *amica*, *amiche*. Semplice, vero?

4 – ¡Estupendo!
5 Podemos **irnos** ⑥ al **cine**. ☐

4 ¡estupendo! 5 podemos irnos al θine.

Note

⑥ **Ir**, *andare*. **irse** (lett. *andarsi*), *andarsene*. **Irnos**, *andarcene*. È un verbo irregolare, ma non più di quanto lo sia *andare* in italiano. In questa frase notiamo un'altra caratteristica comune allo spagnolo e alla nostra lingua: i pronomi e le particelle pronominali che esprimono il complemento oggetto seguono il verbo all'infinito, formando con esso un'unica parola: **invitarnos**, *invitarci*; **llamarnos**, *chiamarci*; **telefonearnos**, *telefonarci*.

* * *

Ejercicio 1: Traduzca

① Clara ha telefoneado. ② ¿Qué quieres? ③ Ir al cine. ④ Una buena idea. ⑤ ¿Y los niños?

Ejercicio 2: Complete

① Vuoi chiamare i bambini?

¿ . . . . a los niños?

② Certo!

¡ . . . . . !

③ Possiamo fare colazione.

. . . . desayunar.

4 – Splendido *(Stupendo)*!
5 Possiamo andare *(andarcene)* al cinema.

Soluzione dell'esercizio 1

❶ Clara ha telefonato. ❷ Che cosa vuoi? ❸ Andare al cinema.
❹ Una buona idea. ❺ E i bambini?

❹ Splendido!

¡ . . . . !

❺ Buona idea!

¡ . . . . !

Soluzione dell'esercizio 2

❶ Quieres llamar – ❷ Claro ❸ Podemos – ❹ Estupendo ❺ Buena
idea

¿Adónde ① vas? ②

1 – Perdone, ③ ¿sabe ④ usted ⑤ **dón**de está la **ca**lle de la Zarzuela?

2 – Sí. Es la pri**me**ra a la de**re**cha.

3 – **Gra**cias.

4 – De **na**da.

5 – ¡Ay!

Pronunciación
¿adonde bas? **1** *perdone, ¿sabe* usté^d *donde esta la kaye de la θarθuela?* **2** *si. es la primera a la derecia.* **3** *graθias.* **4** *de nada.* **5** *¡ay!*

Note sulla pronuncia
Ricordate:

• La **d**, in fine di parola, si sente pochissimo o non si pronuncia affatto; a volte può capitare di sentire una **z** molto tenue. Nella pronuncia figurata è trascritta ^d. La **d** fra due vocali, invece, si

Note

① **Adonde** vuol dire *dove* quando è accompagnato da un verbo di moto (**ir** nell'esempio).
Si può sostituire con **donde** (o **en donde**), che si usa in genere per indicare lo stato in luogo.
Nelle domande **donde** e **adonde** vanno accentati:
¿dónde está Luis?, *dov'è Luis?*; **¿adónde vas?**, *dove vai?*

② **Vas**, *vai*, è la 2ª persona singolare del verbo **ir**. La coniugazione completa dell'indicativo presente è **voy, vas, va, vamos, vais, van.**

③ **¡Perdón!**, *scusa!, scusi!*; **¡perdone!**, *scusi!*

④ **Sabe**, *sa*, è la 3ª persona singolare del presente indicativo di **saber**, *sapere.*

⑤ **Usted**, *Lei*, è un pronome di cortesia. Come avrete certamente

Dove vai?

1 – Scusi *(Perdoni)*, sa dove si trova *(sa Lei dove sta la)* via della Zarzuela?
2 – Sì. È la prima a *(alla)* destra.
3 – Grazie.
4 – Di niente.
5 – Ahi!

---

pronuncia con la lingua tra i denti ed è un po' più debole della *d* italiana
• La **z** si pronuncia come la **c** davanti alla **e** o alla **i**. Si tratta dunque del suono molto simile alla *th* inglese di *thing* che abbiamo già incontrato nella lezione 1 e trascritto con θ.
• **ch** si pronuncia come la *c* di *cena*.
• Le **r**, all'inizio di una parola, vibra all'incirca come la nostra *r* doppia, perciò nella pronuncia figurata è trascritta *rr*.
• Le **j**, χ nella pronuncia figurata, è una *h* molto aspirata e ricorda un po' la *c* toscana. Schiaritevi la voce mentre la pronunciate. È la **j** del nome **Juan** *(Giovanni)*.

▸ notato, in spagnolo si dà del Lei come in italiano, coniugando il verbo alla 3ª persona singolare. Basta sostituire il nostro pronome con **usted**. Quando ci si rivolge a più persone con cui non si ha molta confidenza, invece, si ricorre al plurale di **usted**, **ustedes** *(Loro)*, e il verbo va coniugato alla 3ª persona plurale.
Nella frase del dialogo avremmo potuto fare anche a meno di usare **usted**, perché il verbo coniugato alla 3ª persona indica già che diamo del Lei all'interlocutore. In questo caso l'impiego del pronome **usted** esprime una maggiore deferenza nei suoi confronti.

6 – ¡Cuidado! El semáforo está ⑥ en **ro**jo. □

6 ¡kuidado! el semaforo esta en **rro**χo.

Note

⑥ **Está**, *sta*, è la 3ª persona singolare del verbo **estar**, *stare*; purtroppo **ser** e **estar** non corrispondono perfettamente ai verbi *essere* e *stare*: nella prima nota abbiamo appena visto un esempio in cui **estar** si traduce con *essere*... L'uso corretto di questi due verbi è una delle difficoltà principali dello spagnolo. Per saperne di più, consultate direttamente la lezione 7.

* * *

Ejercicio 1: Traduzca

❶ ¡Perdón! ❷ ¿Sabe usted...? ❸ ¿Dónde? ❹ Es aquí. ❺ La primera calle.

Ejercicio 2: Complete

❶ Dove vuoi andare?

¿ . . . . . . quieres . . ?

❷ Scusi.

. . . . •

❸ Di niente.

. . . . . . •

6 – Stia attento *(Attenzione)*! Il semaforo è *(sta in)* rosso.

Soluzione dell'esercizio 1

① Scusa! ② Sa (Lei)… ? ③ Dove? ④ È qui. ⑤ La prima via.

④ È al telefono.

. . . . al . . . .

⑤ Attenzione!

¡ . . . . !

Soluzione dell'esercizio 2

① Adónde – ir ② Perdone ③ De nada ④ Está – teléfono ⑤ Cuidado

Un po' di storia:
Un tempo, la cortesia e la buona creanza imponevano che ci si rivolgesse alle persone ritenute di rango superiore chiamandole "vostra grazia". Lo stesso accadeva in Spagna all'epoca degli **hidalgos***, ovvero i nobili, che ricevevano l'appellativo* **vuestra merced** *(per l'appunto "vostra grazia"), che diventava* **vuestras mercedes** *quando ci si rivolgeva a due o più persone altolocate. Nel primo caso il verbo si coniugava alla terza persona singolare e nel secondo alla terza persona plurale.*
Cosa ne è stato di queste formule?
Oggi si sono modificate e ridotte, per deformazione popolare, a una sola parola utilizzata come pronome di cortesia: **usted** *(o* **ustedes***). In compenso è rimasta nell'uso la norma di coniugare il*

---

6   Lección sexta *[lecθion sesta]*

Dos pérdidas

1 – ¡De**pri**sa, el auto**bús** va a ① salir! ②
2 – ¿**Tie**nes **suel**to? ③

Pronunciación
dos **perdidas 1** ¡de**pri**ssa, el <u>au</u>to**bus** ba a sa**lir**!
2 ¿**tie**nes **suel**to?

Note sulla pronuncia
Ricordate:
• La **x**, quando precede una consonante, si pronuncia di norma come una **s**. In tal caso, nella pronuncia figurata sarà indicata come **s**.
• La **g**, davanti alla **e** o alla **i**, si pronuncia come la **j** e nella pronuncia figurata sarà perciò indicata col suono χ. Quando si trova davanti alle vocali **a, o, u**, ha un suono un po' più tenue rispetto a quello della *g* italiana.

verbo che segue alla terza persona singolare o plurale, a seconda dei casi, per indicare che ci si sta rivolgendo cortesemente a uno o più interlocutori. Quanto a **mercedes***, è diventato un bel nome proprio femminile e una celebre marca di automobili.*

Eccoci finalmente arrivati al termine di una lezione molto importante per gli argomenti con cui abbiamo fatto conoscenza. Li rivedremo con regolarità per aiutarvi ad assimilarli bene, cosa che richiederà un po' di tempo e di ripasso. Per ora cercate solo di comprendere le frasi e di ripeterle: a poco a poco acquisterete confidenza con queste strutture.

Sesta lezione   6

Due perdite

1 –   Presto, l'autobus sta per partire *(va a uscire)*!
2 –   Hai [degli] spiccioli?

Note

①   La costruzione **ir a** + infinito (**voy a, vas a, va a**, ecc.) si usa per parlare di azioni che avverranno in un futuro molto prossimo: in questo caso corrisponde all'italiano *stare per* e talvolta si può tradurre ricorrendo al presente: **hoy vamos a salir**, *oggi partiamo*.

②   **Salir** è un falso amico: ha molte accezioni (*partire* e *uscire* sono quelle più comuni), ma non significa mai *salire*, che in spagnolo si dice **subir**. *Subire*, a sua volta, si dice **sufrir** o **padecer**.
  El tren sale de la estación de Atocha, *il treno parte dalla stazione di Atocha*.

③   In questa frase **suelto** (lett. *sciolto*) sta per **dinero suelto** (lett. *avere denaro sciolto*) che significa *monete*, *spiccioli*.
  Tener dinero suelto, *avere spiccioli*.

3 – Sí, esp**e**ra. ④
4 – Yo he olvi**da**do co**ger** ⑤ el mone**de**ro.
5 – ¡Oh, no! ¡**Ten**go ⑥ un agu**je**ro en el bol**si**llo!
6 – ¡**Va**ya, ⑦ lo **he**mos per**di**do! ☐

---

3 si, espera. 4 yo e olbidado koχer el monedero. 5 ¡o no! ¡tengo un aguχero en el bolsiyo! 6 ¡baya, lo emos perdido!

Note

④ **Esperar** è un altro falso amico: può significare *sperare*, ma anche *aspettare*.

⑤ **Coger**, *prendere*. Attenzione alla 1ª persona singolare dell'indicativo presente (**cojo**). La **j** al posto della **g** è una particolarità ortografica che serve a evitare irregolarità nella pronuncia, mantenendo sempre il suono χ in tutte le forme del verbo: **cojo**, (*koχo*), **coges** (*koχes*), **coge** (*koχe*), **cogemos** (*koχemos*), **cogéis** (*koχeis*), **cogen** (*koχen*).
Cojo el metro, *prendo la metropolitana*; **coges el autobús**, *prendi l'autobus*.
L'uso del verbo **coger** è da evitare nei paesi dell'America Latina, dove ha assunto un significato volgare e va perciò sostituito dai verbi **tomar**, *prendere* o **agarrar**, *afferrare, prendere*. ▶

* * *

Ejercicio 1: Traduzca

❶ ¡Deprisa! ❷ Coger el metro. ❸ ¡Espera! ❹ Sí, tengo dinero. ❺ He perdido el autobús.

3 – Sì, aspetta.

4 – Io mi sono dimenticato *(ho dimenticato prendere)* il portamonete.

5 – Oh, no! Ho un buco in *(nella)* tasca!

6 – Accidenti, l'abbiamo perso!

HE PERDIDO EL AUTOBÚS.

▶ ⑥ Dopo aver visto il verbo **haber** facciamo la conoscenza di **tener**: il primo ha solo la funzione di ausiliare, il secondo esprime invece il possesso: **he olvidado...**, *ho dimenticato...*; **no tengo dinero**, *non ho soldi*.

⑦ **¡Vaya!** è un'interiezione dall'impiego molto vasto: può indicare sorpresa, soddisfazione, delusione o rabbia secondo il contesto. **Vaya**, letteralmente, è anche la 1ª e la 3ª persona singolare del congiuntivo presente di **ir**, *andare*: *che io vada, che lui / lei vada, che Lei vada*.

* * *

Soluzione dell'esercizio 1

❶ Presto! ❷ Prendere la metropolitana. ❸ Aspetta! ❹ Sì, ho dei soldi. ❺ Ho perso l'autobus.

Ejercicio 2: Complete

① Non ho spiccioli.

No . . . . **.**

② Ho dimenticato il numero della via [il numero civico].

. . . . **. el número de la** . . . . . **.**

③ Hai [dei] soldi?

¿ . . . . ?

④ Dov'è il portamonete?

¿ . . . . **el monedero?**

⑤ Accidenti!

¡ . . . . **!**

Lección séptima [lekθion septima]

Repaso [rrepasso] / Ripasso

In questa lezione rivedremo e approfondiremo i principali aspetti grammaticali cui abbiamo già accennato nelle lezioni precedenti.

Non cercate di imparare a memoria le regole o il lessico: leggete attentamente, ma senza affaticarvi. Se occorre, ripassate le lezioni che vi sono parse più impegnative e poi proseguite.

Non dovete preoccuparvi se avete dei dubbi su ciò che avete studiato finora; è una cosa assolutamente normale, anzi, è un buon segno. Non cercate di ricordare tutto e subito; abbiate fiducia in noi e, soprattutto, in voi stessi. L'importante non è conoscere le regole, ma esprimersi e comunicare.

1 La pronuncia

Se vi siete procurati le incisioni sonore, la pronuncia dello spagnolo non dovrebbe costituire un problema. In ogni caso occorre più che

Soluzione dell'esercizio 2

❶ – tengo suelto ❷ He olvidado – calle ❸ Tienes dinero ❹ Dónde está – ❺ Vaya

Due parole sull'euro: per quanto riguarda la Spagna, le immagini impresse sulla faccia nazionale delle monete in euro sono: l'effigie di Re Juan Carlos I per le **monedas** *da 1 e 2 euro; il ritratto di Miguel de Cervantes, padre della letteratura spagnola, per le* **monedas** *da 10, 20 e 50 centesimi; l'immagine della cattedrale di Santiago de Compostela, un gioiello dell'arte romanica spagnola e una delle mete di pellegrinaggio più famose al mondo, per le* **monedas** *da 1, 2 e 5 centesimi.*

¿Qué tal? *Avete già delle conoscenze di base: per consolidarle vi proponiamo, nella settima lezione, un ripasso generale degli argomenti affrontati finora.*
A domani!

Settima lezione   7

altro fare attenzione ai suoni che mancano in italiano, come quelli che abbiamo trascritto con le lettere θ e χ, rivedendo di tanto in tanto le note sulla pronuncia che trovate in fondo ai dialoghi e nel capitolo specifico dell'introduzione.

2 L'accento

In spagnolo ci sono due tipi di accento: l'accento tonico e l'accento scritto.
☞ L'accento tonico: nei dialoghi abbiamo segnato in grassetto la sillaba accentata.
☞ L'accento scritto: tutte e cinque le vocali dell'alfabeto spagnolo possono avere questo tipo di accento: **está**, *è* (oppure *sta*); **teléfono**, *telefono*; **aquí**, *qui*; **adiós**, *arrivederci*; **tú**, *tu*.

Naturalmente l'accento scritto cade sempre sulla vocale della sillaba accentata; torneremo in seguito sull'argomento.

Attenzione: quando fate gli esercizi di completameto al termine delle lezioni, non dimenticate di segnare l'accento scritto dove necessario.

3 L'articolo

☞ Gli articoli determinativi

In spagnolo ci sono meno articoli determinativi rispetto all'italiano: **el** corrisponde a *il, lo, l'* per il maschile singolare, **la**, *la, l'* per il femminile: **el día**, *il giorno*; **la tortilla**, *la frittata*.
Al plurale abbiamo **los** (*i, gli*) per il maschile e **las** per il femminile: **los niños**, *i bambini*; **las calles**, *le vie*.

☞ Gli articoli indeterminativi

Anche in questo caso sono quattro: al singolare abbiamo **un** per il maschile e **una** per il femminile (**un euro**, *un euro*; **una amiga**, *un'amica*); al plurale, rispettivamente, **unos** e **unas**, che corrispondono più o meno ad *alcuni, alcune*.
Un'ultima osservazione: in spagnolo l'apostrofo non esiste.

4 Il genere

Di norma i generi dei nomi spagnoli e italiani coincidono, anche se non mancano le eccezioni.
Per ora limitiamoci a ricordare che quando i nomi finiscono in **-o** sono di solito maschili e quando finiscono in **-a** sono di solito femminili: **el teléfono**, *il telefono*; **la merienda**, *la merenda*.

5 La formazione del plurale

Regola generale:
• si aggiunge **s** ai nomi e agli aggettivi che finiscono per vocale: **número** / **números**, *numero* / *numeri*.
• si aggiunge **es** ai nomi e agli aggettivi che finiscono per consonante: **lección** / **lecciones**, *lezione* / *lezioni*.

6 La coniugazione

In spagnolo le coniugazioni dei verbi sono tre (verbi in **-ar**, verbi in **-er** e verbi in **-ir**), come in italiano. I verbi della 1ª coniugazione formano, senza eccezioni, il participio passato col suffisso **-ado**:

llamar / **llamado**, *chiamare* / *chiamato*. I verbi della 2ª e della 3ª coniugazione, invece, formano il participio passato col suffisso **-ido**: **haber** / **habido**, *avere* / *avuto*; **dormir** / **dormido**, *dormire* / *dormito*. Vedremo un po' alla volta le eccezioni a questa regola.

7 *Haber* e *tener* (avere)

☛ L'ausiliare **haber** serve a formare i tempi composti di <u>tutti</u> i verbi:
He desayunado, *ho fatto colazione*.
Me he informado, *mi sono informato*.
Pedro no ha llamado, *Pedro non ha chiamato*.
Ana ha ido al cine, *Ana è andata al cinema*.

Il participio passato coniugato con **haber** è invariabile:
è andata, **ha ido**.

Ecco l'indicativo presente del verbo **haber**:

yo	**he**	*io ho*
tú	**has**	*tu hai*
él, ella ⎫	**ha**	*lui, lei ha*
usted ⎭		*Lei ha* (pronome di cortesia)
nosotros, nosotras	**hemos**	*noi abbiamo*
vosotros, vosotras	**habéis**	*voi avete*
ellos, ellas ⎫	**han**	*essi, esse, loro hanno*
ustedes ⎭		*Loro hanno* (pron. di cortesia)

☛ Il verbo **tener** esprime il possesso:
Tengo dinero, *ho dei soldi*.
No tengo tu número de teléfono, *non ho il tuo numero di telefono*.

Le forme dell'indicativo presente del verbo **tener** sono:

yo	**tengo**	*io ho*
tú	**tienes**	*tu hai*
él, ella ⎫	**tiene**	*lui, lei ha*
usted ⎭		*Lei ha* (pronome di cortesia)
nosotros, nosotras	**tenemos**	*noi abbiamo*
vosotros, vosotras	**tenéis**	*voi avete*
ellos, ellas ⎫	**tienen**	*essi, esse, loro hanno*
ustedes ⎭		*Loro hano* (pron. di cortesia)

☞ **ser** indica esistenza o una qualità duratura e inerente al soggetto.
Soy español, *Sono spagnolo*.
Es un niño, *È un bambino*.

Indicativo presente del verbo **ser**:

yo	soy	*io sono*
tú	eres	*tu sei*
él, ella }	es	*lui, lei è*
usted }		*Lei è* (pronome di cortesia)
nosotros, nosotras	somos	*noi siamo*
vosotros, vosotras	sois	*voi siete*
ellos, ellas }	son	*essi, esse, loro sono*
ustedes }		*Loro sono* (pron. di cortesia)

☞ **estar** indica stato o condizione transitori nel tempo e nello spazio o riguarda le circostanze in cui si trova il soggetto (il momento, il luogo, lo stato fisico o morale, ecc.):
¿Dónde están los niños?, *dove sono i bambini?*
Están en el cine, *sono al cinema*.
El dinero está en el monedero, *i soldi sono nel portamonete*.
Estamos en huelga, *siamo in sciopero*.
Estoy cansado, *sono stanco*.

Di regola, quando possiamo sostituire *essere* col verbo *stare*, in spagnolo dobbiamo usare **estar**.
Dove sta il telefono?, **¿dónde está el teléfono?**

Indicativo presente del verbo **estar**:

yo	estoy	*io sono, sto*
tú	estás	*tu sei, stai*
él, ella, }	está	*lui, lei è, sta*
usted }		*Lei è, sta* (pron. di cortesia)
nosotros, nosotras	estamos	*noi siamo, stiamo*
vosotros, vosotras	estáis	*voi siete, state*
ellos, ellas, }	están	*essi, esse, loro sono, stanno*
ustedes }		*Loro sono, stanno* (pron. di cortesia)

Vi proponiamo, per fare il punto della situazione, di rivedere sotto forma di dialogo alcune tra le nozioni principali viste finora.

I numeri tra parentesi si riferiscono alle lezioni in cui avete incontrato l'espressione o la costruzione contenuta nel dialogo.

Tutto quello che dovete fare è ascoltare ogni frase e ripeterla ad alta voce: potrete così rendervi conto dei vostri progressi e sarete sorpresi dalla vostra abilità nel riconoscere e assimilare i concetti appena studiati!

1 – ¡Hola! **(2)**
2 – Buenos días. ¿Qué tal? **(1, 3)**
3 – Bien, gracias. ¿Y tú? **(1, 2, 3, 5)**
4 – Muy bien. **(3)**
5 – ¿Quieres ir al cine? **(3, 4)**
6 – ¡Estupendo! Es una buena idea. **(4)**
7 – Podemos invitar a Pedro. **(4)**
8 – ¡Claro! **(3)**
9 – Aquí tengo su número de teléfono. **(1, 2, 6)**
10 – ¿Sabes? ¡He olvidado coger dinero! **(5, 6)**

Traducción [*tradukθiọn*] / **Traduzione**

1 Ciao! **2** Buon giorno. Come va? **3** Bene, grazie. E tu? **4** Benissimo *(molto bene)*. **5** Ti va di andare al cinema *(vuoi andare al cinema)*? **6** Splendido! È una buona idea. **7** Possiamo invitare Pedro. **8** Certo! **9** Ho qui *(qui ho)* il suo numero di telefono. **10** Sai [una cosa]? Ho dimenticato di prendere i soldi!

> *Eccovi alla fine delle prime sette lezioni. I meccanismi di base cominciano a funzionare. Complimenti: siete sulla buona strada!*

Después del ① teatro

1 – ¿Qué has **he**cho ② hoy?
2 – He **i**do ③ al te**a**tro. ④
3 – ¿Y qué tal ⑤ la **o**bra?
4 – El pri**mer** ⑥ **ac**to **e**ra ma**lí**simo. ⑦
5 – ¿Y el se**gun**do?
6 – Toda**ví**a ⑧ pe**or**.   □

Pronunciación
*despu**es** del teatro **1** ¿ke as **e**cio **oi**? **2** e **i**do al te**a**tro. **3** ¿i ke tal la **o**bra? **4** el pri**mer** a**k**to **e**ra ma**li**ssimo. **5** ¿i el se**gun**do? **6** to**da**bia pe**or**.*

Note

① L'avverbio **después**, *dopo*, quando è seguito da un nome, richiede la preposizione articolata **del** o **de la** (**de los** o **de las** se il sostantivo è al plurale) a seconda che il nome sia maschile o femminile.
Después del desayuno, *dopo la colazione*.
Después de la cena, *dopo cena*.

② **Hecho** è il participio passato del verbo **hacer**, *fare*. Si tratta di un verbo che presenta numerose irregolarità.

③ **He ido** (lett. *ho andato*), *sono andato*. Come abbiamo detto nella scorsa lezione, il passato prossimo di <u>tutti</u> i verbi si forma con l'ausiliare **haber**, *avere*, e il participio passato è invariabile.
Has comido, *hai mangiato*.
Has venido, *sei venuto / sei venuta*.
È più facile rispetto all'italiano, vero?

④ **Al teatro**, *a teatro*: ecco uno di quei casi in cui è l'italiano a presentare un'eccezione. Nulla di strano, invece, nel fatto che in spagnolo si usi l'articolo.

⑤ Nel linguaggio di tutti i giorni, quando l'espressione **¿qué tal?**, *come va?* è seguita da un nome, il verbo è spesso sottinteso: ▶

Dopo il *(del)* teatro

1 – Che hai fatto oggi?
2 – Sono andato a *(Ho andato al)* teatro.
3 – E com'era l'opera?
4 – Il primo atto era pessimo.
5 – E il secondo?
6 – Ancora peggio.

DESPUÉS DEL PRIMER ACTO

▸ **¿Y qué tal (ha estado) la obra?**, *com'è stata l'opera?*
¿Qué tal (va) tu trabajo?, *come va il tuo lavoro?*

⑥ **Primero**, *primo*, come **uno**, *uno*, perde la **o** finale davanti a un nome maschile singolare.
Es el número uno, *è il numero uno.*
Un aperitivo, *un aperitivo.*
Eres el primero, *sei il primo.*
El primer día, *il primo giorno.*

⑦ **Malo**, *cattivo*; **malísimo** (o **muy malo**), *pessimo.*
Quasi identico all'italiano, il suffisso **-ísimo**, **-ísima** indica il superlativo assoluto. Lo studieremo in seguito:
Una salsa muy buena o **buenísima**, *una salsa ottima, una salsa buonissima.*

⑧ Ancora un falso amico: **todavía** vuol dire *ancora* e non *tuttavia*, che in spagnolo si dice **sin embargo** o **no obstante**.

Ejercicio 1: Traduzca

① ¿Qué has hecho aquí? ② He hecho un agujero.
③ Después del primer acto. ④ Era una idea muy
buena. ⑤ Ana no ha llamado todavía.

Ejercicio 2: Complete

① È andato/a al cinema.

.. ... al ..... .

② Vuoi prendere l'autobus?

¿ .... autobús?

③ Siamo andati a fare merenda.

.... a merendar.

---

9   Lección novena [lekθion nobena]

**No hay que confundir la velocidad con el
tocino** ①

1   Un re**cién** ② ca**sa**do **vuel**ve ③ son**rien**te del ④
tra**ba**jo:

Pronunciación
*no **ai** ke konfun**dir** la beloθi**da**ᵈ kon el to**θi**no **1** un rreθi**en**
kassado **buel**be sonr**rien**te del traba**χo**:*

Note

① L'espressione **confundir la velocidad con el tocino** (lett.
confondere la velocità col lardo) è una frase fatta e corrisponde
più o meno all'italiano *prendere fischi per fiaschi* o *lucciole
per lanterne*.
No hay que → *non bisogna, non si deve*; ne riparleremo
presto.

2 – [Mi] fa piacere *(Dà piacere)* vederti tornare
contento dal lavoro!

3   Ti piace tanto quello che fai *(il tuo lavoro)*,
vero?

4 – Cara, ti prego *(mio amore, per favore)*!

5   Non confondere l'andata col ritorno!

> ▸ *gustare, assaporare, provare.*

⑦ **La verdad**, *la verità*. **Es verdad**, *è vero*.

⑧ **No confundas**, *non confondere*, è un imperativo negativo del
verbo **confundir**.

⑨ **Ida y vuelta**, *andata e ritorno*.
En dos idas y venidas, *su due piedi, in un lampo*.
In altro contesto **idas y venidas** indica uno spostamento
reiterato da un luogo all'altro e viceversa.

* * *

Soluzione dell'esercizio 1

❶ Sono molto contenta. ❷ Maria torna in autobus. ❸ È vero?
❹ Non confondere! ❺ Ti piace il teatro?

❹ È un'amica degli sposi *(dei recentemente sposi)*.
Es una . . . . . de los . . . .

❺ Ti piace?
¿ . . . . ?

Soluzione dell'esercizio 2

❶ Te gusta – trabajo verdad ❷ – muy contento – ❸ – me gusta mucho
❹ – amiga – recién casados ❺ – Te gusta – .

Una cita ①

1 – ¿Nos **ve**mos **es**te fin de se**ma**na? ②
2 – Po**de**mos que**dar** ③ **pa**ra el ④ **sá**bado por la **no**che. ⑤
3 – ¿A qué **ho**ra que**da**mos?
4 – ¿Te pa**re**ce ⑥ bien a la **ho**ra de **siem**pre?
5 – ¡**Va**le! ⑦

Pronunciación

una θita 1 ¿nos bemos este fin de semana? 2 podemos kedar para el sabado por la noce. 3 ¿a ke ora kedamos? 4 ¿te pareθe bien a la ora de siempre? 5 ¡bale!

Note

① **Una cita**, *un appuntamento* (in spagnolo è femminile).
Questo termine si usa spesso in un contesto molto formale, anche se indica qualsiasi tipo di appuntamento fra due o più persone; tra amici, comunque, **se queda** (*si resta* - espressione che in italiano si riferisce all'orario stabilito per incontrarsi - o *ci si dà appuntamento*), mentre dal medico **se coge** o **se toma cita**, *si prende un appuntamento*.
Tengo cita con la maestra de mi hija, *ho appuntamento con la maestra di mia figlia*.
He quedado con mis amigos, *ho appuntamento con i miei amici*. Per sapere altro sul verbo **quedar** consultate la nota 3.

② **El fin**, *il fine, la fine*, in spagnolo è sempre maschile.
El fin de semana, *il week-end, il fine settimana*.
Al final de la semana, *alla fine della settimana*.

③ Il significato principale di **quedar** è *restare*, ma questo verbo ha molte accezioni, tra cui *diventare* e *terminare*.
Me queda un euro, *mi è rimasto un euro*.

Un appuntamento

1 – Ci vediamo questo fine *(di)* settimana?
2 – Possiamo darci appuntamento *(restare)* per il
     sabato sera *(per la notte)*.
3 – A che ora *(restiamo)*?
4 – Ti va bene alla solita ora *(Ti pare bene all'ora
     di sempre)*?
5 – Ok *(Vale)*!

▸ Nella lingua di tutti i giorni, talvolta seguito da **para**, **quedar**
può significare *dare appuntamento*.
Hemos quedado para el lunes, *ci siamo dati appuntamento
per lunedì*.

④ Il giorno della settimana, quando è determinato, vuole l'articolo
in spagnolo. Torneremo su questo punto nella prossima lezione
di ripasso.
El sábado pasado, *sabato scorso*.

⑤ In italiano diciamo *il sabato sera*, ma in spagnolo è
necessario anteporre **por** ai nomi che indicano le parti del giorno:
la mañana, *il mattino*; **la tarde**, *il pomeriggio*; **la noche**, *la sera*
o *la notte*:
por la mañana voy a trabajar, *di mattina vado a lavorare*.
Voy al cine por la tarde o por la noche, *vado al cinema di
pomeriggio o di sera*.

⑥ **Parecer**, *parere*, *sembrare*, è parzialmente un falso amico:
l'espressione **¿qué te parece?**, per esempio, vuol dire *che ne
dici?* Quando il verbo è seguito da **bien** ha il significato di
piacere o *andare bene*, come nella frase del testo.

⑦ **¡Vale!** (lett. *vale*), espressione molto frequente nella lingua
parlata, è la versione spagnola dell'inglese *ok*.

6 – De **to**das **for**mas, nos lla**ma**mos.
7 – ¡De a**cuer**do!

☐

6 de **to**das **for**mas, nos ya**ma**mos. **7** ¡de a**kue**rdo!

* * *

Ejercicio 1: Traduzca
❶ Este fin de semana he ido al cine. ❷ He quedado con mi amigo. ❸ Te llamo después del teatro. ❹ ¿Te parece bien? ❺ Nos llamamos por la tarde.

Ejercicio 2: Complete
❶ A che ora ha chiamato?

¿ . . . . ha llamado?

❷ Alla solita ora *(all'ora di sempre)*.

. . . . de . . . .

❸ Comunque, è una buona idea.

. . . . , es una buena . . . . .

* * *

In teoria il sostantivo **tarde** *indica il periodo della giornata che va dal primo pomeriggio (dalle 14 o dalle 15, a seconda che si lavori nel turno pomeridiano o si adotti la* **jornada continua**, *l'orario continuato) al momento in cui si fa buio: perciò il termine può corrispondere sia al* pomeriggio *che alla* sera *e si può confondere con* **noche**, *che a sua volta può riferirsi alla* sera *come alla* notte. *Per cui si può augurare* **¡buenas tardes!** *alle sette o*

6 – Ad ogni modo ci sentiamo per telefono *(di tutte* 10
forme, ci chiamiamo).
7 – D'accordo!

UNA CITA

Soluzione dell'esercizio 1
① Questo fine settimana sono andato/a al cinema. **②** Ho appuntamento col mio amico. **③** Ti chiamo dopo il teatro. **④** Ti piace? **⑤** Ci sentiamo per telefono nel pomeriggio.

④ Sono d'accordo.
Estoy .. ..

⑤ Hai degli spiccioli?
¿Tienes ....?

Soluzione dell'esercizio 2
① A qué hora – **②** A la hora – siempre **③** De todas formas – idea
④ – de acuerdo **⑤** – dinero suelto

* * *

alle otto pomeridiane, e a seconda delle circostanze l'espressione si traduce buon pomeriggio *o* buona sera. **¡Buenas noches!**, *invece, si usa quando ci si congeda prima di andare a dormire ed equivale al nostro* buona notte.

¡Hasta mañana!, A domani!

Cuestión ① de apreciación o… todo es relativo

1 – ¡He per**di**do el tren!
2 – ¡Qué **ma**la **pa**ta! ②
3 – Lo he per**di**do por **po**co. ③
4 ¡Por un mi**nu**to! ④
5 – ¡Ah, **bue**no…! ¡No es tan ⑤ **gra**ve!
6 Con la **ca**ra ⑥ que has **pues**to…
7 ¡cre**í**a que lo ha**bí**as ⑦ per**di**do por **u**na **ho**ra!

☐

Pronunciación
*kuestión de apreθi̯aθi̯on o… todo es rrelatibo **1** ¡e perdido el tren! **2** ¡ke **ma**la **pa**ta! **3** lo e per**di**do por **po**co. **4** ¡por un minuto! **5** ¡a, **bue**no…! ¡no es tan **gra**be! **6** kon la **ka**ra ke as **pues**to… **7** ¡kreía ke lo **a**bi̯as perdido por una ora!*

Note

① **Cuestión**, come *questione* in italiano, ha molti sinonimi: **asunto** *(affare)*, **tema** o **problema**.
Es cuestión de vida o muerte, *è questione di vita o di morte*.

② **Pata** significa *zampa* o *gamba* (di un mobile) ed è una parola che si usa in molte espressioni idiomatiche.
Tener mala pata, *avere sfortuna*.
¡Mala pata!, *che sfortuna!*

③ **Por poco**, *per poco*.
Davanti a un verbo, **por poco** indica solitamente un'azione mancata per un pelo.
Por poco pierdo el tren, *per poco non perdevo il treno*.

④ **Por** non si mette solo davanti ai nomi che indicano le parti della giornata (vedi la lezione 10, nota 5), ma anche davanti a un complemento di tempo in generale: **por un minuto**, *per un minuto*; **por un segundo**, *per un secondo*.

Questione di valutazione ovvero… tutto è relativo

1 –   Ho perso il treno!
2 –   Che sfortuna! *(Che cattiva zampa!)*
3 –   L'ho perso per un pelo *(per poco)*.
4   Per un minuto!
5 –   Ah, beh…! Non è [poi] così grave!
6   Dalla *(Con la)* faccia che hai fatto *(posto)*…
7   credevo che lo avessi *(avevi)* perso per un'ora!

⑤ L'avverbio **tanto**, *così, tanto*, davanti a un aggettivo o a un altro avverbio si accorcia e diventa **tan**.
Estoy tan contento…, *sono così contento…*

⑥ **Cara** qui significa *faccia, viso, espressione, aspetto*, ma come aggettivo corrisponde al nostro *cara*, sia nel senso di amata che nel senso di costosa. Ricordate, però, che in spagnolo la faccia si "mette" e non si "fa".
Poner cara de…, *fare una faccia…*
Tienes buena cara, *hai una buona cera*.
Poner buena e **mala cara**, invece, significano rispettivamente *gradire* e *disapprovare*.

⑦ **Creía** e **habías** sono due imperfetti indicativi *(credevo e avevi)* formati regolarmente dai verbi **creer** e **haber**; ci saremmo potuti aspettare un congiuntivo, come avviene in italiano, ma con i verbi di opinione (**pensar**, **creer**, **decir**, ecc.), nelle frasi affermative, si usa l'indicativo.
Creo que es una buena idea, *credo che sia una buona idea*.
Cree que es una buena pregunta, *crede che sia una buona domanda*.

Ejercicio 1: Traduzca

❶ He perdido la cartera. ❷ ¡Mala pata! ❸ Todo es relativo. ❹ Tienes muy buena cara. ❺ ¿Quieres hacer una pregunta?

Ejercicio 2: Complete

❶ Qual è il problema?

¿ . . . . es . . . . ?

❷ Bella domanda!

¡ . . . . !

❸ Hai un minuto?

¿Tienes . . . . ?

❹ Abbiamo perso un'ora.

. . . . una . . . . .

❺ Non è così grave!

¡No es . . . . !

Se avete letto attentamente questa lezione avrete notato che l'abbiamo chiamata **lección once** *anziché* **lección undécima**, *passando dai numeri cardinali a quelli ordinali. Come mai? Lo saprete nella 21° lezione, quando cominceremo a studiare gli aggettivi numerali. Per ora proseguite, ricordandovi sempre di leggere e ripetere i numeri che trovate al fondo della pagina; così, quando approfondiremo lo studio degli aggettivi numerali, per voi l'argomento non sarà una novità.*

Soluzione dell'esercizio 1

❶ Ho perso il portafoglio. ❷ Che sfortuna! ❸ Tutto è relativo. ❹ Hai un ottimo aspetto. ❺ Vuoi fare una domanda?

Soluzione dell'esercizio 2

❶ Cuál – el problema ❷ buena pregunta ❸ – un minuto ❹ Hemos perdido – hora ❺ – tan grave

¡ MALA PATA !

Proyectos de futuro

1 –   **Pa**ra ① **ca**sarme yo necesito ② encon**trar**
un **hom**bre
2   **bue**no, **gua**po, **ri**co y **ton**to.
3 –   ¿Y por qué **tie**ne que ③ ser **ton**to?
4 –   **Por**que ④ si no es **bue**no, **gua**po y **ri**co,
5   yo no me casa**ré** ⑤ con él;
6   y si no es **ton**to,
7   es él quien no se casa**rá** con**mi**go. ⑥   ☐

Pronunciación
*Dato che ormai avete preso confidenza con i suoni dello
spagnolo, d'ora in poi daremo solo la trascrizione fonetica
delle parole che presentano qualche difficoltà di pronuncia.*

2 *...rriko....*

Note

① Le preposizioni **para** e **por**, in genere, corrispondono entrambe
all'italiano *per*, ma reggono complementi diversi e il loro uso
corretto è uno dei problemi principali per chi studia lo spagnolo.
In linea di massima, si ricorre a **para** quando ci si riferisce a uno
scopo o a una destinazione, mentre **por** regge un complemento
di causa o di favore.
Para coger el autobús necesito dinero, *per prendere
l'autobus ho bisogno di soldi.*
Lo he hecho por ella, *l'ho fatto per lei* (a favore di lei).

② **Necesitar**, *avere bisogno di*, è un verbo regolare e transitivo.
Necesito tiempo, *ho bisogno di tempo.*
¿Necesitas ayuda?, *hai bisogno di aiuto?*

③ **Tengo que**, *devo*; **tienes que**, *devi*; **tiene que**, *deve*, ecc.
Il verbo *dovere* corrisponde in spagnolo alla perifrasi verbale
tener que (lett. *avere che*), che esprime un obbligo.

Progetti per il futuro *(di futuro)*

1 – Per sposarmi *(io)* ho bisogno di trovare un uomo

2 buono, bello, ricco e stupido.

3 – E perché dev'essere stupido?

4 – Perché se non è buono, bello e ricco

5 io non lo sposerò *(non mi sposerò con lui)*;

6 e se non è stupido,

7 sarà lui a non sposare me *(è lui chi non si sposerà con me)*.

▸ **Tiene que llamar**: *deve telefonare.*

④ Fate attenzione alla differenza: **¿por qué?** (staccato) traduce *perché* nelle domande (frase 3); **porque**, tutto attaccato e senza accento, vuol dire *perché* nelle risposte.
  - **¿Por qué no sales al jardín?**, *perché non esci in giardino?*
  - **Porque hace frío**, *perché fa freddo.*

⑤ **Casaré** è la 1ª persona dell'indicativo futuro di **casar**, *sposare.*

⑥ **Conmigo**, *con me*; **contigo**, *con te.*
  Ha desayunado conmigo, *ha fatto colazione con me.*
  Estoy contigo, *sto con te.*

Ejercicio 1: Traduzca

❶ ¿Cuál es tu proyecto? ❷ Vamos a casarnos. ❸ Necesito verte. ❹ ¿Pedro ha ido contigo? ❺ De todas formas, te llamo.

Ejercicio 2: Complete

❶ Il tuo ragazzo è molto bello.

 . . amigo . . . . •

❷ Non è stupida.

 . . . . •

❸ Ha [un] futuro.

 . . . . •

---

13   Lección trece

Hombre precavido ① vale por dos

1 – Una ra**ción** de **se**tas, ② por fa**vor**.
2 – ¿Una ra**ción** de **se**tas?

Pronunciación
1 ...rraθiọn...

Note

① **Precavido,** *avvisato, previdente,* è il participio passato di **precaver**, verbo della 2ª coniugazione.

② **Seta,** *fungo,* è un falso amico un po' meno velenoso (è il caso di dirlo) rispetto a tanti altri, ma ad ogni modo è bene evitare qualsiasi equivoco e sapere che *seta,* in spagnolo, si dice **seda**. **Una seta venenosa,** *un fungo velenoso.*

Soluzione dell'esercizio 1

❶ Qual è il tuo progetto? ❷ Ci sposiamo. ❸ Ho bisogno di vederti.
❹ Pedro è venuto con te? ❺ Comunque ti telefono.

❹ Perché l'hai fatto oggi?.

¿ . . . . . . lo has . . . . ?

❺ Perché volevo andare al cinema.

. . . . . . quería . . al . . . . .

Soluzione dell'esercizio 2

❶ Tu – es muy guapo ❷ No es tonta ❸ Tiene futuro ❹ Por qué
– hecho hoy ❺ Porque – ir – cine

Tredicesima lezione   13

Uomo avvisato mezzo salvato *(vale per due)*

1 –   Una porzione di funghi, per favore.
2 –   Una porzione di funghi?

3 ¡Está bien ③, **p**ero ense**g**ui**d**a ④ le **tra**i**g**o ⑤
la **cuen**ta! ⑥

4 – ¿**Có**mo? ¿**Ten**go que pa**g**ar **an**tes de que
me **sir**va?

5 – ¡**Mir**e! ⑦ ¡**C**on las **s**etas **nun**ca ⑧ se **s**abe
cómo ⑨ a**ca**ban las **co**sas! ☐

---

*3 ...p**e**ro...*

Note

③ **¡Está bien!** (lett. *sta bene!*), *d'accordo!*

④ **Enseguida** o **en seguida** (meno usato) vuol dire *subito,*
immediatamente. Nella prima lezione ne abbiamo visto un
sinonimo, **ahora mismo.** Non va confuso con la locuzione *in*
seguito (**después** o **más tarde**).

⑤ **Le traigo** (si sottintende **a usted**), *le porto.*
Le corrisponde al nostro pronome complemento *le* (3ª persona
singolare). **Traigo** *(porto)* è voce del verbo irregolare **traer**, che
in genere significa *portare* verso il luogo in cui si trova chi sta
parlando e si contrappone a **llevar**, verbo regolare della 1ª
coniugazione, che vuol dire *portare* verso un altro luogo
rispetto a quello di chi sta parlando:
¿Le traigo la cuenta?, *le porto il conto?*
¿Le traigo un té?, *le porto un tè?*

⑥ Ricordate che **la cuenta**, *il conto,* è femminile.
La cuenta, por favor, *il conto, per favore.*
Pedir la cuenta, *chiedere il conto.*
Una cuenta corriente, *un conto corrente.*

* * *

Ejercicio 1: Traduzca

❶ ¿Qué quieres comer? ❷ Voy a pedir un café
con leche. ❸ Tengo que pagar. ❹ ¿Vas a pedir la
cuenta? ❺ ¡Ahora mismo!

3 Va *(sta)* bene, ma le porto subito il conto!

4 – Come? Devo pagare prima di essere servito *(prima di che mi serva)*?

5 – Guardi, con i funghi non si sa mai come va a finire *(mai si sa come finiscono le cose)*!

⑦ **¡Mire!**, *guardi!*, non serve soltanto a richiamare l'attenzione dell'interlocutore, ma si usa in svariate altre situazioni, con diverse sfumature a seconda del contesto.

⑧ Quando **nunca** *(mai)* precede il verbo, non si deve aggiungere l'avverbio di negazione **no**. Lo stesso avviene per **jamás**, *mai*. Confrontate:

No cojo nunca el autobús, *non prendo mai l'autobus*.

Nunca cojo el autobús, *non prendo mai l'autobus (*lett. *mai prendo l'autobus)*.

Nunca jamás, *mai più*.

⑨ Perché **como** si scrive con l'accento in alcuni casi e in altri no? Tutto dipende dalla sua funzione grammaticale: va accentato quando esprime una domanda (anche indiretta, come avviene nella frase 5) o un'esclamazione; è senza accento, invece, quando indica una comparazione (**soy tan alto como tú**, *sono alto come te*) e quando può essere tradotto con l'espressione "*in qualità di*".

Como, senza accento, è anche la 1ª persona singolare dell'indicativo presente di **comer**, *mangiare*, per cui significa *mangio*.

* * *

Soluzione dell'esercizio 1

❶ Cosa vuoi mangiare? ❷ Chiederò un caffellatte. ❸ Devo pagare.
❹ Chiedi il conto? ❺ Subito!

Ejercicio 2: Complete

① Mi piacciono i funghi.

 . . . . las . . . .

② Ne ordinerò *(vado a chiedere)* una porzione.

 . . . a . . . . . una . . . .

③ D'accordo!

 ¡ . . . . bien!

Ración, *oltre a voler dire razione, nell'immaginario spagnolo rappresenta un concetto legato inscindibilmente alla* **tapa,** *della quale abbiamo già parlato dettagliatamente nella prima lezione. Entrambi i termini, assieme al* **pincho** *(uno stuzzichino che, come la* **tapa,** *si accompagna all'aperitivo e in genere è infilzato da uno stuzzicadenti), appartengono alla stessa cultura.*
Una ración *è una porzione più grossa e può bastare da sola come pasto, ma il più delle volte viene divisa fra due o tre persone e si accompagna con qualcosa da bere.*
Pare che le **tapas** *siano originarie dell'Andalusia, dove gli alcoolici – soprattutto il vino di xeres – tradizionalmente venivano ser-*

---

14   Lección catorce

Repaso

1 *Al* e *del*: la forma contratta dell'articolo

L'incontro delle preposizioni **a** e **de** con l'articolo **el** dà luogo alle forme contratte **al** e **del**.

Ir al cine, *andare al cinema.*
Hablar al autor, *parlare all'autore.*
El primer día del mes, *il primo giorno del mese.*
La hora del aperitivo, *l'ora dell'aperitivo.*

In spagnolo non ci sono altre preposizioni articolate.

④ Devo finire la lezione.

. . . . la lección.

⑤ Subito.

. . . .

Soluzione dell'esercizio 2

① Me gustan – setas ② Voy – pedir – ración ③ Está – ④ Tengo que acabar – ⑤ Enseguida

viti con una fettina di prosciutto, di salsiccia o altro insaccato che copriva il bicchiere, oppure erano accompagnati da una coppetta con delle olive che fungeva da **tapa**, letteralmente coperchio, per proteggere la bevanda dalle mosche. Quest'abitudine si è generalizzata a poco a poco, arricchendosi di nuove proposte. Le **tapas**, che un tempo si mangiavano gratis, oggi si devono quasi sempre pagare, ma restano un'usanza che consolida i legami sociali e permette a chiunque di vivere un momento piacevole, in un'atmosfera conviviale.

¡Que aproveche!, Buon appetito!

Quattordicesima lezione 14

2 L'apocope

Per apocope s'intende la caduta dell'ultima vocale o dell'ultima sillaba di una parola. Sono una quindicina le parole di uso comune che presentano questo fenomeno, e alcune di esse si comportano allo stesso modo in italiano. Ne conoscete già qualcuna:

• **Uno**, uno; **primero**, primo; **bueno**, buono, e **malo**, cattivo, brutto, in funzione di aggettivi perdono la **o** finale davanti a un nome maschile singolare:
Un día, un giorno.
Primer mes, primo mese.

14 **Un buen café**, *un buon caffé*.
Un mal día, *un brutto giorno*.
Anche qui ci sono poche differenze rispetto all'italiano: nel terzo esempio abbiamo due apocopi in entrambe le lingue. Osservate, nelle frasi seguenti, quando si ha l'apocope e quando, invece, le parole in questione vanno scritte per esteso:
Tengo un sello, *ho un francobollo*; **tengo uno**, *ne ho uno*.
Es un buen amigo, *è un buon amico*; **es bueno**, *è buono*.

L'apocope non avviene davanti ai nomi femminili: **una buena amiga**, *una buona amica*.

• **Tanto**, *tanto* o *così*, quando ha funzione di avverbio, diventa **tan** davanti a un aggettivo o un altro avverbio:
No es tan grave, *non è così grave*.

• **Recientemente**, *recentemente*, diventa **recién** davanti a un participio passato:
Un recién nacido, *un neonato*.

Completiamo questa lista con l'aggettivo **grande**, *grande*, che in genere si riduce a **gran** anche davanti ai nomi femminili singolari oltre che davanti a quelli maschili:
Un gran hombre, *un grand'uomo*.
Una gran mujer, *una gran donna*.

3 Il superlativo assoluto

Per formarlo basta sostituire l'ultima vocale di un aggettivo col suffisso **-ísimo**, **-ísima** o aggiungerlo agli aggettivi che finiscono per consonante. Per cui da **raro** avremo **rarísimo** e da **cortés**, **cortesísimo**.
Una idea buenísima, *un'ottima idea*.

Poiché non mancano le eccezioni, per esprimere il superlativo assoluto possiamo ricorrere anche all'avverbio **muy**, *molto*, evitando così di commettere errori in caso di dubbi, anche se la costruzione col suffisso **-ísimo**, **-ísima** è più enfatica ed espressiva.

In spagnolo i giorni della settimana vanno preceduti dall'articolo **el**, *il*, quando sono ben determinati nel tempo:
el lunes pasado, *lunedì scorso*.
El próximo miércoles, *mercoledì prossimo*.
El jueves catorce, *giovedì quattordici*.

Gli aggettivi **pasado** (*scorso*), **último**, *ultimo*, **próximo**, *prossimo* o l'espressione **que viene**, *prossimo* possono essere sottintesi:
El viernes, *venerdì*; il contesto permette di stabilire se intendiamo dire **el viernes pasado**, *venerdì scorso*, o **el viernes que viene**, *venerdì prossimo*.
Comí con mi amiga el sábado, *sabato ho mangiato (mangiai) con la mia amica*.
Iré a verte el domingo, *domenica verrò a trovarti*.
Al termine della lezione diremo due parole sul martedì.

Per indicare che una determinata azione avviene regolarmente di domenica, di lunedì, ecc., in spagnolo usiamo sempre l'articolo, ma al plurale:
Los domingos desayunamos en familia, *la domenica facciamo colazione in famiglia*.
Voy a verle los jueves, *lo vado a trovare il giovedì*.
Possiamo anche dire **todos los domingos...**, *tutte le domeniche...* nel primo esempio et **...todos los jueves**, *...tutti i giovedì* nel secondo.

5 Participi passati irregolari

Con il participio passato, sempre preceduto dall'ausiliare **haber**, si formano i tempi composti di tutti i verbi. Per quanto riguarda quelli della prima coniugazione, il participio passato si ottiene sostituendo il suffisso **-ar** dell'infinito col suffisso **-ado**: **hablar**, *parlare*, → **hablado**, *parlato*.

Le cose vanno diversamente per quanto riguarda i verbi in **-er** e in **-ir**; alcuni hanno un participio passato irregolare. Sarà bene ricordarseli man mano che li incontreremo nel corso delle lezioni.

Per aiutarvi a impararli, vi diciamo fin da subito che questi participi irregolari finiscono molto spesso in **-to**, **-so** o **-cho** e spesso somigliano a quelli italiani. Avete già incontrato **puesto** (da **poner**, *mettere, porre*), *messo, posto*, e **hecho** (da **hacer**, *fare*), *fatto*. Altri participi irregolari molto frequenti sono **visto** (da **ver**, *vedere*), *visto,* e **dicho** (da **decir**, *dire*), *detto*.

He puesto la mesa, *ho apparecchiato la tavola.*

¿Qué has hecho hoy?, *cos'hai fatto oggi?*

Ha visto que el semáforo estaba en rojo, *ha visto che il semaforo*

* * *

6 Diálogo recapitulativo

 1 –¿Qué has hecho hoy? **(8)**
 2 –He ido a trabajar; y después… **(8, 10, 14)**
 3 he ido de tapas. (Vedi nota culturale alla fine della prima lezione)
 4 ¡Necesito ver a los amigos! **(12)**
 5 Y tú, ¿qué has hecho? **(2, 9)**
 6 –Quería ir al teatro porque me gusta mucho; **(4, 8, 12)**
 7 pero he perdido el autobús. **(6, 11)**
 8 –¡Qué mala pata! **(11)**
 9 –¿Te parece si quedamos para ir al teatro el domingo? **(8, 10, 14)**
10 –¡Está bien! **(13)**

era rosso.
¿Qué han dicho?, *cos'hanno detto?*

Notate, infine, che alcuni verbi regolari hanno un participio passato irregolare:
escrito (da **escribir**, *scrivere*), *scritto*, e **abierto** (da **abrir**, *aprire*), *aperto*. Sono molto simili all'italiano, vero?

Tratteremo esaustivamente questo punto in seguito.

* * *

Traducción

1 Che hai fatto oggi? **2** Sono andato al lavoro e poi... **3** ho fatto il giro dei bar. **4** Ho bisogno di vedere gli amici! **5** E tu cos'hai fatto? **6** Volevo andare a teatro perché mi piace molto; **7** ma ho perso l'autobus. **8** Che sfortuna! **9** Ti va se ci vediamo domenica per andare a teatro? **10** Va bene!

* * *

Il giorno di Marte, **el martes**, *martedì, non presenta particolarità nell'uso rispetto agli altri giorni della settimana, ma a titolo di curiosità gli dedichiamo una nota a parte perché, nell'immaginario spagnolo, è una giornata "no". I superstiziosi lo temono ancora di più quando coincide col tredicesimo giorno del mese (***trece**, *tredici): in Spagna, dunque, il martedì 13 corrisponde né più né meno al nostro venerdì 17. Queste differenze si riflettono anche sui proverbi e sui detti popolari: in spagnolo "nè di Venere, né di Marte non si sposa né si parte" diventa* **en martes, ni te cases ni te embarques** *(lett. in martedì, né ti sposi né t'imbarchi).*

15 Lección quince

¿Cuál es tu profesión? ①

1 – ¿En qué trabajas? ②
2 – Soy profesora ③ de español para
    extranjeros.
3   Y tú ④ ¿a qué te dedicas? ⑤

Pronunciación
2 ...*estranχeros*...

Note

① **La profesión**, *la professione*. Un suo sinonimo, che però si usa
prevalentemente per parlare di lavori manuali o meccanici, è
oficio, corrispondente a *mestiere*. Si tratta, come avrete intuito,
di un falso amico che può significare anche *ufficio*, ma solo
nel senso di *funzione religiosa* o *funzione* di un oggetto. Se
vogliamo indicare il luogo dove si lavora dobbiamo ricorrere a
un altro falso amico, **oficina**, che non ha nulla a che vedere con
la nostra *officina* (in spagnolo **taller**).

② **Trabajar**, *lavorare*, è un verbo regolare della 1ª
coniugazione (verbi in **ar**) come **llamar**, *chiamare*, o
desayunar, *fare colazione*. Ecco le prime tre persone singolari
dell'indicativo presente:
yo trabajo, *io lavoro*; **tú trabajas**, *tu lavori*; **él / ella / usted
trabaja**, *lui / lei / Lei lavora*.

③ Se il termine maschile finisce per consonante, il femminile
si forma aggiungendo una -a, come avviene nelle maggior
parte dei casi che riguardano titoli o professioni: **el profesor**,
la profesora, *il professore, la professoressa*; **el escritor**, **la
escritora**, *lo scrittore, la scrittrice*; **el primer ministro**,
la primera ministra, *il primo ministro*. Non mancano,
tuttttavia, le eccezioni: **el actor**, **la actriz**, *l'attore, l'attrice*; **el / la
periodista**, *il / la giornalista*. Anche in questo caso la
somiglianza con l'italiano aiuta. ▶

Qual è la tua professione?

1 – Che lavoro fai? *(In che lavori?)*
2 – Sono professoressa di spagnolo per stranieri.
3 E tu, di cosa ti occupi *(a cosa ti dedichi)*?

Note sulla pronuncia

La **x**, davanti a una consonante, si pronuncia il più delle volte **s**. In questo caso la trascriviamo s nella pronuncia figurata.

(4) **Tu**, senza accento, traduce l'aggettivo possessivo *tuo, tua* senza distinzione di genere: **tu profesor**, *il tuo professore*; **tu profesión**, *la tua professione*.
Tú, con l'accento, è il pronome personale *tu*; **(tú) trabajas**, *(tu) lavori*; **¿y tú?**, *e tu?* Avevamo già parlato della differenza fra **tu** e **tú**; questo non è l'unico monosillabo a presentare questa caratteristica che ne distingue il senso o la funzione grammaticale. Ne conoscete già un altro, ovvero **el**, (l'articolo *il*), e **él**, (il pronome *lui*): **el trabajo**, *il lavoro*; **él trabaja**, *lui lavora*; **¿y él?**, *e lui?*

(5) **¿A qué te dedicas?** è un'espressione molto usata che corrisponde all'italiano *che lavoro fai?* Per il resto, il verbo **dedicarse** equivale all'italiano *dedicarsi*.

4 – Soy ⑥ escri**tor,**
5 **pe**ro en mis **ra**tos **li**bres tra**ba**jo en un
banco.   □

Note

⑥ Il verbo **ser** esprime una caratteristica costante, ma si usa
pure (obbligatoriamente) per introdurre la professione svolta,
anche se si tratta di un lavoro a breve termine: **soy profesora**,
sono una professoressa; **eres escritor**, *fai lo scrittore, sei uno
scrittore*; **es panadera**, *fa la fornaia*. Notate, inoltre, che davanti
ai nomi di professione non ci vuole l'articolo.

* * *

Ejercicio 1: Traduzca
❶ Soy francés. ❷ Es extranjero. ❸ ¿En qué trabajas? ❹ ¿Cuál es tu número de teléfono? ❺ ¿Es tu
amiga?

Ejercicio 2: Complete

❶ Qual è la tua professione?
¿ . . . . es . . . . ?

❷ Sono un professore.
. . . profesor.

❸ Hai un lavoro?.
¿Tienes . . . . ?

❹ Lavoro in banca.
. . . . un . . . . . .

❺ Ho un momento libero.
. . . . rato . . . . . .

4 – Faccio lo *(sono)* scrittore,
5   ma nel tempo libero *(nei miei momenti liberi)*
        lavoro in *(una)* banca.

* * *

Soluzione dell'esercizio 1
❶ Sono francese. ❷ È straniero. ❸ Che lavoro fai? ❹ Qual è il tuo
numero di telefono? ❺ È la tua ragazza?

Soluzione dell'esercizio 2
❶ Cuál – tu profesión ❷ Soy – ❸ – trabajo ❹ Trabajo en – banco
❺ Tengo un – libre

16   Lección dieciséis

Un buen amigo

1 – ¡**Hom**bre…! ① ¿**Có**mo estás? ② ¡**Cuán**to
tiempo!
2 – Sí, es ver**dad**. ③ **Hace** ④ años…
3 – ¿Qué te pa**re**ce si ce**na**mos **jun**tos es**ta** ⑤
noche y …
4   **lue**go ⑥ **va**mos de **co**pas? ⑦

Note

① ¡**Hombre!** (lett. *uomo!*) è un'esclamazione frequentissima nella
lingua parlata e può esprimere emozioni diverse, dallo stupore
all'ammirazione, dalla sorpresa al fastidio. È simile a ¡**vaya!**
(vedi la nota 7 della sesta lezione) e la sua traduzione dipende
dal contesto. Esiste anche l'interiezione al femminile (¡**Mujer!**,
lett. *donna!*).

② Oltre a ¿**cómo estás?**, *come stai?*, abbiamo già visto ¿**qué tal?**,
come va? La domanda ¿**qué tal estás?** è una via di mezzo tra le
due espressioni.

③ **Es verdad**, lett. *è verità*. L'aggettivo *vero* si dice **verdadero**.

④ **Hace**, *fa*, è voce del verbo **hacer**, *fare*, ma davanti a
un'espressione di tempo può tradurre la preposizione *da*: **hace
una semana**, *da una settimana*.

Un buon amico

1 — Ehi *(uomo)*! Come stai? Da quanto tempo non ci vediamo *(quanto tempo)*!

2 — Sì, è vero *(è verità)*. Da *(fa)* anni…

3 — Che ne diresti di cenare *(ti pare se ceniamo)* insieme questa sera *(notte)* e…

4 poi di berci un bicchiere *(andassimo di bicchieri)*?

⑤ Attenzione: **esta** (senza accento) significa *questa*; **está** (accentato) significa *è* oppure *sta*.

⑥ **Luego**, *dopo, poi, quindi*, non ha niente a che fare con *luogo* (**lugar**).

⑦ **Copa**, lett. *coppa*, qui vuol dire *bicchiere* o *calice.* **Ir de copas**, a differenza dell'espressione **ir de tapas** che abbiamo già visto all'inizio del corso, si usa dopo mangiato e non prima, anche se fa riferimento sempre allo stesso rituale: si esce in compagnia, si fa il giro dei locali con gli amici bevendo alcolici e si paga a turno.
Ir de vinos, invece, è simile a **ir de tapas** perché indica un'azione che avviene nel pomeriggio o poco prima di cena e comporta la bevuta di vino, birra o aperitivi.

5 – ¿Por qué ⑧ no?
6 – ¡Estupendo, invítame! ⑨   □

Note

⑧ **¿Por qué?**, *perché?* Tutti i pronomi e gli avverbi interrogativi e le corrispondenti forme esclamative portano l'accento grafico: **¿cómo…?**, *come…?*; **¡cuánto…!**, *quanto…!*, e **¿qué…?**, *cosa… ?* Conoscete già **¿cuál…?**, *quale… ?*, **¿dónde…?**, *dove… ?* (stato in luogo) e **¿adónde?**, *dove… ?* (moto a luogo)

⑨ **Invítame**, *invitami*, è un imperativo; il pronome si aggiunge alla forma verbale come in italiano. Ricordate che bisogna segnare l'accento quando la parola è sdrucciola: **llámame**, *chiamami*. All'infinito, invece, l'accento cade sulla penultima sillaba e dunque non si mette: **invitarnos**, *invitarci.*

* * *

Ejercicio 1: Traduzca

① ¿Qué tal estás? ② Bien, ¿y tú? ③ Tengo una amiga. ④ ¿Qué te parece? ⑤ ¿Por qué no?

Ejercicio 2: Complete

① È un buon amico.
  .. un .... amigo.

② Sì, è vero.
  Sí, ...

③ Abbiamo cenato insieme.
  ..... cenado ....

④ Chiamami stasera.
  Llámame ....

⑤ Da quanto tempo?
  ¿Cuánto .... ?

5 – Perché no?

6 – Splendido *(stupendo)*, invitami!

* * *

Soluzione dell'esercizio 1

① Come stai? ② Bene, e tu? ③ Ho un'amica. ④ Che ne dici?
⑤ Perché no?

Soluzione dell'esercizio 2

① Es – buen – ② – es verdad ③ Hemos – juntos ④ – esta noche
⑤ – tiempo hace

Tutti sanno che gli Spagnoli hanno un debole per le feste e una
afición, *inclinazione, per uscire con gli amici. Si può dire che*
trasnochar, *fare le ore piccole, sia divenuto uno sport nazionale,*
specialmente tra i giovani. Secondo la tradizione, la vita notturna
è una delle peculiarità più importanti della Spagna: si dice che
Madrid sia la città dove si dorme di meno perché capita spesso di
trovarsi bloccati in un ingorgo stradale nel cuore della notte.

¿Qué hora es?

1 –   ¿**Tie**nes **ho**ra, por fa**vor**?
2 –   Sí. Es la **u**na y diez.
3 –   En mi re**loj** son ① las **cua**tro **me**nos **cuar**to.
4 –   ¡Qué **ra**ro! ②
5   Es**pe**ra un mo**men**to; voy a ③ pregun**tar**.
6   Por fa**vor**, se**ño**ra, ¿qué **ho**ra es?
7 –   Las **cin**co y me**dia**.
8 –   ¡Es**ta**mos apa**ña**dos! ④   □

Pronunciación
3 ...rre*lo*χ...

Note

① In spagnolo non è difficile dire che ora è: tutto si svolge come
   in italiano o quasi.
   Es la una, *è l'una*.
   Es la una y cinco, *è l'una e cinque*.
   Son las ocho y veinte, *sono le otto e venti*.
   Son las dos, *sono le due*.
   Ricordate solo che *un quarto (d'ora)*, in questo tipo di
   espressioni, si dice **cuarto**, senza l'articolo (vedi frase 3).

② Come si può intuire dal contesto, qui **raro** vuol dire *strano*, ma
   altrove può corrispondere a *raro*: **una especie rara**, *una specie
   rara*.

③ I verbi che reggono il complemento di moto a luogo (come **ir**)
   richiedono la preposizione **a** davanti a un nome o a un verbo
   all'infinito.

Che ora è?

1 –   Hai [l']ora, per favore?
2 –   Sì. È l'una e dieci.
3 –   Al *(nel)* mio orologio sono le quattro meno [un] quarto.
4 –   Che strano!
5   Aspetta un momento; chiedo.
6   Mi scusi *(per favore)*, signora, che ora è?
7 –   Le cinque e mezza.
8 –   Stiamo freschi!

▸ **Voy a preguntar**, *chiedo, vado a chiedere* (la perifrasi verbale **ir** + **a** esprime un futuro immediato, che talvolta possiamo tradurre con un presente o con la forma *stare* + verbo al gerundio).
El autobús va a salir, *l'autobus sta partendo.*
Vamos a la panadería, *andiamo in panetteria.*

④ **Apañado** corrisponde principalmente a *adeguato, adatto,* ma non in questo caso: la frase conclusiva del dialogo è evidentemente ironica e si può rendere in italiano con un'espressione come *siamo a posto!* o *stiamo freschi!*

Ejercicio 1: Traduzca

❶ ¿Qué hora es? ❷ No tengo hora. ❸ Espera un momento. ❹ Voy a preguntar. ❺ Son las diez.

Ejercicio 2: Complete

❶ Ho dimenticato l'orologio.
.. olvidado el ....

❷ A che ora parte l'autobus?
¿ . ... sale .. autobús?

❸ Alle sedici e venticinque.
. ... dieciséis . veinticinco.

❹ Non ho l'orologio.
.. .. reloj.

❺ Che strano!
¡ ... . !

---

18   Lección dieciocho

¡A última hora! ①

1 –   El a**vión sa**le ② a las **doce** ③ en **pun**to.

Note

① **A última hora** (lett. *a ultima ora*) può tradurre, secondo il contesto, *all'ultimo momento, all'ultima ora, in extremis*.

② Vi ricordate il verbo **salir** (*partire*)? Se volete rinfrescarvi la memoria, consultate la nota 2 della sesta lezione.

Soluzione dell'esercizio 1

❶ Che ora è? ❷ Non ho l'orologio. ❸ Aspetta un momento.
❹ Chiedo. ❺ Sono le dieci.

Soluzione dell'esercizio 2

❶ He – reloj ❷ A qué hora – el – ❸ A las – y – ❹ No tengo –
❺ Qué raro

La hora, l'ora, *in Spagna coincide con quella italiana, nonostante
ci siano due fusi orari di differenza. Tuttavia, occorre tener conto
che nelle isole Canarie l'orologio è spostato di un'ora indietro
rispetto alla Spagna: per cui, se in Spagna sono le diciannove, nelle
Canarie sono* le diciotto, **las dieciocho**. **La hora insular**, *l'ora delle
isole Canarie, viene sempre comunicata in televisione e alla radio
quando si annuncia* **la hora**. *I giornali radio, come gli altri programmi,
sono preceduti dal segnale orario; per esempio, prima che cominci il
notiziario delle* nove, **las nueve,** *sentirete dire:* **son las nueve, las ocho
en Canarias**, sono le nove, le otto nelle isole Canarie.

¿Y ahora?, E ora? *Allenatevi a dire l'ora in spagnolo!*

All'ultimo momento!

1 – L'aereo parte a mezzogiorno *(alle dodici)* in
punto.

③ **Las doce**, *mezzogiorno* (**mediodía**) *oppure mezzanotte*
(**medianoche**): *in genere è il contesto a dissipare i dubbi*
È mezzogiorno, **son las doce** *o* **son las doce de la mañana**.
È mezzanotte, **son las doce** *o* **son las doce de la noche**.

2   Hay que ④ est**ar** en el aero**puer**to ⑤ dos **h**oras **an**tes.

3   Te**ne**mos que ⑥ co**ger** un ta**x**i.

4 – Sí, si no llega**r**emos con re**tra**so. ⑦

5   ¡Es**pe**ro que no **h**aya ⑧ a**tas**cos!

6 – Son ya las **nue**ve y **cuar**to. ¿Es**táis** **lis**tos? ⑨

7 – Las ma**le**tas, los pasa**por**tes…sí, ¡**va**mos!

8   ¡**An**da! ⑩ Mi pasa**por**te está cadu**ca**do.   ☐

Note

④ L'espressione **hay que**, sempre seguita da un verbo all'infinito, significa *occorre, bisogna, è necessario*.
Hay que ir, *bisogna andare*; **hay que comer**, *bisogna mangiare*; **hay que esperar**, *occorre aspettare*, ecc.
Torneremo sull'argomento nella prossima lezione di ripasso.

⑤ In questo caso si dice **en el aeropuerto** anziché **al aeropuerto** perché il verbo **estar** indica stato in luogo e richiede perciò la preposizione **en**.

⑥ **Tenemos que**, *dobbiamo*.
In spagnolo il verbo *dovere* si traduce con la perifrasi verbale **tener que** (lett. *avere che*) + verbo all'infinito.
Tengo que llamar, *devo chiamare, devo telefonare*; **tienes que trabajar**, *devi lavorare*; **no tenéis que ir**, *non dovete andare, non dovete andarci*.

⑦ **Llegar con retraso**, *arrivare in ritardo*.
Osservate l'uso della preposizione **con** in questa frase: si arriva *con* ritardo, ma *essere in ritardo* si dice **tener retraso** o **llevar retraso** (lett. *avere ritardo* o *portare ritardo*).

* * *

Ejercicio 1: Traduzca

❶ Son las cinco y diez. ❷ Hay que coger la maleta. ❸ El avión tiene retraso. ❹ ¿Estás listo? ❺ ¡Vamos!

2 Bisogna essere all'aeroporto due ore prima.

3 Dobbiamo prendere un taxi..

4 – Sì, sennò arriveremo in *(con)* ritardo.

5 Spero che non ci siano ingorghi!

6 – Sono già le nove e un quarto. Siete pronti?

7 – Le valigie, i passaporti… sì, andiamo!

8 Oh, no *(cammina)*! Il mio passaporto è scaduto.

▶ **Retrasarse**, *fare tardi*.
Per contro, *arrivare in tempo* si dice **llegar a tiempo**.

⑧ **Haya** è il congiuntivo presente del verbo ausiliare **haber**, *avere*. Per ora limitatevi a prenderne nota; più avanti ne sapremo di più.

⑨ **Estar listo**, *essere pronto*; **ser listo**, *essere furbo, intelligente*.

⑩ **¡Anda!** è un'altra interiezione che può indicare sorpresa, ammirazione, disappunto, ecc. Dopo aver visto **¡vaya!** e **¡hombre!**, ormai, ci siamo abituati a questa categoria di parole...

¿ESTÁS LISTO?

Soluzione dell'esercizio 1

❶ Sono le cinque e dieci. ❷ Bisogna prendere la valigia. ❸ L'aereo è in ritardo. ❹ Sei pronto? ❺ Andiamo!

Ejercicio 2: Complete

① Sono le otto in punto.

. . . . . . ocho . . . .

② Bisogna arrivare in tempo.

. . . . . . llegar a . . . .

③ Devi prendere l'aereo.

. . . . coger el avión.

④ All'ultimo momento!

¡ . . . . !

⑤ Hai il passaporto in tasca?

¿Tienes el . . . . en el . . . . ?

---

19   Lección diecinueve

¡Taxi, por favor!

1 – Per**do**ne, ¿**dón**de hay ① **u**na pa**ra**da de…?
2 – Us**ted** no es de a**quí**, ¿ver**dad**?
3 – No, a**ca**bo de ② lle**gar** y…
4 – ¿De **dón**de es?

Pronunciación
¡*taksi…* **2** *… ¿berda^d?…*

Note

① Il verbo **haber**, *avere* può essere usato con valore impersonale e in tal caso significa *esserci*; **hay**, *c'è, ci sono*, è la forma dell'indicativo presente.
Hay un avión a las cuatro de la tarde, *c'è un aereo alle quattro del pomeriggio.*

Soluzione dell'esercizio 2

① Son las – en punto ② Hay que – tiempo ③ Tienes que – ④ A última hora ⑤ – pasaporte – bolsillo

* * *

Le vostre conoscenze aumentano a poco a poco e i testi delle lezioni si fanno sempre più densi.
Se vi siete esercitati con **la hora***, magari aiutandovi con i numeri segnati in fondo alle pagine e all'inizio delle lezioni, vi sarete accorti che l'argomento non presenta particolari difficoltà. Ormai siete pronti per studiare gli aggettivi numerali, di cui ci occuperemo a cominciare dalla prossima lezione di ripasso.*

Diciannovesima lezione   19

Taxi, per cortesia!

1 – Mi scusi *(perdoni)*, dov'è *(dove ha)* un
posteggio di…?
2 – Lei non è di qui, vero *(verità)*?
3 – No, sono appena arrivato *(finisco di arrivare)*
e…
4 – Da dove viene *(di dov'è)*?

▸ **Hay un atasco,** *c'è un ingorgo.*
Hay problemas, *ci sono dei problemi.*

② La perifrasi **acabar de** (lett. *finire di*) + infinito rende l'italiano
avere appena + part. passato ed esprime dunque un'azione
appena conclusa.
Ho appena chiamato, **acabo de llamar.**
Siamo appena arrivati, **acabamos de llegar.**

5 – Soy ita**li**ano, de Floren**c**ia, **pe**ro…
6 – ¡Ah! ¡**It**alia! ③ ¡Qué maravi**ll**a!
7 – Sí, **pe**ro… qui**si**era ④ encon**tr**ar un **ta**xi.
8 – Ha**bér**melo **di**cho! ⑤ ¡Yo soy ta**xi**sta! □

---

5 … floren**θ**ia, **pe**ro… **7** si, **pe**ro… ta**ksi**. **8** … ta**ksi**sta!

Note

③ In spagnolo i nomi geografici, salvo alcune eccezioni, non vogliono l'articolo: **Italia está en Europa**, *l'Italia è in Europa*. *Gli Stati Uniti*, però, si dicono sempre **los Estados Unidos**.

④ **Quisiera**, come vedremo più avanti, è il congiuntivo imperfetto del verbo **querer**, *volere*, ma si usa anche per esprimere una richiesta in modo garbato o un desiderio; in questo caso equivale a *vorrei*, *mi piacerebbe*.
   Quisiera una habitación individual, *vorrei una camera singola*.

* * *

Ejercicio 1: Traduzca

① Aquí hay una parada de taxis. ② Es verdad. ③ ¿De dónde es usted? ④ Soy español, de La Coruña. ⑤ ¡Es una maravilla!

Ejercicio 2: Complete

① Taxi, per cortesia!
   ¡Taxi, … … … !

② L'ho appena detto.
   … … decirlo.

③ Vero?
   ¿ … … ?

5 – Sono italiano, di Firenze, ma…
6 – Ah! L'Italia! Che meraviglia!
7 – Sì, però… vorrei trovare un taxi.
8 – Poteva dirmelo [subito] *(avermelo detto)*! Io faccio il tassista!

⑤ **¡Habérmelo dicho!**, *poteva dirmelo!* I pronomi complemento si collocano davanti a un verbo all'infinito come in italiano, formando un'unica parola: dopo il verbo **haber**, *avere*, abbiamo infatti i pronomi **me** e **lo**, seguiti in questo caso dal participio passato del verbo **decir**, *dire*: **dicho**.
¡Habérmelo dicho antes!, *poteva dirmelo prima!*

* * *

Soluzione dell'esercizio 1

❶ Qui c'è un posteggio di taxi. ❷ È vero. ❸ Da dove viene? ❹ Sono spagnolo, di La Coruña. ❺ È una meraviglia!

❹ Vorrei uno stuzzichino.

. . . . una tapa.

❺ Poteva dirlo prima!

¡ . . . . antes!

Soluzione dell'esercizio 2

❶ – por favor ❷ Acabo de – ❸ Verdad ❹ Quisiera – ❺ Haberlo dicho –

20 Lección veinte

Sentido práctico

1 – **Tienes ma**la **ca**ra. ¿Qué te **pa**sa? ①
2 – A**ca**bo de rom**per** con **Car**los.
3 – ¡No me **di**gas! ② ¿Por qué? ③
4 – ¡No es el **hom**bre de mi **vi**da!
5 – ¿Cuál es su **nú**mero de **mó**vil? ④

Note

① **¿Qué te pasa?**, *cos'hai?* o *che ti succede?*
   Pasar, *passare*, è un verbo regolare della 1ª coniugazione
   (**-ar**) che ha molte accezioni. Quando è usato alla forma
   impersonale vuol dire *succedere*, *capitare*: **¿qué ha pasado?**,
   cos'è successo?
   L'espressione **¿qué pasa?**, frequentissima nella lingua di tutti i
   giorni, significa in genere *cosa c'è?* o *che novità ci sono?*

② **¡No me digas!** (**¡No me diga!** quando si dà del lei), *non mi
   dire!*, *ma no!*

75 • setenta y cinco

L'abitudine di parlare in fretta e darsi del tu, la loquacità, l'entusiasmo e una mimica abbondante sono alcune delle caratteristiche tipiche degli Spagnoli, sempre più marcate man mano che si va verso sud. Da buoni mediterranei, molti di loro parlano spesso con le mani, **las manos**. *Infatti non provano alcun imbarazzo a entrare in* **contacto físico**, contatto fisico, *con il loro interlocutore, e manifestano la loro cordialità con abbracci affettuosi, con piccole pacche sulle schiena o passandovi un braccio sulle spalle mentre state camminando. La stretta di mano, invece, si usa più che altro durante una presentazione, quando ci si vede per la prima volta o in contesti formali ben precisi (per esempio quando si fanno le condoglianze). Anche gli scambi di* **besos**, baci, *sono in genere rapidi e non sono affatto necessari. Nella maggior parte dei casi ci si saluta e basta, senza baci né strette di mano.*

Ventesima lezione   20

Senso pratico

1 – Hai una brutta cera *(faccia)*. Cos'hai *(che ti passa)*?

2 – Mi sono appena lasciata *(finisco di rompere)* con Carlos.

3 – Non mi dire! Perché?

4 – Non è l'uomo della mia vita!

5 – Qual è il suo numero di cellulare?

③ Ricordate che si usa **¿por qué?** (due parole) nelle domande e **porque** (una parola) nelle risposte.

④ **Teléfono móvil** o semplicemente **móvil**, *telefono cellulare* o *cellulare*.
Altrove **móvil** significa *mobile*, nel senso di corpo in movimento o che può muoversi (**el automóvil** è *l'automobile*), mentre il mobile inteso come oggetto di arredamento si dice **mueble**.

6 – ¿**Pa**ra qué? ⑤
7 – A mí, **Carlos siem**pre ⑥ me ha gus**ta**do;
8   y…¡**nun**ca ⑦ se **sa**be!   □

Note

⑤ È importante la distinzione tra **¿por qué?** *(perché?)* e **¿para qué?** *(a che scopo?, per quale motivo?)*: nel primo caso si chiede la ragione o la causa (frase 3), nel secondo la finalità (frase 6).

⑥ Non si possono inserire avverbi o locuzioni avverbiali tra il verbo ausiliare e il relativo participio passato, cosa invece possibile in italiano.

* * *

Ejercicio 1: Traduzca

❶ Acabo de llamar. ❷ ¿Por qué? ❸ Porque es el hombre de mi vida. ❹ ¿Qué ha pasado? ❺ ¡No me digas!

Ejercicio 2: Complete

❶ Carlos ha una buona cera.
   Carlos . . . . . buena . . . . .

❷ Dov'è il tuo cellulare?
   ¿ . . . . tu . . . . . ?

❸ Cosa c'è?
   ¿ . . . . ?

6 – Per quale motivo *(perché)*?

7 – A me Carlos è sempre *(sempre mi ha)* piaciuto;

8 e... non si sa mai *(mai si sa)*!

▶ **Ha trabajado siempre**, *ha sempre lavorato*.

⑦ Quando il verbo è preceduto da parole che esprimono negazione (per esempio **nunca** o **ni**) l'avverbio **no** va omesso. Confrontate l'esempio seguente con la frase 8: **no se sabe nunca lo que puede pasar**, *non si sa mai quello che può succedere*.

L'impiego di **nunca**, *mai*, prima del verbo conferisce maggiore enfasi alla frase.

* * *

Soluzione dell'esercizio 1

❶ Ho appena telefonato. ❷ Perché? ❸ Perché è l'uomo della mia vita. ❹ Cos'è successo? ❺ Non mi dire!

❹ Per quale motivo?

¿ · · · · · · · ?

❺ Ti è piaciuto?

¿Te · · · · · · · · ?

Soluzione dell'esercizio 2

❶ – tiene – cara ❷ Dónde está – móvil ❸ Qué pasa ❹ Para qué ❺ – ha gustado

21 Lección veintiuna

Repaso

1 I numeri

☞ I numeri cardinali

0 cero	10 diez	20 veinte	30 treinta
1 uno	11 once	21 veintiuno	40 cuarenta
2 dos	12 doce	22 veintidós	50 cincuenta
3 tres	13 trece	23 veintitrés	60 sesenta
4 cuatro	14 catorce	24 veinticuatro	70 setenta
5 cinco	15 quince	25 veinticinco	80 ochenta
6 seis	16 dieciséis	26 veintiséis	90 noventa
7 siete	17 diecisiete	27 veintisiete	100 ciento, cien
8 ocho	18 dieciocho	28 veintiocho	
9 nueve	19 diecinueve	29 veintinueve	

• Uso della congiunzione y

La congiunzione **y** va sempre inserita fra le decine e le unità. Questa regola si applica sempre, senza eccezioni, a partire da **treinta**, *trenta*.

Da 16 a 29, si preferisce scrivere **dieciséis, diecisiete**…, **veintiuno**, **veintidos**…, **veintiocho** e **veintinueve** anziché **diez y seis, diez y siete**, ecc.

• *Uno, un*

L'aggettivo numerale **uno** perde la **o** finale davanti a un sostantivo.

79 • setenta y nueve

Eccoci giunti alla fine della terza settimana di corso!
Per consolidare le conoscenze acquisite, vi proponiamo a partire dalla prossima lezione il ripasso dei punti grammaticali più importanti incontrati nelle ultime sei lezioni. Salvo un paio di precisazioni, ripasserete cose che già conoscete: approfittatene per mettervi alla prova!

¡Ánimo! Coraggio!

Ventunesima lezione   21

Veintiún euros, *ventuno euro*.
Treinta y un niños, *trentuno bambini*.
Davanti a un sostantivo femminile si utilizza **una**: **el avión sale a las veintiuna horas**, *l'aereo parte alle ventuno*.
Anche **ciento** "perde un pezzo" e diventa **cien** davanti ai sostantivi, gli aggettivi e i numerali superiori al centinaio: **cien amigos**, *cento amici*, **cien mil euros**, *centomila euro*, ma **ciento tres**, *centotré*.

• **L'accordo tra aggettivo numerale e sostantivo**
Da duecento a mille, i nomi delle centinaia sempre vanno al plurale e concordano nel genere col sostantivo che accompagnano.
Seiscientas páginas, *seicento pagine*.
Mil quinientas veinte personas, *millecinquecentoventi persone*.

☛ **I numeri ordinali**

1°	primero	7°	séptimo	20°	vigésimo
2°	segundo	8°	octavo	...	
3°	tercero	9°	noveno	100°	centésimo
4°	cuarto	10°	décimo	...	
5°	quinto	11°	undécimo	1000°	milésimo
6°	sexto	12°	duodécimo		

• **Accordo e uso dei numeri ordinali**
I numerali ordinali concordano sempre nel genere e nel numero coi sostantivi che accompagnano.

La tercera lección, *la terza lezione.*
Los primeros días, *i primi giorni.*

Nella pratica si usano solo i primi dieci o dodici numeri ordinali; quelli successivi vengono quasi sempre sostituiti dai numeri cardinali corrispondenti.
Estamos en la tercera lección de repaso, *siamo alla terza lezione di ripasso.*
Vivo en el cuarto piso, *abito al quarto piano.*
Estamos en el siglo XXI (veintiuno), *siamo nel ventunesimo secolo.*
Vivimos en el piso veinticuatro, *abitiamo al ventiquattresimo piano.*
A differenza dell'italiano, i numeri cardinali seguono il nome quando sono impiegati con valore ordinale (come negli ultimi due esempi).

2 L'ora

• Come abbiamo visto, per dire l'ora in spagnolo ci si regola in modo molto simile all'italiano: si usa l'articolo determinativo e si sottintende la parola **hora** o **horas**.
Es la una, *è l'una.*
A las dos, *alle due.*
Son las dos, las tres, las cuatro…: *sono le due, le tre, le quattro…*

• L'unica differenza riguarda i quarti d'ora, che non richiedono l'articolo indeterminativo: **y cuarto**, *e un quarto*; **menos cuarto**, *meno un quarto.*
Son las siete y cuarto, *sono le sette e un quarto.*
A las ocho menos cuarto, *alle otto meno un quarto.*

• In spagnolo si preferisce sostituire le ore dalle 13 alle 24 con i numeri da 1 a 12, cosa che avviene frequentemente anche in italiano. Comunque, per evitare ambiguità si aggiunge **de la mañana**, *del mattino*, **de la tarde**, *del pomeriggio* o **de la noche**, *della sera.*
Alle sei, **a las seis** o **a las seis de la mañana.**
Alle diciotto, **a las seis** o **a las seis de la tarde.**
Alle ventitré, **a las once** o **a las once de la noche.**
Naturalmente, nelle stazioni, negli aeroporti o in altri luoghi dove si richiede una certa precisione, le scritte e gli annunci riportano

l'ora ufficiale: così vi informeranno che il treno parte **a las dieciséis treinta** (attenzione: non ci vuole la congiunzione **y**), *alle sedici e trenta*, e arriva **a las veintiuna cuarenta y cinco**, *alle ventuno e quarantacinque*.

• *Mezzogiorno* e *mezzanotte*:
È *mezzogiorno*, **son las doce** o **son las doce de la mañana**.
È *mezzanotte*, **son las doce** o **son las doce de la noche**.

3 La forma impersonale del verbo *haber*

Nella lezione di ripasso precedente abbiamo visto la funzione principale del verbo **haber**, quella d'ausiliare. Tuttavia **haber** può anche assumere un valore impersonale: in tal caso traduce l'italiano *esserci* e ha solo la terza persona singolare, corrispondente sia a *c'è*, sia a *ci sono*.

Hay un taxi libre, *c'è un taxi libero*.
Hay unos problemas, *ci sono dei problemi*.

All'imperfetto: **había**, *c'era, c'erano*.
Al passato remoto: **hubo**, *ci fu, ci furono*.
Al futuro: **habrá**, *ci sarà, ci saranno*.

4 L'obbligo impersonale

La formula **hay que** è sempre seguita da un verbo all'infinito ed equivale all'italiano *occorre, bisogna* o *è necessario*. Serve a esprimere un obbligo o una necessità impersonale.
Hay que preguntar, *bisogna chiedere*.

All'imperfetto: **había que** + infinito,   *era necessario...*
Al passato remoto: **hubo que** + infinito,   *fu necessario...*
Al futuro: **habrá que** + infinito,   *sarà necessario...*

5 L'obbligo personale espresso da *tener que*

La perifrasi verbale **tener que** è sempre seguita da un verbo all'infinito e rende l'italiano *dovere*.
Tengo que saber, *devo sapere*.
Tienes que esperar, *devi aspettare*.

Nelle venti lezioni già affrontate avete conosciuto molti verbi: ora vi invitiamo a studiare l'indicativo presente dei verbi regolari in -ar. Limitatevi a leggere lo schema a voce alta, senza cercare di impararlo a memoria.

Indicativo presente del verbo **cantar**, *cantare*:

yo	cant	→ **o**	*io canto*
tú	cant	→ **as**	*tu canti*
él, ella, usted	cant	→ **a**	*lui, lei, Lei canta*
nosotros/as	cant	→ **amos**	*noi cantiamo*
vosotros/as	cant	→ **áis**	*voi cantate*
ellos/as, ustedes	cant	→ **an**	*essi/e, loro, Loro cantano*

7 Diálogo recapitulativo

1 – ¿Qué hora es, por favor? **(17)**
2 – Son las ocho menos diez y… **(17, 18)**
3   ya llevamos retraso. **(18)**
4 – ¡Oh, no! **(6)**
5 – ¿Qué pasa? **(20)**
6 – He olvidado el móvil en el banco. **(6, 18, 20)**
7 – Hay que telefonear. **(18)**
8 – Llegaremos con retraso al teatro. **(8, 18)**
9 – Tenemos que coger un taxi. **(18)**
10   ¿Qué te parece? **(16)**
11 – ¡Vamos! **(18)**

Traducción
1 Che ora è, per favore? **2** Sono le otto meno dieci e… **3** siamo già in ritardo. **4** Oh, no! **5** Cosa c'è? **6** Ho dimenticato il cellulare in banca. **7** Bisogna telefonare. **8** Arriveremo a teatro in ritardo **9** Dobbiamo prendere un taxi. **10** Che ne dici? **11** Andiamo!

*In Spagna, nelle grandi città, i **taxis**, mezzi di trasporto molto usati, si riconoscono dalla classica insegna posta sul tettuccio e da una targhetta con le lettere **SP** – **servicio público**, servizio pubblico.*

Il colore delle auto (a volte caratterizzate da una striscia orizzontale, diagonale o verticale ai fianchi) è anche un segno che distingue i taxi della stessa città.

*Una luce verde sul tettuccio, di notte e, spesso, un cartello con su scritto **libre** davanti al parabrezza, di giorno, indicano che la vettura è a disposizione dei clienti.*

*I posteggi dei taxi sono segnalati dalla presenza di cartelli stradali con una **T** o la parola **Taxis**.* **La bajada de bandera**, *lo scatto iniziale, non è molto costoso e il prezzo della corsa è in genere abbordabile; tuttavia può capitare di dover pagare* **un suplemento**, un supplemento, *a vario titolo: bagaglio, corsa notturna (dalle 23 alle 6 di mattina), percorso extraurbano, tariffa aeroportuale, corsa festiva, partenza da una stazione... Le varie tariffe sono riportate all'interno e i tassametri sono ben visibili affinché il cliente sia informato. È possibile chiedere* **un recibo**, una ricevuta, *cosa che avviene di frequente quando si parte da un aeroporto o da una stazione.*

La propina, la mancia, *non è obbligatoria, ma spesso si arrotonda il prezzo della corsa.*

El taxista, il tassista, *spagnolo è un personaggio piuttosto vivace, generalmente cordiale, anche se può capitare che perda le staffe, per esempio durante un* **atasco**, ingorgo. *Quand'anche succedesse, comunque, ha il garbo di prendersela solo con chi sta fuori dal suo taxi... Chiedetegli pure delle informazioni: vi aiuterà volentieri e vi darà spesso indicazioni utili. È un tipo interessante anche dal punto di vista linguistico: drizzate le orecchie e lo sentirete usare espressioni fuori dal comune.*

¿Qué edad tienes?

1 – ¿Por qué has mentido, Pablito? ①
2 – Yo no quería ②…
3 – ¿Cuántos años tienes? ③
4 – Cinco años y medio.
5 – Yo a tu edad ④ no decía mentiras.
6 – ¿Y a qué edad empezaste, ⑤ mamá?   □

Note

① **Pablo, Pablito**, *Paolo, Paolino*. In spagnolo il suffisso diminutivo **-ito** (al femminile **-ita**) è molto diffuso e in genere, nella lingua colloquiale, si usa di più rispetto ai suoi equivalenti italiani anche se ha le loro stesse funzioni, indicando che il sostantivo cui si riferisce è piccolo o connotandolo affettivamente.
Un rato, *un momento*; **un ratito**, *un momentino*.
Una hora, *un'ora*; **una horita**, *un'oretta*.
Juan, Juanito, *Giovanni, Giovannino*.

② **Yo no quería**, *io non volevo*; **yo… no decía** (frase 5), *io… non dicevo*. L'imperfetto dei verbi in **-er** (come **querer**) e in **-ir** (come **decir**) si forma allo stesso modo: basta aggiungere alla radice del verbo le desinenze **-ía, -ías, -ía, -íamos, -íais, -ían**. Non preoccupatevi troppo per le eccezioni: incontreremo solo tre verbi che hanno l'imperfetto irregolare!

③ In spagnolo si può chiedere l'età dicendo **¿qué edad tienes?** oppure **¿cuántos años tienes / tiene?**, che è più naturale per noi, essendo la traduzione letterale della frase "*quanti anni hai?*".

Quanti anni hai *(Che età hai)*?

1 – Perché [mi] hai detto una bugia *(mi hai mentito)*, Pablito?

2 – Io non volevo…

3 – Quanti anni hai?

4 – Cinque *(anni)* e mezzo.

5 – Io, alla tua età, non dicevo bugie.

6 – E a che età hai cominciato *(cominciasti)*, mamma?

④ **Edad** significa *età* oppure *evo* (in un contesto storico). **La edad adulta**, *l'età adulta*; **la tercera edad**, *la terza età*. **Edad media**, *Medioevo*; **edad moderna**, *evo moderno*.

⑤ **Tú empezaste** (lett. *tu cominciasti*) è la 2ª persona singolare del **pretérito indefinido** (che corrisponde al nostro passato remoto, anche se in spagnolo si usa molto di più) del verbo **empezar**, *cominciare*. In genere questo tempo si traduce col passato prossimo e indica che l'azione è avvenuta e si è conclusa in un periodo che non ha più legami col presente.

Ejercicio 1: Traduzca

① ¿Por qué llegas tarde? ② ¿Qué edad tiene?
③ Tengo treinta y tres años. ④ ¿Cuántos euros
cuesta? ⑤ Pablo quería venir.

Ejercicio 2: Complete

① Ho un momentino libero.

. . . . libre.

② Quanti anni hai?

¿ . . . . tienes?

③ A che età hai cominciato a lavorare?

¿A . . . . a trabajar?

④ Quante valigie ha?

¿ . . . . . . maletas tiene?

⑤ Hai cominciato?

¿ . . . . ?

---

23   Lección veintitrés

¡Feliz cumpleaños! ①

1 – ¿Sabes? Hoy es mi cumpleaños.
2 – ¡Felicidades! ②

Note

① **Feliz cumpleaños**, *buon compleanno*.
   Feliz, lett. *felice*, è un aggettivo che si usa per esprimere un
   augurio ed equivale a *buono* in frasi ricorrenti come **¡feliz
   Navidad!**, *buon Natale!*, **¡feliz** (o **buen**) **viaje!**, *buon viaggio!*,
   ¡feliz años! (o **¡próspero año nuevo!**), *buon anno!*

Soluzione dell'esercizio 1

① Perché arrivi in ritardo? ② Quanti anni ha? ③ Ho trentatré anni. ④ Quanti euro costa? ⑤ Pablo voleva venire.

Soluzione dell'esercizio 2

① Tengo un ratito – ② Cuántos años – ③ – qué edad empezaste – ④ Cuántas – ⑤ Has empezado

Gli Spagnoli, in genere espansivi e ospitali, vi metteranno subito a vostro agio e vi faranno un sacco di domande sulle vostre origini, la famiglia, l'età, la professione, ecc. che a volte potranno sembrarvi un po' indiscrete. In realtà, quest'apparente **curiosidad***, curiosità, è un modo per rompere il ghiaccio e aiutarvi a "entrare in ballo". Poi le cose riprenderanno il loro corso naturale e, dato che ormai vi conoscete l'un l'altro, il velo della* riservatezza (**reserva**) *non verrà più sollevato. La curiosità iniziale è dunque più un rito di passaggio che una reale manifestazione di confidenza. Nonostante le apparenze, gli Spagnoli sono, per la maggior parte, piuttosto* **reservados***, riservati.*

Ventitreesima lezione   23

Buon *(felice)* compleanno!

1 – [Lo] sai? Oggi è il mio compleanno.
2 – Auguri *(felicitazioni)*!

▶ Il plurale di **feliz** è **felices**: **¡felices fiestas!**, *buone feste!*, **¡felices Pascuas!** (lett. *felici pasque*), *buon Natale! Buona Pasqua*, invece, si dice **feliz Pascua**.

② **La felicidad**, *la felicità*. Espressioni come **¡felicidades!**, *auguri!*, o **¡muchas felicidades!**, *tanti auguri!*, vanno bene per tutte le occasioni.
Enhorabuena, invece, esprime un complimento o una lode ed equivale all'italiano *congratulazioni*.

3 – **Mu**chas **gra**cias. ③
4 – ¿Y cuá**n**tos a**ño**s **cum**ples? ④
5 – Cua**ren**ta.
6 – Se me ha olvi**da**do ⑤ el re**ga**lo.
7 Te lo trae**ré** ⑥ ma**ña**na.
8 – Más **va**le **tar**de que **nun**ca.   □

Note

③ Ricordate che **mucho** può essere sia un aggettivo indefinito, sia un avverbio. Nel primo caso concorda in genere e numero col sostantivo che accompagna, nel secondo caso è invariabile: **muchos años**, *molti anni*; **muchas personas**, *molte persone, molta gente*.
Te quiero mucho, *ti amo tanto, ti voglio tanto bene*.

④ Per quanto riguarda il verbo **cumplir**, non ci sono problemi particolari rispetto all'italiano: **he cumplido treinta años**, *ho compiuto trent'anni*; **hoy cumple diez años**, *oggi compie dieci anni*.
Festeggiare il compleanno, però, si dice **celebrar el cumpleaños**. **Celebrar** significa *celebrare* o *festeggiare* (ma ha anche altri significati): **celebrar la boda de Figaro**, *celebrare le nozze di Figaro*.

⑤ **Se me ha olvidado el regalo** oppure, se vi risulta più naturale, **he olvidado**, *ho dimenticato* o *mi sono dimenticato*. L'uso del verbo riflessivo (in questo caso **olvidarse**) è molto frequente e indica l'involontarietà da parte del soggetto. In italiano

* * *

Ejercicio 1: Traduzca

❶ Mañana es mi cumpleaños. ❷ Muchas felicidades. ❸ ¿Cuántos años tienes? ❹ Te lo traeré más tarde. ❺ ¿Qué te parece?

3 – Molte grazie.
4 – E quanti anni fai *(compi)*?
5 – Quaranta.
6 – Ho dimenticato *(mi si è dimenticato)* il regalo.
7 Te lo porterò domani.
8 – Meglio *(vale più)* tardi che mai.

▸ potremmo rendere **se me ha olvidado** con l'espressione *mi è passato di mente*.

⑥ Cogliamo l'occasione per ripassare il verbo **traer**, che significa portare come **llevar**, ma presume uno spostamento dell'oggetto verso il luogo di chi parla, mentre **llevar** indica uno spostamento verso un altro luogo.

* * *

Soluzione dell'esercizio 1

❶ Domani è il mio compleanno. ❷ Tanti auguri. ❸ Quanti anni hai? ❹ Te lo porterò più tardi. ❺ Che ne dici?

Ejercicio 2: Complete

① Non ci sono molti taxi.
No . . . . taxis.

② Ha più di trent'anni.
Tiene . . . . . treinta . . . . .

③ Lo porterò stasera.
. . traeré . . . .

* * *

El cumpleaños, il compleanno, *è un'occasione per riunirsi con i familiari e con gli amici anche in Spagna. Ci sono molti modi per* **celebrar**, *festeggiare, l'avvenimento, secondo le circostanze e l'età di chi compie gli anni: si beve qualcosa con i colleghi, si mangia una torta assieme ai compagni di scuola dopo aver soffiato sulle candeline, si va anche al ristorante con gli amici o, specialmente tra adolescenti, si organizza una serata un po' più lunga del solito.*

---

24   Lección veinticuatro

Delante del ① espejo ②

1 – ¿Por qué te has pin**ta**do ③ los **la**bios, ④
a**bue**la?

Note

① **Delante**, *davanti*; **detrás**, *dietro*.
Alberto va delante, *Alberto si siede davanti*.
Inés está sentada detrás, *Inés è seduta dietro*.
Per dire *davanti a*, *dietro a* si aggiunge la preposizione **de** (**delante de** e **detrás de**). Attenti a non confondere le preposizioni:
Delante de la casa, *davanti a casa*.
Detrás del niño, *dietro il bambino*.

② **Espejo**, *specchio*.

④ Ho compiuto ventidue anni.

He .... veintidós ..... .

⑤ Meglio tardi che mai.

... vale ..... que ....

Soluzione dell'esercizio 2

① – hay muchos – ② – más de – años ③ lo – esta noche ④ – cumplido – años ⑤ Más – tarde – nunca

* * *

La tradizione del **regalo** *è sempre viva e anche quando si fa solo un* **regalito**, *un regalino, è il pensiero che conta.*

Per quanto riguarda gli **aniversarios**, *anniversari, ce n'è per tutti i gusti: dal* **primer aniversario de boda**, *il primo anniversario di matrimonio, fino al* **setenta aniversario de la puesta en órbita de un satélite equis**, *il settantesimo anniversario della messa in orbita del satellite "x".*

Ventiquattresima lezione   24

Davanti allo specchio

1 –   Perché ti sei messa il rossetto *(ti sei dipinta le labbra)*, nonna?

▸ **Mirarse en el espejo**, *guardarsi allo specchio* (anche in questo caso la preposizione è diversa rispetto all'italiano).
Los ojos son el espejo del alma, *gli occhi sono lo specchio dell'anima.*

③ **Pintarse** (lett. dipingersi) in questo caso vuol dire *truccarsi, imbellettarsi.*
Pintarse los labios, *mettersi il rossetto.*
Pintarse los ojos, *truccarsi gli occhi.*

④ **Labio** è maschile come in italiano, ma non cambia genere al plurale: **el labio**, *il labbro*; **los labios**, *le labbra.*

2 – Me **gus**ta maqui**llar**me.
3 – **Pe**ro…¿**pa**ra qué?
4 – **Pa**ra es**tar** más **gua**pa. ⑤
5 – Y eso… ¿**cuán**to **tiem**po tarda**rá** ⑥ en ha**cer** efec**to**?   □

Note

⑤ Ricordate: per non confondere **ser** con **estar**, usate il primo quando parlate di una caratteristica costante e propria del soggetto, una qualità che non cambia al variare delle circostanze (**ser guapo / guapa**, *essere bello / bella*); usate **estar**, invece, quando parlate di uno stato (transitorio o duraturo) che dipende dalle circostanze. Perciò **estar guapo / guapa** significa sempre *essere bello / bella*, ma nel senso di *stare bene* (per esempio con quel trucco, con quel vestito, con quel taglio di capelli, ecc.).

⑥ Anche se **tardar** può corrispondere a *tardare*, talvolta va reso con *impiegare*, *metterci*. **¿Cuánto tiempo tardarás?**, *quanto (tempo) ci metterai?*
Al futuro si coniuga **yo tardaré, tú tardarás, él / ella tardará, nosotros tardaremos, vosotros tardaréis, ellos / ellas tardarán**.

* * *

Ejercicio 1: Traduzca

❶ Hemos quedado delante del banco. ❷ No tengo tiempo de ir. ❸ Ella se pinta los labios. ❹ Me gusta la música. ❺ Acabo de llegar.

Ejercicio 2: Complete

❶ Ti aspetto davanti al cinema.
Te . . . . cine.

❷ Non mi piace truccarmi.
. . . . maquillarme.

❸ Oggi stai benissimo (sei molto bella oggi).
Estás . . . . hoy.

2 – Mi piace truccarmi.
3 – Ma…a che scopo?
4 – Per essere *(stare)* più bella.
5 – E *(quello)*… quanto *(tempo)* ci metterà a *(tarderà in)* fare effetto?

DELANTE DEL ESPEJO

* * *

Soluzione dell'esercizio 1

❶ Ci siamo dati appuntamento davanti alla banca. ❷ Non ho tempo di andarci. ❸ Lei si mette il rossetto. ❹ Mi piace la musica. ❺ Sono appena arrivato.

❹ Sei bello.

. . . . •

❺ Quanto ci metterai?

¿ . . . . vas a . . . . . . ?

Soluzione dell'esercizio 2

❶ – espero delante del – ❷ No me gusta – ❸ – muy guapa – ❹ Eres guapo ❺ Cuánto tiempo – tardar

Familia numerosa

1 – ¿Le **gus**ta el **pi**so? ①
2 – Me **gus**ta mu**chí**simo. Es muy tran**qui**lo.
3 – En**ton**ces, le pro**pon**go que va**ya**mos ② a la
a**gen**cia **para** fir**mar**.
4 – Tengo que ③ ha**blar an**tes con mi ma**ri**do.
5 – Per**do**ne, **pe**ro… ¿es**tá** ca**sa**da? ④
6 ¿Y… tam**bién tie**ne **hi**jos? ⑤
7 – ¡**Cla**ro! Seis **ni**ños pe**que**ños.
8 – ¡Ah!   □

Note

① **Le** corrisponde ai pronomi complemento gli, le e Le (pronome
di cortesia). Per cui la frase **el piso le gusta**, se il contesto non
dà indicazioni in merito, può voler dire *l'appartamento gli
piace*, *l'appartamento le piace* o *l'appartamento Le piace*.

② **Que vayamos**, *che andiamo* → 1ª persona plurale del
congiuntivo presente di *ir*, *andare*. I verbi che esprimono un
ordine, un invito, una raccomandazione, una preghiera, ecc.,
in spagnolo sono seguiti da *que* + congiuntivo. In italiano,
invece, alcuni di questi verbi (come proporre, raccomandare,
consigliare, ecc.) reggono la preposizione *di* e quindi
richiedono un verbo all'infinito.

[Una] famiglia numerosa

1 –   Le piace l'appartamento?
2 –   *(Mi piace)* moltissimo. È molto tranquillo.
3 –   Allora le propongo di venire con me *(che andiamo)* in agenzia per firmare.
4 –   [Prima] devo parlare *(prima)* con mio marito.
5 –   Scusi *(perdoni)*, ma… è sposata?
6   E… ha anche [dei] figli?
7 –   Certo! Sei bambini piccoli.
8 –   Ah!

▸ *Mi ha detto di telefonargli (o telefonarle),* **me ha dicho que le telefonee**.

③ Ormai conoscete la perifrasi verbale **tener que** (**tengo que**), equivalente all'italiano *dovere* (*devo*).

④ **Está casada,** *è sposata.* Poiché non si nasce sposati (!), è facile comprendere perché qui si debba usare **estar** anziché **ser**.

⑤ **Hijo / hija,** *figlio / figlia.* **Niño / niña,** *bambino / bambina.* **Mi hijo,** *mio figlio.*
Mi hijo es todavía un niño, *mio figlio è ancora un bambino.*
Los niños están en el colegio, *i bambini sono a scuola.*
Voy a comprar golosinas para los niños, *vado a comprare dei dolci per i bambini.*

Ejercicio 1: Traduzca

① Tengo un piso en Córdoba. ② ¿Te gusta? ③ Voy a firmar. ④ Vamos a la agencia. ⑤ Estoy casado.

Ejercicio 2: Complete

① Moltissimo!

¡ . . . . !

② Le/gli piace il caffè?

¿ . . . . el café?

③ Devo parlare con mio marito.

. . . . hablar con mi . . . .

④ Sono sposata e ho due figli.

Estoy . . . . tengo dos . . . . . .

Soluzione dell'esercizio 1

❶ Ho un appartamento a Cordoba. ❷ Ti piace? ❸ Firmo. ❹ Andiamo in agenzia. ❺ Sono sposato.

❺ Quanti anni *(che età)* ha la bambina?

¿ . . . . tiene la . . . . ?

Soluzione dell'esercizio 2

❶ Muchísimo ❷ Le gusta – ❸ Tengo que – marido ❹ – casada y – hijos ❺ Qué edad – niña

Anche se le società occidentali sono permeate dall'individualismo, la solidarietà **familiar**, *familiare, rimane una delle caratteristiche tipiche della società spagnola. I legami familiari, nel complesso, sono ancora molto forti; così può capitare che una persona con cui avete fatto conoscenza voglia presentarvi qualcuno della sua famiglia. Attualmente l'instabilità del mercato e i prezzi elevati degli alloggi inducono molti giovani a "restare nell'ovile" fino a un'età non più troppo "verde". D'altronde è un segno dei tempi che le* **familias numerosas**, *famiglie numerose, lo siano molto meno che in passato: chi avrebbe immaginato, infatti, che alla fine del XX secolo la Spagna sarebbe stata per parecchi anni il paese con il minor tasso di* **natalidad**, *natalità?*

Una ganga ①

1 – Me he com**pra**do ② un **co**che. ¿Te **gus**ta?
2 – ¿Es **nue**vo?
3 – No, es de se**gun**da **ma**no. ③
4   ¡He **he**cho un buen ne**go**cio! ④
5 – Pa**re**ce que ⑤ es**tá** bien…
6 – Con un arre**gli**llo… ⑥
7 – ¿Qué hay que ⑦ arre**glar**?

Pronunciación
6 …arregliyo…

Note

① **Una ganga** è, anche in senso ironico, *un affarone*, un oggetto di valore acquistato a poco prezzo.

② In spagnolo il verbo ausiliare è sempre **haber** (salvo nella forma passiva), per cui diremo **me he comprado un coche** (lett. *mi ho comprato un'auto*), *mi sono comprato un'auto*, ma si può anche dire **he comprado un coche**, *ho comprato un'auto*. In questo caso il pronome **me**, come in italiano, esprime una partecipazione emotiva da parte del soggetto e ha funzione intensiva.
¿Cómo te ganas la vida?, *come ti guadagni da vivere?*
Se aprovechó de las circunstancias, *approfittò della situazione.*
Nos llevaremos todos los muebles, *ci porteremo dietro tutti i mobili.*

③ Anche in spagnolo, oltre a **de segunda mano**, si può dire **de ocasión**, *d'occasione.*

④ **Negocio**, *affare*, ci dà il destro per scoprire un altro falso amico: *negozio* si dice **tienda**, che tuttavia può anche indicare *la tenda da campeggio* (**tienda de campaña**).
Un buen negocio, *un buon affare.*
In questo caso **negocio** è sinonimo di **ganga** o **chollo**, *affare*, *affarone.*

Un affarone

1 – Mi sono *(ho)* comprato un'auto. Ti piace?
2 – È nuova?
3 – No, è di seconda mano.
4   Ho fatto un buon affare!
5 – Non sembra male *(sembra che vada bene)*…
6 – Con una riparazioncina…
7 – Cosa c'è da *(cosa bisogna)* riparare?

⑤ **Parecer** corrisponde a *parere, sembrare*, ma non dimenticate che l'espressione **¿qué te parece?** sta per *che ne dici?*

⑥ **Arreglo**, *riparazione.*
Oltre al suffisso diminutivo **-ito, -ita**, di gran lunga il più frequente in spagnolo, c'è anche **-illo, -illa**; questi suffissi, però, possono assumere sfumature diverse a seconda dei casi e bisogna fare attenzione al sostantivo che modificano. Non c'è da stupirsene: anche in italiano abbiamo dei suffissi diminutivi che possono avere significato spregiativo. Così **un arreglillo** o **un arreglito** rendono l'italiano *una riparazioncina*, indicando un intervento di modesta entità, ma **un intelectualillo** è un *intellettualucolo, un intellettualotto.*

⑦ Ricordate: **hay que** = *bisogna, occorre.*
Hay que repetir cada frase, *bisogna ripetere ogni frase.*

8 – **Na**da ⑧ impor**tan**te. **Só**lo ⑨ le voy a
cam**biar** el mo**tor**.

☐

Note

⑧ Tra **nada** e **importante** (o qualsiasi altro aggettivo) non bisogna inserire nessuna preposizione.

* * *

Ejercicio 1: Traduzca

❶ ¿Tienes coche? ❷ He hecho un buen negocio.
❸ Es un coche de segunda mano. ❹ Ha sido una
ganga. ❺ Me gustan los coches.

Ejercicio 2: Complete

❶ Si è comprato un'auto nuova.
Se . . comprado . . coche . . . .

❷ Che ne dici?
¿Qué . . . . ?

❸ La sua auto non mi piace.
Su coche . . . .

❹ Cosa bisogna fare?
¿Qué . . . . . . hacer?

❺ Niente d'importante.
. . . .

8 – Niente d'importante. *(Soltanto)* le cambio solo
il motore.

⑨ **Sólo le voy a cambiar el motor**, *le cambio <u>solo</u> il motore.*
Sólo sta per *solamente, soltanto, solo* (in funzione di avverbio).
Sólo tengo veinte euros o **tengo <u>sólo</u> veinte euros**, *ho <u>solo</u> venti euro.*

* * *

Soluzione dell'esercizio 1

❶ Hai un'auto? ❷ Ho fatto un buon affare. ❸ È un'auto di seconda mano. ❹ È stato un affarone. ❺ Mi piacciono le auto.

Soluzione dell'esercizio 2

❶ – ha – un – nuevo ❷ – te parece ❸ – no me gusta ❹ – hay que – ❺ Nada importante

* * *

El automóvil, *l'automobile, resta sempre il mezzo di trasporto preferito dagli Spagnoli. Anche se spostarsi con i mezzi pubblici è facile e comodo, si sentono più liberi girando col proprio* **vehículo**, *veicolo.*
Tuttavia, **el alquiler de vehículos**, *l'autonoleggio, è sempre più diffuso. In Spagna* **alquilar un coche**, *noleggiare un'auto, costa meno che nella maggior parte degli altri paesi dell'Unione Europea. In tutte le grandi città si trovano società di autonoleggio.*

De tal palo, tal astilla ①

1 – ¡No ag**uan**to ② más!
2 – ¿Qué **pa**sa?
3 – ¡No te so**por**to!
4   Me voy ③ a ④ **ca**sa de mi **ma**dre.
5 – Me **te**mo ⑤ que no la vas a encon**trar**. ⑥
6 – ¿Qué **di**ces?
7 – Sí, a**ca**ba de lla**mar pa**ra de**cir**me que ha
     discu**ti**do ⑦ con tu **pa**dre…
8   …y que se ha **i**do a **ca**sa de tu ⑧ ab**ue**la.   □

Note

① **De tal palo, tal astilla** (lett. *di tale bastone, tale scheggia*) è
un'espressione equivalente al detto *tale padre, tale figlio*, qui
modificato per via del contesto.
Palo, *palo* o *bastone*.

② **Aguantar**, *sopportare* o *reggere, contenere. Agguantare* si dice
agarrar. Non c'è differenza tra **no te aguanto** e **no te soporto**
(frase 3), *non ti sopporto più*.

③ La particella avverbiale *ne n*on si traduce in spagnolo, per cui
andarsene si dice semplicemente **irse** (lett. *andarsi*).
Me voy, *me ne vado*; **¿te vas?**, *te ne vai?*

④ In spagnolo, come si è visto, non esiste una traduzione univoca
per la preposizione *da*. Qui, per renderla, bisogna ricorrere
a una perifrasi: **a casa de** (se l'azione della frase implica un
movimento) o **en casa de**.

Tale madre, tale figlia

1 – Non ne posso *(reggo)* più!
2 – Cosa c'è *(che passa)*?
3 – Non ti sopporto [più]!
4 – Torno da mia madre *(me ne vado a casa di mia madre)*.
5 – *(Mi)* temo che non la troverai [a casa].
6 – Che dici?
7 – Sì, ha appena chiamato per dirmi che ha litigato *(discusso)* con tuo padre…
8 e se [n']è andata da *(a casa di)* tua nonna.

▸ **Voy a casa de mi abuelo**, *vado da mio nonno.*
Estoy en casa de mi amiga, *sono dalla mia amica* o *sono dalla mia ragazza.*

⑤ **Temerse** o **temer**, *temere*. L'uso pronominale è facoltativo.

⑥ **No la vas a encontrar**, *non la troverai* o *non la incontrerai*, ma conosciamo dalla frase precedente anche il luogo in cui il soggetto ha intenzione di cercare la madre e lo abbiamo aggiunto nella traduzione.

⑦ **Discutir**, ha generalmente il significato di *discutere* (un argomento). In questo caso, però, data anche la presenza della preposizione **con**, corrisponde piuttosto a *litigare*.

⑧ Come vi sarete accorti, tutti gli aggettivi possessivi sono invariabili al singolare. Ne riparleremo nella prossima lezione. **Tu abuelo**, *tuo nonno*; **tu abuela**, *tua nonna*.

Ejercicio 1: Traduzca

① ¿Qué dices? ② ¡No aguanto más! ③ Me voy.
④ ¿Adónde vas? ⑤ Voy a casa de mi padre.

Ejercicio 2: Complete

① Cosa c'è?

¿ · · · · · · ?

② Non ne può più

No · · · · · · · · · · .

③ Se n'è appena andata.

· · · · · de · · · · · .

ME VOY.

Soluzione dell'esercizio 1

❶ Che dici? ❷ Non ne posso più! ❸ Me ne vado. ❹ Dove vai?
❺ Vado da mio padre.

❹ Ha litigato e se n'è andata.
  .. .. se ha ido.
❺ Se n'è andata da suo figlio.
  Se ha ido . ... su ..... .

Soluzione dell'esercizio 2

❶ – Qué pasa – ❷ – aguanta más ❸ Acaba – irse ❹ Ha discutido y
– ❺ – a casa de – hijo

A partire dalla prossima lezione vi proporremo di approfondire gli argomenti più importanti affrontati nelle ultime sei lezioni; così potremo chiudere un altro ciclo. Vi starete certamente rendendo conto dei vostri progressi!

Repaso

1 I suffissi alterativi

Lo spagnolo e l'italiano si servono frequentemente dell'aggiunta di suffissi alterativi per formare nuove parole, soprattutto nella lingua di tutti i giorni. Questi suffissi conferiscono sfumature molto varie, secondo il contesto o il tono di chi parla, ai termini che modificano, e in genere non hanno mai un valore oggettivo invariabile: di volta in volta il suffisso alterativo può conferire a un aggettivo o un nome una connotazione affettuosa, ironica, spregiativa, ecc.

☛ Il suffisso diminutivo *-ito, -ita*

Questo suffisso è di gran lunga il più frequente (molto più di quanto lo sia in italiano il suffisso equivalente *-ino, -ina*) ed è anche il solo che non dia luogo ad ambiguità di significato; ha valore diminutivo o affettivo.

Un rato, *un momento*; **un ratito**, *un momentino*.
Un piso, *un appartamento*; **un pisito**, *un appartamentino*.

☛ Formazione

• I polisillabi che finiscono per **-o** e **-a** (sono i più numerosi) formano il diminutivo sostituendo alla vocale il suffisso **-ito** o **-ita** rispettivamente.
Un trabajo, *un lavoro*; **un trabajito**, *un lavoretto*.
Una hora, *un'ora*; **una horita**, *un'oretta*.

• Ai polisillabi che finiscono per consonante diversa da **-n** o **-r** si aggiunge semplicemente il suffisso **-ito, -ita** alla fine.
Un caracol, *una lumaca*; **un caracolito**, *una lumachina*.

• Ai polisillabi che finiscono per **-e, -n** o **-r** si aggiunge il suffisso **-cito, -cita**.
un café, *un caffè*; **un cafecito**; *un caffettino*.

Un bell'esempio è costituito da un nome spagnolo celebre: **Carmen, Carmencita**.

• Ai monosillabi e ai polisillabi nei quali l'accento tonico cade su un dittongo si aggiunge **-ecito, -ecita**.
Una flor, *un fiore*; **una florecita**, *un fiorellino*.
Una siesta, *una siesta*; **una siestecita**, *un riposino, una pennichella*.

☞ **Il suffisso diminutivo *-illo, -illa***

Le regole per formare le parole derivate col suffisso **-illo, -illa** sono le stesse che abbiamo appena visto per **-ito, -ita**.
Anche questo suffisso è molto usato e, in genere, ha valore diminutivo:
Un pan, *un pane*; **un panecillo**, *un pagnottella*.
Tuttavia, come abbiamo già detto, è meglio usare questo suffisso con prudenza, perché può conferire alla parola che modifica una sfumatura molto riduttiva e spregiativa (un po' come quando in italiano impieghiamo l'espressione *"da quattro soldi"*) o cambiarne il significato: per esempio **ventanilla** (che deriva da **ventana**, *finestra*) può significare *finestrella*, ma anche *sportello* (d'una banca, d'un ufficio postale o di altri luoghi pubblici) o *finestrino* (dell'automobile).
Imparate a riconoscere questi falsi diminutivi e, almeno per i primi tempi, ricorrete piuttosto al suffisso **-ito, -ita**.

2 I pronomi personali

I pronomi complemento si dividono in due categorie, a seconda che siano preceduti o meno da una preposizione.

Vi proponiamo un test per ripassare i pronomi complemento non preceduti da preposizione che avete già incontrato. Ricordate che non occorre imparare a memoria il testo che segue: dovete solo rilassarvi e leggere ad alta voce le frasi e i frammenti citati. Il numero tra parentesi indica la lezione cui potete far riferimento se volete avere maggiori ragguagli (sul contesto della

frase, sul significato preciso di un'espressione, ecc.)
¡Adelante!, *forza!*

¿Cómo **te** llamas?	(2)
Me llamo…	(2)
Podemos ir**nos** al cine	(4)
¿a qué **te** dedicas?	(15)
¿Qué **te** parece…?	(16)
¡…, invíta**me**!	(16)
¡Habér**melo** dicho!	(19)
¡No **me** digas!	(20)
Se me ha olvidado…	(23)
Te lo traeré mañana	(23)
¿Por qué **te** has pintado… ?	(24)
Me gusta maquillar**me**	(24)
¿**Le** gusta el piso?	(25)
…**le** propongo…	(25)
Me he comprado…	(26)
Me gusta…	(25)
¿**Te** gusta?	(26)
¡No **te** soporto!	(27)
Me voy a casa…	(27)
…para decir**me** que…	(27)
…**se** ha ido a…	(27)

¿Qué tal?
Naturalmente non è il caso di preoccuparsi se ogni tanto avete dei dubbi; l'esercizio serve per ripassare i pronomi, non per ricordare tutte le frasi.
Ritorneremo sull'argomento, affrontandolo in maniera più schematica e dettagliata.

3 Le forme dell'aggettivo possessivo: *mi, tu, su…*

In spagnolo ci sono due tipi di aggettivi possessivi. Per ora ci limiteremo a vedere quelli che precedono il nome.

mi hermano	*mio fratello*
mi hermana	*mia sorella*

tu hijo	*tuo figlio*
tu hija	*tua figlia*
su abuelo	*suo nonno*
su abuela	*sua nonna*

Mi, tu, su si usano sia davanti ai nomi maschili che davanti ai femminili. Pratico, vero?

Al plurale basta aggiungere una **s** all'aggettivo e al nome:

mis hermanos	*i miei fratelli*
mis hermanas	*le mie sorelle*
tus hijos	*i tuoi figli*
tus hijas	*le tue figlie*
sus...	*i suoi, le sue*...

Mis, tus, sus corrispondono rispettivamente alle forme italiane *miei / mie, tuoi / tue, suoi / sue*...

Quando parliamo di più d'un possessore, invece, avremo:

nuestro coche	*la nostra auto*
nuestra calle	*la nostra via*
vuestro piso	*il vostro appartamento*
vuestra maleta	*la vostra valigia*
su pasaporte	*il loro passaporto*

Anche in questo caso è sufficiente aggiungere una **s** e avremo il plurale delle cose possedute:

nuestros coches	*le nostre auto*
nuestras calles	*le nostre vie*
vuestros pisos	*i vostri appartamenti*
vuestras maletas	*le vostre valigie*
sus pasaportes	*i loro passaporti*

Attenzione!
Su traduce *suo*, *sua*, ma anche *loro* e *Suo* (formula di cortesia).
<u>su</u> hermano: <u>*suo*</u> fratello (di lui / di lei).
<u>su</u> hermano: <u>*il loro*</u> fratello
<u>su</u> hermano: <u>*Suo*</u> fratello

1 – Para su cumpleaños **(23, 28)**
2   mi abuela se ha comprado un coche. **(26)**
3 – ¡A su edad? **(22)**
4   ¿Y para qué? **(24)**
5 – Para ir al cine. **(4)**
6 – ¿Y el coche te gusta? **(26)**
7 – Me gusta mucho. **(24, 25)**
8   Te propongo **(25)**
9   que vayamos a su casa. **(25, 27)**
10 – ¡Estupendo! ¡Puede invitarnos al cine!

---

29   Lección veintinueve

En el médico ①

1 –   Me **due**le ② **to**do el **cuer**po.
2   **Cre**o que es ③ muy **gra**ve.
3 –   **Dí**game lo que ④ le **pa**sa.

Note

① **En el médico**, *dal dottore* o *dal medico* (in spagnolo **médico** si usa di più rispetto a **doctor**).
Voy al médico, *vado dal dottore*. Le preposizioni qui si usano come se con la parola **médico** sottintendessimo il suo studio. **En la consulta**, *nello studio* (del medico).

② **Doler**, *dolere, far male*. **Me duele**, *mi fa male*.
Me duele la cabeza, *ho mal di testa / mi fa male la testa*.
Me duelen los pies, *mi fanno male i piedi*.
Perché la **o** diventa **ue** alla 3ª persona singolare e plurale

Traducción 29

1 Per il suo compleanno **2** mia nonna si è comprata un'auto. **3** Alla sua età? **4** E a che scopo? **5** Per andare al cinema. **6** E l'auto ti piace? **7** Mi piace molto. **8** Ti propongo **9** di andare da lei. **10** Splendido! Può invitarci al cinema!

Ventinovesima lezione   29

Dal *(nel)* medico

1 – Ho male dappertutto *(mi fa male tutto il corpo)*.
2 Credo che sia *(è)* molto grave.
3 – Mi dica cosa si sente *(quello che le passa)*.

del presente? Niente di allarmante: si tratta, come vedremo, di un fenomeno tipico dei verbi irregolari del 2° gruppo. Se volete saperne di più già adesso, consultate l'appendice grammaticale.

③ Dopo i verbi di opinione, nelle frasi affermative, la secondaria si coniuga all'indicativo presente e non al congiuntivo: **pienso que es...**, *penso che sia...*; **supongo que es...**, *suppongo che sia...*

④ L'articolo neutro **lo**, seguito dal pronome relativo **que**, significa letteralmente *ciò che, quello che,* ma a volte va tradotto diversamente, per esempio con *che* o *cosa*.
¿Es verdad lo que dices?, *è vero quello che dici?*
¡Eso es lo que cuenta!, *è questo che conta!*

ciento doce • 112

4 – **Cuan**do me **to**co la ca**be**za, me **due**le.

5 – ¿**O**tros do**lo**res?

6 – Si me a**prie**to un **po**co el cora**zón**, me **due**le mu**chí**simo.

7 – **Cu**rio**so**.

8 – **Cuan**do me **to**co el **vien**tre, me **due**le.

9 – ¡Qué ex**tra**ño!

10 – Me **to**co la **pier**na, y tam**bién** me **due**le.

11 – **Voy** a exami**nar**la.

12 – Res**pi**re **hon**do… **Muy** bien… **De**se ⑤ la **vuel**ta…

13 – ¡Se**ño**ra! Us**ted** no **tie**ne **na**da en nin**gún** **si**tio. ⑥

14 – ¡**Só**lo **tie**ne la **ma**no **ro**ta! □

Note

⑤ **Dese la vuelta** (lett. *si dia il giro*), *si giri, si volti.*
Il verbo **dar**, *dare*, ricorre in molte frasi di uso corrente, espressioni fisse come, per esempio:
darse la vuelta, *girarsi, voltarsi* (da non confondere con **darse una vuelta**, *fare un giro*).

* * *

Ejercicio 1: Traduzca

❶ ¿Dónde te duele? ❷ No me parece muy grave.
❸ Tienes que ir a ver al médico. ❹ El niño dice que tiene dolor de vientre. ❺ Es muy curioso.

4 – Quando mi tocco la testa, mi fa male.

5 – Altri dolori?

6 – Se premo una mano sul cuore *(se mi premo un po' il cuore)*, mi fa molto male *(mi duole moltissimo)*.

7 – Curioso.

8 – Quando mi tocco la pancia, mi fa male.

9 – Che strano!

10 – Mi tocco la gamba, e anche [quella] mi fa male.

11 – Ora la esamino *(vado a esaminarla)*.

12 Respiri profondamente… Benissimo… Si giri…*(Si dia il giro…)*

13 Signora! Lei non ha niente da nessuna parte *(in nessun posto)*.

14 Si è solo fratturata una mano *(solo ha la mano rotta)*!

▸ **Darse la mano**, *darsi la mano* o *stringersi la mano.*

⑥ Anziché **en ningún sitio** (lett. *in nessun posto*) si può dire **en ninguna parte**, *da nessuna parte* (l'unica differenza rispetto all'italiano è costituita dalla preposizione **en**).
Analogamente, *dappertutto* si dice **en todos los sitios** o **en todas las partes**.

* * *

Soluzione dell'esercizio 1

❶ Dove ti fa male? ❷ Non mi sembra molto grave. ❸ Devi andare dal medico. ❹ Il bambino dice che ha mal di pancia. ❺ È molto curioso.

Ejercicio 2: Complete

1 Ti fa male la testa?

¿ . . . . la . . . . . . ?

2 Non so cosa stia succedendo.

No . . . . pasa.

3 Mi dica cosa [ne] pensa.

. . . . piensa.

* * *

In Spagna ir al médico, *andare dal medico, è una pratica comune nella vita di tutti i giorni.*
*Nonostante alcune lacune endemiche, il sistema sanitario spagnolo è abbastanza funzionale ed è più e meno simile a quello di gran parte dei paesi dell'Unione Europea, i cui cittadini muniti del modulo E-111 (*impreso E-111*) vengono curati gratuitamente negli*

---

30   Lección treinta

Políticamente correcto

1   Dos cretinos dinámicos, empleados de una
     empresa multinacional,
2   charlan por la mañana ① junto a la
     máquina de ② café:

Note

① **Por la mañana**, *di mattina* (ovvero *durante la mattina*).
   Iré al banco por la mañana, *andrò in banca in mattinata.*
   Mañana (sostantivo) è il *mattino*: **esta mañana**, *stamattina.*
   Una hermosa mañana, *un bel mattino.*

④ Qual è l'indirizzo del medico?

¿ . . . . dirección del . . . . . . ?

⑤ Mi piace moltissimo.

. . gusta . . . .

Soluzione dell'esercizio 2

① Te duele – cabeza ② – sé lo que – ③ Dígame lo que – ④ Cuál es la – médico ⑤ Me – muchísimo

* * *

hospitales de la Seguridad Social, ospedali del Servizio Sanitario Nazionale. *Tra le parole da ricordare abbiamo* **farmacia**, *farmacia (con l'accento sulla seconda* **a**, *non sulla* **i**)*, contrassegnata dalla famosa croce verde. Tra i numeri, invece, abbiamo lo* **061** *il telefono delle* **urgencias** (*il pronto soccorso, ovvero il nostro 118*)*, valido in tutta la Spagna.*

Trentesima lezione   30

Politicamente corretto

1   Due cretini dinamici, impiegati presso *(di)*
      un'azienda *(fabbrica)* multinazionale,
2   chiacchierano di mattina davanti *(accanto)* alla
      macchina del *(di)* caffè:

▸ Come avverbio, invece, **mañana** vuol dire *domani*:
   Te veré mañana, *ti vedrò domani.*
   Mañana por la mañana, *domani mattina.*

② **La máquina de café**, *la macchina del caffè.*
   La preposizione **de**, in questo caso, indica lo scopo: **la máquina de coser**, *la macchina da cucire.*

3 – Y tú, ¿cuántos **hi**jos **tie**nes?

4 – **Cin**co.

5 – ¿Y **có**mo se **lla**man?

6 – Ma**rí**a, Ale**jan**dro, **San**dra, **Li**sa y Cheng Hui Kang.

7 – ¡Ca**ram**ba! ¡Y el **úl**timo **nom**bre… ③ **có**mo a**sí**?

8 – ¿Qué **pa**sa? ④

9 ¿To**da**vía no **sa**bes que **u**no de **ca**da ⑤ **cin**co **ni**ños que **na**cen en el **mun**do es **chi**no? □

Note

③ **Nombre**, *nome*; **apellido**, *cognome*.
¿Cuál es su nombre? o **¿cómo se llama?**, *come si chiama?*
¿Cómo te llamas?, *come ti chiami?*

④ **¿Qué pasa?**, come abbiamo visto, sta per *cosa c'è?, cosa succede?, che novità ci sono?*, ma in questo caso il suo significato è più vicino alle espressioni *c'è qualcosa che non*

* * *

Ejercicio 1: Traduzca

❶ ¿Dónde trabajas? ❷ Soy empleado en un banco. ❸ Me voy mañana por la mañana. ❹ ¿Cómo se llama tu hija? ❺ ¿Dónde has nacido?

3 – E tu, quanti figli hai?

4 – Cinque.

5 – E come si chiamano?

6 – María, Alejandro, Sandra, Lisa e Cheng Hui Kang.

7 – Diavolo! E l'ultimo nome… come mai?

8 – Che c'è di strano *(che succede)*?

9 Non sai ancora che, su cinque bambini che vengono al mondo, uno è cinese?

▸ *va?, che c'è di strano?, e con ciò?* a seconda del contesto, talvolta pronunciate con un tono di sfida..

⑤ Letteralmente la frase suona "*ancora non sai che uno di ogni cinque bambini che nascono nel mondo è cinese?*"
L'espressione **uno de cada** (lett. *uno di ogni*) seguita da un numero equivale all'italiano *uno su* + il numero stesso.
Una de cada diez personas…,*una persona su dieci…*

* * *

Soluzione dell'esercizio 1

❶ Dove lavori? ❷ Sono impiegato in banca. ❸ Parto / me ne vado domani mattina. ❹ Come si chiama tua figlia? ❺ Dove sei nato / nata?

Ejercicio 2: Complete

① Non ho spiccioli *(soldi)* per la macchina del caffè.
No tengo . . . . . . para la . . . .

② Abbiamo chiacchierato un momentino.
Hemos . . . . ratito.

③ Vuoi passare domani?
¿ . . . . pasar . . . . . . ?

---

31   Lección treinta y una

"Enganchados" ① a la tele

1   **Sue**na el telé**fo**no:
2 –   Emer**gen**cias. ¡**Di**ga! ②
3 –   ¿**S**ervicio de ur**gen**cias, **cien**to **do**ce?
4 –   Sí, **dí**game.
5 –   Por fa**vor**, **ven**gan ③ de**pri**sa, mi **hi**jo
      se ha tra**ga**do ④ la **pi**la del **man**do de la
      televi**sión**.

Note

① **Enganchar**, *agganciare*; **enganchado**, *agganciato*, è anche
voce gergale per *"appassionato"*, fanatico (**fanático**) o
"dipendente" (dalle droghe, dall'alcool o, come in questo caso,
dalla tivù).
Estar enganchado a la droga, al alcohol, *essere
tossicodipendente, alcolizzato.*

② **¡Diga!** *(*lett. *dica!)* e **¡dígame!** *(mi dica!)* sono le formule
più usate per cominciare una conversazione telefonica e
corrispondono all'italiano *"pronto!"*.

④ Come si chiama *(qual è il suo nome)*?

¿ . . . . es su . . . . . . ?

⑤ Non è ancora arrivato / arrivata.

. . . . no ha . . . .

Soluzione dell'esercizio 2

① – dinero – máquina de café ② – charlado un – ③ Quieres – mañana ④ Cuál – nombre ⑤ Todavía – llegado

---

"Videodipendenti" *(agganciati alla tivù)*

1   Squilla il telefono:
2 – Pronto intervento *(emergenze)*, [mi] dica.
3 – [È il] servizio di emergenze, [il] centododici?
4 – Sì, dica pure *(mi dica)*.
5 – Per cortesia, venite subito *(vengano in fretta)*, mio figlio ha *(si ha)* inghiottito la pila del telecomando della televisione.

③ **Venir**, come l'italiano *venire*, è un verbo irregolare: alla 1ª persona singolare dell'indicativo presente fa **vengo** e alla 3ª del congiuntivo presente **venga**.
All'imperativo, in un contesto formale, se ci rivolgiamo a una persona le diremo **venga**; se invece ci rivolgiamo a più persone diremo loro **vengan**.

④ **Tragar**, *inghiottire*, si usa spesso come verbo pronominale.

6 – ¡Tranquilícese! ⑤ ¡No se preocupe! ⑥

7 Ahora **mis**mo ⑦ le envia**mos** un **mé**dico y **u**na ambu**lan**cia.

8 **Cuan**do la ambu**lan**cia se dispo**ní**a ⑧ a sa**lir** ⑨…

9 **vuel**ve ⑩ a so**nar** el te**lé**fono y la **mis**ma voz **suel**ta:

10 – ¡**Dé**jelo, seño**ri**ta, ya **he**mos encon**tra**do **o**tra!

☐

Note

⑤ **Tranquilizar**, *tranquillizzare*. Regola ortografica: la **z** diventa **c** davanti alla **e**, come nel caso di questo verbo coniugato all'imperativo.
Un tranquilizante, *un tranquillante, un calmante*.

⑥ **Preocuparse**, *preoccuparsi*. Una frase sempre utile: **no se preocupe**, *non si preoccupi*.
No te preocupes, *non preoccuparti*.

⑦ **Ahora mismo** (lett. *ora stesso*), *subito, immediatamente* (**inmediatamente**).
Hay que encontrar una farmacia ahora mismo, *bisogna trovare subito una farmacia*.
Hay que llevarle ahora mismo a urgencias, *bisogna portarlo subito al pronto soccorso*.

⑧ **Se disponía a**, *si disponeva a, si apprestava a*.
Ricordate che i verbi in **-er** e in **-ir**, all'imperfetto, prendono le stesse desinenze: **ía, ías, ía, íamos, íais, ían**.
Disponer: **(yo) disponía, (tú) disponías**, ecc., *disporre: io disponevo, tu disponevi,* ecc.
Decir: **(yo) decía, (tú) decías**, ecc., *dire: io dicevo, tu dicevi,* ecc.
Niente di preoccupante, vero? Inoltre, come vedremo, in spagnolo ci sono soltanto tre verbi con l'imperfetto irregolare.

6 – Stia tranquilla *(si tranquillizzi)*! Non si preoccupi!

7 *(Ora stesso)* le mandiamo [subito] un medico e un'ambulanza.

8 Mentre *(quando)* l'ambulanza stava per *(si disponeva a)* partire…

9 squilla di nuovo *(torna a suonare)* il telefono e la stessa voce [di prima] grida:

10 – Lasci stare *(lo lasci),* signorina, *(già)* [ne] abbiamo [già] trovata [un']altra!

ENGANCHADOS A LA TELE

▶ ⑨ **Salir**, come abbiamo visto, significa *uscire* e *partire*, mai *salire*.
El tren sale a las ocho de la mañana, *il treno parte alle otto di mattina*.
Juan ha salido a dar una vuelta, *Juan è uscito a fare un giro*.

⑩ **Volver**, *tornare*, quando è seguito dalla preposizione **a** e da un verbo all'infinito esprime un'azione ripetuta o avvenuta nuovamente. Talvolta corrisponde al prefisso iterativo *ri-*.
Volver a hacer, *rifare*.
Volver a sonar, *squillare di nuovo*.
Vuelva a leer, *rilegga*.
Torneremo (**volveremos**) in seguito a parlare di azioni ripetute e del verbo **volver**.

Ejercicio 1: Traduzca

① ¿Ha sonado el teléfono? ② Voy a telefonear al ciento doce. ③ ¡No te preocupes! ④ ¿A qué hora sale el tren? ⑤ ¡Diga! / ¡Dígame!

Ejercicio 2: Complete

① Il medico sta per uscire.
El . . . . salir.

② Vuoi qualcos'altro?
¿Quieres . . . . ?

③ Rifaccio l'esercizio..
Voy a . . . . el ejercicio.

④ [Ci] andiamo subito.
Vamos . . . .

⑤ Lasci stare, non è una buona idea!
¡ . . . . . . , no es una . . . . !

---

32 Lección treinta y dos

En la sección de caballeros

1 – ¡**Ho**la, bue**nas**! ① ¿Le a**tien**den? ②

Pronunciación
... sek**θ**i**o**n...

Note

① ¡**Hola, buenas!**, ¡**muy buenas!** o ¡**buenas!** sono saluti frequenti e meno formali rispetto al classico ¡**buenos días!**

② **Atender**, *accogliere, tener conto, occuparsi*. L'espressione ¿**le atienden?** (*ha bisogno?, cosa desidera?*) è una formula fissa.

Soluzione dell'esercizio 1

❶ Ha squillato il telefono? ❷ Telefono subito al centododici.
❸ Non ti preoccupare! ❹ A che ora parte il treno? ❺ Pronto!

Soluzione dell'esercizio 2

❶ – médico se dispone a – ❷ – algo más ❸ – volver a hacer –
❹ – ahora mismo ❺ Déjelo, – buena idea

* * *

Negli anni '90 l'Unione Europea ha attivato un **número de
urgencia**, *numero d'emergenza, unico per tutti i paesi della
Comunità Europea.*
Questo numero, **el ciento doce**, *il 112, in Spagna è gestito
dal* **Servicio de Emergencias** *(equivalente al nostro* Pronto
intervento*), una specie di centralino che, secondo le indicazioni
fornite dall'utente, smista le chiamate e le invia a un ospedale, alla
polizia, alla* **Guardia Civil**, *ai pompieri, ecc., tutti dotati, peraltro,
di un numero telefonico proprio.*

Trentaduesima lezione   32

Nel reparto uomini

1 – Buongiorno! Ha bisogno *(si occupano di lei)*?

ME GUSTARÍA VER OTRO MODELO.

2 – ¡Muy **bue**nas! Me gustar**ía** ③ pro**bar**me **e**sos
za**pa**tos. ④

3 – ¿**És**tos?¿Los a**zu**les? ⑤

4　En **es**te mo**de**lo los te**ne**mos tam**bién** a
rayas **ver**des y ama**ri**llas…

5 – No, **é**sos ⑥ no; los a**zu**les no.

6　**Quie**ro los que es**tán jus**to al **la**do. Los de ⑦
co**lor li**la.

7 – **Pe**ro… caba**lle**ro, ¡**é**sos no son de co**lor li**la!
¡Son **blan**cos!

8 – ¿Y… us**ted nun**ca ⑧ ha **vis**to **li**las **blan**cas? □

Note

③ **Me gustaría**, *mi piacerebbe, vorrei,* è un condizionale
presente.

④ **Esos zapatos**, *quelle scarpe*. **Esos** è il maschile plurale
dell'aggettivo dimostrativo **ese**, che indica un oggetto
vicino a chi ascolta, come l'italiano *codesto*. Per indicare
un oggetto vicino a chi parla, invece, si usa l'aggettivo
dimostrativo **este**. **Estos zapatos**, *queste scarpe*.

⑤ Qui **zapatos** è sottinteso. In questa frase l'articolo **los** svolge la
funzione di pronome dimostrativo.

⑥ **Éstos** (frase 3) e **ésos** sono accentati perché in questo caso svolgono la funzione di pronomi dimostrativi (maschili plurali),
mentre non vengono accentati quando si usano come aggettivi
dimostrativi. Le forme del singolare sono rispettivamente **éste**
e **ése**.

2 – Buongiorno! Vorrei provare *(mi piacerebbe provarmi)* quelle scarpe.

3 – Queste? Le [scarpe] blu?

4 Di *(in)* questo modello le abbiamo anche a strisce verdi e gialle…

5 – No, queste no; non intendevo quelle blu *(le blu no)*.

6 Vorrei *(voglio)* quelle che [gli] stanno proprio a fianco. Quelle *(di)* color lillà.

7 – Ma…signore, [quelle] non sono *(di colore)* lillà! Sono bianche!

8 – E… lei non ha mai visto lillà bianchi?

⑦ **…los que están… los de color…** : *…quelli che stanno… quelli di colore…*
Un pronome dimostrativo seguito da *che* o dalla preposizione *di* va tradotto con l'articolo determinativo corrispondente seguito da **que** o **de**.
Quello che vuoi, **el que quieres.**
Quelli che stanno a sinistra, **los que están a la izquierda.**
Quella di mia madre, **la de mi madre.**

⑧ **Usted <u>nunca</u> ha visto,** *lei non ha mai visto.* Si può anche dire **usted no ha visto nunca** ma, a differenza dell'italiano, non si può inserire una parola tra l'ausiliare **haber** e il participio passato:
Non ho ancora mangiato: **<u>todavía</u> no he comido** o **no he comido <u>todavía</u>.** Possiamo mettere **todavía** all'inizio o alla fine, ma non a metà della frase!

Ejercicio 1: Traduzca

❶ ¿De qué color es tu coche? ❷ Me gustaría ver otro modelo. ❸ Ese piso no me gusta. ❹ ¿Le atienden, caballero? ❺ Los taxis de Barcelona son negros y amarillos.

Ejercicio 2: Complete

❶ Questo modello non mi piace.

. . . . modelo no . . . .

❷ Voglio quelle scarpe.

. . . . zapatos.

❸ Abito a fianco della farmacia.

Vivo . . . . . . de la . . . .

* * *

Caballero, cavaliere, *deriva da* **caballo**, *cavallo. È una parola che ha attraversato i secoli ed è arrivata fino ai giorni nostri senza uscire dal novero delle parole di uso frequente.*

Ha molte accezioni: la più antica è quella di gentiluomo. Cervantes, nel suo Don Chisciotte, ha reso immortale la figura del **caballero andante**, *cavaliere errante, per eccellenza.*

Pur mantenendo il suo significato principale, **caballero** *è un termine che si è evoluto col tempo e attualmente si usa in molti contesti. A poco a poco è diventato il titolo che le donne attribuiscono agli uomini che si comportano lealmente, con finezza e cortesia e oggi, di conseguenza, s'impiega come sinonimo di* **señor**, *signore.*

Quest'uso ha una frequenza che varia da regione a regione: per esempio è più diffuso in Castiglia che non nei Paesi Baschi. Il termine è anche legato all'ambiente in cui è utilizzato e presume senz'altro una certa distinzione.

Soluzione dell'esercizio 1

① Di che colore è la tua auto? ② Mi piacerebbe vedere un altro modello. ③ Quell'appartamento non mi piace. ④ Cosa desidera, signore? ⑤ I taxi di Barcellona sono neri e gialli.

④ Questa valigia è quella di mia madre.
Esta maleta .. ..

⑤ Ha visto il mio cellulare?
¿Has ..... mi .....?

Soluzione dell'esercizio 2

① Este – me gusta ② quiero esos – ③ – al lado – farmacia ④ – es la de mi madre ⑤ – visto – móvil

* * *

Al ristorante, in un negozio, quando si cede il passo per salire su un autobus, allo sportello di una stazione o in qualsiasi altro luogo pubblico, le persone si rivolgeranno a voi col titolo di **caballero** *per dimostrare il loro riguardo nei vostri confronti.*
Inoltre, per distinguere i luoghi riservati agli uomini da quelli riservati alle donne, sulle porte si trova spesso la dicitura **caballeros**, *al plurale, anziché la sagoma di una persona di sesso maschile o la scritta* **hombres**, *uomini o* **señores**, *signori.*

E per finire due espressioni:
Ser un caballero, *essere un gentiluomo.*
Comportarse como un caballero, *comportarsi da galantuomo.*

En el terminal de llegada

1 – **Va**mos, la **cin**ta ① ya se ha **pues**to ② en **mar**cha.

2 – ¡**Mi**rad, a**hí vie**ne **par**te de **nues**tro equi**pa**je! ③

3 – Co**ged** ④ **ca**da **u**no **u**na **co**sa.

4 – **Es**ta ma**le**ta **pe**sa **mu**cho.

5 – **Bue**no, **dá**mela ⑤ y **to**ma ⑥ **es**ta **o**tra que es más pe**que**ña.

6 – **És**ta ⑦ tam**bién pe**sa dema**si**ado **pa**ra mí.

Note

① **La cinta** (l'aggettivo **transportadora** è sottinteso) è *il nastro trasportatore*. **Cinta** significa *nastro*, non *cinta*, che in spagnolo si dice **cinturón** o **recinto**.
Cinta adhesiva, *nastro adesivo*.
Una cinta de vídeo, *una videocassetta*.

② Come avete già appreso nella lezione precedente, tra l'ausiliare **haber** e il verbo al participio passato non si possono inserire delle parole, per cui potremo dire <u>ya</u> **se ha puesto** o **se ha puesto** <u>ya</u>, *si è già messo*.

③ Ecco un altro falso amico: **el equipaje** è *il bagaglio* o *l'equipaggiamento*.
Equipaggio si dice piuttosto **tripulación**.
Los miembros de la tripulación llevaban su propio equipaje, *i membri dell'equipaggio avevano il proprio equipaggiamento*.

④ Basta sostituire la **r** dell'infinito dei verbi in **-ar** e **-er** con una **d** per avere la 2ª persona plurale dell'imperativo (nelle frasi affermative). Questa regola non ha eccezioni.

Al terminal di arrivo

1 – Andiamo, il nastro trasportatore si è già messo in moto.
2 – Guardate, sta arrivando *(lì viene)* una parte dei nostri bagagli!
3 – Prendete una cosa ciascuno *(ciascuno una cosa)*.
4 – Questa valigia pesa parecchio *(molto)*.
5 – Beh, dammela e prendi quest'altra che è più piccola.
6 – Anche questa è troppo pesante *(pesa troppo)* per me.

▸ *Prendere*: **coger** → **coged** *(prendete)*.
Guardare: **mirar** → **mirad** *(guardate)*, frase 2.
Andare: **ir** → **id** *(andate)*.

⑤ I pronomi complemento dopo il verbo non costituiscono un problema particolare, dal momento che le regole con cui vengono aggiunti sono identiche a quelle dell'italiano. Occorre solo fare attenzione a mettere l'accento quando non cade sulla penultima sillaba.
Dime, *dimmi*; **dilo**, *dillo*; **dímelo**, *dimmelo*.

⑥ **Toma** (da **tomar**, *prendere*) è un altro imperativo. Il suo sinonimo **coger** ha un significato più concreto e si avvicina al nostro *afferrare*, ma in questo dialogo è usato con lo stesso senso di **tomar**.
Coger el pasaporte, *prendere il passaporto*.
Tomar un té, *prendere un tè*.

⑦ **Ésta** (accentato), *questa*; **ésa**, *quella*.
Ésta et **ésa** sono le forme del femminile singolare dei pronomi dimostrativi **éste** e **ése**. Nella prossima lezione di ripasso rivedremo l'argomento.

7 – **Coge** ⑧ lo que ⑨ **quie**ras.

8 – ¡**Vale**! Coge**ré e**sa mo**chi**la o **e**sa **bol**sa de **via**je.

9 – **Pe**ro, Isabel, ¡**e**so ⑩ no es **nues**tro! ☐

Note

⑧ **Coge**, *prendi*. Per formare la seconda persona singolare dell'imperativo (affermativo) si deve togliere la **r** dell'infinito dei verbi in **-ar** e in **-er**.
Prendere: **coger** → **coge** *(prendi)*.
Guardare: **mirar** → **mira** *(guarda)*.
Purtroppo questa regola, a differenza della precedente, ha delle eccezioni che vedremo in seguito; presto affronteremo anche la formazione dell'imperativo negativo.

⑨ **Lo que quieras**, *quello che vuoi* (lett. quello che tu voglia). Dopo **lo que** *(quello che)* il verbo va coniugato al congiuntivo perché non sappiamo "cosa voglia" il soggetto e dobbiamo pertanto ricorrere al modo dell'incertezza.

* * *

Ejercicio 1: Traduzca

① Mirad, ahí hay una parada de taxis. ② Coge la maleta. ③ Esta bolsa pesa demasiado. ④ Ésta es más pequeña. ⑤ ¡Vale!

Ejercicio 2: Complete

① Dove hai messo i passaporti?

¿Dónde ... . los .... ?

② I nostri bagagli non sono ancora usciti.

.... todavía no ha salido.

③ Ciò *(quello)* non mi piace.

... no .. ..

7 – Prendi quello che vuoi.   33

8 – Va bene *(vale)*! Prenderò quello zaino o quella
borsa da viaggio.

9 – Ma Isabel, quelli non sono nostri *(quello non è
nostro)*!

▸ **Coge lo que quieras**, *prendi quello che vuoi.*
Hace lo que le gusta, *fa quello che vuole.*
Quando anche il verbo che precede **lo que** è al congiuntivo, la
frase traduce l'italiano *qualunque cosa.*
Haga lo que haga..., *qualunque cosa faccia...*
Digas lo que digas..., *qualunque cosa tu dica...*
Comamos lo que comamos..., *qualunque cosa mangiamo...*
Questa costruzione si usa anche per dire *costi quel che costi,*
cueste lo que cueste.

⑩ **Eso**, *quello.* **¡Eso es!**, *Proprio così!*
Esto, *questo.* **¡Mira esto!**, *Guarda!*
Esto e **eso** sono le forme neutre del pronome dimostrativo e
corrispondono all'italiano *ciò.*

* * *

Soluzione dell'esercizio 1

❶ Guardate, là c'è un posteggio di taxi. ❷ Prendi la valigia.
❸ Questa borsa pesa troppo. ❹ Questa è più piccola. ❺ Va bene!

❹ Dammi la mano!
¡ . . . . la . . . . !

❺ Di chi è quello zaino?
¿De . . . . . es . . . . ?

Soluzione dell'esercizio 2

❶ – has puesto – pasaportes ❷ Nuestro equipaje – ❸ Eso – me gusta
❹ ¡Dame – mano! ❺ – quién – esa mochila –

34   Lección treinta y cuatro

En ① la aduana

1 – ¿**Al**go que decla**rar**? ②
2 – **Na**da.
3 – ¿Qué **lle**va en **e**sas ma**le**tas?
4 – Co**mi**da ③ **pa**ra mi **pe**rro y mi **ga**to.
5 – **Á**bralas, ④ por fa**vor**.

Note

① In spagnolo la preposizione **en** indica in genere che l'azione si
   svolge sempre nello stesso luogo.
   Mi amiga trabaja en un banco, *la mia ragazza lavora in
   banca.*
   Estoy en la aduana, *sono alla dogana.*
   Vivimos en Asturias, *viviamo o abitiamo nelle Asturie.*
   Vicente está en Uruguay, *Vicente è in Uruguay.*

② **Algo que declarar**, *qualcosa da dichiarare.* In questa frase
   possiamo notare che la preposizione *da* si traduce con **que** e
   non con una preposizione

Anche se qualche sottigliezza grammaticale può sembrarvi difficile da comprendere, state tranquilli: tutto si aggiusterà. Non preoccupatevi per la formazione e l'uso dell'imperativo e per lo studio degli aggettivi e dei pronomi dimostrativi: ce ne occuperemo dalla prossima lezione di ripasso in poi.

Trentaquattresima lezione   34

Alla *(nella)* dogana

1 – Qualcosa da *(che)* dichiarare?
2 – Niente.
3 – Cos'ha *(che porta)* in quelle valigie?
4 – Cibo per il mio cane e [per]il mio gatto.
5 – Le apra, per favore.

③ **Comida** significa *cibo* o *pasto*.
Comprar comida, *comprare del cibo*.
La hora de la comida, *l'ora del pasto*.
Hacer tres comidas al día, *consumare tre pasti al giorno*.

④ **Abrir**, *aprire*. **abra**, *apra*. **ábralas**, *le apra*. Il pronome complemento, all'imperativo affermativo, segue sempre il verbo anche nelle formule di cortesia. Notate, tra l'altro, che solo le forme della 2ª persona singolare (**abre**, *apri*) e plurale (**abrid**, *aprite*) appartengono di fatto all'imperativo. Per tutte le altre persone si usano le forme del congiuntivo presente, come in italiano, d'altronde: **abra**, *apra*, **abramos**, *apriamo*, **abran**, *aprano*.

6 **Aquí**… yo **ve**o relo**j**es, **pañue**los ⑤ de
imita**ción** fraudu**len**ta, anfeta**mi**nas…

7 **Con**que… ⑥ co**mi**da **pa**ra sus anima**li**llos
do**més**ticos, ¿eh?

8 – Sí, se**ñor**. Yo se lo ⑦ **e**cho, ⑧ y si no lo
comen, **lue**go lo **ven**do. ☐

Note

⑤ **Pañuelo**, *fazzoletto* o *foulard*.
¿Tienes un pañuelo de papel?, *hai un fazzoletto di carta?*

⑥ **Conque** è una congiunzione equivalente a *dunque, pertanto,
per cui*, ma talvolta introduce una frase che esprime sorpresa,
come in questo dialogo.

⑦ **Se lo**, *glielo*. Il pronome complemento indiretto **le**, davanti a
un pronome complemento oggetto, diventa **se**. Se volete avere
un quadro completo sui pronomi personali, fate un salto alla
lezione 49.

Préstaselo, *prestaglielo*.

* * *

Ejercicio 1: Traduzca

❶ ¿Tienes algo que decir? ❷ No, nada. ❸ ¿Qué
hay en la mochila? ❹ Vivo en Valencia. ❺ ¡Abre
el coche!

Ejercicio 2: Complete

❶ Hai un fazzoletto di carta?
¿Tienes . . . .?

❷ I bambini vogliono un cane o un gatto.
. . . . quieren . . . .

❸ Non sa dove abbia lasciato l'orologio.
. . . . ha dejado el . . . . . .

6 Qui… io vedo orologi, foulards contraffatti *(di imitazione fraudolenta)*, anfetamine…

7 [E questo sarebbe] *(per cui…)* cibo per le sue bestiole domestiche, eh?

8 – Sì, signore. Io glielo do [da mangiare] e se non lo mangiano, *(poi)* lo vendo.

▸ **Préstselo**, *glielo presti* (congiuntivo).

⁽⁸⁾ **Echar** ha moltissimi significati. La prima accezione è *gettare*, ma è sinonimo di molti altri verbi (soprattutto di *dar*) e si usa nelle situazioni più svariate.
Echar de comer al gato (al caballo, a los pájaros, ecc.), *dare da mangiare al gatto (al cavallo, agli uccelli,* ecc.*).*
Diremo però **dar** (non **echar) de comer al niño**, *dar da mangiare al bambino.*
Echar un hueso al perro, *gettare un osso al cane.*
Echar si usa molto spesso col significato di *versare*: **echar agua en un vaso**, *versare acqua in un bicchiere.*

* * *

Soluzione dell'esercizio 1

① Hai qualcosa da dire? ② No, niente. ③ Cosa c'è nello zaino?
④ Abito a Valencia. ⑤ Apri l'auto!

④ È l'ora di mangiare *(del pasto).*

. . .. •

⑤ Puoi versarmi dell'acqua?
¿Puedes . . . . ?

Soluzione dell'esercizio 2

① – un pañuelo de papel ② Los niños – un perro o un gato ③ No sabe dónde – reloj ④ Es la hora de la comida ⑤ – echarme agua

Avete già compiuto un terzo del vostro viaggio e siete in grado di rendervi conto da soli dei vostri progressi.
Il vostro lessico continua ad arricchirsi: quando le riascoltate o le incontrate di nuovo in un testo, riconoscete sempre più facilmente le parole che credevate di avere dimenticato. E ormai sapete presentarvi, chiedere un'informazione, tradurre un cartello affisso in un luogo pubblico, ecc.
¡Continúe así! Continuate così!
Siete sulla buona strada!

35   Lección treinta y cinco

Repaso

1 L'imperativo

L'imperativo ha solo due forme proprie, quelle della 2ª persona singolare e della 2ª persona plurale.

☛ Formazione della 2ª persona singolare:

Verbi in **-ar**		a	**llamar** → **llama**	*chiamare, chiama.*
Verbi in **-er**	radice +	e	**comer** → **come**	*mangiare, mangia.*
Verbi in **-ir**		e	**abrir** → **abre**	*aprire, apri.*

Ci sono pochi verbi (una dozzina) che presentano irregolarità alla 2ª persona singolare dell'imperativo. Li analizzeremo di volta in volta man mano che li incontreremo. Chi volesse saperne di più fin da subito, comunque, può consultare l'appendice grammaticale, che tratta la coniugazione dei verbi.

☛ Formazione della 2ª persona plurale:

In questo caso, per formare l'imperativo, basta sostituire con una **d** la **r** appartenente alla desinenza dell'infinito.

Trentacinquesima lezione   35

Verbi in **-ar**	**cambiar**	→ **cambiad**	*cambiare, cambiate.*
Verbi in **-er**	**beber**	→ **bebed**	*bere, bevete.*
Verbi in **-ir**	**salir**	→ **salid**	*uscire, uscite.*

Non ci sono eccezioni a questa regola.

☛ *Ricordate*:

• All'imperativo il pronome complemento segue sempre il verbo e forma con esso una parola unica. Se i pronomi complemento sono due, quello che indica il complemento indiretto precede quello che indica il complemento diretto, come avviene in italiano.
Dame el pañuelo, *dammi il fazzoletto.*
Dejadme pasar, por favor, *lasciatemi passare, per favore*
Dámelo, *dammelo.*
Dejádmelo, *lasciatemelo.*
Attenzione: quando la 2ª persona plurale dell'imperativo è seguita dal pronome – **os**, pure di 2ª persona plurale, perde la **d** finale: **daos la mano**, *datevi la mano* o *stringetevi la mano.*

Quanto alle altre persone, per formare l'imperativo si usano le forme del congiuntivo presente. Anche se ce ne occuperemo prossimamente, prima di proseguire rileggete le note 2 e 3 della 31ª lezione.

In spagnolo, dal punto di vista grammaticale, i colori non presentano molte differenze rispetto all'italiano, ma vale la pena di ripassare brevemente quelli che abbiamo incontrato nelle ultime lezioni e vederne qualche altro.

Azul, *blu* o *azzurro*; **gris**, *grigio*; **verde**, *verde* e **marrón**, *marrone*, sono invariabili al singolare perché terminano per consonante o per vocale diversa da –o.
Una casa azul, *una casa azzurra*; **una gata gris**, *una gatta grigia*; **una pradera verde**, *una prateria verde*.
Rojo, *rosso*, **blanco**, *bianco*, **negro**, *nero*, **amarillo**, *giallo*; **castaño**, *castano*; **morado**, *viola* e **anaranjado** (o **naranjado**), *arancione*, dal momento che finiscono per –o, concordano in genere e in numero col nome che accompagnano.
El pelo castaño, *i capelli castani.*
La camisa blanca y los zapatos negros, *la camicia bianca e le scarpe nere.*
La falda de rayas rojas y amarillas, *la gonna a righe rosse e gialle.*

3 Gli aggettivi e i pronomi dimostrativi

☛ Gli aggettivi dimostrativi

In spagnolo ci sono tre aggettivi dimostrativi: **este**, **ese** e **aquel**, corrispondenti a *questo, codesto* e *quello*, anche se **ese** si rende generalmente in italiano con *quello* a scapito di *codesto*, che è meno usato nel parlare quotidiano.
Este si riferisce a una persona o una cosa vicina a chi parla.
Ese si riferisce a una persona o una cosa vicina a chi ascolta.
Aquel si riferisce a una persona o una cosa lontana da chi parla e da chi ascolta.
Este, **ese** e **aquel** definiscono, dunque, il grado di vicinanza o di lontananza, nel tempo o nello spazio, del sostantivo cui si riferiscono.

	Maschile	Femminile
sing. plur.	**este**, *questo...* **estos**, *questi...*	**esta**, *questa...* **estas**, *queste...*
sing. plur.	**ese**, *quello...(codesto)* **esos**, *quelli...(codesti)*	**esa**, *quella...(codesta)* **esas**, *quelle...(codeste)*
sing. plur.	**aquel**, *quello...* **aquellos**, *quelli...*	**aquella**, *quella...* **aquellas**, *quelle...*

☞ I pronomi dimostrativi

I pronomi dimostrativi differiscono dagli aggettivi dimostrativi per l'accento che portano sulla vocale tonica. Quest'accento non serve solo a distinguere le due categorie grammaticali, ma indica anche una pronuncia più marcata.

Esto, **eso** e **aquello** sono pronomi neutri. I primi due corrispondono a *ciò*, il terzo a *quello, quel fatto*. Possono riferirsi a oggetti o a situazioni.

	Maschile	Femminile	Neutro
sing. plur.	**éste**, *questo* **éstos**, *questi*	**ésta**, *questa* **éstas**, *queste*	**esto**, *ciò*
sing. plur.	**ése**, *quello* **ésos**, *quelli*	**ésa**, *quella* **ésas**, *quelle*	**eso,** *ciò*
sing. plur.	**aquél**, *quello* **aquéllos**, *quelli*	**aquélla**, *quella* **aquéllas**, *quelle*	**aquello**, *quello*

Esercizio

Traducete gli aggettivi, i pronomi dimostrativi e i sostantivi seguenti; tutte le parole da tradurre si trovano nei dialoghi delle ultime sette lezioni. Tra parentesi è indicato il genere dei sostantivi in spagnolo quando non coincide con quello in italiano.

Esempio:

1 *questo modello:* **este modelo**   *questo:* **éste**

2 *questa gamba:*	*questa:*
3 *queste scarpe (maschile):*	*queste:*
4 *questi zaini (femminile):*	*questi:*
5 *codesto / quell'impiegato:*	*codesto / quello:*
6 *codesta / quella farmacia:*	*codesta / quella:*
7 *codesti / quei fazzoletti:*	*codesti / quelli:*
8 *codeste / quelle aziende:*	*codeste / quelle:*
9 *quel cane:*	*quello:*

* * *

4 Diálogo recapitulativo

1 – Vamos a ver al médico. **(29)**
2 – ¿Cómo así? **(30)**
3 – El niño no está bien. **(25)**
4 – ¿Qué le pasa? **(30)**
5 – No sé, pero le duele el vientre. **(29)**
6 – ¡Tranquilízate! **(31, 35)**
7 – Llama al médico. **(33, 35)**
8 … ¡Diga! … **(31)**
9 – Dice que podemos ir ahora mismo. **(1, 4, 13)**
10 – ¡Vamos! ¡Deprisa! ¡Ese taxi está libre! **(18, 31, 32, 35)**

11 En la consulta: **(29)**

10 *quel fiore (femminile):*   *quello:*
11 *quei colori:*   *quelli:*
12 *quelle valigie:*   *quelle:*

Soluzione dell'esercizio
2 esta pierna / ésta **3** estos zapatos / éstos **4** estas mochilas / éstas
5 ese empleado / ése **6** esa farmacia / ésa **7** esos pañuelos / ésos
8 esas empresas / ésas **9** aquel perro / aquél **10** aquella flor / aquélla
11 aquellos colores / aquéllos **12** aquellas maletas / aquéllas

* * *

12 – ¡Hola, buenas! **(32)**
13   Voy a examinarle. **(29)**
14   No tiene nada. **(29)**
15   Le duele el vientre porque ha comido demasiado
       chocolate. **(29, 33)**
16   Cincuenta euros y… ¡menos chocolate, por favor!

Traducción
1 Andiamo dal medico. **2** Perché? **3** Il bambino non sta bene.
4 Che cos'ha? **5** Non lo so, ma gli fa male la pancia. **6** Stai
tranquilla! **7** Chiama il medico. **8** … Pronto! … **9** Dice che
possiamo andarci subito. **10** Andiamo! Presto! Quel taxi è
libero! **11** Nello studio del medico: **12** Buongiorno! **13** Lo
esamino subito. **14** Non ha niente. **15** Gli fa male la pancia
perché ha mangiato troppa cioccolata. **16** Cinquanta euro
e… meno cioccolata, per favore!

Locura de amor

1 – **Qui**que, ① ¿ver**dad** que soy un en**can**to? ②
2 – Sí.
3 – ¿A que ③ ha**rí**as cual**quier** ④ **co**sa por ⑤ mí?
4 – Sí.
5 – ¿Ver**dad** que mis **o**jos te **vuel**ven ⑥ **lo**co?
6 – Sí.
7 – ¿A que es **cier**to que no sa**brí**as vi**vir** sin mí?
8 – Sí.
9 – ¿Ver**dad** que me **quie**res con lo**cu**ra?
10 – Sí.

Note

① **Quique**, *Chicco*, è diminutivo di **Enrique**, *Enrico*, ma questo non costituisce un problema perché anche in italiano le forme diminutive dei nomi propri sono diffuse e talvolta non somigliano affatto al nome da cui derivano. Alcuni esempi: **José** *(Giuseppe)* diventa **Pepe** *(Peppe, Beppe* e tanti altri!), **Concepción** *(Concezione)* diventa **Concha** o **Conchita** *(Concetta)*, ecc.

② **Ser un encanto**, *essere incantevole, essere un incanto*; **el encanto**, *l'incanto, il fascino*; **tener encanto**, *avere fascino, essere affascinante.*
Es una persona con mucho encanto o **encantadora**, *è una persona molto affascinante.*
Encantar vuol dire *incantare*, ma fate attenzione al participio passato **encantado**, che oltre a *incantato* significa *lieto* quando ci si presenta: **encantado de conocerle**, *lieto di conoscerla.*

③ Quando una domanda comincia con **¿a que...?** può avere due significati:
– *è vero che...?* In questo caso la domanda è retorica e contiene

Follia d'amore

1 – Quique, [è] vero che sono incantevole *(un incanto)*?
2 – Sì.
3 – È vero che *(a che)* faresti qualsiasi cosa per me?
4 – Sì.
5 – E che *(vero che)* i miei occhi ti fanno impazzire?
6 – Sì.
7 – E che *(a che è certo)* non potresti *(sapresti)* vivere senza [di] me?
8 – Sì.
9 – [È] vero che mi ami alla follia *(con follia)*?
10 – Sì.

▸ già in sé la risposta, inevitabilmente affermativa. Al posto di quest'espressione si può usare la formula equivalente **¿verdad que...?** (frasi 1, 5 e 9).
- *Scommettiamo che...?* Questo esordio conferisce un tono di sfida alla domanda, che per esteso suonerebbe **apuesto a que** (lett. *scommetto che*). **¿A que llego antes que él?**, *scommettiamo che arrivo prima di lui?*

④ L'aggettivo e pronome indefinito **cualquiera** perde la **-a** davanti a un sostantivo.
Cualquier día, *qualsiasi giorno*.
Ricordate l'espressione **cualquier cosa**, *qualsiasi cosa, una cosa qualunque*: è molto usata e ne riparleremo in seguito.

⑤ In questa frase la preposizione **por** introduce un complemento di favore: **por mí**, nel caso specifico, significa *per amor mio*.

⑥ **Volver**, verbo già incontrato nella lezione 31, ha molte accezioni che scoprirete a poco a poco.
Volver loco, *far impazzire*.
Me vuelve loca, *mi fa impazzire*.

11 – ¿A que no hay **o**tra mu**jer** tan maravi**llo**sa **co**mo ⑦ yo? ⑧

12 – No.

13 – ¡**D**ios de mi **vi**da! ⑨ ¡**Qui**que, a**mor mí**o! ⑩

14 **Pa**sa el **tiem**po y **ca**da **día** te **quie**ro más… ⑪

15 ¡por las **co**sas tan ⑫ **bo**ni**tas** que me **di**ces! □

Note

⑦ Il comparativo di uguaglianza si forma con la struttura correlativa **tan… como** *(così…come)*.
Clara es tan encantadora como su madre, *Clara è affascinante come sua madre*.

⑧ Si noti che in spagnolo *come me* si dice **como yo** (lett. *come io*), col pronome personale soggetto. Di conseguenza *come te* si traduce **como tú**.

* * *

Ejercicio 1: Traduzca

❶ ¿Verdad que es maravillosa? ❷ Tiene unas manos muy bonitas. ❸ Su casa me parece cada vez más bonita. ❹ ¿Sabrías decirlo? ❺ ¡Tienen unos hijos tan encantadores!

Ejercicio 2: Complete

❶ Scommettiamo che arriverà in ritardo?
¿ . . . . llega con . . . . ?

❷ Non comprare una cosa qualunque *(qualsiasi cosa)*!
¡No compres . . . . !

❸ Quel medico è buono quanto il mio.
Ese . . . . bueno . . . . el mío.

11 – E che non c'è [un']altra donna *(così)* meravigliosa come me *(io)*?
12 – No.
13 – Mio Dio *(Dio della mia vita)*! Quique, amore *(mio)*!
14 Il tempo passa e ti amo ogni giorno di più *(ogni giorno ti amo più)*…
15 per le cose bellissime *(così belle)* che mi dici!

⑨ **¡Dios de mi vida!** oppure **¡Dios mío!**, *mio Dio!*

⑩ **¡Mi amor!** oppure **¡amor mío!**, *amore!, amore mio!*

⑪ Al posto di **cada día más** (lett. *ogni giorno più*) si poteva dire **cada vez más** *(*lett. *ogni volta più)*, *sempre di più.*

⑫ **Tan**, *così, tanto*, qui non ha funzione comparativa: serve, in combinazione con l'aggettivo **bonitas**, ad esprimere un superlativo assoluto.

* * *

Soluzione dell'esercizio 1

❶ Non è meravigliosa? ❷ Ha delle mani bellissime. ❸ La sua casa mi sembra sempre più bella. ❹ Saresti in grado di dirlo? ❺ Hanno dei figli così incantevoli!

❹ Lieta di conoscerla.
. . . . de . . . .

❺ Ti amo.
. . . .

Soluzione dell'esercizio 1

❶ A que – retraso ❷ – cualquier cosa ❸ – médico es tan – como – ❹ Encantada – conocerle ❺ Te quiero

37 Lección treinta y siete

En una piscina municipal

1 El soco**rris**ta ①, emple**a**do del
Ayunta**mien**to ②,
2 se a**cer**ca a ③ un ba**ñis**ta y le **di**ce:
3 – Caba**lle**ro, le **rue**go **sal**ga ④ del **a**gua,
4 se **vis**ta y aban**do**ne ⑤ el re**cin**to ⑥.

Note

① **Socorrista** è *soccorritore* in generale. In piscina e in spiaggia, naturalmente, si tratta del *bagnino*.

② **Ayuntamiento**, *Comune* o *municipio*, indica sia il luogo che la funzione, ovvero l'*amministrazione comunale* (può significare anche *giunta*). Tra i sinonimi di **ayuntamiento** figurano **alcaldía** (da **alcalde**, *sindaco*) e **casa consistorial**, che designa solo l'*edificio del Comune*.

③ **Acercarse a**, *avvicinarsi* .
Acércate a la mesa, *avvicinati al tavolo*.

④ **Le ruego salga** o **le ruego que salga**, *la prego di uscire*.
Dopo i verbi che esprimono un desiderio, una preghiera, un consiglio o un ordine, in spagnolo il verbo della frase dipendente va al congiuntivo. Fate perciò attenzione a non tradurre letteralmente dall'italiano coniugando all'infinito

A partire dalla prossima lezione cominceremo a studiare il congiuntivo: come sempre procederemo a piccoli passi. Vi chiediamo inoltre di prestare particolare attenzione, nelle prossime lezioni, ai costrutti presenti nei dialoghi.
In ogni caso, nella prossima lezione di ripasso, troverete una panoramica (che in seguito verrà ulteriormente approfondita e completata) sull'imperativo e sul congiuntivo. Lasciatevi guidare, fate gli esercizi proposti alla fine di ogni lezione e vedrete che la maggior parte del lavoro verrà svolto senza fatica.

Trentasettesima lezione   37

In una piscina comunale *(municipale)*

1   Il bagnino, impiegato del Comune,
2   si avvicina a un bagnante e gli dice:
3 –   Signore, la prego di uscire *(esca)* dall'acqua,
4   si vesta e lasci la piscina *(il recinto)*.

▸ il verbo **salir**. **Que** (*che*) si omette spesso quando precede un verbo al congiuntivo, ma questo non deve sorprenderci perché anche in italiano diciamo, per esempio, "*credo sia*" anziché "*credo che sia*". L'omissione della congiunzione que, ad ogni modo, è un fenomeno tipico della lingua scritta e delle situazioni molto formali e pertanto, in un dialogo come questo, la frase "**le ruego salga**" è del tutto fuori luogo e rende ancora più comica la scena. In una situazione del genere si dovrebbe usare piuttosto una frase più spiccia e informale, per esempio: **oiga, haga el favor de salir del agua** (lett. *senta, mi faccia il favore di uscire dall'acqua), per cortesia, esca dall'acqua.*

⑤ **(Que) salga**, *esca*, **(que) se vista** *si vesta* e **(que) abandone**, *abbandoni* sono tre congiuntivi presenti (3ª persona singolare) rispettivamente dei verbi **salir**, *uscire*; **vestirse**, *vestirsi*, e **abandonar**, *abbandonare*.

⑥ **Recinto** indica un luogo chiuso o uno spazio delimitato.

5 – ¿Qué **pa**sa? ¿Qué he **he**cho?

6 – ¿No **sa**be que es**tá** prohi**bi**do me**ar** en la pis**ci**na?

7 – ¿No me va a de**cir** ⑦ a**ho**ra que soy el **ú**nico que **ha**ce pis en la pis**ci**na ⑧?

8 – Sí se**ñor**, **des**de el trampo**lín**, us**ted** es el **ú**nico. □

Note

⑦ **No me va decir**, *non mi dirà.* Come abbiamo già visto, la perifrasi verbale **ir** + **a** introduce un'azione che, se non sta già avvenendo, avverrà in un futuro molto prossimo. Qui si tratta di un futuro che esprime un dubbio (*"non mi dirà forse che…?"*), ▸

* * *

Ejercicio 1: Traduzca

❶ Le ruego que salga del coche. ❷ ¿Qué pasa? ❸ Tienes que vestirte enseguida. ❹ El niño quiere hacer pis. ❺ Aquí, está prohibido.

Ejercicio 2: Complete

❶ Abbiamo parlato con un'impiegata del Comune.

. . . . . hablado . . . una . . . .

. . . . •

❷ È lì, sul trampolino.

. . . . allí, en . . . . •

❸ A questa tavola, sono l'unico a bere acqua.

En esta . . . . , soy . . . . . . que bebe . . . . . •

5 – Che c'è? Che ho fatto?

6 – Non sa che è vietato orinare nella piscina?

7 – Non mi dirà *(va a dire)* ora che sono l'unico a far la pipì *(che fa pipì)* nella piscina?

8 – Sì, signore, dal trampolino *(lei)* è l'unico.

▸ un po' come succede in italiano quando si dice "*saranno le tre*".

⑧ **Piscina** qui significa ovviamente *piscina*, ma può anche designare la *vasca* dove si mettono i pesci.

* * *

Soluzione dell'esercizio 1

① La prego di uscire dall'auto. ② Che succede? ③ Devi vestirti subito. ④ Il bambino vuole fare la pipì. ⑤ Qui è vietato.

④ Avvicinati.

. . . . •

⑤ Cos'è vietato?

¿ · · · · · · · · · · · · · · · · · ?

Soluzione dell'esercizio 2

① Hemos – con – empleada del Ayuntamiento ② Está – el trampolín ③ mesa – el único – agua ④ Acércate ⑤ – Qué está prohibido

Nell'ambito dell'organizzazione amministrativa spagnola, **el municipio**, *il Comune, costituisce la più piccola divisione territoriale. A ogni* **municipio** *corrisponde un* **ayuntamiento**, *un'amministrazione comunale.* **El concejo**, *la giunta, è eletto tramite* **elecciones municipales**, *elezioni amministrative, che in Spagna si tengono ogni quattro anni.* **El alcalde**, *il sindaco, presiede la giunta e si occupa dell'amministrazione comunale.*

Una curiosità: **la yunta** *è un falso amico perché non indica la giunta, bensì il giogo. Il verbo* **ayuntar** *ha anche il significato di unire, mettere insieme, ma si tratta di un'accezione ormai desueta.*

38 Lección treinta y ocho

Taxista precavido

1 – ¡**Pón**gase el cintu**rón** ① de seguri**dad**, se**ñ**ora!
2 – ¡**Cla**ro que sí! Y us**ted**, ¡**ten**ga cui**da**do! ②
3 Soy muy ma**yor** ③ **pe**ro…
4 ¡**quie**ro ver cre**cer** a mis **nie**tos!

Note

① **Póngase** o **abróchese el cinturón**, *si metta la cintura di sicurezza.* Si può dire anche **átese el cinturón** (**atar** significa *legare* e *allacciare*).
Abrocharse significa letteralmente *abbottonarsi.*
Abróchate la chaqueta, *abbottonati la giacca.*

② **Tener cuidado**, *fare attenzione.*
¡**Tenga cuidado!**, *faccia attenzione!, stia attento!,* **ten cuidado!**, *fa' attenzione!*

Trentottesima lezione   38

[Un] tassista previdente

1 – Si metta la cintura di sicurezza, signora!.
2 – Certo *(che sì)*! E lei faccia *(abbia)* attenzione!
3   Sono molto anziana *(maggiore)*, ma…
4   voglio vedere crescere i miei nipoti!

▸ **¡Cuidado!**, *attenzione!*
  ¡Atención! ¡Peligro!, *attenzione! Pericolo!*

③ **Una persona mayor**, *una persona anziana.*
  Mis padres son ya mayores, *i miei genitori sono già anziani.*
  Mayor ha moltissime accezioni: vuol dire anche, secondo
  il contesto, *maggiore* (anche in ambito militare), *anziano* o
  adulto. È un comparativo irregolare come l'italiano *maggiore*.

5 ¡No **co**rra ④, no **te**ngo **pri**sa! ⑤

6 Res**pe**te ⑥ las se**ñ**ales de **trá**fico. ⑦

7 Si **o**tro **co**che **qui**ere adelan**tar**le,

8 **pé**guese a ⑧ la de**re**cha.

9 Re**duz**ca la veloci**dad** en los **cru**ces.

10 No se **sa**lte ⑨ nin**gún** se**má**foro.

11 Cir**cu**le des**pa**cio, la cal**za**da es**tá** mo**ja**da...

12 – Sí, se**ñ**ora. **Pe**ro si a pe**sar** de **to**do ⑩
te**ne**mos un acci**den**te...

13 ¿**tie**ne us**ted** prefe**ren**cia por un hospi**tal** en
particu**lar**?   □

Note

④ **Correr**, *correre*.
¡No corras, tenemos tiempo!, *non correre, abbiamo tempo!*
In auto **correr** ha lo stesso significato di *correre*.

⑤ **Prisa**, *fretta*; **tener prisa**, *avere fretta*.
Non è un caso che questo termine ricordi molto da vicino il
nostro *prescia*: entrambe le parole, infatti, hanno la stessa
etimologia (dal latino *pressia*, a sua volta derivato da
pressāre).
¡Deprisa! o **¡de prisa!**, *presto!*

⑥ **Respete**, *rispetti*, è la 3e persona del congiuntivo presente di
respetar, *rispettare*.
Abbiamo già detto alla lezione 35 che l'imperativo consta di
due persone soltanto: la 2e singolare e la 2e plurale. Le altre ▶

* * *

Ejercicio 1: Traduzca

❶ Hay que ponerse el cinturón de seguridad. ❷ ¡Ten
mucho cuidado! ❸ ¿Tus padres son muy mayores?
❹ ¿Tienes prisa? ❺ ¡Cuidado, hay un cruce!

5	Non corra, non ho fretta!
6	Rispetti i segnali stradali.
7	Se un'altra auto vuole sorpassarla,
8	si accosti *(si incolli)* a la destra.
9	Riduca la velocità agli incroci.
10	Non passi mai col rosso *(non si salti nessun semaforo)*.
11	Vada piano *(circoli lento)*, la strada è bagnata…
12 –	Sì, signora. Ma se, malgrado tutto, abbiamo un incidente…
13	lei ha *(ha lei)* [qualche] preferenza per un ospedale in particolare?

▸ persone sono quelle del congiuntivo presente, come avremo modo di vedere nella prossima lezione di ripasso.

⑦ **Tráfico**, *traffico, circolazione*. Quando è preceduta dalla preposizione **de**, però, questa parola corrisponde all'aggettivo *stradale*.
Accidente de tráfico, *incidente stradale*; **policía de tráfico**, *polizia stradale*; **tráfico de influencias**, *corruzione*; **tráfico de drogas**, *traffico di droga*.

⑧ **Pegarse**, *attaccarsi,* ma anche *litigare*. È un altro verbo con molti usi e ricorre con grande frequenza nei modi di dire.

⑨ **Saltar**, *saltare*.
Saltarse (forma pronominale) **un semáforo**, *passare col rosso*.

⑩ **A pesar de**, *malgrado, nonostante*; **a pesar de todo**, *malgrado tutto, nonostante tutto*.

* * *

Soluzione dell'esercizio 1

❶ Bisogna mettersi la cintura di sicurezza. ❷ Fa' molta attenzione! ❸ I tuoi genitori sono molto anziani? ❹ Hai fretta? ❺ Attento, c'è un incrocio!

Ejercicio 2: Complete

① Oggi c'è troppo traffico.

... ... demasiado ....

② C'è un'auto che vuole sorpassare.

... . que quiere ....

③ Il segnale stradale è alla tua sinistra.

.. .. está a tu ....

La red de carreteras españolas, la rete stradale spagnola, *è piuttosto fitta. Le città più importanti sono collegate tra loro da* **autopistas de peaje,** *autostrade a pedaggio, o da* **autovías,** superstrade. *Il limite di velocità è di 120 km/h sulle autostrade e le superstrade, di 90 km/h sulle statali e di 50 km/h in città e nei centri abitati.* **Las multas,** *le multe, vengono comminate frequentemente in caso di* **exceso de velocidad**, *eccesso di velocità – (può capitare di doverle pagare immediatamente, specie se il veicolo è stato immatricolato all'estero), ma anche quando non si osserva un divieto di sosta, soprattutto se non si è pagato il* **"precio de la consumición"**, *lett. il "prezzo per la consumazione", presso i numerosi* **parquímetros,** *parchimetri, disseminati per le città, nella maggior parte delle quali si trovano le* **zonas azules** *che, come le nostre zone blu, sono zone dove si può sostare a pagamento per un tempo limitato (da pochi minuti fino a due ore, in genere). Le* **zonas azules** *sono territorio di caccia, per così dire, delle* **grúas municipales**, *i carri attrezzi del Comune.*

④ Presto, è l'ora!

¡ . . . . , . . la . . . . !

⑤ Tenga la destra.

. . . . por la . . . .

Soluzione dell'esercizio 2

❶ Hoy hay – tráfico ❷ Hay un coche – adelantar ❸ La señal de tráfico – izquierda ❹ Deprisa – es – hora ❺ Circule – derecha

¡De película! ①

1 – **A**yer **fui**mos ② a ver "¡Que te den
     mor**c**illa!" ③

2 – ¿**Ha**bía **mu**cha **gen**te en el **ci**ne? ④

3 – ¡No me **ha**bles ⑤, había **u**na **co**la e**nor**me!

4 – Yo fui a **ver**la ⑥ la se**ma**na pa**sa**da.

5 – ¿Y qué te pare**ció**?

6 – ¡**Me**nu**do** **ro**llo! ⑦

7   **Hu**bo ⑧ **mu**chos que no aguan**ta**ron **has**ta
     el fi**nal**.

Note

① **Una película, un filme** (termine meno usato rispetto a
    película), *un film*.
    L'espressione **¡de película!** (o **¡de cine!**, *da cinema*!) non
    è scelta a caso: infatti l'argomento del dialogo (il cinema) si
    presta a un gioco di parole che può reggere anche in italiano,
    dove si dice che una cosa è da film (o da cinema) quando è
    esagerata ed eccezionale. Altre possibili traduzioni sono "*da
    sballo, da favola, incredibile*, ecc."

② **Fuimos** (lett. *fummo* o *andammo*) è il **pretérito indefinido**
    (che corrisponde grossomodo al nostro passato remoto) sia di
    ir, sia di **ser**. Dato il contesto, in italiano possiamo renderlo col
    passato prossimo (*siamo andati*), perché l'azione è avvenuta
    appena il giorno prima.

③ **¡Que te den morcilla!** (lett. *che ti diano sanguinaccio!*), *va' al
    diavolo!*

④ Ricordate che, per esprimere lo stato in luogo, si ricorre in
    genere alla preposizione **en**, anche quando in italiano usiamo la
    preposizione **a**: **en el cine**, *al cinema*.

⑤ **¡Habla!**, *parla!*; **¡no hables!**, *non parlare!* Le voci

Da film!

1 – Ieri siamo andati *(fummo)* a vedere "Va' al diavolo!"

2 – C'era molta gente al cinema?

3 – Non me ne parlare *(non mi parlare)*, c'era una fila (coda) enorme!

4 – Io sono andato a vederlo la settimana scorsa.

5 – E come ti è sembrato *(che ti parve)*?

6 – Una pizza!

7 *(Ci furono)* molti *(che)* non hanno retto *(sopportarono)* fino alla fine.

▸ dell'imperativo negativo sono le stesse del congiuntivo presente (**que tú hables**, *che tu parli*).
¡Ven!, *vieni!*; **¡no vengas!**, *non venire!*

⑥ Il complemento oggetto di **verla** *(vederla)* è **película**.

⑦ Qui è perfetta la corrispondenza tra **rollo** *(bobina)* e la *pizza*, ovviamente come pellicola cinematografica. In un contesto simile, l'espressione **¡menudo rollo!**, si usa appunto per dire che un film è noiosissimo… **Rollo**, oltre a *bobina*, significa *rotolo, matterello*, ma anche *polpettone*, in senso figurato, quando si riferisce a un discorso o a uno spettacolo. Invece di **¡menudo rollo!** avremmo potuto dire anche **¡menudo tostón!** o **¡qué tostón!** (lett. *che crostino!*)
L'aggettivo, **menudo** *(piccolo, minuto)*, quando non è impiegato in senso letterale, assume una funzione espressiva, come il nostro *che* davanti a un sostantivo: **¡menudo jaleo!**, *che confusione!, che baccano!*; **¡menudo lío!**, *che pasticcio!, che imbroglio!*

⑧ **Hubo** è la 3ª persona singolare del **pretérito indefinido** di **haber** (forma impersonale), *ci fu, ci furono*. In genere si traduce col passato prossimo o l'imperfetto.
Ayer hubo una buena película en la televisión, *ieri c'era un bel film alla tivù, ieri alla tivù hanno dato un bel film*.

8 Y a ti, ¿te gust**ó**? ⑨

9 – **Na**da! ¡**Na**da de **na**da! ⑩

10 Y el desen**lace**… ¡ni ⑪ te **cuen**to! ¡Un de**sas**tre!

11 El protago**nis**ta no ten**drí**a que ⑫ mo**rir** le**yen**do el pe**rió**do.

12 Ten**drí**a que pe**gar**se un **ti**ro.

13 – ¿Por qué?

14 – ¡**Por**que a**sí** los especta**do**res se desperta**rí**an!

☐

Note

⑨ In spagnolo dire *"a me mi, a te ti, ecc."* (**a mí me, a ti te**, ecc.) non è una libertà stilistica, ma è la regola, anche nella lingua scritta. Per cui *mi è piaciuto* si dice **me gustó,** ma *a me è piaciuto* si dirà **a mí me gustó. Gustó** è la 3ª persona singolare del **pretérito indefinido** di **gustar,** *piacere.* Notate la somiglianza con **pareció** (frase 5).

⑩ **Nada**, *niente*, da solo vuol dire anche *per niente, assolutamente no.* Dicendo ¡**nada de nada!** (*niente di niente!, neanche un po'!*) s'insiste nel negare.

⑪ ¡**Ni te cuento!**, *non ti dico!*

▶

* * *

Ejercicio 1: Traduzca

❶ Ayer fui al cine. ❷ Vamos a hacer la cola. ❸ En esta calle, la semana pasada hubo un accidente. ❹ ¿Qué te parece? ❺ Quiero ver esa película.

8 E a te è piaciuto *(a te ti piacque)*?
9 – Per niente! Neanche un po' *(nulla di nulla)*!
10 E la fine *(lo scioglimento)*… non ti dico *(né ti racconto)*! Un disastro!
11 Il protagonista non dovrebbe morire leggendo il giornale.
12 Dovrebbe spararsi.
13 – Perché?
14 – Perché così gli spettatori si sveglierebbero!

▸ **Ni** *(né)* a volte vuol dire *nemmeno* (**ni / no… siquiera** oppure **ni siquiera…**).
Ni ha telefoneado è lo stesso che dire **ni siquiera ha telefoneado**, *non ha nemmeno telefonato.*

⑫ **Tener que**, *dovere*; **tendría que**, *dovrei, dovrebbe.*
Ecco il condizionale! Per ora ci limiteremo a osservare che questo modo (al tempo presente) ha le stesse desinenze dell'indicativo imperfetto dei verbi in **-er** e in **-ir**: **-ía, -ías, -ía, -íamos, -íais, -ían**. Un'altra buona notizia: non ci sono eccezioni a questa norma. Vedremo in seguito le altre caratteristiche del condizionale.

* * *

Soluzione dell'esercizio 1

❶ Ieri sono andato al cinema. ❷ Faremo la fila. ❸ In questa via c'è stato un incidente la settimana scorsa. ❹ Che ne pensi? ❺ Voglio vedere questo film.

Ejercicio 2: Complete

❶ Molta gente guida troppo veloce *(in fretta)*.

. . . . circula demasiado . . . .

❷ Che ingorgo!

¡ . . . . !

❸ Vorrei leggere il giornale.

. . . . leer el . . . .

❹ Non è nemmeno venuto.

. . . . ha venido.

❺ C'erano molti spettatori?

¿ . . . . . muchos . . . . ?

---

40   Lección cuarenta

¡Seguro de sí mismo!

1 – ¿Me ha llamado?
2 – Sí, pase. Siéntese. Póngase cómodo. ①
3 – Sí, gracias.
4 – Bien. Pronto negociaremos ② un importante contrato

Note

① **Póngase cómodo**, *si accomodi*.
Quítese el abrigo, estará más cómodo, *si tolga il soprabito, starà più comodo*.
Este sofá es muy cómodo, *questo sofà è comodissimo*.

Soluzione dell'esercizio 2

① Mucha gente – deprisa ② Menudo atasco ③ Quisiera – el periódico ④ Ni siquiera – ⑤ Había – espectadores

Sicuro di sé *(stesso)* !

1 – Mi ha chiamato?
2 – Sì, avanti *(passi)*. Si sieda. Si accomodi *(si metta comodo)*.
3 – *(Sì,)* grazie.
4 – Bene. Presto discuteremo *(negozieremo)* un importante contratto

② **Negociaremos**, *tratteremo, negozieremo.*
Ricordate che il futuro si forma a partire dall'infinito del verbo? Forse vi sarete accorti che il futuro ha le stesse desinenze in tutte e tre le coniugazioni (**-ar**, **-er** e **-ir**).

5 con **u**na **fir**ma ③ estadouni**den**se ④ y…

6 he pen**sa**do en us**ted** **pa**ra diri**gir** las negocia**cio**nes.

7 – Es un ho**nor** **pa**ra mí. Se lo agra**dez**co ⑤ **mu**cho, **pe**ro…

8 mi in**glés** es bas**tan**te defi**cien**te.

9 A de**cir** ver**dad**… ¡in**clu**so di**ría** que es **fran**camente **ma**lo!

10 – No se preo**cu**pe ⑥. Ha**rá** un **cur**so inten**si**vo de in**glés**.

11 Le he bus**ca**do ⑦ un profe**sor** particu**lar**. ⑧

Note

③ **Firma** significa *firma*, ma anche *ditta*, che in spagnolo ha molti sinonimi: **sociedad** *(società)*, **compañía** *(compagnia)* e **empresa** *(impresa)*:
Todo está listo para la firma, *è tutto pronto per la firma*.
Firmar, *firmare*:
Tiene que firmar aquí, *deve firmare qui*.

④ Per parlare degli Statunitensi si usano anche gli aggettivi **norteamericanos** e **americanos**, anche se si tratta di un'imprecisione perché anche **los canadienses**, *i Canadesi*, per esempio, abitano in **América del Norte**, *America del Nord*, e **los brasileños**, *i Brasiliani*, o **los chilenos**, *i Cileni*, per esempio, sono **americanos**, *Americani*, e sono noti col nome di **latinoamericanos**, *Latino-americani* o **sudamericanos**, *Sudamericani*. Perciò è meglio evitare il termine **americanos**, che è troppo generico.

⑤ L'espressione **se lo agradezco**, *la ringrazio*, è frequentissima nella lingua di tutti i giorni; con l'aggiunta dell'avverbio **mucho** rende l'italiano *la ringrazio molto* o *grazie mille*.
Tra l'altro il verbo **agradecer**, *ringraziare*, come **conocer**, *conoscere*, alla prima persona singolare dell'indicativo presente inserisce una **z** davanti alla **c** (**agradezco, conozco**). Le altre

5 con una ditta statunitense e…

6 ho pensato a *(in)* lei per dirigere i negoziati.

7 – È un onore per me. La *(glielo)* ringrazio molto, ma…

8 il mio inglese è piuttosto *(abbastanza)* scarso.

9 A dir [la] verità… direi addirittura che è francamente cattivo!

10 – Non si preoccupi. Farà un corso intensivo d'inglese.

11 Le ho trovato *(cercato)* un insegnante privato *(professore particolare)*.

▸ persone di questo tempo e degli altri tempi del modo indicativo sono regolari.
Te agradece el regalo, *ti ringrazia per il regalo.*
Te conoce bien, *ti conosce bene.*
Ma: **le agradezco su llamada**, *la ringrazio per la telefonata.*
Conozco esa ciudad, *conosco questa città.*

⑥ Abbiamo già visto che, per dare un ordine a una o più persone cui ci si rivolge dando del Lei (lezione 38) o per esprimere un divieto (imperativo negativo, lezione 39) si ricorre al congiuntivo.
Notate, fra l'altro, che mentre in italiano il pronome riflessivo si antepone sempre al verbo coniugato all'imperativo, in spagnolo questo avviene solo quando la frase è negativa:
Siéntese, *si sieda.* **No se siente**, *non si sieda.*
Póngase ahí, *si metta lì.* **No se ponga ahí**, *non si metta lì.*

⑦ In questa frase l'azione di *cercare* (**buscar**) in realtà si è già conclusa: notate che *trovare* si dice **encontrar**. E *buscare*? È semplice: si dice **tomar** oppure **coger** (due verbi che già conoscete). *Buscare un raffreddore*: **coger un resfriado**.

⑧ **Particular** non vuol dire solo *particolare*, ma anche *privato* (aggettivo e sostantivo), secondo il contesto. **Lecciones particulares**: *lezioni private.*

12 – Pero…
13 – ¡No hay **pe**ro que **val**ga!
14 ¡Con**fíe** en sí ⑨ **mis**mo!

15 De re**gre**so a Es**pa**ña, el subordi**na**do es
convo**ca**do por el direc**tor**:

16 – ¿Y qué? ¿Ha te**ni**do dificul**ta**des con el in**glés**?
17 – ¿Yo? ¡En abso**lu**to! ¡Nin**gu**na!
18 Quienes ⑩ han te**ni**do dificul**ta**des han **si**do
los "ameri**ca**nos".   □

Note

⑨ Confrontate la frase col titolo della lezione: **seguro de sí**, *sicuro di sé*; **hablar de sí**, *parlare di sé*. **Sí** è pronome riflessivo anche al plurale.
Los egoístas sólo piensan en sí, *gli egoisti pensano solo a se stessi*.

⑩ Ricordate quando, alla lezione 32, la frase "**quiero los que están justo al lado**" *(voglio quelli che stanno proprio a fianco)*? Quando **el que**, *quello che*; **la que**, *quella che*; **los que**, *quelli*

* * *

Ejercicio 1: Traduzca

❶ ¡Siéntese, por favor! ❷ Llegaremos pronto
❸ Tienes que firmar aquí. ❹ Pablo ha ido a buscar
a su hijo a casa de sus amigos. ❺ Tu español es
francamente bueno.

12 – Ma…

13 – Non c'è "ma" che tenga *(valga)*!

14   Abbia fiducia *(confidi)* in se stesso!

15   Al suo ritorno in *(di ritorno a)* Spagna, il
           dipendente è convocato dal direttore:

16 – E allora *(che)*? Ha avuto difficoltà con
           l'inglese?

17 – Io? Assolutamente no *(in assoluto)*! Nessuna!

18   Quelli che hanno *(chi ha)* avuto difficoltà sono
           stati gli "americani"!

▸ *che*, ecc., si riferiscono a persone, si possono sostituire con
quien o **quienes**:
Quelli che hanno avuto difficoltà…, **Los que han tenido
dificultades…** o **quienes han tenido dificultades…**

* * *

Soluzione dell'esercizio 1

① Si sieda, per cortesia! ② Arriveremo subito. ③ Devi
firmare qui. ④ Pablo è andato a cercare suo figlio dai suoi amici.
⑤ Il tuo spagnolo è francamente buono.

Ejercicio 2: Complete

① Ti ringrazio molto.

Te .. ..

② Si metta a fianco, starà più comodo.

.... al ...., ... más ....

③ Vuole fare un corso intensivo?

¿ .... un .... ?

* * *

A parte i soggiorni linguistici organizzati da paesi stranieri, i programmi ufficiali di scambio universitario e **los cursos de verano**, *i corsi estivi, organizzati da varie università spagnole, sui quali ci si può informare presso gli uffici turistici, le ambasciate e i consolati spagnoli nel proprio paese, nella maggior parte delle grandi città ci sono* **escuelas de idiomas**, *scuole di lingue, che organizzano corsi più o meno intensivi a tutti i livelli e per tutto l'anno.*

41 Lección cuarenta y una

Con mucha cara ①

1 – ¿Qué **estás** ha**cien**do?

Note

① **Cara**, *viso, volto, faccia.*
 Tener cara de niño, *avere una faccia da bambino*; **lavarse la cara**, *lavarsi la faccia*; **echar a cara o cruz** (lett. *gettare a*

④ Hai avuto difficoltà a trovare un professore?

¿ · para · · · · · · · · ·
un profesor?

⑤ No, nessuna!

¡ · · , · · · · · · · !

Soluzione dell'esercizio 2

❶ – lo agradezco mucho ❷ Póngase – lado – estará – cómodo
❸ Quiere hacer – curso intensivo ❹ Has tenido dificultades – encontrar ❺ No ninguna

* * *

Inoltre ci sono anche **los cursos particulares**, i corsi privati: *si
possono trovare facilmente grazie ad annunci economici, in
occasione di partecipazioni a convegni, in cambio di piccoli servizi
o di un pagamento in contanti.*
*Indipendentemente dalla vostra scelta, ricordate che la scuola
migliore è la pratica quotidiana: ascoltate, leggete, prendete
appunti, parlate e...* **¡Confíe en sí mismo/a!**, *abbiate fiducia in voi
stessi!*

Quarantunesima lezione   41

Sfacciato *(con molta faccia)*

1 –   Cosa stai facendo?

▶ *faccia e croce*), *giocare a testa o croce*; **tener buena cara**,
avere un bell'aspetto.
Nella lingua colloquiale, **tener mucha cara** o **ser un cara dura**
significa *avere la faccia tosta, essere uno sfacciato.*
¡Qué cara dura!, *che sfacciato!, che faccia tosta!*

2 – **Si**go ② en **pa**ro ③ y… es**toy** le**yen**do los a**nun**cios.

3 **Ten**go que encon**trar** tra**ba**jo.

4 – ¡**Mi**ra, a**quí** hay **u**no intere**san**te!

5 "Se nece**si**ta leña**dor**. **Trein**ta **a**ños de expe**rien**cia."

6 – **Pe**ro… ¡Yo **nun**ca he corta**do** un **ár**bol!

7 – ¿**Qué** más da? ④ ¡A lo me**jor** ⑤ funcio**na**!

8 Tú, pre**sén**tate. **Lue**go…¡ya ve**rás**!

9 En la ofi**ci**na del Institu**to** Nacio**nal** de **Emple**o (INEM):

10 – Bien, se**ñor**; ¿y **cuán**tos **a**ños me **di**ce que ha esta**do** cortan**do** ⑥ **ár**boles?

11 – Pues… **ca**si cua**ren**ta **a**ños.

12 – Muy bien; ¿y **dón**de princi**pal**mente?

Note

② **Seguir** *(seguire, continuare)* denota la continuità o la persistenza di una situazione o di un'azione. Si può tradurre col verbo *essere* seguito da *ancora*.
Sigo en el paro, *sono ancora disoccupato*.
El cielo sigue cubierto, *il cielo è ancora coperto*.

③ **En paro, en el paro**, *senza lavoro, disoccupato*. **Paro** significa *disoccupazione* o *sciopero*.

④ L'espressione di uso comune **¿qué más da?** (lett. *che più dà?*) è una frase fissa. Significa *che importa?*, *che importanza ha?*

2 – Sono ancora disoccupato *(continuo in disoccupazione)* e… sto leggendo gli annunci.

3 Devo trovare lavoro.

4 – Guarda, eccone uno interessante!

5 "Cercasi *(si ha bisogno)* taglialegna. Trent'anni di esperienza."

6 – Ma… io non ho mai tagliato un albero!

7 – Che importa? Magari ti va bene *(al meglio funziona)*!

8 Tu, presentati. Poi... *(già)* vedrai!

9 Nell'ufficio dell'Istituto Nazionale di Impiego (INEM):

10 – Bene, signore: e da quanti anni è che taglia alberi *(mi dice che è stato tagliando alberi)*?

11 – Ecco… quasi quarant'anni.

12 – Benissimo: e dove, principalmente?

⑤ **A lo mejor** (lett. *al meglio*) è una locuzione che esprime un'eventualità davanti a un verbo e corrisponde al nostro *forse, magari*.
A lo mejor viene, *forse verrà*.

⑥ La perifrasi verbale **estar** + gerundio indica un'azione in fase di svolgimento e al presente equivale all'italiano *stare* + gerundio (**¿qué estás leyendo?,** *cosa stai leggendo?*), ma al passato prossimo fa riferimento a un'azione abituale che avviene da tempo.

13 Sorprendido, tras un instante de indecisión,
14 el candidato al **puesto** **suelta** lo primero ⑦
que le **viene** a la cabeza:
15 – En el **Sáhara**.
16 – ¿En el **Sáhara**? ¡**Pero** si ⑧ **allí** no hay **árboles**!
17 – ¡**Ahora**! ¡**Ahora**!   □

Note

⑦ **Lo primero…**, *la prima cosa…*
Lo primero que haremos será…, *la prima cosa che faremo
sarà…*
Lo primero non va confuso con **el primero**, *il primo*.

⑧ Naturalmente avremmo potuto anche dire **¡pero… allí no hay
árboles!**, *ma… lì non ci sono alberi!* Come in italiano, in questo
caso **si** *(se)* ha una funzione espressiva, rafforza il ma che lo
precede e denota stupore*.!*

* * *

Ejercicio 1: Traduzca
❶ ¡Acércate! ❷ ¿Estás estudiando? ❸ Leo los
anuncios del periódico. ❹ Estoy buscando trabajo.
❺ ¡Mira, éste parece interesante!

Ejercicio 2: Complete

❶ Hai trovato lavoro?
¿ ··· ·········· ·· empleo?

❷ Tu hai molta esperienza.
Tú ······ ····· ········· ·

❸ "Si parla spagnolo."
" ·· ····· ······· ·"

13 Sorpreso, dopo un istante d'incertezza, 41
14 il candidato *(al posto)* spara *(libera)* la prima
cosa che gli viene in mente:
15 – Nel Sahara!
16 – Nel Sahara? Ma se lì non ci sono alberi!
17 – Adesso! *(Ora! Ora!)*

* * *

Soluzione dell'esercizio 1

❶ Avvicinati! ❷ Stai studiando? ❸ Leggo gli annunci del giornale.
❹ Sto cercando lavoro. ❺ Guarda, questo sembra interessante!

❹ Sono ancora senza lavoro.

.... trabajo.

❺ È la prima cosa che bisogna fare.

Es .. .. hay ... hacer.

Soluzione dell'esercizio 2

❶ Has encontrado – ❷ – tienes mucha experiencia ❸ Se habla español ❹ Sigo sin – ❺ – lo primero que – que –

Repaso

1 L'imperativo e il congiuntivo presente

☛ **Ricordate:**

Abbiamo già visto nella lezione 35 che l'imperativo, in spagnolo, ha solo due forme proprie: la 2ª singolare e la 2ª plurale, che si usano rispettivamente quando ci si rivolge a una o a più persone cui si dà del tu:

¡Pasa!, *entra! (passa!)*
¡Corre!, *corri!*
¡Abrid!, *aprite!*

Gli eventuali pronomi complemento vanno dopo il verbo all'imperativo (nelle frasi affermative) e formano con esso un'unica parola, come in italiano:

¡Invítame!, *invitami!*
¡Escribidnos!, *scriveteci!*
¡Decidlo!, *ditelo!*

Nella formazione dell'imperativo si seguono le stesse regole dell'italiano anche quando i pronomi complemento sono due (il complemento indiretto precede quello diretto):

¡Déjamelo!, *lasciamelo!*
¡Léemelo!, *leggimelo!*
¡Abrídmelo!, *apritemelo!*

La 2ª persona plurale perde la **d** finale quando è seguita dal pronome **os**, *vi*:

¡Daos la mano!, *datevi la mano!*
¡Escribíos!, *scrivetevi!*

☛ **Le altre persone dell'imperativo appartengono tutte al congiuntivo presente:**

• Per la 1ª persona plurale (la desinenza è **-emos** per i verbi in **-ar**, **-amos** per quelli in **-er** e **-ir**):

¡Hablemos!, *parliamo!*
¡Comamos!, *mangiamo!*

¡Abramos!, *apriamo!*

• Per rivolgersi a una o più persone cui si dà del lei (**-e**, **-en** per i verbi in **–ar**, **-a**, **-an** per quelli in **–er** e **–ir**):
¡Circule por la derecha!, *tenga la destra!* (a una sola persona).
¡Circulen… !, *tenete, tengano…!* (a più persone).
¡Póngase cómodo!, *si accomodi!* (a una sola persona).
¡Pónganse cómodos!, *accomodatevi, si accomodino!* (a più persone).

☞ **L'imperativo negativo**

In questo caso le forme di tutte le persone sono quelle del congiuntivo presente .
Confrontate:
¡Llama!, *chiama!*
¡No llames!, *non chiamare!*
¡Corre!, *corri!*
¡No corras!, *non correre!*
Le forme delle altre persone non cambiano perché, sia nelle frasi affermative che nelle negative, sono sempre quelle del congiuntivo presente.

Gli eventuali pronomi complemento si inseriscono sempre tra la negazione e il verbo:
¡Cómpralo!, *compralo!*
¡No lo compres!, *non comprarlo!, non lo comprare!*
¡Siéntate!, *siediti!*
¡No te sientes!, *non sederti!, non ti sedere!*
¡Póngase ahí!, *si metta lì!*
¡No se ponga ahí!, *non si metta lì!*

Conoscete già i verbi utilizzati in questi esempi.

2 Il comparativo

☞ **Il comparativo d'uguaglianza**

Si forma ricorrendo alla struttura correlativa **tan… como**:

Mi maleta es <u>tan</u> grande <u>como</u> la tuya, *la mia valigia è (tanto) grande come la tua.*

☛ **I comparativi di maggioranza e di minoranza**

Basta usare rispettivamente le strutture correlative **más... que** *(più... di)* e **menos... que** *(meno... di)*:

Mi coche es <u>más</u> pequeño <u>que</u> el tuyo, *la mia auto è <u>più</u> piccola <u>della</u> tua.*

Pablo es <u>menos</u> fuerte <u>que</u> Juan, *Pablo è <u>meno</u> forte <u>di</u> Juan.*

Ricapitolando:

más... que	→	*più... di*
menos... que	→	*meno... di*
tan... como	→	*... come (o quanto)*

3 Il futuro

Il futuro non presenta difficoltà. Si forma, come in italiano, partendo dall'infinito del verbo, a cui si aggiungono le desinenze indicate qui di seguito:

hablar	→ é	*parlerò*
comer	→ ás	*mangerai*
buscar	→ á	*cercherà*
dejar	→ emos	*lasceremo*
llamar	→ éis	*chiamerete*
acabar	→ án	*finiranno*

Tutte le desinenze (tranne quella della 1ª persona plurale) vanno accentate.
I verbi irregolari al futuro sono in tutto solo una dozzina.

4 Il passato remoto (pretérito indefinido)

In spagnolo si usa quando un'azione è avvenuta in un periodo di tempo che, nel momento in cui si sta parlando, è trascorso completamente. Di norma traduce anche il nostro passato prossimo oltre al passato remoto, tanto nella lingua scritta quanto nella lingua parlata:

Ayer fuimos al cine, *ieri siamo andati (andammo) al cinema.*
El martes comí con ella, *martedì ho mangiato (mangiai) con lei.*
Trabajé para ellos el año pasado, *ho lavorato (lavorai) per loro*
l'anno scorso.

Considerata la difficoltà del passato remoto italiano, non c'è da meravigliarsi se molti verbi hanno il **pretérito indefinido** irregolare. Purtroppo questo tempo è di uso frequentissimo nella lingua di tutti i giorni, perciò lo incontrerete spesso nelle prossime lezioni. Per il momento cercate di riconoscerne le forme e le desinenze; in seguito lo rivedremo nel dettaglio.

* * *

5 Diálogo recapitulativo

1 – ¡Deprisa! ¡Ponte el cinturón de seguridad! **(38)**
2 – ¡Ten cuidado! ¡No corras! **(38, 40)**
3 – ¡A que llegamos tarde! **(36)**
4 – No es tan tarde como crees. **(36)**
5   La película comienza a las ocho y media y… **(39, 21)**
6   ni siquiera son las siete. **(39, 21)**
7 – ¡Cada vez hay más tráfico! **(36, 38)**
8 – ¡Bueno, tranquilízate! **(31, 35)**
9   Pronto estaremos bien sentados y cómodos. **(40)**
10   Y luego… ¿quién sabe? ¡A lo mejor es un rollo!
    (39, 42)

Traducción

1 Presto! Mettiti la cintura di sicurezza! **2** Fa' attenzione! Non correre! **3** Vuoi vedere che arriviamo tardi? **4** Non è così tardi come pensi. **5** Il film comincia alle otto e mezza e… **6** non sono neanche le sette. **7** C'è sempre più traffico. **8** Su, calmati! **9** Presto saremo seduti e comodi. **10** E poi… chissà? Magari è una pizza!

A la llegada ① del tren

1 – **Pe**ro… ¿qué te **pa**sa?
2   Es**tás pá**lido.
3   ¿Te ha sen**ta**do mal ② el **via**je?
4 – Me he mar**ea**do ③.
5   Me **pon**go ma**lí**simo ④
6   **cuan**do **via**jo de es**pal**das ⑤ al sen**ti**do de la
     marcha.
7 – ¿Y por qué no has pe**di**do a la per**so**na que
     iba sen**ta**da en**fren**te

Note

① **La llegada**, *l'arrivo*, e **la salida**, *la partenza*, sono parole di uso
frequente che è bene conoscere, soprattutto se capitate spesso
alla stazione o all'aeroporto.
Salida vuol dire anche *uscita* (*salita* si dice **subida**):
Te espero a la salida del cine, *ti aspetto all'uscita dal cinema*.
Salida de socorro, *uscita di sicurezza*.

② **Sentarse**, *sedersi*.
Siéntese, por favor, *si accomodi, prego*.
Sentar bien o **mal** si traduce, secondo il contesto, *far bene / far
male; stare bene / stare male*.
El café me ha sentado mal, *il caffè mi ha fatto male*.
Una infusión te sentará bien, *un infuso ti farà bene*.
Esa camisa te sienta muy bien, *quella camicia ti sta
benissimo*.

③ **Marearse**, *avere la nausea*.
Me mareo, *ho la nausea*.
Vi sarete certamente accorti che **marearse** contiene la parola
mar, *mare*: ciò vi aiuterà a ricordare che, quando si parla di
viaggi per nave, **marearse** significa *avere il mal di mare*.

All'arrivo del treno

1 – Ma… che cos'hai?
2 Sei pallido.
3 Ti ha fatto male il viaggio?
4 – Ho avuto la nausea.
5 Mi sento malissimo.
6 quando viaggio dando le spalle *(di spalle)* al senso di *(della)* marcia.
7 – E perché non hai chiesto alla persona seduta davanti *(che andava seduta davanti)*

④ **Ponerse enfermo** (o **malo**): *ammalarsi, sentirsi male.* Il verbo **ponerse**, quando è seguito da un aggettivo, esprime in genere un cambiamento temporaneo.
¡Cuidado, el semáforo se ha puesto rojo!, *attenzione, il semaforo è diventato rosso!*
L'espressione **poner enfermo** (o **malo**), *fare stare male*, si usa spesso in senso figurato: **el ruido y los gritos me ponen malo**, *il rumore e le urla mi fanno star male.*

⑤ **La espalda**, *la schiena*; **las espaldas**, *le spalle* o *la schiena.*
La espalda, dunque, al singolare indica solo la parte posteriore del corpo che va dalle spalle alla cintura. Fate attenzione a non confondere **la espalda** con *la spalla*, che in spagnolo si dice **el hombro**.
Me duele la espalda, *mi fa male la schiena.*
Dar la espalda, *dare la schiena.*
Dopo la preposizione **de**, **espalda** si usa generalmente al plurale: **de espaldas**, *di spalle* (ma **dormir de espaldas** vuol dire *dormire sulla schiena*); **de espaldas a…**, *dando le spalle a…*

8 que te cam**bia**se ⑥ el **si**tio?
9 La **gen**te com**pren**de **es**te **ti**po de situa**cio**nes,
10 y **sue**le ⑦ ser a**ma**ble.
11 – Ya lo he pen**sa**do, **pe**ro no he po**di**do;
12 no ha**bí**a **na**die, es que el a**sien**to **i**ba va**cí**o. ☐

Note

⑥ **Has pedido…que te cambiase de sitio?**, *hai chiesto…di scambiarvi di posto?*
Ricordate (nota 4 della lezione 37) che, in spagnolo, dopo un verbo che esprime un ordine, una preghiera, un consiglio ecc. si usa generalmente il congiuntivo.
La voce verbale **cambiase** è un congiuntivo imperfetto: qui bisogna usarlo perché il verbo della principale è al passato. Ne riparleremo quando sarà il momento.

* * *

Ejercicio 1: Traduzca

❶ El tren ha llegado con retraso. ❷ Estás muy pálida, ¿qué te pasa? ❸ Los viajes en barco no me sientan bien. ❹ Siempre me mareo. ❺ Tomaremos una infusión.

Ejercicio 2: Complete

❶ Sai a che ora parte il treno *(qual è l'ora di partenza del treno)*?
¿ . . . . . cuál . . . . de . . . .
. . . . ?

❷ La prego di uscire da quella parte.
Le . . . . por . . . lado.

❸ Mi fa male la schiena.
. . . . la . . . .

8   di scambiarvi di posto *(che ti cambiasse il posto)*?

9   La gente capisce questo tipo di situazioni,

10 e di solito è *(suole essere)* gentile.

11 – Ci ho pensato *(Già l'ho pensato)*, ma non ho potuto;

12 non c'era nessuno, il posto era vuoto *(è che il sedile andava vuoto)*.

▸ **Me pide que le cambie** (congiuntivo presente) **el sitio**, *Mi chiede di scambiarci di posto.*

⑦ **Soler**, *solere, avere l'abitudine di*. A differenza dell'italiano *solere*, che è piuttosto raro, **soler** è un verbo di uso corrente in spagnolo.
Si coniuga come **volver: suelo, sueles, suele, solemos, soléis, suelen**; *ho l'abitudine di, hai l'abitudine di,* ecc.

* * *

Soluzione dell'esercizio 1

① Il treno è arrivato in ritardo. ② Sei molto pallida, che cos'hai? ③ I viaggi in nave non mi fanno bene. ④ Ho sempre il mal di mare. ⑤ Prenderemo un infuso.

④ Ho l'abitudine di telefonargli tutte le settimane.

. . . . todas las . . . .

⑤ Ci avevo già pensato.

Ya . . . .

Soluzione dell'esercizio 2

① Sabes – es la hora – salida del tren ② – ruego que salga – ese – ③ Me duele – espalda ④ Suelo telefonearle – semanas ⑤ – lo había pensado

---

44   Lección cuarenta y cuatro

Lógica descarada

1   Un se**ñor en**tra en un restau**ran**te con un
   ci**ga**rro ① encen**di**do en la **ma**no.
2   **Na**da más ② sen**tar**se, el cama**re**ro se
   di**ri**ge a él y le **di**ce:
3 – Caba**ll**ero, a**quí** está prohi**bi**do fu**mar** ③.

Pronunciación
*1 … θi**ga**rro enθen**di**do …*

Note

① **Un cigarro** è *una sigaretta*, mentre *sigaro* si dice **cigarro puro**
   o semplicemente **puro**.
② La locuzione **nada más** *(basta, nient'altro)*, quando è seguita
   da un verbo all'infinito, indica che l'azione seguente è avvenuta
   in stretta successione. **Nada más llegar, telefoneó,** *Appena
   arrivato (arrivata), telefonò.*

*Chi vuole visitare la Penisola Iberica viaggiando in treno deve cambiare alla frontiera tra la Francia e la Spagna, a meno che non viaggi sul **Talgo**, treno che è stato il fiore all'occhiello delle* **Ferrocarriles españoles**, *Ferrovie spagnole, fino all'inizio degli anni '90, quando sono stati introdotti i treni* **AVE (Alta Velocidad Española**, *Alta Velocità Spagnola, equivalenti ai nostri* TAV) *sulla linea Madrid-Siviglia. Infatti la differenza di scartamento dei binari (1,44 m nella maggior parte degli Stati dell'Unione contro 1,68 nella Penisola Iberica) impedisce il passaggio dei treni italiani sul territorio spagnolo. Il **Talgo**, treno rapido e comodo che si può prendere pagando un supplemento, è l'unico che permette di superare questa difficoltà grazie ai suoi assi regolabili, un espediente escogitato dagli ingegneri spagnoli per ovviare al differente scartamento dei binari.*

Quarantaquattresima lezione   44

Logica insolente

1   Un signore entra in un ristorante con una sigaretta accesa in *(nella)* mano.
2   Non appena si siede *(niente più sedersi)*, il cameriere si rivolge a lui e gli dice:
3 –   Signore, qui è vietato *(sta proibito)* fumare.

▸ **Se ha ido nada más comer**, *Se n'è andato (andata) subito dopo mangiato.*
   Conoscete già la parola **más**, *più*. Ricordate anche **además**, *inoltre* e **encima**, *per giunta.*
   Fuma mucho y… ¡encima escupe!, *Fuma molto e… per giunta sputa!*

③ **Está prohibido fumar**, *è vietato fumare.*
   Aquí, está prohibido aparcar, *Qui il parcheggio è vietato.*
   In spagnolo si preferisce vietare il verbo anziché il sostantivo. Confrontate: **prohibido fumar**, *vietato fumare.* **Prohibido aparcar**, *divieto di sosta / parcheggio.*

4   ¿No ha **vis**to el le**tre**ro?

5   **E**sta **zo**na está reser**v**ada a los no fuma**d**ores.

6 – Ya ④ lo sé – con**tes**ta el re**cién** lle**ga**do.

7 – Dis**cul**pe, ⑤ **pe**ro **tie**ne us**ted** un **ci**garro en la **ma**no, – in**sis**te el cama**re**ro.

8 – ¡Y **da**le…! ⑥

9   ¡Tam**bién** lle**vo** ⑦ za**pa**tos en los pies y no **an**do! ⑧   □

6 … rreθien …

Note

④ **Ya** *(già)*, all'inizio della frase e prima di un verbo o di un pronome complemento, serve a esprimere un'affermazione evidente. A volte si può tradurre, come avviene in questo dialogo, con *bene*.
Ya te lo había dicho yo, *te l'avevo detto io.*

⑤ **Disculpar**, lett. *discolpare*, si usa moltissimo con l'accezione di *scusare*.
Disculpe o **Discúlpeme**, *scusi* o *mi scusi.*
Pedir disculpas a, *chiedere scusa a.*
Le ruego que me disculpe, *la prego di scusarmi.*

* * *

Ejercicio 1: Traduzca

❶ ¿Cómo se llama el restaurante? ❷ Se ha dirigido a mí para pedirme un cigarro. ❸ ¿Esta mesa está reservada? ❹ Preguntaré al camarero. ❺ Disculpe, esta sala es para no fumadores.

4 Non ha visto il cartello?

5 Questa zona è riservata ai non fumatori.

6 – Lo so bene *(già lo so)*, risponde il nuovo *(recentemente)* arrivato.

7 – Mi scusi, ma ha una sigaretta in mano, – insiste il cameriere.

8 – E dagli… !

9 Ho anche *(anche porto)* [le] scarpe ai piedi e non cammino!

⑥ L'espressione **¡y dale!**, pronunciata con tono seccato, corrisponde all'italiano *e dagli!* e denota fastidio nei confronti di un interlocutore insistente.

Quando si vuole incoraggiare qualcuno, invece, si esclama **¡dale!** (senza **y**), ovvero *forza!, dai!*

¡Y dale que dale!, *ancora!, sempre la stessa storia!,* rafforza il concetto espresso da **¡y dale…!**, ed esprime dunque la reazione a un'insistenza reiterata e fastidiosa. Si può usare anche senza il punto esclamativo; in tal caso equivale a dire *dagli e dagli…*

⑦ Come in italiano, **llevar**, *portare*, si può usare al posto di **tener**, *avere*, quando ha il significato di indossare un vestito o un gioiello.

Mira, Lidia lleva / tiene unos pendientes muy finos, *guarda, Lidia porta / ha degli orecchini molto sottili.*

⑧ **Andar** significa generalmente *camminare*, ma in alcuni contesti si può tradurre con *andare* o *funzionare*.

* * *

Soluzione dell'esercizio 1

① Come si chiama il ristorante? ② Si è rivolto (rivolta) a me per chiedermi una sigaretta. ③ Questo tavolo è riservato? ④ Chiederò al cameriere. ⑤ Mi scusi, questa sala è per non fumatori.

Ejercicio 2: Complete

❶ Subito dopo aver fatto colazione, è andato a lavorare.

. . . . desayunar, ... a trabajar.

❷ Lo sapevo bene.

. . . . •

❸ È un fiore appena *(recentemente)* sbocciato.

. . . . abierta.

❹ Vietato entrare.

. . . . •

❺ Portava scarpe nere.

. . . . •

Lección cuarenta y cinco

Distraída

1 – ¿Comisaría de policía?
2 – Sí, dígame. ①
3 – Vengan rápido, por favor. ¡Me han robado!
4 – ¡Tranquila, señora!

Note

① Come abbiamo visto, la conversazione al telefono comincia di norma con **diga** o **dígame** (lett. *dica* o *mi dica*) e l'interlocutore risponde dicendo **oiga** (lett. *senta*) oppure **oye** (lett. *senti*). Altre frasi ed espressioni utili al telefono sono: **¿quién es?**, *chi parla?*; **el teléfono estaba ocupado**, *il telefono era occupato*;

Soluzione dell'esercizio 2

① Nada más – se ha ido – ② Ya lo sabía ③ Es una flor recién –
④ Prohibido entrar ⑤ Llevaba zapatos negros.

Quarantacinquesima lezione   45

Distratta

1 – [Parlo con il] commissariato di polizia?
2 – Sì, pronto *(mi dica)*.
3 – Venite subito *(vengano veloce)*, per cortesia. Mi hanno derubata!
4 – [Stia] calma *(tranquilla)*, signora!

▶ **volveré a llamar**, *la richiamerò (più tardi)*; **dejar un mensaje** (o **un recado**), *lasciare un messaggio*, **no cuelge** (**el teléfono**), *non riattacchi, resti in linea*; **llamada en espera**, *chiamata in attesa*; **aviso de llamada**, *avviso di chiamata*; **contestador automático**, *segreteria telefonica*; **la señal** (femminile), *il segnale acustico*.

5   ¿Qué ha pasado?
6   ¡Explíquese! ②
7 – Estoy en mi coche… Me lo han quitado todo:
8   el volante, el acelerador, los pedales del freno y del embrague,
9   la radio, ③ la palanca de cambio, el salpicadero…
10   ¡Imposible arrancar!
11 – ¿Y dónde está usted ahora?
12 – Pues… bueno… ahora estoy aquí… en el coche… sentada…
13   ¡Cuernos…! ¡Perdone…!
14   ¡No se moleste…! ④ ¡Lo he encontrado todo!
15   ¡Es que me había sentado en el asiento ⑤ trasero!   ☐

Note

② Ricordate che, quando si dà un ordine usando l'imperativo affermativo, il pronome si mette sempre dopo il verbo, formando con esso un'unica parola:
Explíquese, *si spieghi*; **siéntese**, *si accomodi, si sieda;* **diríjase a…**, *si rivolga;* **discúlpese**, *si scusi*, ecc.

③ **El aparato de radio**, *l'apparecchio radio*; **encender la radio**, *accendere la radio*; **autorradio / auto-radio**, *autoradio*.

④ **Molestar**, *molestare, disturbare* o *dispiacere*, è un verbo regolare molto usato nella lingua di tutti i giorni.:
¿Le molesta si fumo?, *Le dispiace se fumo?*
No molesten, *Non disturbare* (per esempio in un albergo).
Anche la forma pronominale **molestarse** è molto frequente:
No se moleste, *Non si disturbi*.

5 Cos'è successo?

6 Si spieghi!

7 – Sono nella mia auto... Mi *(me lo)* hanno preso *(levato)* tutto:

8 il volante, l'acceleratore, i pedali del freno e della frizione,

9 l'autoradio, la leva del cambio, il cruscotto...

10 Impossibile partire!

11 – E dove si trova *(Lei)* ora?

12 – Ehm…, beh…, ora sono qui... in macchina... seduta...

13 Caspita… *(Corni)*! Mi scusi *(Perdoni)*… !

14 Non si disturbi… ! Ho ritrovato tutto *(l'ho trovato tutto)* !

15 *(È che)* mi ero seduta sul sedile posteriore!

⑤ **Asiento**, *sedia, posto* e, in un'auto, *sedile*.
Tomar asiento, *prendere posto*.
Estos asientos son muy cómodos, *queste sedie sono molto comode.*
¿Cuál es su asiento?, *qual è il suo posto?* (per esempio in treno).
He dejado el jersey en el asiento trasero de tu coche, *ho lasciato il maglione sul sedile posteriore della tua auto.*

Ejercicio 1: Traduzca

❶ Le pediré una explicación. ❷ Explícate, ¿qué ha pasado? ❸ Ha sido un verdadero desastre. ❹ Le han robado el coche. ❺ Ha ido a la comisaría.

Ejercicio 2: Complete

❶ È una persona molto distratta.

. . . . •

❷ Ti hanno telefonato dal lavoro.

. . . . . telefoneado del . . . . •

❸ No, Lei non mi disturba.

. ., usted . . . . •

---

46 **Lección cuarenta y seis**

Coto de pesca

1 – ¡Eh, **chi**co! ① ¿No has **vis**to el le**tre**ro?
2   ¡A**quí** está prohi**bi**do pes**car**!
3   **Ten**go que po**ner**te **u**na **mul**ta.
4 – **Pe**ro, **oi**ga…; ② ¡yo no es**toy** pes**can**do!

Note

① **Chico** (al femminile **chica**), si usa spesso nel linguaggio colloquiale per riferirsi o rivolgersi a persone giovani.
Llevar a los chicos al cine, *portare i bambini al cinema.*
Los chicos y las chicas, *i ragazzi e le ragazze.*
Es un chico muy serio o **una chica muy seria**, *è un ragazzo molto serio* o *una ragazza molto seria.*
Chico è anche aggettivo e in tal caso significa *piccolo.*
Estos guantes son chicos para mí, *questi guanti sono piccoli per me.*

189 • ciento ochenta y nueve

Soluzione dell'esercizio 1

❶ Gli / le chiederò una spiegazione. ❷ Spiegati, cosa ti è successo?
❸ È stato un autentico disastro. ❹ Gli / le hanno rubato l'auto. ❺ È
andato / andata al commissariato.

❹ Stavo ascoltando la radio.

.... la radio.

❺ Era seduta davanti.

Estaba ....

Soluzione dell'esercizio 2

❶ Es una persona muy distraída ❷ Te han – trabajo ❸ No – no me
molesta ❹ Estaba escuchando – ❺ – sentada delante

Quarantaseiesima lezione   46

Riserva di pesca

1 –   Ehi, ragazzo! Non hai visto il cartello?
2   Qui è vietato pescare!
3   Devo farti *(metterti)* una multa.
4 –   Ma ascolti…; io non sto pescando!

② **Oiga**, di cui abbiamo parlato nella lezione precedente, è la
3ª persona del congiuntivo presente di **oír**, *sentire*, *ascoltare*.
Come **¡oye!** *(senti!)* si usa, oltre che al telefono, anche per
richiamare l'attenzione della persona cui ci si rivolge:
¡Oye, Pedro, di a Carmen que voy enseguida!, *Ehi, Pedro: dì
a Carmen che ci vado subito!*
¡Oiga, (señora,) se olvida el paraguas!, *Senta, signora, si è
dimenticata l'ombrello!*
Si tratta di espressioni comunissime, ma è meglio evitarle
quando ci si rivolge a persone con cui non si ha confidenza.

5 – ¿Y la **ca**ña, y el **carre**te, ③ y el an**zue**lo, y **e**sa lom**briz**?

6 – ¡Ah, sí, es ver**dad**! Es que es**toy** ense**ñan**do ④ a na**dar** al gu**sa**no.

7 – Pues… ⑤ ¡vas a pa**gar** u**na mul**ta de **to**das **for**mas! ⑥

8 – Pero… no hay mo**ti**vo… ¿Por qué?

9 – Porque tu gu**sa**no se es**tá** ba**ñan**do des**nu**do. ⑦

☐

Note

③ **El carrete**, *il mulinello*; ma in altri contesti, generalmente, vuol dire *bobina*, *pellicola* o *rullino*.
Deme dos carretes de 24 fotos de 400 asa, *dammi due rullini da 24 foto a 400 asa*.

④ **Enseñar**, *insegnare* o *mostrare*.
Me enseñó a nadar, *mi ha insegnato a nuotare*.
Enseña en la universidad, *insegna all'università*.
Ven, voy a enseñarte algo, *vieni, ti mostro qualosa*.
Imparare si dice **aprender**.

⑤ **Pues…** ha diverse accezioni; all'inizio di una frase rafforza il concetto espresso e si traduce di solito con *beh* o *ebbene*.
Pues haremos como estaba previsto, *beh, faremo come previsto*.

* * *

Ejercicio 1: Traduzca

❶ ¿Has visto que está prohibido aparcar aquí? ❷ Hay un letrero en su puerta. ❸ Había más chicas que chicos. ❹ Sí, soy yo quien pagará el carrete. ❺ Vamos a bañarnos en la piscina.

5 – E la canna [da pesca], *(e)* il mulinello, *(e)* l'amo
e quel lombrico?

6 – Ah, sì, è vero! *(È che)* sto insegnando al verme
a nuotare *(a nuotare al verme)*.

7 – Beh… pagherai una multa comunque *(di tutte
forme)*!

8 – Ma…, non c'è ragione *(motivo)*… Perché?

9 – Perché il tuo verme sta facendo il bagno *(si sta
bagnando)* nudo.

⑥ **De todas formas**, *comunque, ad ogni modo, in ogni caso*.
Forma, *talvolta, ha il significato di modo, maniera*.
De forma que, *in modo che, in modo da*.

⑦ **Desnudo,desnuda**, *nudo, nuda*.
Desnudarse, *spogliarsi, svestirsi* (**desvestirse**).

* * *

Soluzione dell'esercizio 1

❶ Hai visto che qui il parcheggio è vietato? ❷ C'è un cartello sulla
sua porta. ❸ C'erano più ragazze che ragazzi. ❹ Sì, sarò io a pagare
il rullino. ❺ Andiamo a fare il bagno in piscina.

Ejercicio 2: Complete

① Mi piace andare a pescare.

. . . . •

② Ti faranno una multa.

Te . . . . •

③ *(Già)* te l'avevo detto.

. . te lo . . . . •

La pesca, la pesca, *costituisce da sempre una delle grandi ricchezze della Spagna e la flotta da pesca spagnola rimane una delle più importanti al mondo.*
Le acque spagnole sono tuttora pescosissime e si sta prendendo sempre più coscienza dei danni irreparabili che comporterebbe il loro eccessivo sfruttamento.
Gli Spagnoli e i Portoghesi sono i maggiori consumatori in Europa di **pescado**, pesce, *e di* **mariscos**, frutti di mare.
Perciò troverete le prelibatezze del mare dovunque sia possibile abbandonarsi al piacere delle **tapas**, *soprattutto se vi recate in Galizia.*
In Spagna è molto diffusa anche **la afición**, la passione, *per la pesca*

Mal negocio

1 – Me han **di**cho que has a**bier**to **u**na **tien**da ①
de **dis**cos y **ví**deos.

2 ¿**Có**mo van los ne**go**cios? ②

Note

① Approfittiamo delle prime battute del dialogo per ripassare i falsi amici: **tienda** significa, secondo il contesto, *tenda* o *negozio*.

② **Negocio**, a sua volta, vuol dire *affare* in un contesto commerciale. Quando per *affare* intendiamo *faccenda*, però, in

④ Vieni a fare il bagno?

¿ . . . . ?

⑤ I suoi genitori gli hanno insegnato a nuotare.

. . . .   le han . . . . •

Soluzione dell'esercizio 2

① Me gusta ir a pescar ② – van a poner una multa ③ Ya – había dicho ④ Vienes a bañarte ⑤ Sus padres – enseñado a nadar

sportiva marina o d'acqua dolce.
Se durante il vostro soggiorno spagnolo volete partecipare a una
gara di pesca con amici o gettare l'amo in uno dei tanti corsi
d'acqua che pullulano di pesci, dovrete procurarvi **una licencia de**
pesca, *una licenza di pesca, che vi verrà rilasciata per periodi di*
tempo molto variabili da qualsiasi **Comunidad Autónoma**.
Se ci pensate in anticipo, alcuni alberghi e agenzie di viaggio
possono occuparsi delle formalità al posto vostro.
Naturalmente, se volete saperne di più, potete anche chiedere
presso la **Federación Española de Pesca** *informazioni dettagliate*
sulle date e sui luoghi in cui la pesca è permessa.

Quarantasettesima lezione   47

Brutto affare

1 – Mi hanno detto che hai aperto un negozio di
     dischi e video.
2   Come vanno gli affari?

▸ spagnolo diremo **asuntos**.
  Un hombre de negocios, *un uomo d'affari.*
  Un buen negocio o **un mal negocio**, *un buon affare* o *un cattivo*
  affare.
  El negocio es el negocio (o **los negocios**...), *gli affari sono affari.*
  Invece **el Ministerio de Asuntos Exteriores** è *il Ministero*
  degli Esteri.
  Un asunto importante, *una faccenda importante.*

3 – ¡No me **ha**bles! ¡Ma**lí**simamente! ③
4   ¡**Ca**da vez pe**or**! ④
5   **Pa**ra que te **ha**gas **u**na i**de**a: el **o**tro día
      ven**dí só**lo un **CD**, ⑤
6   a**yer na**da y hoy… ¡toda**ví**a ha **si**do pe**or**! ⑥
7 – ¡No es po**si**ble!
8   ¿**Có**mo te **pue**de ha**ber i**do ⑦ pe**or** que a**yer**?
9 – Hoy ha ve**ni**do el **clien**te del **o**tro **dí**a a
      devol**ver**me ⑧ el **CD** y …
10 yo he te**ni**do que devol**ver**le el di**ne**ro.   □

Pronunciación
5 … θe**de**…

Note

③ **Malísimo** (lett. *cattivissimo*) *pessimo*, è il superlativo
assoluto dell'aggettivo **malo** e non, come potrebbe sembrare, un
avverbio.
Este café está malísimo, *questo caffè è pessimo.*
Malísimo, di uso molto frequente, è sinonimo di **muy malo** e di
pésimo, mentre il suo contrario è **buenísimo** o **óptimo**, *ottimo*,
altro avverbio molto usato.
Malissimo si dice **muy mal** (**malísimamente** è raro); *benissimo*,
invece, è **muy bien**, **óptimamente** oppure **estupendamente**.

④ **Cada vez**, *ogni volta*; **cada día**, *ogni giorno*; **cada año**, *ogni
anno;* **cada uno**, *ognuno, ciascuno*, ecc.
Notate, però, che **cada vez peor** vuol dire *sempre peggio* e
cada vez mejor *sempre meglio*; analogamente **cada vez más**
significa *sempre più* e **cada vez menos**, *sempre meno*.

⑤ **Un CD** [θe**de**], *un CD*, ma si può anche dire **un disco
compacto** o usare l'anglicismo **compact**. Quanto a **disco**,
disco, è sempre più usato come sinonimo di *CD*. Notate inoltre
il neologismo **un cederrón (CD-ROM)**, *un CD-ROM*.

3 – Non me ne parlare! [Male,] malissimo!
4 Sempre peggio!
5 Per farti *(perché ti faccia)* un'idea: l'altro giorno ho venduto solo un CD,
6 ieri nessuno *(niente)* e oggi... è andata *(ha stato)* anche peggio!
7 – Non è possibile!
8 Come può esserti andata *(ti può avere andato)* peggio di ieri?
9 – Oggi è venuto il cliente dell'altro giorno a ridarmi indietro il CD e…
10 io ho dovuto restituirgli i soldi.

---

⑥ **Peor** vuol dire sia *peggiore* (comparativo irregolare di **malo**, *cattivo*) sia *peggio* (comparativo di **mal**, *male*). Analogamente **mejor** significa *migliore* o *meglio*. Anche **mayor**, *maggiore* o *più grande*, **menor**, *minore* o *più piccolo*, sono comparativi irregolari come i loro equivalenti italiani.

⑦ **Irle bien o mal a alguien** (lett. *andargli bene o male a qualcuno*), *andar bene o male*, è un'espressione diffusissima. Oltre a **¿qué tal?**, *come va?*; **¿cómo estás?**, *come stai?*, spesso si dice **¿cómo te va?**, *come (ti) va?*
Al passato avremo **¿cómo te ha ido?**, *come (ti) è andata?*

⑧ **Devolver** si coniuga secondo il modello di **volver** e, come quest'ultimo, ha molte accezioni d'uso comune di cui parleremo più dettagliatamente a partire dalla prossima lezione di ripasso. Per il momento sappiate che il primo significato di **devolver** è *restituire*, *ridare indietro*. **Devolver un artículo (en una tienda)**, *ridare indietro un articolo (in un negozio)*, **devolver un libro prestado**, *restituire un libro preso in prestito*. **Devolver** può significare anche *rimborsare*:
He anulado el viaje y me han devuelto el importe del billete, *ho annullato il viaggio e mi hanno rimborsato il prezzo del biglietto*.

Ejercicio 1: Traduzca

❶ Es un buen negocio. ❷ Ni ha telefoneado. ❸ Es una película buenísima. ❹ Ese disco me gusta muchísimo. ❺ ¿Cómo te va?

Ejercicio 2: Complete

❶ Hanno aperto un nuovo ristorante.

. . . . un . . . . . restaurante.

❷ Ci sono sempre più automobili.

. . . . hay . . . coches.

❸ Ti restituirò il libro questa settimana.

. . . . el libro esta . . . .

❹ Non so se Lei sarà rimborsato *(le restituiranno il denaro)*.

. . . . le . . . . el . . . .

❺ È un buon cliente.

. . . .

---

48   Lección cuarenta y ocho

Advertencia ①

1   En un ho**tel** de **cua**tro estre**lla**s,

Pronunciación
*adber**ten**θia*

Note

① **Una advertencia**, *un avvertimento*, *un'avvertenza*. Il verbo **advertir** (frase 7) si usa con molta frequenza e ha numerose accezioni (*avvertire, ammonire, avvisare, minacciare*, ecc.)

Soluzione dell'esercizio 1

❶ È un buon affare. ❷ Non ha nemmeno telefonato. ❸ È un ottimo film. ❹ Quel disco mi piace moltissimo. ❺ Come (ti) va?

Soluzione dell'esercizio 2

❶ Han abierto – nuevo – ❷ Cada vez – más – ❸ Te devolveré – semana ❹ No sé si – devolverán – dinero ❺ Es un buen cliente

ES UN BUEN NEGOCIO.

Quarantottesima lezione   48

Avvertimento

1   In un albergo a *(di)* quattro stelle,

▸ **Te advierto que eso no se puede hacer**, *Ti avverto che questo non si può fare.*
Te advertiré (o te avisaré) antes de irme, *Ti avviserò prima di partire.*

2   el dire**c**tor se di**r**ige a un **client**e que
    atra**vie**sa el ves**tí**bulo ② en pi**j**ama:

3 – ¡**Oi**ga, se**ñor**! ¿**Pe**ro... **dón**de se **cre**e que
    es**tá**?

4   ¡**Pe**ro… **va**mos! ¿En qué ③ es**tá** pen**sa**ndo?

5 – ¡Oh, lo **sien**to ④ mu**chí**simo! Es que soy
    so**nám**bulo.

6 – Pues **se**pa ⑤ que no es**tá** per**mi**tido
    pase**ar**se en pi**j**ama por ⑥ el ho**tel**.

7   Y… se lo ⑦ ad**vier**to:

8   ¡eso cual**quie**ra ⑧ que **se**a su reli**gión**!   □

---

2 … pi**χ**ama: **8** … rreli**χ**i**on**!

Note

② Anziché **vestíbulo** avremmo potuto usare l'anglicismo **hall**,
che va pronunciato [χol] e, come in italiano, si usa spesso per
indicare l'ingresso di un luogo pubblico e in particolare di un
albergo.
Tenemos cita en el hall de su hotel, *abbiamo appuntamento
nella hall del suo albergo.*

③ Attenzione: *pensare a…* = **pensar en…**
¿**En qué piensas?**, *a cosa pensi?*
Pienso en mis hijos, *penso ai miei figli.*

④ **Lo siento (mucho)**, *mi dispiace (molto).*
Sentir, oltre a *sentire*, vuol dire *dispiacersi, essere dispiaciuto.*
Ricordate che, anche in questo caso, regge il complemento
oggetto: **siento la pérdida del amigo**, *sono dispiaciuto per la
scomparsa del mio amico.*

⑤ **Sepa** è la 1ª e la 3ª persona del congiuntivo presente di **saber**,
sapere. Qui, dal momento che il direttore si rivolge al cliente
dandogli del lei, l'imperativo è di fatto un congiuntivo presente,
come abbiamo detto in precedenza. Lo stesso discorso vale
anche per **oiga** (frase 3), parola che già conoscete.

2   il direttore si rivolge a un cliente che attraversa
    la hall *(vestibolo)* in pigiama:

3 –   Ehi *(ascolti)*, signore! Ma… dove crede di
    essere *(dove si crede che sta)*?

4   Ma… insomma *(andiamo)*! Che cos'ha in
    mente *(in che sta pensando)*?

5 –   Oh, sono mortificato *(mi dispiace moltissimo)*!
    È che sono sonnambulo.

6 –   Beh, sappia che non si può *(non sta permesso)*
    passeggiare in pigiama per l'albergo.

7   E… la avverto *(glielo avverto)*:

8   *(questo)* qualunque *(che)* sia la sua religione!

⑥ La preposizione **por** si usa per indicare il movimento all'interno di un luogo.
Los niños corrían por el bosque, *i bambini correvano per il bosco.*

⑦ I pronomi complemento indiretto di 3ª persona (**le** e **les**), quando sono seguiti da un pronome complemento oggetto, si trasformano in **se** (da non confondere con il pronome riflessivo).
Se lo daré, *glielo darò* (a lui o a lei).
Se lo daré, *glielo darò* (a loro).
Se lo daré, *Glielo darò* (a Lei, a Loro).
Torneremo sull'argomento nella prossima lezione di ripasso.

⑧ **Cualquiera**, che abbiamo già studiato nella lezione 36 come aggettivo indefinito, può essere impiegato anche come pronome, e fin qui non presenta differenze rispetto all'italiano. Tuttavia, quando è accompagnato da **que**, corrisponde a *qualunque* o *chiunque* seguiti da un verbo al congiuntivo.
Cualquiera que sea su decisión…, *qualunque sia la sua decisione…*

49 **Ejercicio 1: Traduzca**

❶ Quisiera hablar con el director. ❷ ¿Hay piscina en el hotel? ❸ Pienso en la cita de esta tarde. ❹ ¿Tienes cita? ❺ A las seis, en la entrada del cine.

Ejercicio 2: Complete

❶ È un albergo a tre stelle.
Es .. ..

❷ Mi dispiace, il treno è arrivato in ritardo.
.. .., ... ha llegado ...
....

❸ Sappia che qui è vietato fumare.
.... aquí ....

❹ È per Lei, glielo do.
.. para usted, ...

❺ A qualsiasi ora!
¡ . ... hora!

Repaso

1 Il congiuntivo dopo i verbi di opinione

Una delle differenze più importanti tra il congiuntivo spagnolo e quello italiano è riscontrabile nelle frasi con un verbo di opinione (**creer, suponer, pensar,** ecc.). Mentre in italiano è bene ricorrere sempre al congiuntivo dopo *credere, supporre* e *pensare*, in spagnolo bisogna usare l'indicativo nella frase secondaria quando il verbo d'opinione è alla forma affermativa e il congiuntivo quando **creer, suponer, pensar,** ecc. sono preceduti da una negazione.
Creo que es justo, *credo che sia giusto.*
No creo que sea justo, *non credo che sia giusto.*

Soluzione dell'esercizio 1

❶ Vorrei parlare col direttore. ❷ C'è la piscina nell'albergo?
❸ Penso all'appuntamento di questo pomeriggio. ❹ Hai un
appuntamento? ❺ Alle sei, all'ingresso del cinema.

Soluzione dell'esercizio 2

❶ – un hotel de tres estrellas ❷ Lo siento – el tren – con retraso
❸ Sepa que – está prohibido fumar ❹ Es – se lo doy ❺ A cualquier –

QUISIERA HABLAR
CON EL DIRECTOR.

Quarantanovesima lezione   49

Rispetto all'italiano, notiamo che in spagnolo il dubbio non è
espresso tanto dal verbo di opinione in sé (che implica anzi una
certa probabilità, se non la certezza, dell'enunciato che segue), ma
dal fatto di negare che un evento sia probabile. La stessa regola,
conseguentemente, vale anche quando la frase secondaria è
negativa.

Pienso que no es suficiente, *penso che non sia sufficiente.*
No pienso que no sea suficiente, *non penso che non sia
sufficiente.*

Dopo i verbi che esprimono un desiderio, un consiglio, un ordine,
una preghiera, ecc., però, il congiuntivo va usato comunque, anche
quando in italiano useremmo l'infinito (vedi il secondo esempio).

(No) quiero que lo sepas, *(non) voglio che tu lo sappia.*
Te pido que vuelvas, *ti chiedo di tornare.*

Per ora tenete presente, più che altro, l'uso del congiuntivo dopo i verbi di opinione. In seguito studieremo la formazione del congiuntivo e vedremo le sue altre analogie e differenze rispetto all'italiano.

2 *Volver*

☞ La coniugazione

Al presente dell'indicativo e del congiuntivo la **o** di **volver** (*tornare, girare,* etc.) diventa **ue** alle prime tre persone del singolare e alla 3ª plurale. Inoltre quest'alternanza si ha anche alla 2ª persona dell'imperativo mentre, per quanto riguarda gli altri tempi, **volver** si coniuga come un verbo regolare della 2ª coniugazione. Ricapitolando:

Indicativo presente	Congiuntivo presente	Imperativo
vu**elvo** *(io torno)*	**v**u**elva** *(che io torni)*	
vu**elves**	**v**u**elvas**	**v**u**elve** *(torna)*
vu**elve**	**v**u**elva**	
volvemos	**volvamos**	
volvéis	**volváis**	**volved**
vu**elven**	**v**u**elvan**	

Lo scopo principale della tabella è permettervi di rivedere, in maniera più strutturata e completa, ciò che avete già avuto modo di studiare nelle lezioni precedenti.
Leggetela senza soffermarvi troppo e non imparatela a memoria. Tornate a consultarla, in futuro, nel caso abbiate dei dubbi.
Tuttavia è importante che teniate presenti le caratteristiche generali di questo verbo che presentiamo in questa lezione: vi saranno utili quando dovremo affrontare alcuni aspetti relativi ai verbi irregolari.

☞ L'idea di ripetizione

L'idea di ripetizione, che nei verbi italiani è resa generalmente tramite il prefisso *ri-*, in spagnolo si esprime ricorrendo alla perifrasi verbale **volver a** seguita dal verbo all'infinito:

¡Vuelve a empezar!, *ricomincia!*
Volveremos a vernos, *ci rivedremo.*
Vuelva a leer los ejemplos, *rilegga gli esempi.*

Il concetto si può esprimere anche con le locuzioni avverbiali **otra vez**, *un'altra volta, ancora una volta*, e **de nuevo**, *di nuovo*, come in italiano.

Me lo pidió de nuevo / otra vez, *me l'ha chiesto di nuovo / un'altra volta.*

A volte la perifrasi e le locuzioni citate si possono combinare:

Me lo ha vuelto a pedir otra vez, *me lo ha richiesto ancora una volta.*

☛Il participio passato

È bene ricordare che il participio passato di **volver** è **vuelto**:

¿Cuándo has vuelto (regresado)?, *quando sei tornato(a) / rientrato(a)?*
Alicia no ha vuelto todavía, *Alicia non è ancora tornata.*

☛ Alcune accezioni di uso comune

Ritornare: **volveremos (regresaremos) el verano próximo**, *ritorneremo (rientreremo) l'estate prossima..*
Tornare: **volvamos a nuestros asuntos**, *torniamo alle nostre faccende.*
Girare: **volver la cabeza**, *girare la testa.*
Rincasare, rientrare: **he vuelto (regresado) muy tarde**, *sono rientrato(a) tardissimo.*

☛ Accezioni di "volverse"

Tornare: **me vuelvo a casa**, *torno a casa.*
Tendere: **el tiempo se vuelve lluvioso**, *il tempo tende al piovoso.*
Diventare (in tal caso **volverse** indica spesso un cambiamento che si ritiene definitivo): **volverse loco**, *diventare matto, impazzire.*

Questo verbo può assumere, a seconda del contesto, anche due o più accezioni contemporaneamente tra quelle appena menzionate.

Le forme dei pronomi personali sono diverse a seconda che siano pronomi soggetto, pronomi complemento preceduti da una preposizione oppure pronomi senza preposizione.

Fin dall'inizio del corso avete avuto occasione di conoscere la maggior parte di queste forme (**yo**, *io, me*; **tú**, *tu, te*; **nosotros**, *noi*; **mí**, *me*, ecc.). Prima di passarle tutte in rassegna, vediamo in dettaglio il caso particolare costituito dai pronomi complemento non accompagnati da preposizioni:

	Complemento diretto		Compl. indiretto	
1re pers. sing.	**me**	*mi*	**me**	*mi*
2^e pers. sing.	**te**	*ti*	**te**	*ti*
3^e pers. sing. $\left\{ \right.$	**lo (le)***	*lo*	**le**	*gli, le*
	la	*la*		
1re pers.plur.	**nos**	*ci*	**nos**	*ci*
2^e pers. plur.	**os**	*vi*	**os**	*vi*
3^e pers. plur. $\left\{ \right.$	**los (les)***	*gli*	**les**	*loro*
	las	*le*		
riflessivo	**se**	*si*	**se**	*si*

☞ **Due osservazioni**:

• come in italiano, solo i pronomi di 3^a persona hanno forme diverse, a seconda che rappresentino complementi diretti o indiretti;

• i pronomi di 3^a persona sono anche gli unici ad avere una forma per il maschile e un'altra per il femminile, ma solo quando rappresentano il complementto diretto, mentre in italiano abbiamo, almeno al singolare, due forme diverse anche per il complemento indiretto.

☞ **Ricordate**:

• i pronomi complemento indiretto **le** e **les**, quando sono seguiti da un pronome complemento oggetto di 3ª persona, diventano sistematicamente **se**: **se lo digo**, *glielo dico*.

                                    decírselo, *dirglielo*.

• **usted** et **ustedes**, essendo pronomi di 3ª persona, vanno sostituiti, all'occorrenza, dai pronomi complemento di 3ª persona corrispondenti:
Vengo a pedirle un favor, *vengo a chiederLe un favore.*
Le ruego… , *La prego…*

* L'uso del pronome **le** al posto di **lo** con funzione di complemento diretto (tra parentesi nella tabella della pagina qui a fianco) è piuttosto diffuso e la concomitanza delle due forme causa una certa confusione.
Senza addentrarci nel dibattito né indugiare nella spiegazione di altri regionalismi, ci limiteremo a dire che la **Real Academia Española** autorizza l'impiego del pronome **le** invece del pronome **lo** quando ha funzione di complemento diretto e si riferisce a persone; per cui si può dire **no lo conozco** o **no le conozco**, *non lo conosco* (per quanto riguarda il femminile, invece, è obbligatorio usare **la**: **no la conozco**, *non la conosco*).

4 Il "ritorno" di *volver*

Può esservi utile associare l'idea *di ritorno*, **de vuelta** o **de regreso** a ciò che già sapete su **volver**.
Inoltre **vuelta** significa anche *giro*:
La Vuelta (a España), *il Giro (di Spagna)*; **la vuelta a Francia** oppure **el Tour** (pronunciato come in francese), *il Tour de France.*
Il Giro d'Italia si dice **el giro de Italia** (si usa meno dire **la vuelta a Italia**).
Ir a dar una vuelta, *andare a fare un giro.*
Estar de vuelta (regreso), *essere di ritorno.*
A la vuelta del trabajo, *di ritorno dal lavoro.*
Un billete de ida y vuelta, *un biglietto di andata e ritorno.*

Se tutto questo viavai *vi fa girare la testa* (**hace que la cabeza le dé vueltas**)… *andate a farvi un giro*, **vaya a dar una vuelta** e poi *tornate*, **vuelva**, per continuare e terminare questa lezione svolgendo gli esercizi proposti qui di seguito.

1 – Esa señora está fumando y...
2   lo hace bien;
3   se ve que tiene experiencia. **(45, 49)**
4   Pero yo me estoy poniendo malo. **(43)**
5   Y además, en este tren no está permitido fumar. **(44, 48)**
6   Voy a decírselo. **(48, 49)**
7   Disculpe, señora, aquí está prohibido fumar. **(44, 46)**
8 – Lo siento mucho; le ruego que me disculpe. **(44, 48)**
9 – ¿No ha visto el letrero? **(46)**
10 – Sí, pero…
11 – Soy de la policía; **(45)**
12   le voy a poner una multa. **(46, 49)**
13 – ¡Cada vez peor! **(47)**
14   ¡No sólo no se puede fumar, **(26, 49)**
15   encima te ponen una multa! **(44, 45, 47, 49)**

Traducción

1 Quella signora sta fumando e... **2** lo fa bene; **3** si vede che ha esperienza. **4** Ma io mi sto sentendo male. **5** E per di più in questo treno non si può fumare. **6** Glielo dico. **7** Scusi, signora, qui è vietato fumare. **8** Mi dispiace molto; la prego di scusarmi. **9** Non ha visto il cartello? **10** Sì, ma... **11** Sono della polizia; **12** le faccio la multa. **13** Sempre peggio! **14** Non solo non si può fumare, **15** ti fanno persino la multa!

* * *

A partire da questa lezione, che comincia a **página doscientas una**, *pagina 201, i nomi dei numeri in fondo alla pagina sono indicati soltanto al maschile.*

La segunda ola / *La seconda ondata*

Eccoci alle soglie di quella che chiamiamo la "seconda ondata", ovvero la fase più attiva del vostro apprendimento.

A questo punto i vostri progressi sono già notevoli: disponete di una base grammaticale piuttosto consistente, il vostro lessico si è molto arricchito, sapete usare un gran numero di espressioni d'uso comune, avete raggiunto un certo livello di comprensione e siete anche in grado di costruire da soli delle frasi relativamente semplici. Dunque siete pronti per affrontare questa **segunda ola** *che vi permetterà di prendere atto dei progressi che avete compiuto, aiutandovi nel contempo a consolidarli e a migliorare ancora.*

Vi daremo le "istruzioni per l'uso" nella cinquantesima lezione.

¡Enhorabuena! *(per quel che avete fatto)*

¡Ánimo! *(per quel che vi resta da fare)*

En correos

1 – Por favor, ¿para enviar una carta
     certificada y comprar sellos? ①
2 – Coja un número y espere su turno;
3   mientras, ② rellene este impreso y…
4   preséntelo en ventanilla cuando le toque ③ ④.

5   Un poco más tarde:

6 – ¡Hola, buenas! ¿Qué desea?
7 – Enviar esta carta, por correo ⑤ urgente.

Note

① L'articolo indeterminativo plurale (**unos, unas**), in funzione di
   partitivo, è meno usato dei corrispondenti italiani *dei, degli,*
   ecc. e spesso si omette:
   comprar sellos, *comprare dei francobolli;* **vender libros,**
   vendere [dei] libri; **comer cerezas,** *mangiare [delle] ciliegie.*

② L'uso di **mientras, mientras tanto** o **entretanto,** *intanto* o *nel*
   frattempo, indica simultaneità fra due azioni:
   voy a hacer la cola; mientras, puedes ir a comprar el
   periódico, *vado a fare la fila; tu, nel frattempo, puoi andare a*
   comprare il giornale.
   Mientras, oltre che avverbio, è anche congiunzione e in tal
   caso significa *mentre:*
   por favor, niños, no hagáis ruido mientras estoy al teléfono,
   per favore, bambini, non fate rumore mentre sono al telefono.

③ **Tocar** corrisponde a *toccare,* ma ha anche il significato di
   suonare uno strumento (**tocar el piano,** *suonare il piano*).
   Me toca a mí (lett. *mi tocca a me*), *tocca a me.* è il mio turno.

Alla posta

1 – Mi scusi *(per favore)*, per spedire una lettera raccomandata e comprare [dei] francobolli?

2 – Prenda un numero e aspetti il suo turno;

3 nel frattempo *(mentre)* compili questo modulo e…

4 lo presenti allo sportello quando sarà il suo turno *(quando le tocchi)*.

5 Un po' più tardi:

6 – Buongiorno *(ciao, buone)* ! Cosa desidera?

7 – Spedire questa lettera, per espresso *(posta urgente)*.

④ **Cuando le toque (a usted)**, *quando toccherà (a lei)*. Notate che **toque** è un congiuntivo presente. Perché non abbiamo usato l'indicativo? Il fatto è che, in una proposizione subordinata introdotta da **cuando**, è obbligatorio coniugare al congiuntivo presente il verbo se questo indica un'azione ritenuta possibile in futuro.
Te llamaré cuando lo <u>sepa</u>, *quando l'<u>avrò saputo</u>* (lett. *quando io lo sappia*) *ti chiamerò*.

⑤ **Correo** è sia il *corriere* che la *posta*.
Correo electrónico, *posta elettronica* o *e-mail*.
Echar una carta al correo, *imbucare una lettera*.
Questo termine si usa anche al plurale (**correos**): **ir a correos**, *andare alla posta*; **oficina de correos**, *ufficio postale*.
Altre espressioni utili: **apartado de correos**, *casella postale*; **lista de correos**, *fermo posta*. Recentemente, in seguito all'avvento della posta elettronica, è nato il termine **correo caracol** (lett. *posta lumaca*) che indica semplicemente la *posta ordinaria* e ne sottolinea la lentezza rispetto all'e-mail.

8 – Ha olvidado usted ⑥ indicar el código
postal.

9 ¡Tome, aquí tiene un bolígrafo!

10 – ¡Ah, sí! ¡Perdone!

11 – ¿Algo ⑦ más?

12 – No, nada más. ⑧ Gracias.

13 ¡Ay, sí! ¡ Se me olvidaban ⑨ los sellos!

14 ¡Qué memoria que tengo!

15 – ¡Ah, la edad, señora, la edad! □

---

*Di primo acchito questo testo può sembrarvi più lungo del solito
e presentare una serie di piccole difficoltà non ancora chiarite. In
realtà è un condensato di punti che abbiamo già studiato, tra cui,
in particolare, un certo numero di espressioni idiomatiche d'uso
corrente. Vi invita, nel momento in cui affrontate la seconda
ondata, a fare appello alla vostra memoria e a ciò che sapete già.
Se non vi ricordate tutto subito, non preoccupatevi: ripasseremo
ancora questi argomenti; il vostro apprendimento procede per
cerchi concentrici.*

Note

⑥ Il pronome **usted**, che in questa frase non è obbligatorio, denota
una certa deferenza nei confronti del cliente. Notate che, in ta
caso, il pronome segue spesso il verbo.

⑦ **Nada**, *niente* (che avete già incontrato in precedenza), è qui i
contrario di **algo**, *qualcosa*. Sono entrambi pronomi invariabil
come in italiano.
¿Quieres tomar algo?, *vuoi prendere qualcosa?*
No, gracias; no quiero nada, *no, grazie; non voglio niente.*

⑧ Confrontate: **¿algo más?**, *desidera qualcos'altro?* ≠ **Nada
más**, *nient'altro.*
Más, che in genere vuol dire *più*, qui si rende con *altro.*

8 – Ha dimenticato *(lei)* [di] scrivere *(indicare)* il codice postale.
9 Tenga *(prenda)*, ecco una stilografica!
10 – Ah, sì! Scusi!
11 – [Desidera] qualcos'altro *(qualcosa più)*?
12 – No, nient'altro *(niente più)*. Grazie.
13 Ah, sì! Dimenticavo i francobolli!
14 Che smemorata che sono *(memoria che ho)*!
15 – Ah, [è] l'età, signora, l'età!

⑨ Attenzione: **olvidar,** *dimenticare,* si può usare in tre modi diversi:
- **olvidar,** senza pronome, si usa come in italiano.
He olvidado que tenía una cita, *ho dimenticato che avevo un appuntamento;*
- **olvidar,** pronominale, sempre seguito da **de**, corrisponde al nostro *dimenticarsi.*
<u>Me</u> **he olvidado <u>de</u> que tenía una cita,** *mi sono dimenticato che avevo un appuntamento;*
- **olvidar,** pronominale e intransitivo, non è mai seguito da **de**.
Se me ha olvidado que tenía una cita, *mi sono dimenticato che avevo un appuntamento;*
¡No lo olvide!, *non dimenticarlo!*

Ejercicio 1: Traduzca

❶ ¿Cuándo me toca a mí? ❷ Ahora mismo, en la ventanilla dos. ❸ Tengo que comprar sellos. ❹ ¿Desea algo más? ❺ No, no quiero nada más.

Ejercicio 2: Complete

❶ È tutto.

. . . es . . . . . .

❷ Gli/le ho spedito una lettera raccomandata.

Le . . . . una . . . .

❸ Mentre ti aspetto, leggerò il giornale.

. . . . espero, leeré . . . .

* * *

In Spagna gli uffici postali, **las oficinas de correos***, sono contrassegnati dall'insegna* **"Correos"***.*
Un buzón de correos*, una buca delle lettere, è facilmente identificabile per le sue grosse dimensioni, le forme arrotondate e il colore giallo. Nei paesini le buche delle lettere sono generalmente più piccole e fissate al muro.*
Los sellos*, i francobolli, si vendono negli* **estancos** *o* **tabacos***, tabaccherie, riconoscibili dal logo giallo su fondo marrone.*
In Spagna qualsiasi turista può farsi recapitare della corrispondenza utilizzando il servizio di ferma posta, **lista de correos***, della città in cui sta soggiornando. L'indirizzo dev'essere come segue:*

> *Sig.na Maria ROSSI*
> *Lista de correos*
> *Nome della città*
> *Spagna*

Per ritirare la corrispondenza basta esibire un documento d'identità. Il servizio è gratuito.
E... in ogni caso potrete dire:
¡Sin noticias, buenas noticias!*, nessuna notizia, buona notizia!*

Soluzione dell'esercizio 1

① Quando tocca a me? ② Subito, allo sportello due.
③ Devo comprare dei francobolli. ④ Desidera qualcos'altro?
⑤ No, non voglio nient'altro.

④ A chi tocca?

¿A . . . . ?

⑤ Mi pare che tocchi a lei, signore.

Me . . . . le toca . . . . . . , señor.

Soluzione dell'esercizio 2

① Eso – todo ② – he enviado – carta certificada ③ Mientras te – el
periódico ④ – quién le toca – ⑤ – parece que – a usted –

Oggi cominciate la **segunda ola**, *seconda ondata, la fase più
attiva del vostro apprendimento.*
*Come procedere? È semplicissimo: dopo avere studiato la lezione
della giornata come al solito, riprenderete una delle prime
lezioni (vi indicheremo noi quale). Ma questa volta, dopo averla
rivista rapidamente, tradurrete in spagnolo e ad alta voce il testo
italiano. Non siate timidi, alzate il tono e articolate bene le parole.
Tornate più volte sulla pronuncia, se necessario. Il lavoro della
"seconda ondata", lungi dall'essere fastidioso, vi permetterà di
verificare ciò che avete già imparato e di consolidare le vostre
conoscenze senza quasi rendervene conto.*
¡Adelante! (Avanti!)
¡Ánimo! (Coraggio!)

Seconda ondata: Lección primera

Ganas ① de amargarse ② la vida

1 – ¿Por qué **llo**ras?
2 – ¡Es muy **du**ro!
3 **Pien**so en mi ma**ri**do.
4 – ¿Qué **pa**sa? ③
5 – ¡No sé qué va a ser de ④ mí!
6 – ¡Qué me **di**ces? ⑤
7 ¿**Tie**nes pro**ble**mas con An**drés**?
8 – ¡No, no es **e**so!
9 Nos que**re**mos ⑥ mu**chí**simo.
10 – ¿Le **pa**sa algo? ¿Está en**fer**mo?
11 – ¡No, en abso**lu**to!
12 **Tie**ne **u**na sa**lud** de **hie**rro.
13 – Y en**ton**ces… ¿qué es?
14 – ¡No sé lo que voy a ha**cer cuan**do se
   muera! ⑦   □

Note

① **Gana**, *voglia*, si usa di più al plurale (**ganas**).
   Tengo ganas de ir a la playa, *ho voglia di andare in spiaggia*.
   Fate attenzione alla concordanza:
   tengo muchas ganas, *ne ho tanta voglia*.

② **Amargar**, *essere amaro* o *amareggiare*.
   Este café amarga, *questo caffè è amaro*.
   Amargarle la vida a alguien, *amareggiare la vita a qualcuno*.

③ Ricordate che la frase fatta **¿qué pasa?** (lett. *che passa?*) si
   usa per chiedere all'interlocutore cos'è avvenuto o come vanno
   le cose. **¿Qué pasa contigo?**, *come va?, cos'hai?, cosa ti è
   successo?*

④ **¿Qué va ser de mí?**, *che sarà di me?* Al presente, però, questa
   domanda ha un altro significato. **¿Qué es de ti?**, *come stai?*.

Voglia di amareggiarsi la vita

1 –   Perché piangi?
2 –   È terribile *(molto duro)*!
3 –   Penso a *(in)* mio marito.
4 –   Che cos'è successo?
5 –   Non so cosa sarà di me!
6 –   [Ma] cosa stai dicendo *(che mi dici)*!?
7 –   Ci sono *(hai)* problemi con Andrés?
8 –   No, non è questo!
9 –   Ci amiamo moltissimo.
10 – Gli è successo *(gli passa)* qualcosa? È
      ammalato?
11 – No, per niente *(in assoluto)*!
12   Ha una salute di ferro.
13 – E allora… cosa c'è?
14 – Non so come *(quello che)* farò quando morirà
      (quando si muoia)!

▸ *che mi racconti di bello?*

⑤ A metà strada fra un'esclamazione e una domanda, **¡qué
   me dices?**, *ma cosa stai dicendo?,* esprime incredulità e
   interesse a un tempo, tradendo talvolta una punta d'irritazione.
   Avrete infatti notato che questa frase è preceduta da un punto
   esclamativo e finisce con un punto interrogativo perché il
   tono con cui viene pronunciata è particolarmente enfatico e
   sbigottito.

⑥ **Querer** non ha solo l'accezione di *volere* (che vi è già ben
   nota), ma significa anche *amare* (**amar**); ma d'altronde avrete
   già sicuramente sentito dire **te quiero**, *ti amo!*

⑦ Ricordate: *quando* + verbo al futuro o al presente = **cuando +
   presente de subjuntivo**.
   Venid cuando queráis, *venite quando volete.*

Ejercicio 1: Traduzca

❶ Es un niño que no llora mucho. ❷ ¿De qué tienes ganas? ❸ Pienso en lo que haremos mañana. ❹ ¿Estás enfermo? ❺ No, me siento bien.

Ejercicio 2: Complete

❶ Che mi racconti di bello?

¿ · · · · · · · · ti?

❷ Hai problemi col *(nel)* lavoro?

¿ · · · · · · · · · · · · · · · · · · el trabajo?

❸ No, per niente.

· · , · · · · · · · · · · ·

❹ Come va con Andrea?

¿ · · · · · · · · · · · Andrés?

❺ Ci amiamo molto.

Nos · · · · · · · · · · · · · ·

---

52   Lección cincuenta y dos

En la charcutería

1 – **Póng**ame **cua**tro **lon**chas ① de ja**món** york.
2 – ¿**Al**go más?

Note

① **Unas lonchas** (oppure **lonjas** o ancora, **rajas**) **de jamón,** *delle fettine di prosciutto.*
Loncha e **lonja** indicano fette sottili, di prosciutto o di affettato in particolare.
Raja ha un impiego più vasto. Confrontate: **una raja de melón, de sandía,** *une fetta di melone, di cocomero;* ma si dice anche

Soluzione dell'esercizio 1

❶ È un bambino che non piange tanto. ❷ Cosa ti va di fare?
❸ Penso a quello che faremo domani. ❹ Sei ammalato? ❺ No, mi
sento bene.

Soluzione dell'esercizio 2

❶ Qué es de – ❷ Tienes problemas en – ❸ No – en absoluto ❹ Qué
pasa con – ❻ – queremos mucho

¿ DE QUÉ TIENES GANAS ?

Seconda ondata: Lección segunda

Cinquantaduesima lezione   52

In (nella) salumeria

1 – Mi dia *(metta)* quattro fette di prosciutto cotto
(york).
2 – Altro *(qualcosa più)*?

▸ **una raja de chorizo, de salchichón** e anche **de pan**, *un pezzo
di salsiccia, una fetta di salame, un pezzo di pane.* Ci sono
altri termini spagnoli che traducono *fetta:* **rodaja de limón, de
chorizo,** *fetta di limone, di salame;* **rebanada de pan,** *fetta di
pane.* Tuttavia **una rebanada de pan con mantequilla** è *una
tartina al burro.*

3 – Sí, trescientos gramos de jamón serrano. ②

4 – Hay ③ un poco más, ¿se lo retiro?

5 – No, déjelo; ¡no importa! ④

6 Deme también una sarta ⑤ de chorizo, y…

7 dígame, ¿a cómo están los huevos?

8 – Aquí los tiene. ¡Son biológicos! ¡A veinte euros la docena!

9 – ¡Ni biológicos, ni nada! ¡Están carísimos!

10 ¡Pronto no se podrá comer ni tortilla! ¡Qué barbaridad! ⑥

11 – ¡Tampoco es para tanto, ⑦ señora!

Note

② **Sierra** (lett. *sega*) vuol dire *catena montuosa* o *cordigliera*, ma anche *montagna* in generale: **pasar las vacaciones en la sierra**, *passare le vacanze in montagna*.

Originariamente il termine **jamón serrano**, *prosciutto di montagna*, corrispondeva al prosciutto **de la sierra**, ovvero quello proveniente per l'appunto *dalla montagna*; oggi si chiama **jamón serrano** il *prosciutto crudo*.

③ La particella *ne*, in genere, equivale a **de eso** (**no me hables de eso**, *non me ne parlare*) o non si traduce affatto (come avviene nel caso del verbo **irse**, *andarsene*).

④ **¡No importa!**, *non importa!*, *non fa niente!* Si può dire anche **¡no pasa nada!**

⑤ **Sarta**, *filza, sfilza, sequela,* indica una successione di cose identiche o simili tra loro. Il **chorizo** si presenta in genere sotto forma di filza, ma in molte regioni si chiama **sarta** anche quando è composto da un pezzo solo. **Una sarta de mentiras** è *un mare di bugie*.

Ricordate anche **ristra** (sinonimo di **sarta**); **una ristra de cebollas**, *un mazzo di cipolle*.

Sempre restando in tema di cucina: **el ajo**, *l'aglio*; **una cabeza de ajo**, *una testa d'aglio* e **un diente de ajo**, *uno spicchio* (lett. *un dente*) *d'aglio*.

3 – Sì, 300 grammi di prosciutto crudo.
4 – Ce [n']è un po' [di] più, glielo tolgo?
5 – No, lo lasci; non importa!
6 Mi dia anche una filza di salsicce e…
7 mi dica, quanto vengono *(a come stanno)* le uova?
8 – Eccole *(qui le ha)*. Sono biologiche! A 20 euro la dozzina!
9 – Né biologiche né niente! Sono carissime!
10 Presto non si potrà mangiare neppure [una] frittata! Roba da matti *(che barbarie)*!
11 – Non esageriamo, signora!

⑥ **Barbaridad** (lett. *barbarie*) deriva naturalmente da **bárbaro**, *barbaro*, e quando è preceduto da **que** esprime smarrimento e stupore. La traduzione di **¡qué barbaridad!** varia secondo il contesto: *roba da matti!, pazzesco!* o *che orrore!*
Nella lingua di tutti i giorni **barbaridad** può significare anche *enormità, sproposito* o *moltissimo*: **decir barbaridades**, *dire spropositi*; **comer una barbaridad**, *mangiare moltissimo*.

⑦ **¡Tampoco es para tanto!**, **¡tampoco hay que exagerar!**, *non esageriamo!*, *non è il caso di esagerare!*

12 **Ten**ga en **cuen**ta ⑧ que un **hue**vo su**po**ne
para **u**na ga**lli**na

13 ¡alrede**dor** de un **dí**a de tra**ba**jo! □

Note

⑧ **Tenga en cuenta que...,** *tenga presente che..., pensi che..., si
ricordi che...*
Tenga en cuenta que mañana es domingo y cerramos, *tenga
presente che domani è domenica e siamo chiusi.*

* * *

Ejercicio 1: Traduzca

① El jamón es más caro que el salchichón.
② Póngame cinco o seis lonchas de jamón serrano.
③ Tomaré una tortilla de chorizo. ④ ¿Quiere algo
más? ⑤ No, nada más. Gracias.

Ejercicio 2: Complete

① Quanto costa il melone?
¿ . .... está .. ..?

② Mi sembra molto caro.
Me .... caro.

③ Non fa niente!
¡No ....!

④ Non bisogna esagerare!
¡No ... ...!

12 Tenga presente *(in conto)* che un uovo richiede   52
(suppone) a una gallina

13 circa una giornata di lavoro!

▸ **Tener en cuenta**, senza **que**, vuol dire *tenere conto*:
Lo tendré en cuenta, *Ne terrò conto* (ecco un altro caso in cui
il *ne* scompare in spagnolo!).
He tenido en cuenta tus observaciones, *ho tenuto conto delle
tue osservazioni.*

* * *

Soluzione dell'esercizio 1

❶ Il prosciutto è più caro del salame. ❷ Mi dia cinque o sei fette
di prosciutto crudo. ❸ Prenderò una frittata di salsiccia. ❹ Vuole
altro? ❺ No, basta così. Grazie.

❺ Questi pantaloni costano circa cento euro.

Estos . . . . cuestan . . . . cien
euros.

Soluzione dell'esercizio 2

❶ A cómo – el melón ❷ – parece muy – ❸ – importa ❹ – hay que
exagerar ❺ – pantalones – alrededor de –

In Spagna, i prodotti della **charcutería** *si vendono nel reparto salumeria dei* **supermercados**, supermercati, *in molte* **carnicerías**, macellerie, *nella maggior parte delle* **tiendas de comestibles** *o* **de ultramarinos**, drogherie, *e naturalmente nelle* **charcuterías**, salumerie, *che sono particolarmente numerose nei mercati. In città le salumerie sono piuttosto rare e, salvo eccezioni, non vendono piatti già pronti.*

Le specialità spagnole sono molto varie: un buongustaio farà bene a informarsi sul piatto tipico della regione in cui si trova e a gustare cibi che potrebbe non riuscire ad assaggiare altrove.

Le salumerie spagnole offrono ogni sorta di gusti e di prodotti; ci limiteremo perciò a segnalare **los jamones ibéricos** *(i prosciutti iberici), la varietà più rinomata di* **jamón serrano**, prosciutto

---

53 Lección cincuenta y tres

En la consulta ① del psicoanalista

1 – Doc**t**or, **ven**go **pa**ra que me a**yu**de ②.
2 Me **sien**to **fran**camente mal.
3 – ¡**Cuén**teme! ③
4 – **Ten**go **u**na i**de**a **fi**ja que me obse**sio**na.
5 – Sí.
6 – Me **ve**o **co**mo **u**na mu**jer** muy acomple**ja**da.

Note

① **La consulta** indica sia *la consultazione* in generale sia *la visita medica* o *lo studio* in cui il medico visita i pazienti. A volte significa anche *appuntamento*. **Horas de consulta**, *orario delle visite*; **consulta previa petición de hora**, *visite su appuntamento*; **tener consulta con un especialista**, *avere appuntamento dallo specialista*; **consulta a domicilio**, *visita (medica) a domicilio*. Inoltre: **consultar el diccionario**, *consultare il dizionario*. Ricordate che spesso **hay que consultar con la almohada** *(il cuscino), la notte porta consiglio*.

crudo, *prodotto con le carni di un suino detto* **de pata negra**, *dalla zampa nera, che viene allevato in libertà e si ciba di ghiande di quercia.*
Prodotti nella regione di **Salamanca** *(nella Comunità Autonoma di* **Castilla-León***), in quella di* **Trevélez** *(in provincia di* **Granada***) o nella regione di* **Jabugo** *(in provincia di* **Huelva***, Andalusia),* **los jamones ibéricos** *sono oggi tra i migliori prosciutti al mondo.*

Seconda ondata: Lección tercera

Nello studio dello psicanalista

1 – Dottore, vengo per chiederle di aiutarmi *(perché mi aiuti).*
2 Mi sento veramente *(francamente)* male.
3 – Mi dica *(mi racconti)*!
4 – Ho un'idea fissa che mi ossessiona.
5 – Sì.
6 – Mi vedo come una donna piena di complessi *(molto complessata).*

② *Perché [Lei] mi aiuti,* **para que me ayude**. Il congiuntivo spagnolo e quello italiano presentano alcune differenze nell'uso, ma non preoccupatevi: le studieremo presto. Ricordate che **la ayuda**, *l'aiuto*, è femminile; **ayudar**, *aiutare*.

③ **Cuénteme**, *mi racconti*. Avete notato che la **o** di **contar** è diventata un dittongo (**ue**)? Il verbo **contar**, *contare, raccontare*, appartiene al 2° gruppo dei verbi irregolari (vedi l'appendice grammaticale) e si coniuga perciò come **volver**, che abbiamo già visto in dettaglio nella lezione 49.

7 – ¿Y qué le **hace** pen**sar e**so?
8 – Cuando me com**par**o con **o**tras mu**j**eres,
9 siempre **cre**o que soy ④ más **fe**a que **e**llas.
10 – ¡Ah, no, se**ñor**a! ¡Al con**trar**io!
11 El **ún**ico pro**ble**ma que us**ted tie**ne es su
extraordi**n**aria luc**idez**. ☐

Note

④ **Creo que soy**, *credo di essere*.
Dopo i verbi di opinione (come **creer**, **pensar**, **decir**, ecc.), se il soggetto della frase dipendente è lo stesso della principale, in spagnolo si usa il presente indicativo anziché l'infinito del verbo preceduto dalla preposizione *di*.

* * *

Ejercicio 1: Traduzca

① ¿Qué te pasa? ② No me siento muy bien. ③ Me duele mucho el vientre. ④ Tengo consulta con el médico. ⑤ ¿Dónde tiene la consulta?

Ejercicio 2: Complete

① Al contrario, questo non ha importanza!
¡ . . . ., eso no . . . . !

② Ho bisogno di aiuto.
. . . . •

③ Vuoi aiutarmi?
¿Quieres . . . . ?

④ Vuoi che racconti una favola *(un racconto)* ai bambini?
¿Quieres . . . . un . . . . . . a los . . . . . ?

7 – E cosa [glielo] *(le)* fa pensare *(questo)*?
8 – Quando mi confronto con altre donne,
9 penso *(credo)* sempre di essere *(che sono)* più
brutta di loro.
10 – Ah, no, signora! Al contrario!
11 Il suo unico problema *(l'unico problema che lei
ha)* è la sua straordinaria lucidità.

(ME DUELE MUCHO EL VIENTRE)

Soluzione dell'esercizio 1

① Che cos'hai? ② Non mi sento molto bene. ③ Mi fa molto male la pancia. ④ Ho appuntamento dal medico. ⑤ Dov'è il suo studio?

⑤ L'unico specialista che conosco non lavora il lunedì.

.. .. especialista ... . no trabaja

... .

Soluzione dell'esercizio 2

① Al contrario – tiene importancia ② Necesito ayuda ③ – ayudarme ④ – que cuente – cuento – niños ⑤ El único – que conozco – los lunes

Seconda ondata: Lección cuarta

Un telefonazo ①

1 – ¡**Ahí** va! ¡**Tenía** ② que ha**ber** lla**ma**do a Con**chi**ta! ③

2 – Yo tam**bién** me he de**ja**do ④ el **mó**vil en **ca**sa.

3   ¡No te preo**cu**pes; encontra**re**mos **u**na ca**bi**na por a**quí cer**ca! ⑤

4 – **Pe**ro… no **ten**go ni tar**je**ta ni di**ne**ro **suel**to.

5 – No **pa**sa **na**da; po**de**mos en**trar** en un bar.

6   **Mi**ra, en la a**ce**ra de en**fren**te hay un locu**to**rio. ⑥

7 – ¡Estu**pen**do, **va**mos a**llá**!

8   ¡**Ho**la, **bue**nas! Quisié**ra**mos ha**cer u**na lla**ma**da. Lo**cal**.

9 – **Sí**. A**llí**, la ca**bi**na tres es**tá li**bre.

Note

① Il suffisso **-azo**, oltre a formare l'accrescitivo dei nomi, indica un colpo inferto con l'oggetto indicato dal sostantivo, al pari del suffisso **-ada**.
Da **martillo** abbiamo infatti **un martillazo**, *una martellata*; da **pata** *(zampa)*, **una patada**, *una zampata, un calcio*.
Torneremo in argomento. Ricordate: **dar un telefonazo**, *fare una telefonata, dare un colpo di telefono*.

② **Tenía que haber llamado** (lett. *avevo che aver chiamato*), *avrei dovuto chiamare, dovevo chiamare*. Anche in spagnolo, nella lingua parlata, possiamo usare l'indicativo imperfetto al posto del condizionale con i verbi **tener**, **deber**, **poder** e **querer**.

③ **Concha** e **Conchita** sono diminutivi di **Concepción** *(Concezione)*, come abbiamo visto nella lezione 36.

Una telefonata

1 – Oh, no! Avrei dovuto chiamare *(aver chiamato)* Conchita!

2 – Anch'io *(mi)* ho lasciato il telefonino a casa.

3   Non ti preoccupare; troveremo una cabina qui vicino *(per qui presso)*.

4 – Ma… non ho [la] scheda né spiccioli *(denaro sciolto)*.

5 – Non fa niente *(non passa niente)*; possiamo entrare in un bar.

6   Guarda, sul *(nel)* marciapiede di fronte c'è un posto telefonico pubblico.

7 – Stupendo, andiamo *(là)*!

8   Buongiorno! Vorremmo fare una telefonata. Urbana.

9 – Sì. Laggiù la cabina tre è libera.

---

④ **Dejar**, *lasciare*, quando è usato alla forma riflessiva **(dejarse)** significa sempre *lasciare*, ma nel senso di *dimenticare*.
He dejado el reloj sobre la mesa, *ho lasciato l'orologio sul tavolo.*
Ma: **me he dejado el reloj sobre la mesa**, *ho lasciato / ho dimenticato l'orologio sul tavolo.*

⑤ L'avverbio **cerca**, *presso*, *vicino*, qui si può anche omettere, ma si aggiunge spesso dopo **por aquí** per sottolineare il concetto di vicinanza.
Por aquí (o **por aquí cerca**) **hay muchos bares y cafeterías**, *qui vicino ci sono molti bar e caffetterie.*
Cerca de aquí, *qui vicino.*

⑥ **Un locutorio** (lett. *un parlatorio*) è un locale pubblico che mette a disposizione dei clienti varie cabine telefoniche.

10   **Mar**quen ⑦ pri**me**ro el **cero pa**ra te**ner lí**nea.

11 –   Sí, sí, **dí**game, ¿es**tá** Con**chi**ta?
12 –   **Pe**ro… ¿por qué **cuel**gas?
13 –   He de**bi**do de ⑧ confun**dir**me ⑨ de **nú**mero
    y he ca**í**do con un bro**mis**ta;
14   **cuan**do he pregun**ta**do "¿Es**tá** Con**chi**ta?"
15   me ha contes**ta**do ⑩ "No, es**tá** con
    Tar**zán**.   □

Note

⑦   **Marcar**, *segnare*, *annotare* e talvolta *marcare*, quando si parla
    di telefoni si traduce *fare* o *comporre*.
    Para telefonear a Italia tienes que marcar el treinta y nueve,
    per telefonare in Italia devi comporre il 39.

⑧   **Deber**, *dovere*, può sostituire **tener que** quando esprime un
    dovere morale o un obbligo molto forte.
    Tienes que comer o **debes comer**, *devi mangiare.*
    Quando è seguito da **de**, **deber** esprime probabilità.
    Deben de ser las diez y cuarto, *devono essere le dieci e un
    quarto.*

⑨   **Confundir**, *confondere*; **confundirse** (o **equivocarse**) **de
    número**, *sbagliare numero.*

* * *

Ejercicio 1: Traduzca

❶ No sé dónde he dejado el móvil. ❷ Buscaré una
cabina. ❸ No tenía dinero y no he podido comprar una tarjeta de teléfono. ❹ ¡No te preocupes,
no pasa nada! ❺ ¿Te has equivocado?

10 Fate *(segnate)* prima lo zero per avere [la] linea.

11 – Sì, sì, pronto, è *(sta)* Conchita?
12 – Ma… perché hai riattaccato *(riattacchi)*?
13 – Devo avere sbagliato *(confondermi di)* numero
e ho beccato *(sono caduto con)* un burlone;
14 quando gli ho chiesto "È Conchita?"
15 mi ha risposto "No, è con Tarzan".

⑩ **Contestar**, *rispondere* o *contestare*. Attenzioni ai falsi amici!
**Contestar a alguien / al teléfono; contestar una pregunta /
una carta**, *rispondere a qualcuno / al telefono; rispondere a
una domanda / a una lettera.*

* * *

Soluzione dell'esercizio 1
❶ Non so più dove ho lasciato il telefonino. ❷ Cercherò una cabina.
❸ Non avevo soldi e non ho potuto comprare una scheda telefonica.
❹ Non ti preoccupare, non fa niente! ❺ Ti sei sbagliato?

Ejercicio 2: Complete

① Dovevamo venire prima.

.... venido antes.

② Chi ha risposto?

¿ .... ?

③ Ho sbagliato numero.

.. .. número.

* * *

In Spagna **las cabinas de teléfonos**, le cabine telefoniche, *sono numerose e si trovano un po' dappertutto. Se dovete fare* **una llamada internacional**, una chiamata internazionale, *vi conviene acquistare* **una tarjeta**, una scheda; *le vendono negli* **estancos**, tabaccherie, *e nei* **quioscos**, chioschi.

Si può telefonare agevolmente anche nei bar, dove troverete nella maggior parte dei casi una cabina con telefono a monete o munita di contascatti; potete anche chiamare da **una oficina de Telefónica**, un ufficio della compagnia telefonica di bandiera. *Il suo logo è la scritta* **Telefónica** *in giallo su un rettangolo blu*.

---

55 Lección cincuenta y cinco

Bronca ①

1 – Pe**ro… ¿**qué signif**ica es**to ②, se**ñor** Merino?

Note

① **Bronca**, *rissa, zuffa*, è anche un *ramanzina*, una *"lavata di capo"*.

El jefe me ha echado una bronca, *il capo mi ha fatto una ramanzina*.

Llevarse una bronca, *prendersi una sgridata*.

In altri contesti **bronca** equivale ai *fischi* o a manifestazioni di disapprovazione da parte del pubblico.

④ Che numero hai fatto?

¿Qué número ... . ?

⑤ Mi sono dimenticato il portamonete a casa.

.. .. el monedero .. ..

Soluzione dell'esercizio 2

❶ Teníamos que haber – ❷ Quién ha contestado ❸ Me he confundido de – ❹ – has marcado – ❺ Me he olvidado – en casa

* * *

Un'altra buona soluzione è quella di telefonare in un **locutorio**, *dove ci si sente maggiormente a proprio agio e di solito si trovano, come in* **una oficina de Telefónica**, *delle* **guías**, elenchi telefonici. *Inoltre in un* **locutorio** *è possibile fare* **llamadas a cobro revertido**, *telefonate a carico del destinatario.*
Prendete nota delle seguenti espressioni:
¡No cuelgue!, non riattacchi!
Está comunicando, è occupato.

Seconda ondata: Lección quinta

Lavata di capo

1 – Ma... che significa questo, signor Merino?

▸ **El partido terminó con una bronca**, *l'incontro è finito tra i fischi.*

② **¿Qué quiere decir esto?**, *cosa significa questo / cosa vuol dire questo?* In spagnolo si tende a fare distinzione tra **esto**, *questo*, e **eso**, *ciò, quello*. In questo dialogo viene usato **esto**, *questo* perché ci si riferisce a un fatto che avviene mentre si parla (il capo prende atto del ritardo nel momento in cui la scena si sta svolgendo). **Eso** fa invece riferimento a un fatto già accaduto.

2   ¿Se da usted cuenta ③ de que llega al trabajo con casi tres horas de retraso?

3 –   Lo siento. Le ruego que me disculpe; ④

4   pero me ha ocurrido ⑤ algo…

5 –   ¿Qué le ha ocurrido?

6 –   Estaba tendiendo la ropa ⑥ y…

7   me he caído ⑦ por la ventana.

8 –   ¡Ah, se ha caído por la ventana!

9   Y, ¿en qué piso ⑧ vive?

10 –   En el quinto.

11 –   ¿En el quinto, eh?

12   ¡Pero, señor Merino, por quién me toma usted?

13   ¿Usted quiere que yo me crea que caer desde el quinto piso le ha llevado ⑨ casi tres horas?

☐

Note

③ **Darse cuenta**, *rendersi* (lett. *darsi*) *conto*. **¿Te das cuenta de la hora que es?**, *ti rendi conto di che ora è?*

④ **Le ruego (que) me disculpe**, (lett. *la prego (che) mi scusi*) *la prego di scusarmi*.
Ricordate: dopo i verbi che esprimono un ordine, una preghiera o un consiglio lo spagnolo usa il congiuntivo laddove l'italiano ricorre all'infinito preceduto dalla preposizione *di*.
Te pido que vengas, *ti chiedo di venire*.
Te aconsejo que vayas, *ti consiglio di andarci*.

⑤ **Ocurrir**, *succedere, accadere, capitare*, è un verbo regolare molto usato ed è sinonimo di **pasar**:
¿Qué ocurre?, *che cosa c'è?, che succede?* **(¿Qué pasa?)**.
¿Qué ha ocurrido?, *cos'è successo?, cos'è accaduto?* **(¿Qué ha pasado?)**.
¿Qué te ocurre?, *che cos'hai?, che ti succede?*

⑥ **Ropa**, *biancheria*, ma anche *abito (abiti), indumento*. **Ropa**

2   Si rende *(lei)* conto che è arrivato in ufficio *(di che arriva al lavoro)* con quasi tre ore di ritardo?

3 –   Mi dispiace. La prego di scusarmi,

4   ma mi è successa una cosa *(qualcosa)*…

5 –   Che cosa le è successo?

6 –   Stavo stendendo i panni e…

7   sono *(mi ho)* caduto dalla finestra.

8 –   Ah, è caduto dalla finestra!

9   E a che piano abita?

10 –   Al quinto.

11 –   Al quinto, eh?

12   Ma, signor Merino, per chi mi prende lei?

13   Vuol farmi credere *(lei crede che io mi creda)* che ci ha messo *(le ha portato)* quasi tre ore per cadere dal quinto piano?

▸ **interior**, *biancheria intima*; **quitarse la ropa**, *togliersi gli abiti*. Niente a che vedere con *roba* nel senso di uno o più oggetti indeterminati, in spagnolo **cosa(s)** o **objeto(s)**.
Inoltre **ropa** ricorre in una frase idiomatica: **saber nadar y guardar la ropa**, *salvare capra e cavoli*.

⑦   **Caer**, *cadere*, *cascare*, si usa spesso al riflessivo per dare l'idea di un'azione improvvisa: **caerse de espaldas**, *cadere all'indietro* (oppure, in senso figurato, *stupirsi, sorprendersi*).
Caerse de sueño, *cascare dal sonno*.

⑧   **Piso**, *appartamento*, significa anche *piano* di un edificio.
Mi amiga se ha comprado un piso, *la mia ragazza si è comprata un appartamento*.
Vivo en el tercer piso, *abito al terzo piano*.

⑨   **Llevar**, *portare (via)* si trova in molte espressioni dove può assumere vari significati. Quando si parla di tempo, **llevar** corrisponde a *metterci*.
Redactar esta carta me ha llevado una hora, *ci ho messo un'ora per scrivere questa lettera*.
¿Cuánto tiempo le llevará desmontar el motor?, *quanto tempo ci metterà per smontare il motore?*

Ejercicio 1: Traduzca

❶ ¿Qué significa eso? ❷ He llegado con casi una hora de retraso. ❸ ¿Qué te ha ocurrido? ❹ Me he caído en la calle. ❺ ¿En qué piso vives?

Ejercicio 2: Complete

❶ Ti rendi conto di cosa significa questo?

Te ... . quiere decir?

❷ La prego di scusarmi.

Le ....

❸ Vado a comprarmi della biancheria intima.

Voy .. ..

❹ Quanto tempo ti ci vorrà per preparare da mangiare?

¿Cuánto tiempo .. .. preparar .. ..?

---

56 Lección cincuenta y seis

Repaso

1 La formazione del congiuntivo presente

Le desinenze del congiuntivo presente sono:
-e, -es, -e, -emos, -éis, -en, per i verbi della 1ª coniugazione;
-a, -as, -a, -amos, -áis, -an, per i verbi della 2ª e 3ª coniugazione.

Queste desinenze vanno aggiunte alla radice del verbo: così i verbi in **-ar**, come **hablar**, *parlare*, si coniugheranno così:

habl → **e**	*che io parli*
habl → **es**	*che tu parli*
habl → **e**	*che lui / lei parli, che Lei parli*
habl → **emos**	*che noi parliamo*
habl → **éis**	*che voi parliate*
habl → **en**	*che loro parlino*

Soluzione dell'esercizio 1

① Cosa significa questo? ② Sono arrivato con quasi un'ora di ritardo. ③ Cosa ti è successo? ④ Sono caduto per strada. ⑤ A che piano abiti?

⑥ Devo dirti una cosa.
  Tengo ... .

Soluzione dell'esercizio 2

① – das cuenta de lo que eso – ② – ruego que me disculpe ③ – a ir a comprarme ropa interior ④ – te llevará – la comida ⑤ – que decirte algo

Seconda ondata: Lección sexta

Cinquantaseiesima lezione   56

E i verbi in **-er** e **-ir**, come **comer**, *mangiare,* e **subir**, *salire*, si coniugheranno come segue:

com → **a** *(che io mangi)*	sub → **a** *(che io salga)*
com → **as**	sub → **as**
com → **a**	sub → **a**
com → **amos**	sub → **amos**
com → **áis**	sub → **áis**
com → **an**	sub → **an**

E i verbi irregolari? Per fortuna le cose sono più semplici del previsto: quando un verbo è irregolare alla 1ª persona dell'indicativo presente, lo è anche al congiuntivo presente (più avanti vedremo l'eccezione che conferma la regola).
Così, per esempio, **hacer**, *fare*, che al presente indicativo si coniuga:

hago, haces, hace, hacemos, hacéis, hacen, *faccio, fai*, ecc.
al congiuntivo presente avrà le forme seguenti:
haga, hagas, haga, hagamos, hagáis, hagan, *che io faccia, che tu faccia*, ecc.
Le desinenze sono sempre regolari, ma la radice conserva l'irregolarità che caratterizza la 1ª persona dell'indicativo presente.

Queste regole, però, sono di carattere generale: all'occorrenza scenderemo nei dettagli e, quando si presenterà l'occasione, vi indicheremo i casi particolari che fanno eccezione alla regola.
Infatti potete già osservare che il congiuntivo presente dei verbi **haber**, *avere*; **saber**, *sapere*; **ser**, *essere*, e **ir**, *andare*, che alla prima persona dell'indicativo presente hanno rispettivamente **he**, *ho*; **sé**, *so*; **soy**, *sono*, e **voy**, *vado*, al congiuntivo presente si coniugano rispettivamente **haya, hayas, haya**, ecc.; **sepa, sepas, sepa**, ecc.; **sea, seas, sea**, ecc.; **vaya, vayas, vaya**, ecc.
Inoltre i verbi **dar**, *dare*, e **estar**, *stare / essere*, pure irregolari alla prima persona dell'indicativo presente (**doy**, *do*, e **estoy**, *sto / sono* rispettivamente), hanno forme regolarissime al congiuntivo presente: **dé, des, dé**, ecc., e **esté, estés, esté**, ecc.

2 Uso del congiuntivo

• In linea di massima il congiuntivo italiano si traduce col congiuntivo spagnolo.
Voglio che tu venga, **quiero que vengas**.
Desideri che lo invitiamo?, **¿deseas que le invitemos?**
Tuttavia ci sono casi, oltre a quelli descritti nella scorsa lezione di ripasso, in cui i modi non coincidono nelle coincide.
Dopo le parole *il solo, l'unico, il primo* e *l'ultimo*, o dopo un superlativo, per esempio, l'eventuale congiuntivo italiano va tradotto con l'indicativo in spagnolo.
Alberto es el único que ha telefonado, *Alberto è l'unico che abbia telefonato (ad aver telefonato)*.
È la persona più simpatica che io conosca, **es la persona más simpática que conozco**.
Più avanti vedremo altri casi in cui al congiuntivo italiano non corrisponde quello spagnolo.

• Il congiuntivo spagnolo, a sua volta, non si traduce sempre con quello italiano:

☞ Nelle proposizioni subordinate introdotte da **cuando**, *quando*, **como**, *come*, o da qualsiasi altra congiunzione di tempo o di modo e nelle proposizioni introdotte da un pronome relativo (**que**, *che*; **quien**, *chi*, ecc.) in cui si fa riferimento a un'azione che avverrà probabilmente in futuro, lo spagnolo richiede il congiuntivo presente mentre l'italiano preferisce usare l'indicativo presente o futuro.

Te lo enseñaré cuando vengas, *te lo mostrerò quando verrai.*
Haz como quieras, *fai come vuoi.*
Haremos lo que tú digas, *faremo come dici.*

☞ Dopo un verbo che esprime un ordine, un consiglio, una richiesta, ecc. in spagnolo si usa il congiuntivo mentre l'italiano ricorre all'infinito preceduto dalla preposizione *di.*
Dile que me llame, *digli / dille di chiamarmi.*
Me aconseja que lea este libro, *mi consiglia di leggere questo libro.*
Le ruego que venga, *La prego di venire.*

☞ Conoscete già la formula di cortesia **quisiera**; per ora limitatevi a ricordare che si traduce con il condizionale *vorrei.*
Quisiera hablar con el señor Martínez, *vorrei parlare col signor Martinez.*

Adesso avete studiato un po' più dettagliatamente il congiuntivo spagnolo, ma vogliamo darvi **un consejo** *(un consiglio)*: come vi abbiamo già detto in precedenza, non imparate tutto a memoria. Torneremo con regolarità sull'argomento grazie ai testi delle lezioni e agli esercizi, fornendovi nelle note ulteriori spiegazioni che approfondiranno e perfezioneranno le conoscenze che avete già acquisito.

3 Diálogo recapitulativo

1 – ¿Qué pasa? ¿Adónde vas? **(30, 51)**
2 – Voy a correos a retirar una carta certificada. **(51)**
3   Creo que es una carta de mi ex marido.
4   ¡No sé qué va ser de mí! Me vuelve loca. **(36, 51)**
5 – ¡Mujer, tampoco es para tanto! **(16, 52)**
6   A lo mejor quiere que le des un consejo. **(41)**

7 – El único consejo que puedo darle es que se olvide de mí. **(53)**

8 ¿Te das cuenta de que me escribe dos cartas por semana? **(55)**

9 – Dale un telefonazo y habla con él. **(54)**

10 – ¡No sé por quién me toma! **(55)**

11 – ¡El amor, amiga, el amor!

57 Lección cincuenta y siete

Sospechas

1   Un hon**ra**do **pa**dre de fa**mi**lia que sa**lí**a a traba**jar**

2   acu**dió** al lo**cal** de bici**cle**tas de su **ca**sa. ①

3   Y no dio con ② la **su**ya. ③

4   En el por**tal** ④ de la **ca**sa, se cru**zó** con el **hi**jo de la por**te**ra.

5   Y sospe**chó** de él. ⑤

6   Le salu**dó**.

7   Y que**dó** persua**di**do de que su ma**ne**ra de respon**der** **e**ra la de un la**drón** de bici**cle**tas.

Note

① **Casa** è, oltre a *casa*, anche *palazzo* o *immobile* (**inmueble**).
Ha habido un incendio en la casa de al lado, *c'è stato un incendio nel palazzo a fianco.*

② **Dar con** (lett. *dare con*) è sinonimo di **encontrar** o **hallar**, *trovare.*
No doy con su dirección, *non trovo il suo indirizzo.*

③ **Suya**, *sua*, è un pronome possessivo e, come avviene anche in

Traducción

1 Cosa c'è? Dove vai? 2 Vado alla posta a ritirare una lettera raccomandata. 3 Credo che sia una lettera del mio ex marito. 4 Non so che cosa sarà di me! Mi sta facendo impazzire. 5 Beh, non è il caso di esagerare! 6 Forse vuole che tu gli dia un consiglio. 7 L'unico consiglio che posso dargli è di dimenticarsi di me. 8 Ti rendi conto che mi scrive due lettere alla settimana? 9 Dagli un colpo di telefono e parla con lui. 10 Non so per chi mi abbia preso! 11 L'amore, mia cara, l'amore!

Seconda ondata: Lección séptima

Cinquantasettesima lezione 57

Sospetti

1 Un onesto padre di famiglia che usciva [per andare] a lavorare
2 andò al deposito delle biciclette del suo palazzo *(casa)*.
3 E non trovò la sua [bici] *(non diede con la sua)*.
4 Nell'atrio dell'abitazione *(della casa)* incontrò *(s'incrociò con)* il figlio della portinaia.
5 E sospettò di lui.
6 Lo salutò.
7 E si persuase *(restò persuaso di)* che il suo modo di rispondere era quello di un ladro di biciclette.

▸ italiano, vuole sempre l'articolo. Ne riparleremo nella prossima lezione di ripasso.

④ **El portal**, *l'atrio*, ma anche *il portale* o *il portone*, in questo caso è il locale attiguo alla porta d'ingresso di una casa o di un palazzo. Vi si trovano spesso **el ascensor**, *l'ascensore*, e **los buzones**, *le buche delle lettere*.

⑤ **Sospechar de alguien**, *sospettare di qualcuno*.

8   Al cam**i**nar ⑥ tras ⑦ él,

9   esti**mó** que su **for**ma de an**dar e**ra sin **du**da al**gu**na ⑧ la de un la**drón** de bici**cle**tas.

10   El **jo**ven se encon**tró** ⑨ en la pa**ra**da del auto**bús** con al**gu**nos de sus compa**ñe**ros.

11   Y el hon**ra**do ⑩ **pa**dre de fa**mi**lia juz**gó** ⑪ que su ma**ne**ra de ha**blar**les **e**ra la de un la**drón** de bici**cle**tas.

12   No ca**bí**a ⑫ la me**nor du**da;

13   si se le mi**ra**ba bien…

14   ¡**to**do en su acti**tud** lo dela**ta**ba **co**mo un la**drón** de bici**cle**tas!

(continuará) ☐

Note

⑥ La preposizione **al**, quando è seguita da un verbo all'infinito, indica simultaneità di un'azione rispetto a quella espressa dal verbo della principale.
Al subir al autobús, **resbaló**, *mentre saliva sull'autobus è scivolato.*
Al salir del museo, cogí un taxi, *uscendo dal museo ho preso un taxi.*

⑦ **Tras**, *dietro*, si usa soprattuto in senso figurato; per indicare una collocazione nello spazio ben precisa si usa piuttosto **detrás de**: **detrás de la silla**, *dietro la sedia.*
In alcuni casi *dietro* si traduce **atrás**, che significa anche *indietro*: **ir atrás** (o **detrás**), *andare dietro* o *seguire*; **echar marcha atrás**, *fare marcia indietro*; **quedarse atrás**, *restare indietro.*

⑧ **Sin ninguna duda** o **sin duda alguna**, *senza alcun dubbio.*
Alguno/na *(qualche)* corrisponde a *nessuno / nessuna* quando

8 Seguendolo *(al camminare dietro lui)*,
9 stabilì che la sua andatura *(forma di camminare)* era senza alcun dubbio quella di un ladro di biciclette.
10 Il ragazzo *(si)* incontrò alla fermata dell'autobus *(con)* alcuni suoi compagni.
11 E l'onesto padre di famiglia giudicò che il modo in cui parlava con loro *(suo modo di parlargli)* era quello di un ladro di biciclette.
12 Non c'era *(il minimo)* dubbio;
13 a ben guardare *(se lo si guardava bene)*…
14 tutto, nel suo atteggiamento, rivelava *(lo denunciava come un)* il ladro di biciclette!

(continua)

▸ segue un nome che è preceduto a sua volta da **sin** o da una negazione: **no tengo ninguna duda** o **no tengo duda alguna**, *non ho nessun dubbio.*

⑨ **Se encontró con sus amigos**, *incontrò i suoi amici.*
Non confondete il verbo **encontrarse con** *(incontrare)* con **encontrarse** *(trovare)*: **se encontró un paraguas en la calle**, *trovò un ombrello per strada.*

⑩ **Honrado** (che abbiamo già visto nella prima frase della lezione) significa sia *onorato*, sia *onesto*, come in questo caso. Da **honrado** deriva il sostantivo **honradez**, *onestà.*

⑪ **Juzgó**, *giudicò.* Ecco l'ultima delle voci verbali appartenenti al passato remoto (in spagnolo **pretérito indefinido**) presentate in questa lezione. Andate a cercarle tutte: sono nove. Se volete sapere qualcosa di più sul **pretérito indefinido**, consultate la prossima lezione di ripasso.

⑫ **Caber**, *entrare, starci dentro,* ma anche *spettare.*
La maleta no cabe en el maletero, *la valigia non entra nel portabagagli;* **no cabe duda**, *non c'è dubbio.*

Ejercicio 1: Traduzca

❶ Alberto es una persona muy honrada. ❷ La portera está hablando con él en el portal. ❸ Tengo una bici nueva. ❹ ¿Es la suya? ❺ No doy con su número de teléfono.

Ejercicio 2: Complete

❶ Tornando dal lavoro, incontrò sua figlia.

.. volver de trabajar .. .. su hija.

❷ È molto anziana, cammina lentamente.

Es ... ., ... •

❸ Mettiti dietro di me.

Ponte .... •

❹ Qualcuno di voi sa dov'è la mia bici?

¿ ...... de vosotros sabe ....
.... ?

❺ Io ho ancora dei dubbi.

Yo .... •

TENGO UNA BICI NUEVA.

Soluzione dell'esercizio 1

❶ Alberto è una persona molto onesta. ❷ La portinaia sta parlando con lui nell'atrio. ❸ Ho una bici nuova. ❹ È la sua? ❺ Non trovo il suo numero di telefono.

Soluzione dell'esercizio 2

❶ Al – se encontró con – ❷ – muy mayor anda despacio ❸ – detrás de mí ❹ Alguno – sabe dónde está mi bici ❺ – todavía tengo dudas

---

Eccoci arrivati alla fine di una lezione molto densa, ma non più difficile delle altre. A parte un paio di argomenti trattati per la prima volta, infatti, essa non presenta particolari novità.

È come un puzzle in cui i pezzi troveranno docilmente il loro posto man mano che aumenterà la vostra conoscenza dello spagnolo. Prendetevi il tempo che vi serve: se necessario, rileggete il testo ed eventualmente date ancora un'occhiata alle lezioni in cui abbiamo già affrontato quegli argomenti che non vi sono del tutto chiari (per rintracciarle consultate l'indice grammaticale - che serve proprio a questo - alla fine del corso). Lasciatevi guidare senza cercare di capire subito tutto ad ogni costo!

Inoltre ricordate che la prossima lezione costituisce il seguito di questa, integrandola e completandola, per cui non lasciate in sospeso le questioni affrontate oggi...

¡Adelante, caminante! (Avanti, viaggiatore!)

Come diceva il poeta Antonio Machado:
¡Se hace camino al andar! (La strada si fa camminando)

Seconda ondata: Lección octava

Sospechas (continuación)

1 **Cuan**do el hon**ra**do **pa**dre de fa**mi**lia vol**ví**a ①
de traba**jar**,

2 vio ② extra**ña**do que su **hi**jo vol**ví**a del
co**le**gio en su ③ **bi**ci. ④

3 Al **dí**a si**guien**te,

4 se cru**zó** ⑤ de **nue**vo con el **hi**jo de la
por**te**ra.

5 La ma**ne**ra de respon**der** a su sa**lu**do,

6 su **for**ma de an**dar**,

7 la ma**ne**ra de ha**blar** a sus compa**ñe**ros,

Note

① **Cuando... volvía...**, *mentre (nel momento in cui)... tornava...*
Confrontate questa costruzione con quella vista nella nota 6
della lezione scorsa (**al** + verbo all'infinito). Infatti avremmo
potuto anche dire **al volver del trabajo...**, *tornando dal
lavoro...*

② **Vio**, *vide*, 3ª persona singolare del **pretérito indefinido** di **ver**,
vedere. L'azione si è svolta in un passato che non è in diretto
rapporto con il momento in cui viene narrata: in tal caso si
deve sempre ricorrere a questo tempo, così come, in italiano,
dovremmo ricorrere al passato remoto quando raccontiamo un
fatto che non è in diretta relazione col presente.

③ L'aggettivo possessivo **su**, come abbiamo visto nella lezione
28 (nel terzo paragrafo), può causare equivoci imbarazzanti dal
momento che traduce *suo* (al feminile *sua*), *loro* e *Suo* (quando
si dà del Lei): **su** bici: *la sua bici* (di lui / di lei).
Su bici: *la loro bici*.
Su bici: *la Sua bici*.

④ Naturalmente **en su bici**, *sulla sua bici*, qui significa *sulla bici
del padre* (che è sorpreso per questo motivo); per fortuna i

Sospetti (seguito)

1   Mentre l'onesto padre di famiglia tornava dal lavoro *(di lavorare)*,

2   vide con sorpresa *(sorpreso)* che suo figlio stava tornando da *(della)* scuola sulla *(in)* sua bici.

3   Il giorno dopo *(al giorno seguente)*,

4   *(si)* incontrò di nuovo *(con)* il figlio della portinaia.

5   Il modo di rispondere al suo saluto,

6   la sua andatura *(forma di camminare)*,

7   il modo in cui parlava *(di parlare)* con i *(a)* suoi compagni,

YA NO VOLVERÁ.

▸ contesto dissipa i dubbi che potrebbero sorgere per l'ambiguità dell'aggettivo possessivo **su**.

⑤ **Se cruzó**, *(si) incrociò*, è un altro **pretérito indefinido**.
Attenti all'accento grafico: in genere la 1ª e la 3ª persona singolare del **pretérito indefinido** hanno l'accento segnato sull'ultima sillaba, tranne alcune eccezioni, costituite da alcuni verbi usati molto di frequente, in cui la voce verbale è un monosillabo o ha l'accento sulla penultima sillaba (**fui**, *fui / andai*, e **fue**, *fu, andò*; **di**, *diedi*, e **dio**, *diede*; **vi**, *vidi* e **vio**, *il vide;* **tuve**, *ebbi*, e **tuvo**, *ebbe;* **hice**, *feci*, e **hizo**, *fece*, ecc.)

8   su acti**tud** ⑥ …

9   ya no ⑦ eran las de un la**drón** de bici**cle**tas. □

Note

⑥ **Actitud**, *atteggiamento*, significa raramente *attitudine*, che di
solito si dice **capacidad** o **aptitud**.
Prueba de aptitud, *prova attitudinale*.

⑦ Nelle frasi negative l'avverbio **ya** corrisponde all'italiano *più*.
Ahora no tengo ganas ya de salir, *adesso non ho più voglia di
uscire*.

* * *

Ejercicio 1: Traduzca

① Al ir a trabajar se encontró con Luis. ② Le vio en
el portal. ③ Ya no volverá. ④ Al día siguiente fui a
su casa. ⑤ ¿Cuál era su actitud?

*Al posto del tradizionale "esercizio di riempimento", oggi vi
proponiamo un piccolo esercizio basato principalmente sulle due
lezioni che avete appena studiato. Vi permetterà di valutare da soli
il vostro livello di apprendimento e di constatare che spesso, come
vi abbiamo detto, le cose vanno a posto da sé. Qui sotto avete alcuni
versi del poeta Antonio Machado, morto in esilio a Collioure, in
Francia, nel 1939, al termine della guerra civile spagnola.
Vi forniamo solo la traduzione delle parole e delle espressioni che
non avete incontrato finora. Troverete la soluzione dell'esercizio,
ovvero la poesia in lingua originale, alla fine della lezione.*

Tocca a voi!

① Viaggiatore, le tue orme sono *(sono le tue orme)* la strada
. . . . , . . . tus huellas . . . .

8 il suo atteggiamento...

9 non erano più quelli di un ladro di biciclette.

▸ **Ya no llueve**, *non piove più.*
   Nadie cogía ya la antigua carretera o **ya nadie cogía la antigua carretera**, *nessuno prendeva più la vecchia strada.*
   Ci soffermeremo sull'argomento nella prossima lezione di ripasso.

* * *

Soluzione dell'esercizio 1

① Mentre andava a lavorare incontrò Luis.. ② Lo vide nell'ingresso. ③ Non tornerà più. ④ Il giorno dopo andai da lui. ⑤ Qual era il suo atteggiamento?

② E nient'altro;
   . . . . . más;

③ Viaggiatore, la strada non esiste *(non c'è strada)*,
   . . . . , ... ,

④ La strada si fa camminando.
   . . . .

⑤ Camminando si fa strada,
   . . . . ,

⑥ E quando ci si volge indietro
   . . . volver la vista . . . . .

⑦ Si vede il sentiero che mai [più]
   . . . .

⑧ Si dovrà *(deve)* percorrere di nuovo.
  Se ha de volver a pisar.

⑨ Viaggiatore, non esiste la strada,
  . . . . , ... ,

⑩ Bensì scie nel mare.
  Sino estelas en la mar.

Effettivamente la strada non esiste: siete voi che la state facendo. E, a quel che sembra, non è male, vero?

---

59 Lección cincuenta y nueve

Hacer una reserva en un parador

1 – ¡Ya está! ¡Me he arreglado ① en la oficina! ②
2 Dentro de ③ un mes nos vamos de vacaciones.
3 He pedido una semana de permiso y me la han concedido.
4 ¡Nos vamos de gira por Extremadura!
5 ¡En familia!
6 – ¡Estupendo, hace años que tenía ganas de ir!

Note

① **Arreglar**, *aggiustare*, alla forma riflessiva significa, oltre che *aggiustarsi*, anche *mettersi d'accordo*, come in questo caso. **Arreglar el coche**, *aggiustare l'auto*.

② **La oficina**, *l'ufficio*, è un falso amico che abbiamo già incontrato nella lezione 15; **ir a la oficina**, *andare in ufficio*, equivale a dire **ir a trabajar** o **ir al trabajo**.

Soluzione dell'esercizio:

① "Caminante, son tus huellas el camino
② Y nada más;
③ Caminante, no hay camino,
④ Se hace camino al andar.
⑤ Al andar se hace camino,
⑥ Y al volver la vista atrás
⑦ Se ve la senda que nunca
⑧ Se ha de volver a pisar.
⑨ Caminante, no hay camino,
⑩ Sino estelas en la mar."

(Antonio Machado, 1875-1939)

Seconda ondata: Lección novena

Cinquantanovesima lezione   59

Fare una prenotazione in un "parador"

1 –   Ci siamo! Mi sono messo d'accordo coi
      colleghi in ufficio! *(mi sono aggiustato
      nell'ufficio)*
2   Fra un mese andremo in vacanza.
3   Ho chiesto una settimana di permesso e me
      l'hanno accordata.
4   Faremo un giro per l'Extremadura!
5   Noi soli! *(in famiglia)*
6 –   Splendido, è da anni che volevo andarci!

▸ *Ufficio* si può dire anche **despacho**: in tal caso indica la stanza
che funge da ufficio.
La mesa de despacho, invece, è *la scrivania*.

③ Davanti a un complemento di tempo, **dentro de** e **hace**
corrispondono rispettivamente a *fra* e *fa*: **dentro de una
semana**, *fra una settimana*; **hace años** (frase 6), *anni fa*; **hace
tres meses**, *tre mesi fa*.

7 ¿**Cr**ees que ha**brá s**itio en al**gún** ④ para**dor**?

8 – Sí, **pe**ro te**ne**mos que reser**var cuan**to **an**tes. ⑤

9 Voy a en**viar** ah**o**ra **mis**mo un "e**mil**io" ⑥ a Jaran**di**lla de la **Ve**ra. ⑦

10 Si **tie**nen habita**cio**nes, confirma**ré** por fax.

11 – U**na** con **ca**ma de matri**mo**nio ⑧ y…

12 otra con tres **ca**mas **pa**ra los **ni**ños.

13 – Pa**pá**, ¿qué te pa**re**ce si in**vi**to a mi a**mi**ga **Nie**ves?

☐

Note

④ Nella lezione 57 avete già conosciuto l'aggettivo e pronome indefinito **alguno/na**, *qualcuno* (sing.); *alcuni* (plur.).
Alguno/na diventa **algún** davanti a un nome maschile e in genere equivale a *un / una, qualche* (davanti a un nome al singolare) e ad *alcuni / alcune* (davanti a un nome al plurale).
Su vecino me dio algunos consejos, *il suo vicino mi ha dato (mi diede) alcuni consigli*.
Algún día te acordarás, *un giorno te ne ricorderai*.

⑤ **Cuanto antes**, *quanto prima* o, in un contesto meno formale, *il più presto possibile, prima che puoi, appena puoi*, ecc.
Telefonéeme cuanto antes, *telefonami appena puoi*.

* * *

Ejercicio 1: Traduzca

❶ Se ha arreglado con sus amigos. ❷ ¿Has reservado ya? ❸ Voy a pedir unos días de permiso. ❹ No sé si habrá sitio. ❺ El tren sale dentro de cinco minutos.

7 Credi che ci sarà posto in qualche albergo
(parador)?

– Sì, ma dobbiamo prenotare il più presto
possibile (quanto prima).

Mando subito un'e-mail a Jarandilla de la Vera.

Se hanno delle camere, confermerò via fax.

– Una matrimoniale (con letto di matrimonio) e…

[un'] altra con tre letti per i bambini.

– Papà, che ne dici se invito la mia amica Nieves?

⑥ Questo **emilio** (che, come avrete intuito, deriva dal nome
proprio **Emilio**) è un modo piuttosto buffo per dire *e-mail*,
altrimenti **correo electrónico** o **"e-mail"** [*imeil*].

⑦ A Jarandilla de la Vera c'è il **parador "Carlos V"**, dove
soggiornò Carlo V verso la fine della sua vita, prima di
ritirarsi nel monastero di Yuste, a una dozzina di chilometri di
distanza.

⑧ **Una cama de matrimonio**, *un letto matrimoniale.*
Queremos una habitación con cama de matrimonio y baño,
Vogliamo una camera matrimonale con bagno.
Un matrimonio, *una coppia di sposi, una coppia sposata.*
Un matrimonio joven, *una coppia giovane.*

* * *

Soluzione dell'esercizio 1

❶ Si è messo (messa) d'accordo con i suoi amici. ❷ Hai già
prenotato? ❸ Vado a chiedere qualche giorno di permesso. ❹ Non
so se ci sarà posto. ❺ Il treno parte fra cinque minuti.

doscientos cincuenta y dos • 252

Ejercicio 2: Complete

① Mi hanno accordato tre giorni di permesso in ufficio.

Me han . . . . tres días . . . .
. . . .

② Vieni appena puoi.

Ven . . . .

③ Hai il suo indirizzo di posta elettronica?

¿ . . . . dirección de correo . . . . ?

④ Ci restano solo camere matrimoniali.

. . . . . nos quedan habitaciones . . . .
. . . .

⑤ Per confermare, inviami un fax.

. . . . , ...

* * *

Los Paradores Nacionales de Turismo *sono grandi alberghi,
di proprietà dello Stato, gestiti dal* **Ministerio de Turismo***, il
Ministero del Turismo.*
Il termine **parador** *è già attestato in alcuni scritti classici spagnoli.
Un tempo i "parador", di categoria superiore rispetto alle locande
frequentate dai viaggiatori con le loro carrozze e altre cavalcature,
erano riservati agli ospiti di riguardo.*
*Sotto il regno di Alfonso XIII e sulla scorta di questa tradizione,
il marchese di Vega-Inclán, Commissario reale per il Turismo,
propose nel 1926 di istituire una serie di* **paradores** *soggetti alla
tutela dello Stato.*
*Con l'evolversi della concezione del turismo e dei viaggi, questi
esercizi aperti al pubblico divennero più numerosi.*
Al giorno d'oggi sono quasi un centinaio i **paradores** *che
costellano il territorio spagnolo.*
*Dall'inizio del XX secolo la concezione di base è sempre la stessa:
lo Stato investe nella creazione di complessi alberghieri in siti,
per la maggior parte d'interesse storico, che i privati considerano
potenzialmente troppo poco redditizi per investirvi i loro fondi.*

Soluzione dell'esercizio 2

❶ – concedido – de permiso en la oficina ❷ – cuanto antes
❸ Tienes su – electrónica ❹ Ya no – con cama de matrimonio
❺ Para confirmar, envíeme un fax

* * *

*Inoltre non è cambiata l'idea originale, in base a cui si
promuove, per quanto è possibile, il restauro di monumenti
antichi (palazzi, conventi, castelli, ecc.). In questo modo il turista
dispone un luogo piacevole per rilassarsi e, al contempo,
"viaggiare nella storia della Spagna".*
*Al pari degli alberghi, i"parador" sono classificati in base alla
comodità e ai servizi che offrono.*
Il prezzo delle camere varia secondo il numero delle stelle,
estrellas.
*Ci si può anche accontentare di una sosta per mangiare, tanto più
che nei **paradores** si possono gustare le migliori specialità della
regione.*
*Se vi trovate in Spagna durante un viaggio di piacere, non
dimenticate che in ogni Ufficio del Turismo, **Oficina de Turismo**,
potete chiedere informazioni sulla **Red Nacional de Paradores**
(Rete Nazionale dei "Parador") e che vale la pena di fare un giro
più lungo!*

Seconda ondata: Lección décima

Excelente consejo

1 – Doctor, **ven**go a pe**dir**le consejo.
2 **Llev**o ① **u**na tempo**ra**da ② con la ten**sión**
 alta. ③
3 – ¿**Tie**ne **mu**cho es**trés**?
4 – No, en ab**so**luto. ④ **Llev**o **u**na **vi**da muy
 tran**qui**la.
5 Por las ma**ñan**as me le**van**to con el **can**to
 del **ga**llo.
6 Reco**noz**co, **e**so sí, que tra**ba**jo **co**mo **u**na
 mula; **pe**ro…
7 lo com**pen**so **por**que **co**mo **co**mo **u**na **fie**ra. ⑤
8 Me a**cues**to ⑥ con las ga**lli**nas.
9 Y **duer**mo **co**mo **u**na mar**mo**ta.

Note

① Il verbo **llevar** (*portare*) coniugato all'indicativo presente e
seguito dal complemento di tempo e da un aggettivo (o da un
verbo al gerundio) serve a esprimere un'azione durevole.
Llevo una hora esperando (lett. *porto un'ora aspettando*), *sto
aspettando da un'ora, è un'ora che aspetto.*
Lleva diez días enfermo (lett. *porta dieci giorni ammalato /
ammalata*), *è ammalato / ammalata da dieci giorni.*

② Nella maggior parte dei casi **temporada** significa *stagione*:
temporada de lluvias, *stagione delle piogge*; **temporada de
verano**, *stagione estiva*; **temporada alta / baja**, *alta / bassa
stagione*; **fuera de temporada**, *fuori stagione*
Tuttavia **temporada** può anche indicare una porzione di tempo
indeterminata (*periodo, momento, fase*).
David atraviesa una mala temporada, *David sta
attraversando un brutto momento.*

Un consiglio eccellente

1 – Dottore, sono qui per *(vengo a)* chiederle [un] consiglio.

2 È da un po' di tempo che soffro d'ipertensione *(porto una stagione con la tensione alta)*.

3 – È molto stressato *(Ha molto stress)*?

4 – No, per nulla. Conduco una vita molto tranquilla.

5 Di mattina *(per le mattine)* mi alzo col canto del gallo.

6 Ammetto, questo sì, di lavorare *(che lavoro)* come un mulo; però...

7 in compenso *(lo compenso perché)* mangio come un leone *(una fiera)*.

8 Vado a letto *(mi corico)* con le galline.

9 E dormo come un ghiro *(una marmotta)*.

③ **Tener la tensión alta / mucha tensión / hipertensión**, *soffrire d'ipertensione*.

④ **En absoluto** (lett. *in assoluto*), *per nulla, assolutamente, affatto.*

⑤ **Comer como una fiera** o **como un león**, *mangiare come un leone.*

⑥ **Acostarse**, *coricarsi, andare a dormire, andare a letto*, si coniuga come **volver** o **contar** (nota 3 della lezione 53): all'indicativo presente la **o** diventa **ue**, salvo alle prime due persone plurali.
Confrontate: **acostarse**, *coricarsi*, → **me ac<u>ue</u>sto**, *mi corico*; **d<u>o</u>rmir** (frase 9), *dormire*, → **d<u>ue</u>rmo**, *dormo*; **enc<u>o</u>ntrarse** (frase 10), *trovarsi*, → **me enc<u>ue</u>ntro**, *mi trovo*.
Accostarsi si dice **acercarse** o, nel senso di *ricevere*, **recibir**: **recibir la Comunión**, *accostarsi alla Comunione.*

10 **Pe**ro… a pe**sar** de **to**do, ⑦ **co**mo le de**cí**a, no me en**cuen**tro bien.

11 ¡No sé qué me **pa**sa!

12 – Pues… ¡no sé qué de**cir**le!

13 Yo, en su lu**gar**, ⑧ consulta**rí**a a un veteri**na**rio.

☐

Note

⑦ **A pesar de…**, *nonostante…, malgrado…*
A su pesar, **a pesar suyo**, *suo malgrado.*

* * *

Ejercicio 1: Traduzca

❶ María encontró trabajo hace tres días. ❷ Quiero pedirte un consejo. ❸ ¿Te sientes mal? ❹ Tengo mucho estrés en el trabajo. ❺ ¿A qué hora te acuestas?

Ejercicio 2: Complete

❶ Da quanto tempo mi stai aspettando?
¿ . . . . . . tiempo . . . . . . esperando?

❷ Di mattina esco [per andare] a lavorare alle otto.
. . . . salgo . . . .
. . . . .

❸ Riconosco di essermi sbagliato.
. . . . que me he . . . .

❹ Malgrado tutto dorme come un ghiro.
. . . . como una marmota.

❺ Io, al suo posto, invierei un fax immediatamente.
Yo . . . ., ... un fax . . . . .
mismo.

10 Ma… nonostante tutto, come le dicevo, non mi   60
sento *(trovo)* bene.

11 Non so cosa mi succede!

12 – Beh… non so cosa dirle!

13 Io, al suo posto, consulterei un veterinario.

⑧ **En tu lugar, yo…**, *al tuo posto, io…*
El lugar, *il luogo, il posto*; **el lugar ideal**, *il luogo ideale*.

* * *

Soluzione dell'esercizio 1

❶ María (trovò) ha trovato lavoro tre giorni fa. ❷ Voglio chiederti un consiglio. ❸ Ti senti male? ❹ Il lavoro mi stressa molto. ❺ A che ora vai a dormire?

Soluzione dell'esercizio 2

❶ Cuánto – llevas – ❷ Por las mañanas – a trabajar a las ocho ❸ Reconozco – equivocado ❹ A pesar de todo duerme – ❺ – en su lugar enviaría – ahora –

Nel fare gli esercizi che trovate alla fine di ogni lezione, può succedere, visto che le vostre cognizioni sono sempre più vaste, che scegliate una soluzione diversa da quella che vi proponiamo. È un buon segno: evidentemente il vostro spagnolo si è già molto arricchito e riuscite a comporre delle frasi con maggiore disinvoltura. Se potete, segnatevi la risposta che scegliereste spontaneamente e provate comunque, soprattutto quando svolgete l'esercizio di riempimento, a scrivere la traduzione che vi chiediamo parola per parola; l'esercizio 2 riprende espressioni o termini impiegati di frequente e, come l'esercizio 1, costituisce una revisione supplementare dei punti studiati nel testo e nelle note della lezione.

Seconda ondata: Lección once

En el supermercado

1 – Ten, a**quí tie**nes **u**na ficha, ve a co**ger** un **c**arro; ①

2   yo voy a co**ger** un **nú**mero en la pescade**rí**a. ②

3   Nos encon**tra**mos en la sec**ción** de pro**duc**tos congelados. ③

4 – De a**cuer**do. No **tar**des. ④

5 – Hay **u**na **co**la e**nor**me.

6   Nos da**rá tiem**po ⑤ a lle**nar** el **c**arro

7   **an**tes de que ⑥ nos **toque** ⑦ a no**so**tros.

Note

① **Carro** è sia il *carro*, sia il *carrello* per fare la spesa.
   Un carro de, *un sacco di*.

② **El pescado**, *il pesce*; **el pescadero**, *il pescivendolo*;
   la pescadería, *la pescheria*.
   Voy a la pescadería, *vado dal pescivendolo, vado in pescheria*.

③ **Productos congelados**, *prodotti surgelati*; **congelar**,
   congelare, surgelare; **el congelador**, *il congelatore*.

④ **Tardar**, *tardare*, ma anche *metterci, impiegare* (del tempo).
   No tardaré mucho, *non ci metterò molto*.
   ¿Cuánto tarda el tren de Madrid a Lisboa?, *quanto ci mette
   il treno [per andare] da Madrid a Lisbona?*
   Sólo tardaré una hora, *ci metterò soltanto un'ora*.

⑤ **No me (no te, no le, no nos,** etc.**) da tiempo**, *non ho (non hai,
   non ha, ecc.) il tempo, non faccio in tempo*.
   Usare il presente denota certezza, mentre il futuro esprime
   piuttosto una valutazione o un'impressione soggettiva:

Al supermercato

1 – Tieni, eccoti un gettone, va' a prendere un carrello;

2 io vado a prendere un numero al reparto pescheria *(nella pescheria)*.

3 Ci ritroviamo al reparto *(di prodotti)* surgelati.

4 – D'accordi. Non fare tardi *(non tardare)*.

5 – C'è una fila enorme.

6 Avremo il tempo di *(ci darà tempo a)* riempire il carrello

7 prima che tocchi a noi *(di che ci tocchi a noi)*.

▸ **No nos da tiempo a coger ese tren** (è certo), *non facciamo in tempo a prendere quel treno.*
No nos dará tiempo a coger ese tren (valutazione più o meno soggettiva), *non faremo in tempo a prendere quel treno.*

⑥ La locuzione **antes de que**, *prima di...* o *prima che...* è sempre seguita da un verbo al congiuntivo.
Antes de que te vayas, *prima che tu parta, prima di partire.*
Antes de que anochezca, *prima che faccia notte.*

⑦ **Tocar** (di cui abbiamo già parlato nella lezione 50) è un verbo regolare che, come **sacar** (frase 9), per conservare il suono della **c** (pronunciata come *k*) in tutte le voci verbali, trasforma la radice **toc-** in **toqu-** quando la desinenza comincia con la lettera **e**, ovvero in tutte le persone del congiuntivo presente e alla 1ª persona singolare del passato remoto (**pretérito indefinido**).
Tocar, indicativo presente → **toco, tocas, toca,** ecc.
Congiuntivo presente → **toque, toques, toque,** ecc.
Passato remoto → **toqué, tocaste, tocó,** ecc.
Quest'alterazione ortografica non costituisce in nessun caso un'irregolarità, anzi, permette al verbo di rimanere regolare.

8 – **Va**mos, yo ya he co**gi**do los pro**duc**tos de lim**pie**za, ⑧ la be**bi**da, el to**ma**te concen**tra**do y la **car**ne pi**ca**da;

9 **pe**ro… **sa**ca la **lis**ta.

10 – ¡Cre**í**a que la te**ní**as ⑨ tú!

11 – **Bue**no, **va**mos por ⑩ el pan de **mol**de, los cere**a**les, la mante**qui**lla, los yo**gu**res y…

12 ¡ha**brá** que vol**ver** más **tar**de si nos **fal**ta **al**go!

13 La ca**je**ra: ¿**Van** a pa**gar** en me**tá**lico o con tar**je**ta? ⑪

14 – ¡No sé **dón**de **ten**go la ca**be**za!

15 ¡Me he de**ja**do tam**bién** la car**te**ra! ☐

Note

⑧ **Los productos de limpieza**, *i detersivi*; **limpiar**, *pulire*; **la limpieza**, *la pulizia*; **la limpieza de un lugar**, *la pulizia di un luogo*; **limpieza en seco**, *lavaggio a secco*; **mujer de la limpieza**, *donna delle pulizie*.

⑨ Attenzione: dopo la principale con un verbo all'indicativo imperfetto, il verbo della secondaria va coniugato pure all'indicativo imperfetto e non al congiuntivo: **no sabía que estabas aquí**, *non sapevo che tu fossi qui*.

* * *

Ejercicio 1: Traduzca

❶ ¿Tienes una moneda para coger un carro? ❷ ¿Qué número tenemos nosotros? ❸ No tardaré mucho. ❹ ¿Crees que nos falta algo? ❺ Delante del cine hay una cola muy grande.

8 – Andiamo, io ho già preso i detersivi *(prodotti di pulizia)*, le bibite *(la bibita)*, il concentrato di pomodoro e la carne macinata;

9 ma… tira fuori la lista.

10 – Credevo che l'avessi tu!

11 – Beh, andiamo a prendere *(andiamo per)* il pancarrè, i cereali, il burro, gli yogurt e…

12 bisognerà tornare più tardi se ci manca qualcosa!

13 La cassiera: Pagate in contanti o con [la] carta di credito?

14 – Non so dove ho la testa!

15 Mi sono dimenticato anche il portafoglio!

---

⑩ **Ir por**, *andare a prendere.*
Voy por el pan, *vado a prendere il pane* (o **voy a buscar el pan**).
Por si usa con questo significato anche dopo verbi come **venir**, *venire*; **bajar**, *scendere*; **salir**, *uscire*; **enviar**, *mandare*; etc.
Vengo por el periódico, *vengo a prendere il giornale.*

⑪ **En metálico** (lett. *in metallico*), *in contanti*: **pagar con tarjeta**, *pagare con la carta di credito*; **tarjeta de crédito**, *carta di credito*; **tarjeta de visita**, *biglietto da visita*; **tarjeta telefónica**, *scheda telefonica*; **postal** o **tarjeta postal**, *cartolina illustrata.*

* * *

Soluzione dell'esercizio 1

❶ Hai una moneta per prendere un carrello? ❷ Che numero abbiamo noi? ❸ Non ci metterò molto. ❹ Credi che ci manchi qualcosa? ❺ Davanti al cinema c'è una coda lunghissima.

Ejercicio 2: Complete

1. Uscirò prima che faccia troppo caldo.

   Saldré .... haga ....

2. Non farò in tempo a passare dal pescivendolo.

   No .. .. a pasar por la ....

3. Tocca a lei.

   .. .. usted.

4. Bisognerà uscire a prendere il pane.

   .... salir ... .. pan.

5. Preferisco pagare in contanti.

   Prefiero ....

* * *

Non è facile indicare degli **horarios de apertura**, orari di apertura, che siano validi ovunque in Spagna; a volte sono diversi tra il nord e il sud, spesso non sono gli stessi in inverno e in estate e dipendono anche dal tipo di esercizio, ma si può dire che nelle grandi città, su tutto il territorio, i **supermercados**, supermercati, e i negozi aprono più o meno alle 9 e 30 – 10 e chiudono alle 13 e 30 o alle 14, **por la mañana**, di mattina e sono aperti dalle 16 e 30 o dalle 17 fino alle 19 e 30 o alle 20, **por la tarde**, di sera.

Los hipermercados, gli ipermercati, e altre **tiendas**, negozi, dei **centros comerciales**, centri commerciali, che si trovano per la maggior parte nelle periferie dei grandi agglomerati urbani, non

Soluzione dell'esercizio 2

❶ – antes de que – demasiado calor ❷ – me dará tiempo – pescadería ❸ Le toca a – ❹ Habrá que – por el – ❺ – pagar en metálico

EN EL SUPERMERCADO

* * *

chiudono all'ora di pranzo. Ma anche in città alcuni **comercios**, esercizi, *adottano abitualmente l'orario continuato. Anche* **el cierre**, la chiusura, *del sabato pomeriggio, che un tempo costituiva la norma, non è più in voga. Molto spesso i grandi magazzini sono aperti anche la domenica mattina, imitati da parecchi* **comercios** *situati nelle zone turistiche; inoltre, nei giorni feriali, questi ultimi rimangono sovente aperti fino alle 22 o alle 23.*

Seconda ondata: Lección doce

Ociosas en la playa ①

1 – ¿Qué te pa**r**ece si extende**m**os a**quí** las
to**a**llas? ②

2 – Muy bien, **h**ace **u**na **bri**sa ③ muy agra**d**able.

3 – ¿**Quie**res que te **pon**ga un **p**o**c**o de **cre**ma ④
protec**t**ora…

4   **pa**ra que no te **que**me el sol? ⑤

5 – Sí, ¡a ver si ⑥ me **pon**go mo**r**ena ⑦
ense**gui**da!

Note

① **Ocioso**, *ozioso, indolente* (**desocupado**, da non confondere
con *disoccupato*, **desempleado**). **El ocio** (*l'ozio*) indica
anche *il tempo libero* e **los momentos** o **ratos de ocio** sono *i
momenti di svago*. A Madrid è possibile acquistare in edicola
la guía del ocio ("la guida del tempo libero") dove si legge il
programma degli spettacoli cittadini (cinematografici, teatrali,
ecc.), l'elenco dei musei e gli orari di apertura, il programma
dei concerti e delle opere liriche, delle mostre o di altre attività
che permettono di passare momenti di relax e divertimento.

② **Toalla** traduce *asciugamano* e non *tovaglia* (**mantel**). Tuttavia,
toalla de baño significa *telo da bagno*.

③ Quando si parla di tempo atmosferico, il verbo **hacer** è
utilissimo e più utilizzato che in italiano:
hace frío, calor, bueno, malo, fresco, *fa freddo, caldo, bello,
brutto, fresco*, e ancora: **hace una pequeña brisa**, *c'è una
brezzolina*; **hace mucho viento**, *c'è molto vento*.

④ **Ponerse** o **echarse una crema** o **una pomada**, *mettersi o
passarsi una crema* o *una pomata*.

⑤ **Quemar**, *bruciare*; **quemarse**, *bruciarsi*.
Quemarse vuol dire anche *scottarsi, prendere una scottatura*.

Ozi balneari *(oziose nella spiaggia)*

1 – Che ne diresti se stendessimo qui i teli *(Che ti pare se stendiamo qui gli asciugamani)*?

2 – Benissimo, c'è *(fa)* una brezza molto gradevole.

3 – Vuoi che ti metta un po' di crema abbronzante *(protettiva)*…

4 per non prenderti una scottatura *(perché non ti bruci il sole)*?

5 – Sì, magari *(a vedere se)* mi abbronzo *(mi metto bruna)* subito!

¡QUÉ QUIERE QUE LE DIGA?

▸ **Me he dormido en la playa y me he quemado la espalda**, *mi sono addormentato(a) sulla spiaggia e mi sono scottato la schiena.*

⑥ L'espressione **a ver si…** non si traduce sempre allo stesso modo perché il suo significato cambia secondo il contesto. Quando la frase che la segue esprime un desiderio ardente (come in questo dialogo, vista la situazione!), equivale a *magari* **(ojalá)**.

⑦ **Moreno** significa *bruno, moro o scuro.*
Es rubio pero de piel morena, *è biondo, ma scuro di pelle.*
In molti canti popolari l'epiteto "**morena**" si riferisce a una ragazza; inoltre **moreno** vuol dire anche *abbronzato.*
Abbronzarsi si dice **broncearse** o **ponerse moreno.**

6 – Por **cier**to, **A**sun, ⑧ ¿qué fue de **a**qu**el e**m**ir,**
rey del pe**tró**leo,

7 con quien li**gas**te ⑨ el ve**ra**no pa**sa**do?

8 – ¡**Chi**ca, ⑩ no me **ha**bles! ¿Qué **quie**res que
te **di**ga?

9 Lo encon**tré** ⑪ **me**ses des**pués** en la **ca**lle;

10 por casuali**dad,** ¡a la en**tra**da del Li**ce**o! ⑫

11 – ¿Y qué ha**cí**a a**llí**? ⑬

12 – Ven**dí**a cas**ta**ñas a**sa**das ⑭ y palo**mi**tas de
ma**íz.** □

Note

⑧ **Asun** è il diminutivo di **Asunción** *(Assunta)*. Per saperne di più, consultate la nota culturale alla fine della lezione.

⑨ **Ligar,** *amoreggiare, flirtare* o *rimorchiare.* Spesso è il contesto a suggerire la sfumatura giusta e la traduzione corrispondente. **Ligar con alguien** è più o meno *far colpo su qualcuno.*

⑩ Questa esclamazione, usata tra donne, può esprimere le sensazioni più svariate, al pari di ¡**Hombre!** o ¡**Mujer!** che avete già conosciuto nella lezione 16. Anche in questo caso la traduzione dipende essenzialente dal contesto: *senti, ah, mia cara,* ecc.

⑪ In genere traduciamo il passato remoto (o **pretérito indefinido**) spagnolo col passato prossimo, più usato in italiano

* * *

Ejercicio 1: Traduzca

❶ ¿Has cogido una toalla para la piscina? ❷ ¿Puedes poner las servilletas en la mesa? ❸ Hoy no hace demasiado viento. ❹ Ha vuelto muy morena de vacaciones. ❺ ¿Qué quiere que le diga?

6 – A proposito, Asun, che ne è stato *(che fu)* di quell'emiro, re del petrolio,

7 su cui hai fatto colpo *(con chi legasti)* l'estate scorsa?

8 – Ah, non me ne parlare! Che vuoi che ti dica?

9 L'ho rivisto *(lo incontrai)* alcuni mesi più tardi *(dopo)* per strada *(nella strada)*;

10 per [puro] caso, all'entrata del [Teatro] Liceo!

11 – E che [ci] faceva lì?

12 – Vendeva caldarroste e popcorn.

▸ **(lo encontré**, *l'ho incontrato, l'ho trovato*; **ligaste**, *hai fatto colpo*; **¿qué fue de…?**, *che ne è stato di… ?*), salvo quando abbiamo che fare con un testo di carattere storico.

⑫ **El Gran Teatro del Liceo** (in catalano **Gran Téatre del Liceu**), l'Opera di Barcellona, situato nel celebre viale de Las Ramblas, è uno dei teatri più rinomati d'Europa.

⑬ La particella *ci*, in genere, non si traduce in spagnolo, specie quando è pleonastica, oppure corrisponde a un avverbio di luogo (**aquí**, **ahí**, **allí**), che in questo caso è già presente nel testo. Lo stesso discorso vale anche per la particella *ne*.

⑭ **Castaña**, *castagna*. **Castañas asadas** *(arrostite)*, *caldarroste*. **Asar** è un verbo di uso comune che significa *arrostire*. **Carne asada**, *carne arrosto*. **Asar a la plancha***, cucinare alla griglia* (carne, pesce, ecc.).

* * *

Soluzione dell'esercizio 1

❶ Hai preso un asciugamano per la piscina? ❷ Puoi mettere i tovaglioli sul tavolo? ❸ Oggi non c'è molto vento. ❹ È tornata molto abbronzata dalle vacanze. ❺ Che vuole che le dica?

Ejercicio 2: Complete

1. Non ha fatto attenzione e si è scottato la schiena.

   No ha tenido . . . . se ha . . . .

   . . . .

2. A proposito, è un pezzo che non vedo mio fratello.

   . . . . , ... una temporada . . . . . .

   . . . . . . hermano.

3. Tre mesi fa.

   . . . .

4. Questa pomata è ottima, puoi mettertela.

   . . . . muy buena, ... ponértela.

5. Fa bello, ma c'è vento.

   . . . . , ... hace . . . .

Repaso

1 Il passato remoto

☞ **Ricordate** – In spagnolo, quando l'azione è avvenuta in un
periodo di tempo che è completamente trascorso nel momento in
cui si parla, si usa il passato remoto (**pretérito indefinido**):
El martes fui al museo, *martedì sono andato/a al museo.*
Dunque il passato prossimo italiano si traduce in genere col **pretérito
indefinido**, il cui impiego non è limitato al genere letterario.
Il passato prossimo spagnolo, invece, si usa quando l'azione avviene in
un periodo di tempo non ancora trascorso nel momento in cui si parla:
Esta semana he ido al museo, *questa settimana sono andato/a al
museo.*

☞ **Formazione** – Il passato remoto dei verbi regolari si ottiene
aggiungendo alla radice del verbo le desinenze seguenti:

❶ – cuidado y – quemado la espalda ❷ Por cierto, hace – que no veo a mi – ❸ Hace tres meses ❹ Esta pomada es – puedes – ❺ Hace bueno, pero – viento

---

In un passato ancora recente si davano ai bambini dei nomi che denotavano spesso il senso religioso cui era improntata la società spagnola: nomi di personaggi biblici, di santi e, per le figlie, di vergini care alla tradizione cattolica o nomi più insoliti, derivati da parole di senso compiuto, che talvolta non hanno un equivalente in italiano: per esempio **Dolores** *(Addolorata, lett. dolori),* **Natividad** *(Natalina, lett. natività),* **Inmaculada** *(Immacolata),* **Remedios** *(lett. rimedi),* **Angustias** *(angustie),* **Amparo** *(sostegno, riparo) e* **Soledad** *(solitudine), che ha un diminutivo raggiante:* **Sol** *(Sole). Questi nomi, spesso composti e preceduti da* **María** *(Maria), oggi sono piuttosto desueti.*

Seconda ondata: Lección trece

• Per i verbi in **-ar**, come **hablar**, *parlare*, avremo:

habl → **é**		*parlai*
habl → **aste**		*parlasti*
habl → **ó**		*parlò*
habl → **amos**		*parlammo*
habl → **asteis**		*parlaste*
habl → **aron**		*parlarono*

• Per i verbi in **-er** e in **-ir**, come **comer**, *mangiare,* e **vivir**, *vivere*:

com → **í** *(mangiai)*		viv → **í** *(vissi)*
com → **iste**		viv → **iste**
com → **ió**		viv → **ió**
com → **imos**		viv → **imos**
com → **isteis**		viv → **isteis**
com → **ieron**		viv → **ieron**

☛ **Nota**: in alcune regioni spagnole e in molti paesi dell'America Latina (come l'Argentina, per esempio), si riscontra una preferenza generalizzata per il passato remoto ai danni del passato prossimo.

2 Verbi irregolari al passato remoto

Ce ne sono parecchi, ma non sono numerosi come quelli italiani. Vi invitiamo a individuarli e a ricordarli man mano che li troverete nei testi delle lezioni. Ovviamente vi forniremo nelle note i modelli e gli elementi che vi consentiranno di assimilare queste irregolarità senza fatica.

Consiglio: una volta imparate a memoria le desinenze presentate nella pagina precedente, è molto facile riconoscere un verbo al passato remoto perché, salvo eccezioni, le irregolarità non riguardano le desinenze, bensì la radice.

Ecco qualche passato remoto irregolare che già conoscete; approfittatene per ripassare:

Ayer tuve (tener) una reunión, *ieri ho avuto (ebbi) una riunione.*

La semana pasada fui (ir) al cine, *la settimana scorsa sono andato/a (andai) al cinema.*

En julio hizo (hacer) muy bueno, *a luglio ha fatto (fece) un tempo bellissimo.*

Sintió (sentir) no haber podido venir, *gli/le è dispiaciuto (si dispiacque) di non essere potuto/a venire.*

Le di (dar) las gracias por su ayuda, *l'ho ringraziato/a (lo/la ringraziai) per il suo aiuto.*

Daniel me dijo (decir) que le gustaría ir de acampada, *Daniel mi ha detto (mi disse) che gli piacerebbe andare in campeggio.*

3 Alcune traduzioni di *solo* e *più*

☛ *Solo* e *soltanto* si possono tradurre in tre modi diversi:

sólo...	→ <u>**Sólo**</u> tengo una hora	
no... más que	→ <u>**No**</u> tengo <u>más que</u> una hora	} *Ho solo un'ora.*
no... sino	→ <u>**No**</u> tengo <u>sino</u> una hora	

☛ *Non... più* si traduce:

ya no... (prima del verbo)	<u>**Ya no**</u> vendrá	
oppure:		} *Non verrà più.*
no... ya	<u>**No**</u> vendrá <u>ya</u>	

Se la costruzione *non... più* si riferisce all'interruzione di un'abitudine o di un'azione, si traduce:

ya no... más → <u>Ya no</u> fumaré <u>más</u>
oppure:
no... más → <u>No</u> fumaré <u>más</u>

} *Non fumerò più.*

☛ *Solo* si può tradurre in tre modi differenti anche quando è seguito da un numero (confrontate le costruzioni precedenti):
ya sólo...
ya no... más que
ya no... sino

Esempio:
<u>Ya sólo</u> quedan diez minutos para que llegue el tren.
<u>Ya no</u> quedan <u>más que</u> diez minutos para que llegue el tren.
<u>Ya no</u> quedan <u>sino</u> diez minutos para que llegue el tren.

Tutte queste frasi significano "*mancano solo dieci minuti all'arrivo del treno*".

4 Gli aggettivi e i pronomi possessivi

☛ **Gli aggettivi possessivi**

Mi, *(il) mio / (la) mia*; **tu**, *(il) tuo / (la) tua*; **su**, *(il) suo / (la) sua*, ecc., che abbiamo già studiato nella lezione 28, sono le forme atone dell'aggettivo possessivo e precedono sempre il nome:
mi hijo, *mio figlio*; **su cuñada**, *sua cognata*; **nuestro barrio**, *il nostro quartiere*, ecc.

Le forme toniche sono:

mío, a, os, as: *mio, mia*, ecc.   **nuestro, a, os, as:** *nostro*, ecc.
tuyo, a, os, as: *tuo, tua*, ecc.   **vuestro, a, os, as:** *vostro*, ecc.
suyo, a, os, as: *suo, sua*, ecc.   **suyo, a, os, as:** *loro*, ecc.

Vanno sempre dopo il nome e si usano meno delle forme atone:
- spesso esprimono una sfumatura affettuosa: **Hija mía**, *figlia mia*;
- si usano all'inizio di una lettera: **Muy señor mío / Muy señores míos**, *Egregio sig. ... / Spett. ditta*;
- rendono costruzioni italiane come *un mio..., un tuo...* ecc.:
un amigo mío, *un mio amico*.

¿Te acuerdas de Cristina? Pues la niña que está junto al tobogán es hermana suya, *ti ricordi di Cristina? Bene, la bambina accanto al toboga è sua sorella.*

☛ **I pronomi possessivi**

I pronomi possessivi spagnoli coincidono con le forme toniche degli aggettivi possessivi (**mío, tuyo, suyo,** ecc.) preceduti dall'articolo determinativo:

el mío, la mía, ecc.: *il mio, la mia,* ecc.
el tuyo, la tuya, ecc.: *il tuo, la tua,* ecc.
el suyo, la suya, ecc.: *il suo, la sua,* ecc.
el nuestro, la nuestra, ecc.: *il nostro, la nostra,* ecc.
¡Estupendo, aquí están los billetes! Éste es el mío, está a mi nombre; y este otro es el tuyo, *splendido, ecco i biglietti! Questo è il mio, è intestato a me; e quest'altro è il tuo.*

5 Classificazione dei verbi irregolari

Senza scendere in dettagli, vi consigliamo solo di consultare l'appendice grammaticale con assiduità. Infatti state diventando sempre più bravi ed è bene che vi dotiate di un sistema per classificare i verbi irregolari. Quanto avete un dubbio o una piccola esitazione, può esservi molto utile dare una rapida occhiata alla classificazione particolareggiata delle irregolarità che trovate in fondo al manuale.

In ogni caso l'argomento non vi è nuovo, perché avete già incontrato qua e là dei verbi irregolari fin dalle prime lezioni. Dunque, visto che li avete già assimilati un po', non farete molta fatica a "schedarli". Del resto si sa: non appena si mette un po' d'ordine, lo spazio a disposizione aumenta!

A titolo indicativo, per orientarvi meglio nella classificazione che vi proporremo e alla quale farete riferimento d'ora in poi, ricordate che in spagnolo ci sono:

☛ 3 coniugazioni regolari: **-ar, -er** e **-ir**, come in italiano;
☛ 24 verbi irregolari non classificati (ne avete già incontrati 19, che sono tra quelli più usati);

➤ 12 gruppi di verbi irregolari classificati (ne conoscete già la maggior parte, anche se non siete ancora in grado di individuarli subito).

In ogni caso ne avete già fatta di strada!

6 Diálogo recapitulativo

1 – Ayer me encontré con Daniel en la playa. **(57, 62)**
2 – Me dijo que llevaba tres meses sin trabajo. **(60, 63)**
3 – ¿Y qué hacía en la playa? **(62)**
4 – Además… ¡con el frío que hacía ayer! **(44, 62)**
5 – Buscar trabajo. **(40, 41)**
6 – ¡No me digas! ¿En la playa? **(20, 62)**
7 – Él dice que es el lugar ideal para concentrarse. **(60, 61)**
8 – No cabe duda, ¡cada uno a su manera! **(47, 57)**
9 – Y… ¿qué le gustaría hacer? **(19, 63)**
10 – Ser director de una gran empresa. **(15, 40)**

Traducción

1 Ieri ho incontrato Daniel sulla spiaggia. **2** Mi ha detto che è disoccupato da tre mesi. **3** E cosa ci faceva sulla spiaggia? **4** E poi… col freddo che faceva ieri! **5** Cercava lavoro. **6** Questa poi! Sulla spiaggia? **7** Lui dice che è il posto ideale per concentrarsi. **8** Non c'è dubbio, ciascuno a modo suo! **9** E… cosa gli piacerebbe fare? **10** Essere direttore di una grande azienda.

Seconda ondata: Lección catorce

Una buena acción

1 – Con esa cara que pones… ①
2 me da que ② vienes a pedirme ③ algo; ¿a
que sí?
3 – Sí, mamá, ¿podrías ④ darme dos euros?
4 – ¿Y qué has hecho con los que te di ayer?
5 – Se los di a un pobre hombre.
6 – Está bien, hijo. Tienes buen corazón.
7 Toma, aquí tienes tres euros.
8 ¿Y qué te empujó ⑤ a ser tan generoso?
9 – Fue, mamá, como una atracción ⑥ a la que
no pude resistir;

Note

① **Poner cara de…**, *avere una faccia da…*
Poner cara de entierro, *avere una faccia da funerale.*

② **Me da que…** è una frase molto usata nel linguaggio di tutti i
giorni e introduce una supposizione, un presentimento. È simile
all'italiano "*mi sa che…* ", espressione altrettanto colloquiale,
ma si può tradurre anche, secondo il caso, con *mi sembra che,
sento che…* (**siento que…**), *ho l'impressione che…* (**tengo la
impresión de que…**), *credo che…* (**creo que…**).
Me da que estás cansado, *mi sembra che tu sia stanco.*
Me da que va a llover, *credo che pioverà.*

③ **Pedir**, *chiedere* (per avere), che non va confuso con
preguntar, *chiedere* per sapere, *domandare*, rappresenta
il modello per il 6° gruppo dei verbi irregolari secondo la
classificazione di cui abbiamo parlato nella scorsa lezione. Per
saperne di più, consultate l'appendice grammaticale.
Non dimenticate: **pedir → pido**, *chiedo.*

Una buona azione

1 –   Dalla faccia che hai *(con quella faccia che metti)*…
2   mi sa *(dà)* che vieni a chiedermi qualcosa; vero?
3 –   Sì, mamma, potresti darmi due euro?
4 –   E che hai fatto con quelli che ti ho dato ieri?
5 –   Li *(glieli)* ho dati a un povero *(pover'uomo)*.
6 –   Hai fatto *(sta)* bene, figlio mio. Hai buon cuore.
7   Prendi, ecco tre euro.
8   E chi ti ha spinto a essere così generoso?
9 –   È stato, mamma, come un'attrazione alla quale non ho potuto resistere.

④ **Poder**, *potere*, fa parte di quei 24 verbi irregolari non classificati cui abbiamo accennato nella scorsa lezione.
Podrías, *potresti*.
È bene sapere che questi verbi non presentano irregolarità in tutte le loro voci. Una buona notizia, vero? Cercate di individuarle man mano che le scoprite durante le lezioni e vedrete che le assimilerete senza troppa fatica, tanto più che questi verbi sono irregolari anche in italiano.
Fate caso a **pude**, *ho potuto (*lett. *potei)*, nella frase 9 e a **di**, *ho dato, diedi*, nella frase 4.

⑤ **Empujó**, *ha spinto, spinse*. Un altro passato remoto. Ricordate che l'accento sull'ultima sillaba caratterizza, salvo eccezioni, la 1ª e la 3ª persona singolare di questo tempo.

⑥ **Atracción**, *attrazione*; **atraer**, *attirare, attrarre*; **parque de atracciones**, *parco dei divertimenti*; **sentir atracción por alguien**, *provare attrazione per qualcuno*.

10 **co**mo **u**na es**pe**cie de fle**cha**zo. ⑦

11 – ¡**Hi**jo! ¿Y **dón**de encon**tras**te a **e**se **po**bre **hom**bre?

12 – En la **ca**lle, ven**dí**a cara**me**los. ⑧   □

Note

⑦ Nella lezione 54 abbiamo già visto che il suffisso accrescitivo **-azo** indica spesso un colpo inferto al sostantivo cui si aggiunge. Ecco un caso un pò particolare: **flechazo** significa letteralmente *frecciata* (derivando da **flecha**), ma vuol dire *colpo di fulmine*. Nel testo, la similitudine "**como un flechazo**" introduce una sfumatura d'ambiguità.

⑧ **Los caramelos** sono *le caramelle*, ma **el caramelo** vuol dire sia *la caramella*, sia *il caramello*.

* * *

Ejercicio 1: Traduzca

❶ ¿Has visto qué cara ha puesto su padre? ❷ ¿Qué te ha preguntado? ❸ ¿Podrías darme su dirección de correo electrónico? ❹ ¿Qué has hecho esta tarde? ❺ Tiene muy buen corazón, es muy generosa.

Ejercicio 2: Complete

❶ Mi sa che farà freddo.

. . . . va a hacer . . . . .

❷ Il tuo progetto mi attira molto.

Tu . . . . mucho.

❸ A proposito, che cosa vendeva?

. . . . , ¿qué . . . . . . ?

❹ Non ho potuto resistere.

. . . .

10   come *(una specie di)* un colpo di fulmine.
11 – Figlio mio! E dove hai trovato quel poveretto?
12 – Per strada *(nella strada)*, vendeva caramelle!

* * *

Soluzione dell'esercizio 1

❶ Hai visto che faccia ha fatto suo padre? ❷ Che cosa ti ha chiesto? ❸ Potresti darmi il suo indirizzo di posta elettronica? ❹ Che hai fatto questo pomeriggio? ❺ È di ottimo cuore, è molto generosa.

❺ Ti chiedo un favore.
    Te . . . . un . . . .

Soluzione dell'esercizio 2

❶ Me da que – frío ❷ – proyecto me atrae – ❸ Por cierto – vendía
❹ No he podido resistir ❺ – pido – favor

Seconda ondata: Lección quince

El chico del chiringuito

1 En la arena ya no **que**da **hue**lla ① al**gu**na
2 del alegre corretear ② de los **ni**ños,
3 ni de las **i**das y ve**ni**das
4 de **to**dos a**que**llos que a**yer** pasaron un **dí**a
 de **pla**ya.
5 De madru**ga**da, ③ los **hom**bres y las
 máquinas del ayunta**mie**nto
6 han cum**pli**do su cometido. ④
7 Las tum**bo**nas, a**zu**les y ama**ri**llas,
8 tam**bién** des**can**san api**la**das por pe**que**ños
 grupos a**quí** y a**llá**.
9 El sol se le**van**ta y, en ⑤ la **pun**ta ex**tre**ma
 del male**cón**,
10 un vieje**ci**to con vi**se**ra
11 **so**bre el que revolo**te**a un pu**ña**do de
 ga**vio**tas,

Note

① **Huella**, *traccia*, *orma* o *impronta*.
 En la nieve se veían las huellas de los esquís, *sulla neve si vedevano le tracce degli sci.*
 Las huellas digitales o **dactilares**, *le impronte digitali.*

② **Corretear** (verbo derivato da **correr**), *correre su e giù, scorrazzare.*

③ **De madrugada**, *all'alba* (**al alba**).
 Tenemos que hacer muchos kilómetros, saldremos de madrugada (oppure **temprano / pronto**), *dobbiamo fare molti chilometri, partiremo all'alba* (o *di buon'ora / presto*).
 Me he levantado temprano, *mi sono alzato presto / di buon'ora.*

Il ragazzo del chiosco

1   Sulla *(nella)* sabbia non c'è più nessuna traccia
2   dell'allegro scorrazzare dei bambini,
3   né dell'andirivieni *(andate e venute)*
4   di tutti quelli che ieri hanno passato una
     giornata in *(di)* spiaggia.
5   All'alba, gli uomini e le macchine del
     municipio
6   hanno svolto il loro compito *(incarico)*.
7   [Anche] le sedie a sdraio, blu e gialle,
8   *(anche)* riposano accatastate in *(per)* capannelli
     qui e là.
9   Il sole sorge e, sulla punta estrema del molo,
10   un vecchietto con [una] visiera,
11   sopra la quale volteggia una manciata *(pugno)*
     di gabbiani,

▸ Per dire *alzarsi presto* si può ricorrere a **madrugar**, un bel verbo regolare e molto usato.
Hoy he madrugado, *oggi mi sono alzato presto*.

④ **Cometido**, *incarico, compito, incombenza*.
Asumir el cometido, *assumere l'incarico*.

⑤ Non dimenticate: quando un verbo è seguito da un complemento di stato in luogo dobbiamo usare, salvo eccezioni, la preposizione **en**:
Estamos en la playa, *siamo sulla spiaggia*.
Mi hijo está en su habitación, *mio figlio è nella sua camera*.
Está jugando en la arena, *sta giocando sulla sabbia*.

12 lanza a lo lejos el sedal.

13 El ruido de las olas parece acercarse: la marea está subiendo.

14 Y no lejos del banco en el que ⑥ me he sentado a leer el periódico,

15 mientras dispone dos mesitas y cuatro sillas bamboleantes,

16 silbotea ahora el chico ⑦ del chiringuito. ⑧ □

Note

⑥ Dopo **banco** si sarebbe anche potuto scrivere **en donde**, **donde**, **en que** o **en el que**, corrispondenti in questo caso a *dove*, *su cui* o *sulla quale*.

⑦ **Chico** (parola su cui ci siamo già soffermati nella lezione 46) può anche fare riferimento a una persona che non è necessariamente giovane.

* * *

Ejercicio 1: Traduzca

❶ Los niños han ido a jugar con la arena. ❷ Ponte la visera, hace demasiado sol. ❸ Hoy hay muchas olas. ❹ En invierno, el sol se levanta más tarde. ❺ El viejecito descansa en una tumbona.

Ejercicio 2: Complete

❶ Domani devo alzarmi presto.

. . . . . . tengo que . . . .

❷ Nella città in cui sono nato/a c'è una grande spiaggia.

. . . . nací, ...

. . . . . .

❸ Ho l'impressione che la marea cominci a salire.

. . da . . . . empieza . . . .

12 getta lontano la lenza.

13 Il rumore delle onde sembra avvicinarsi: la marea sta salendo.

14 E non lontano dalla panchina dove *(nel che)* mi sono seduto a leggere il giornale,

15 mentre dispone due tavolini e quattro sedie traballanti,

16 fischietta ora il ragazzo del chiosco.

▸ Così, per esempio, un *fattorino* è un **chico (de los recados)** e *la donna delle pulizie* viene chiamata **la chica**.

⑧ L'inversione tra il verbo e il soggetto, sommata a quella tra le frasi 15 e 16, conferisce un tono particolare al testo. Nel linguaggio di tutti i giorni, si direbbe piuttosto **"y no lejos del banco en el que me he sentado a leer el periódico, el chico del chiringuito silbotea ahora mientras dispone…"**

* * *

Soluzione dell'esercizio 1

❶ I bambini sono andati a giocare con la sabbia. ❷ Mettiti la visiera, c'è troppo sole. ❸ Oggi ci sono molte onde. ❹ In inverno il sole sorge più tardi. ❺ Il vecchietto riposa su una sedia a sdraio.

❹ Non ti sento, c'è troppo rumore.

.. .. , ... •

❺ Ci siamo seduti su una panchina e ci siamo riposati.

... hemos .. .. y .. .. .
.. .. •

Soluzione dell'esercizio 2

❶ Mañana – madrugar ❷ En la ciudad en que – hay una gran playa ❸ Me – que la marea – a subir. ❹ No te oigo hay demasiado ruido ❺ Nos – sentado en un banco – hemos descansado

EN INVIERNO, EL SOL SE LEVANTA
MÁS TARDE.

66 Lección sesenta y seis

Petición de mano ①

1 – ¡Papá, mamá! ¡No os podéis imaginar lo feliz que soy! ②
2 Fernando me ha pedido que me case ③ con él.
3 – Bueno, bueno… De modo que ④ Fernando quiere casarse contigo, ⑤ ¿eh?

Note

① **Petición de mano** (lett. *richiesta di mano*), *domanda di matrimonio*. **Petición**, *richiesta, domanda, petizione*. **A petición de**, *su richiesta di*; **a petición del interesado**, *su richiesta dell'interessato*.

② Come ricorderete, **lo que** significa in genere *quello che, cosa*. **Mira lo que he comprado**, *guarda cosa ho comprato*.
Tuttavia, quando tra **lo** e **que** inseriamo un aggettivo, **lo… que** corrisponde a *quanto*.
¡No sabes lo contento que estoy!, *non sai quanto sono contento!*

③ Vi ricordiamo che in spagnolo, dopo un verbo che esprime un ordine o una richiesta, il verbo che segue non si coniuga all'infinito, bensì al congiuntivo.

▶

Un **chiringuito** *è un piccolo bar all'aperto, situato (nella maggior parte dei casi, provvisoriamente) sulla spiaggia.*
Esistono **chiringuitos** *di tutti i tipi, dai più rudimentali ai più raffinati: nei primi troverete solo* **helados***, gelati;* **golosinas***, dolci e* **refrescos***, bibite fresche; negli altri potrete assaggiare pure degli stuzzichini,* **bebidas alcohólicas***, bevande alcoliche, e anche manicaretti più elaborati.*
Se vi capita di passare qualche giorno su una spiaggia spagnola, fermatevi davanti a un **chiringuito** *e assaporate uno stile di vita diverso dal solito.*

Seconda ondata: Lección dieciséis

Domanda di matrimonio

1 – Papà, mamma! Non vi potete immaginare
     quanto sono felice!
2   Fernando mi ha chiesto di sposarlo *(che mi*
      sposi con lui).
3 – Bene, bene… Così Fernando vuole sposarti
     (sposarsi con te), eh?

▸ *Mi chiede di partire con lui,* **me pide que (me) vaya con él.**

④ La locuzione **de modo que** *(così, dunque, allora, perciò)* può essere sostituita da **de manera que, así pues, así que** o **conque.**
Esta tarde cerramos, de modo que no venga, *questo pomeriggio siamo chiusi, perciò non passi (da noi).*
Te había avisado, así que ahora no te quejes, *ti avevo avvisato, dunque non ti lamentare adesso.*

⑤ La preposizione **con**, seguita dai pronomi complemento **mí, ti,** e **sí**, diventa rispettivamente **conmigo, contigo** e **consigo.**
¿Quieres venir conmigo?, *vuoi venire con me?*
¿Está contigo?, *è con te?*

4 – Sí, **así** es, pa**pá**; me **quie**re.

5 – Es**tá** bien; **pe**ro me ima**gi**no ⑥ que **an**tes
ha**brá** pen**sa**do en la repon**sa**bili**dad** que
eso con**lle**va;

6 y, por su**pues**to, su**pon**go ⑦ que **go**za de
una **bue**na situa**ción**

7 y dis**po**ne de los **me**dios sufi**cien**tes **pa**ra
mante**ner** ⑧ a **u**na fa**mi**lia.

8 – ¡Pues **cla**ro! Lo pri**me**ro ⑨ que me ha
pregun**ta**do es **cuán**to gana**bas**. ⑩   □

Note

⑥ **Me imagino que…**, è più enfatico e colloquiale di **imagino
que…**, *immagino che…*

⑦ Verbi composti come con**llevar** (frase 5), su**poner** (frase 6),
dis**poner** e man**tener** (frase 7) si coniugano, salvo alcune
eccezioni molto particolari, come i loro modelli **llevar** e
poner.

⑧ Il verbo **mantener** ha molte altre accezioni comuni:
mantener una opinión, *sostenere un'opinione*; **mantener una
conversación**, *tenere una conversazione*. Ricorre anche in
una frase fatta: **mantenerse** (o **seguir**) **en sus trece** (lett.
mantenersi nei propri tredici), *persistere, insistere*.

⑨ Non confondete **lo primero**, *la prima cosa*, con **el primero** (o
el primer), *il primo*.

* * *

Ejercicio 1: Traduzca

❶ Se casarán dentro de tres meses. ❷ ¡No sabes
lo contentos que están! ❸ Me pide que vaya a su
despacho cuanto antes. ❹ ¿De qué medios
dispones? ❺ Trabaja con niños, tiene muchas
responsabilidades.

4 – Sì, è proprio così *(così è)*, papà; mi ama.

5 – *(Sta)* bene; ma *(mi)* immagino che prima avrà
    pensato alla *(nella)* responsabilità che questo
    implica;

6 e, naturalmente, suppongo che goda *(gode)* di
    una buona situazione [finanziaria]

7 e diponga dei mezzi sufficienti per mantenere
    una famiglia.

8 – Ma certo! La prima cosa che mi ha chiesto è
    quanto guadagni *(guadagnavi)*.

PETICIÓN DE MANO

▸ **Lo primero que hay que hacer…**, *la prima cosa da fare…*
  El primero en llegar, *il primo ad arrivare.*
  El primer día del mes, *il primo del mese.*

⑩ Notate l'uso dell'imperfetto (**cuánto ganabas**) in una frase che
  dipende da un verbo al passato remoto (**me ha preguntado**).

* * *

Soluzione dell'esercizio 1

❶ Si sposeranno fra tre mesi. ❷ Non sai come sono
contenti! ❸ Mi chiede di andare nel suo ufficio al più presto.
❹ Di quali mezzi disponi? ❺ Lavora con i bambini, ha molte
responsabilità.

Ejercicio 2: Complete

① I genitori si sono riuniti su richiesta del preside della scuola.

... . se reunieron . ... del
.... del colegio.

② Godiamo di una buona situazione finanziaria.

.... de una ....

③ Immagino che verrà a trovarci oggi.

.. .. que pasará . ...

④ Piove e c'è molto vento, perciò non prenderò l'auto.

Llueve . ..., ... no
cogeré el coche.

---

67 Lección sesenta y siete

La víspera del día de Reyes

1 **Ha**ce un **frío** que **pe**la, ① **pe**ro no im**por**ta; ②
2 **u**nos y **o**tros se **po**nen el a**bri**go y la
   bu**fan**da;
3 y…¡**rá**pido, **to**do el **mun**do a la **ca**lle!
4 Los **ni**ños los pri**me**ros.

Note

① **Hace un frío que pela** (lett. *fa un freddo che pela*), *fa un freddo
   cane*.

② **No importa**, che abbiamo già visto nella lezione 52 e si può
   tradurre anche letteralmente, è un'espressione che si usa con
   grande frequenza per sdrammatizzare quando l'interlocutore si

⑤ Insiste!
Se . . . .

Soluzione dell'esercizio 2

① Los padres – a petición – director – ② Gozamos – buena situación ③ Me imagino – a vernos hoy ④ – y hace mucho viento así que – ⑤ – mantiene en sus trece

Seconda ondata: Lección diecisiete

La vigilia dell'Epifania *(del giorno di Re)*

1   Fa un freddo cane *(che pela)*, ma non importa;
2   tutti *(gli uni e gli altri)* si mettono il cappotto e la sciarpa;
3   e… via *(presto)*, tutti per *(tutto il mondo alla)* strada!
4   I bambini [per] *(i)* primi.

▸ sente in colpa o per manifestare indifferenza nei confronti di una scelta. Secondo il contesto, **no importa** corrisponde a *non fa niente, fa lo stesso, niente di grave,* ecc.…
No me importa, *non m'importa, per me fa lo stesso, per me è uguale* (**me da igual**).

5 **Des**de que se han levan**ta**do, no **pa**ran **quie**tos: ③

6 ma**ña**na **lle**gan los **Re**yes **Ma**gos.

7 – ¡**Va**mos, pa**pá**! ¡**A**le, ma**má**, que no **va**mos a lle**gar**!

8 En la **Pla**za Ma**yor**, ④ **tér**mino del re**co**rri**do** de la cabal**ga**ta ⑤

9 **to**do es agita**ción**, alga**za**ra, febrili**dad**.

10 La **lle**ga**da** de los ca**me**llos car**ga**dos de re**ga**los

11 y los sa**lu**dos de Mel**chor**, Gas**par** y Balta**sar des**de sus carro**za**s ⑥

12 de**sa**tan el entu**sias**mo de **gran**des y pe**que**ños.

13 – ¿**Cre**es que me trae**rán to**do lo que les he pe**di**do? ⑦

14 No sé, **hi**jo; **pe**ro… no se olvida**rán** de ti.

Note

③ **No parar quieto**, *non stare fermo..*
¡Párate quieto! (o **estate quieto!, no te muevas!**), *stai calmo!, sta' fermo un attimo!*

④ Quasi tutte le città e tutti i paesi hanno la loro **Plaza Mayor** (lett. *Piazza Maggiore*), la piazza principale, ovvero il centro della vita cittadina (o paesana) dove si trova il municipio, la chiesa, la zona commerciale più frequentata, ecc. È qui che a cominciare dal mercato, si è sviluppata la vita del luogo al giorno d'oggi, **las plazas mayores** delle grandi città sono incastonate nel tessuto angusto dei vicoli degli antichi quartieri che sono diventati il centro storico.

⑤ **Una cabalgata** è *una sfilata* (**desfile**) di cavalli, carri danzatori, con tanto di banda, che si allestisce in occasione di feste popolari; in Spagna **la cabalgata de los Reyes Magos** si svolge la sera del 5 gennaio nella maggior parte delle città.

5   Da quando *(da che)* si sono alzati, non stanno
      fermi [un minuto] *(fermano quieti)*
6   domani arrivano i Re Magi.
7 – Andiamo, papà! Su, mamma, che facciamo
      tardi *(non arriveremo)*!
8   Nella piazza principale, [dove] si conclude il
      percorso *(fine del percorso)* della sfilata,
9   tutto è agitazione, schiamazzo, frenesia.
10   L'arrivo dei cammelli carichi di doni
11   e il saluto di Melchiorre, Gaspare e Baldassarre
      dai loro carri
12   scatenano l'entusiasmo di grandi e piccini
      (piccoli).
13 – Credi che mi porteranno tutto quello che gli ho
      chiesto?
14   Non so, figlio mio; ma… non si
      dimenticheranno di te.

▸ **Cabalgar**, *cavalcare*; **desfile**, è usato anche per indicare una *parata militare* (**desfile militar**).
Cabalgata può significare anche *cavalcata*: **la cabalgata de las walkyrias**, *la cavalcata delle Valchirie*.

⑥ **Carroza**, *carrozza*, qui significa *carro*. Quando diciamo **carroza** riferendoci a una persona, invece, significa che la consideriamo di mentalità superata; **un carroza**, *un matusa*.

⑦ In Spagna i bambini non ricevono i doni da Gesù Bambino o da Babbo Natale **(Papa Noel)** o dalla Befana, bensì dai Re Magi. Infatti si usa scrivere **la carta a los Reyes Magos,** *la lettera ai Re magi*, in cui i bambini chiedono **(piden)** i regali; i Re Magi, poi, forse glieli portano **(traen)**.

15 Unos **fue**gos artifi**cia**les **cie**rran la **fies**ta en las **ca**lles

16 y **a**bren un par**én**tesis ⑧ de **lar**ga esp**e**ra.

17 Es **ho**ra de vol**ver** a **ca**sa e ⑨ ir a dor**mir**…

18 ¡los **Re**yes nos har**án** madru**gar**! ☐

Note

⑧ Ricordate che **paréntesis**, a differenza dell'italiano, è maschile.

⑨ **Y**, *e*, si scrive e si pronuncia **e** davanti a una parola che comincia per **i** o **hi** (se **hi** non precede una vocale).
Bueno e inteligente, *buono e intelligente*.
Dátiles e higos, *datteri e fichi*.
Tuttavia si scrive **nieve y hielo**, *neve e ghiaccio*.

* * *

Ejercicio 1: Traduzca

❶ Ponte el abrigo, nos vamos. ❷ No he comido nada desde que me he levantado. ❸ Esta noche iremos a ver los fuegos artificiales. ❹ ¿Mañana vas a madrugar? ❺ No creo que lleguemos a tiempo.

Ejercicio 2: Complete

❶ Pedro e Isabel torneranno fra qualche giorno.
Pedro . Isabel . . . . •

❷ Non ti dimenticherò mai.

. . . . •

❸ Non ti preoccupare, non fa niente.
. . . . preocupes, ... •

❹ Non puoi immaginare tutto ciò che i bambini hanno chiesto.
. . te . . . . los niños
. . . . •

15 I *(dei)* fuochi artificiali concludono *(chiudono)*
la festa nelle strade

16 e danno il via a una *(aprono una parentesi di)* lunga attesa.

17 È ora di tornare a casa e andare a dormire…

18 i Re ci faranno svegliare presto!

Soluzione dell'esercizio 1

❶ Mettiti il cappotto, ce ne andiamo. ❷ Non ho mangiato niente da quando mi sono alzato. ❸ Stanotte andremo a vedere i fuochi artificiali. ❹ Domani ti alzerai presto? ❺ Non credo che arriveremo in tempo.

❺ Abbiamo appuntamento nella piazza principale.

. . . . la . . . . . Mayor.

Soluzione dell'esercizio 2

❶ – e – volverán dentro de unos días ❷ No te olvidaré nunca ❸ No e – no importa ❹ No – puedes imaginar todo lo que – han pedido ❺ Tenemos cita en – Plaza –

In Spagna il 6 gennaio, giorno dell'Epifania, è chiamato **día de los Reyes Magos**, *giorno dei Re Magi, in memoria della loro visita al Bambino Gesù, in occasione della quale offrirono in dono oro, incenso e mirra.*

Col passare del tempo, per ricordare queste offerte, è divenuta una tradizione quella di fare **regalos**, *regali, ai propri cari e soprattutto ai bambini. Perciò in Spagna, nel mondo immaginario dei più piccoli,* **el día de los Reyes (Magos)**, *il giorno dei Re, è un giorno magico in cui* **Melchor, Gaspar** *et* **Baltasar** *s'intrufolano in tutte le case nottetempo per portare i doni tanto attesi che si potranno finalmente vedere all'alba del 6 gennaio.*

---

68   Lección sesenta y ocho

Tres cubiertos ①

1 – ¿Han elegido ya?
2 – Sí, la **niña** tom**a**rá un **pla**to combi**na**do, el **nú**mero **cin**co;
3   y **trái**gale tam**bién** una bote**lli**ta de **a**gua ② mine**ral**, ③ por fa**vor**.

Note

① **Cubierto**, *coperto*, è il participio passato (irregolare) di **cubrir**, *coprire*.
El cielo se ha cubierto, *il cielo si è rannuvolato*.
Cubierto, come sostantivo, indica sia l'insieme delle stoviglie a disposizione di ciascun commensale (**el plato** *il piatto*; **el vaso**, *il bicchiere*; **la servilleta**, *il tovagliolo*, **la cuchara**, *il cucchiaio*; **la cucharilla**, *il cucchiaino*, **el tenedor** *la forchetta*, **el cuchillo**, *il coltello*, ecc.), sia il pasto che viene servito a prezzo fisso nei ristoranti o in esercizi analoghi; in quest'ultimo caso **cubierto** è spesso un sinonimo di *menù*.
Los cubiertos, *i coperti*, come in italiano, indicano ciò che occorre per preparare la tavola.

② **Agua**, pur essendo femminile, è preceduto dall'articolo **el** per ragioni di eufonia. Lo stesso avviene per i nom

L'Epifania è infatti l'equivalente spagnolo del Natale e i Re Magi corrispondono a Gesù Bambino (Jesús Niño), *a* Babbo Natale (Papá Noel) *e a* Santa Klaus (San Nicolás)*.*
È un giorno festivo che segna il termine delle vacanze di **Navidad**, Natale*; l'anno scolastico riprende in genere tra il 7 e il 10 gennaio, come avviene in Italia..*
El roscón de Reyes, *una sorta di ciambella che corrisponde alla nostra* Focaccia della Befana*, è la ciliegina sulla torta in questo giorno di festa.*

Seconda ondata: Lección dieciocho

Sessantottesima lezione 68

Tre coperti

1 – [I signori] hanno già scelto?
2 – Sì, la bambina prende *(prenderà)* un piatto unico, il numero cinque;
3   *(e)* le porti anche una bottiglietta d'acqua minerale, per favore.

▸ femminili che cominciano con la **a** (o con **ha**) accentata, anche con le preposizioni articolate.
El alma, *l'anima*; **el hacha**, *l'ascia*.
Tirarse al agua, *tuffarsi in acqua*; **el mango del hacha es de madera**, *il manico dell'ascia è di legno*.
Se il nome è seguito da un aggettivo, quest'ultimo rimane al femminile.
El agua fría, *l'acqua fredda*.
Davanti a un nome femminile che comincia per **a** (o **ha**) non accentata useremo, come avviene di norma, l'articolo **la**: **la abeja**, *l'ape*.

③ **El agua mineral**, *l'acqua minerale*, è in genere **sin gas**, *naturale*. Se volete berla gassata, dovete chiederla **con gas**. È sempre possibile chiedere **una jarra**, *una brocca* d'acqua.

4 **P**ara mi **hi**jo, el me**nú** del **dí**a. ④

5 Yo toma**ré** una ensa**la**da y un **fi**lete ⑤ con pa**tat**as **fri**tas.

6 – Los hay de diez y de **trece eu**ros.

7 – ¿Y cuál me reco**mien**da ⑥ us**ted**?

8 – ¡Por su**pues**to, el de **trece** ⑦ **eu**ros, se**ñor**!

9 – ¿Es más **gran**de?¿O qui**zá** de me**jor** cali**dad**?

10 – No, en abso**lu**to; son e**xac**tamente i**gua**les.

11 – Y en**ton**ces… ¿por qué **e**sa dife**ren**cia de **pre**cio? ⑧

12 – Es que con el de **trece eu**ros po**ne**mos…

13 un tene**dor** en condi**cio**nes ⑨ y un **cu**chillo me**jor** afilado. ☐

Note

④ **El menú del día,** *il menù del giorno*, è composto di solito da tre piatti: **un primero,** *un primo* (antipasto, minestra, ecc.); **un segundo,** o **plato fuerte,** *un secondo* (carne o pesce) e **un postre,** *un dessert* (frutta, dolci, gelato, ecc.).
Una domanda che può esservi utile: **¿en qué consiste el menú del día?,** *qual è il menù del giorno?*

⑤ **Un filete de solomillo** è una *bistecca di filetto*, mentre un **filete de vaca** è una *bistecca di manzo*. **El filete de ternera,** invece, è *la fettina di vitello*.

⑥ **Recomendar,** *raccomandare*, si coniuga come **pensar,** un verbo che conoscete già bene e che rappresenta, nella classificazione che vi proponiamo, il modello del primo gruppo dei verbi irregolari, come vedremo nella prossima lezione di ripasso.

⑦ Ricordate che l'articolo determinativo, quando non è seguito da un nome, ha la funzione di pronome dimostrativo: **el de trece euros,** *quello da tredici euro*.

⑧ Notate l'uso di **esa** *(quella)*, che si riferisce alla **diferencia de precio** segnalata dal cameriere poco prima: in italiano diremmo *questa differenza di prezzo*. È come se in spagnolo si avvertisse

4   Per mio figlio, il menù del giorno.

5   Io prendo *(prenderò)* un'insalata e una bistecca
     con patate fritte.

6 −   Ce n'è da *(quelli c'è di)* dieci e da tredici euro.

7 −   E quale mi consiglia *(raccomanda)* lei?

8 −   Naturalmente quella da tredici euro, signore!

9 −   È più grossa *(grande)*? O forse è di qualità
     migliore?

10 −   Assolutamente no; sono esattamente identiche
     (uguali).

11 −   E allora… perché questa *(quella)* differenza di
     prezzo?

12 −   Perché *(è che)* con quella da tredici euro [le]
     diamo *(mettiamo)*…

13   una forchetta in [buone] condizioni e un coltello
     affilato meglio *(meglio affilato)*.

¿ QUÉ VAN A TOMAR ?

▸ maggiormente il tempo trascorso tra l'enunciazione della frase
  6 e quella della frase 11: perciò si usa l'aggettivo dimostrativo
  di lontananza.

⑨ **En condiciones**, *in buone condizioni, in buono stato,* ma anche
  in condizione.
  Este niño tiene fiebre, no está en condiciones de ir a la
  piscina, *questo bambino ha la febbre, non è in condizione di*
  andare in piscina.

Ejercicio 1: Traduzca

❶ ¿Qué van a tomar? ❷ Perdone, todavía no hemos elegido. ❸ ¿Quieren beber algo mientras tanto? ❹ Les recomiendo la especialidad de la casa. ❺ ¡Buen provecho!

Ejercicio 2: Complete

❶ Hai già scelto?

¿ · · · · · · · · · · · · · ?

❷ Prendi del vino?

· · · · · · · · · · · · · · · · ?

❸ No, oggi non devo prendere l'auto.

· · , ·

❹ Qual è il menù del giorno?

¿ · · · · · · · · · · · · · · · · · · · ?

* * *

El plato combinado, il piatto unico, *è tipico della Spagna ed è servito soprattutto nei caffè e nei "bar-ristorante", che stanno ormai prendendo il posto delle* **las casas de comidas**, *simili alle nostre* trattorie, *e di altri* **pequeños restaurantes**, ristorantini, *a conduzione familiare.*
Dopo gli stuzzichini, **el plato combinado** *rappresenta spesso la scelta più conveniente. Comprende un piatto principale e vari contorni, il tutto nello stesso piatto; il pane, e il più delle volte anche la bevanda, sono compresi nel presso esposto.*
Dal momento che i **platos combinados** *sono vari, ciascuno ha solitamente un nome che si riferisce al suo ingrediente principale*

Soluzione dell'esercizio 1

❶ Cosa prendono i signori? ❷ Scusi, non abbiamo ancora scelto. ❸ Vogliono bere qualcosa nel frattempo? ❹ Consiglio loro la specialità della casa. ❺ Buon appetito!

❺ Il costo del coperto mi sembra giusto.

. . . .
. . . . •

Soluzione dell'esercizio 2

❶ Has elegido ya ❷ ¿ (Attenzione: avete aggiunto il punto interrogativo rovesciato all'inizio della frase?) Vas a tomar vino ❸ No, hoy no tengo que coger el coche ❹ Cuál es el menú del día ❺ El precio del cubierto me parece correcto

* * *

carne, uova, patate fritte, salsiccia, insalata, pesce, calamari) e un numero, in modo da poter essere distinti facilmente l'uno dall'altro e da rendere più facile l'ordinazione.
Inoltre **el plato combinado**, dal momento che non può essere considerato un piatto per buongustai, presenta il vantaggio di essere un pasto relativamente veloce (spesso è l'ideale per i bambini) e di avere un buon rapporto qualità-prezzo.

Seconda ondata: Lección diecinueve

Gusto por la fiesta

1   **Des**de la más pe**que**ña al**de**a,
2   pa**san**do por **ca**da **pue**blo
3   **has**ta las **gran**des capi**ta**les,
4   **to**da aglomera**ción** ① festeja en Es**pa**ña su **san**to pa**trón**.
5   Rome**rí**as, ② proce**sio**nes, **fe**rias,
6   reconstitu**cio**nes his**tó**ricas y **to**do **ti**po de manifesta**cio**nes fes**ti**vas
7   se orga**ni**zan en **to**das **par**tes en **tor**no al **dí**a del **san**to.
8   A **e**sas **fe**chas de **fies**tas,
9   espe**cí**ficas de **u**na locali**dad** o re**gión**,
10 se a**ña**den los pe**rí**odos o **dí**as de **fies**ta de ca**rác**ter nacio**nal**;
11 ya **sea** ③ de o**ri**gen reli**gio**so:
12 Navi**dad**, Sema**na Santa**, **To**dos los **San**tos, etc.
13 ya **sea** en conmemora**ción** de **o**tro **ti**po de aconteci**mien**tos:
14 **Fies**ta del Tra**ba**jo, **Dí**a de la Constitu**ción**, etc.

Note

① **Aglomeración**, *agglomerato (urbano)*, qui indica piuttost
i paesi e le città in generale, senza tener conto della lor
dimensione.

② Al giorno d'oggi **una romería** è *un pellegrinaggio* (**un
peregrinación**) verso un santuario o un eremo di campagna e
è un'occasione in cui si mescolano devozione, festa e folklore
Il termine deriva da **romero** (pellegrino che si recava a Roma

Il gusto della festa *(gusto per la festa)*

1   Dalla frazione più piccola,
2   passando per tutti i paesi *(ogni paese)*
3   *(fino)* alle grandi capitali,
4   ogni centro abitato spagnolo festeggia *(tutto agglomerato festeggia in Spagna)* il suo santo patrono.
5   "Romerías", processioni, fiere,
6   ricostruzioni storiche e ogni sorta di festeggiamenti *(manifestazioni festive)*
7   vengono organizzate dappertutto a ridosso della festa del santo patrono *(intorno al giorno del santo)*.
8   A queste ricorrenze *(date di feste)*,
9   tipiche *(specifiche)* di una località o regione,
10 si aggiungono i periodi o i giorni di festa di carattere nazionale;
11 *(già)* sia di origine religiosa:
12 Natale, Settimana Santa, Tutti i Santi, ecc.
13 *(già)* sia per commerare *(in commemorazione)* di altri tipi *(altro tipo)* di avvenimenti:
14 Festa del Lavoro, Giorno della Costituzione, ecc.

③ La struttura correlativa *sia... sia* (o *sia... che*) si traduce in vari modi: **ya sea... ya sea** (frase 13), **ya... ya, sea... (o) sea, bien... (o) bien,** ecc. Queste strutture corrispondono anche alla semplice congiunzione *o*.
Vendrá sea sólo, (o) sea acompañado, *verrà da solo o accompagnato.*

15 Están, ④ además, el carna**val**,
16 las celebra**cio**nes dedi**ca**das a la prima**ver**a,
al sol**sti**cio de ve**ra**no, a la co**se**cha y…
17 **to**do un sin**fín** ⑤ de conmemora**cio**nes que,
18 cual**quie**ra que ⑥ **se**a su o**ri**gen
19 – pues cual**quier** ex**cu**sa **va**le –,
20 dan i**de**a del ca**rác**ter fes**ti**vo ⑦ de los
es**pa**ño**l**es. □

Note

④ In questo caso **estar** (opportunamente coniugato e seguito
dal soggetto) ha lo stesso significato **hay** (*c'è, ci sono*), ma a
differenza di quest'ultimo si usa con nomi preceduti
dall'articolo determinativo o da un aggettivo possessivo
Y… además, están las fiestas patronales, *e… inoltre, ci sono
le feste patronali.*
En la mesilla están mis pendientes, *sul comodino ci sono
miei orecchini.*

⑤ **Un sinfín** (letteralmente "un senzafine", tutto attaccato!) e **un
sinnúmero** (**sin** + **número**, *senza* e *numero*) vogliono dire
un'infinità (**una infinidad**), *una marea, un gran numero.*
Se registraron un sinfín (un sinnúmero) de llamadas, *sono
state segnalate un'infinità di chiamate.*

⑥ *Quale che sia* e *qualunque sia* si traducono **cualquiera que sea**,
mentre *qualunque*, da solo, si rende con **cualquier(a)**, seguito
dal nome cui si riferisce.

* * *

Ejercicio 1: Traduzca

❶ ¿Hasta cuándo te vas a quedar? ❷ Hasta el
domingo que viene. ❸ El primero de mayo es la
Fiesta del Trabajo. ❹ En ese bar hay todo tipo de
tapas. ❺ El día de Navidad es un día festivo.

15   Inoltre abbiamo *(stanno, inoltre)* il Carnevale,

15   Inoltre abbiamo *(stanno, inoltre)* il Carnevale,
16   le feste *(celebrazioni)* dedicate alla primavera,
      al solstizio d'estate, al raccolto e…
17   *(tutta)* un'infinità di commemorazioni che,
18   quale che sia la loro origine,
19   – perché ogni *(qualunque)* scusa è buona *(vale)* –,
20   danno [un']idea dell'allegria che caratterizza gli
      (del carattere festivo degli) spagnoli.

▸ **Cualquiera que sea tu eleccción**, *qualunque sia la tua scelta.*
  Cualquier marca de café, *una marca di caffé qualunque.*

⑦ **Festivo**, oltre a *festivo*, significa anche *spiritoso, allegro*.
  Comportamiento festivo, *esuberanza*.

* * *

Soluzione dell'esercizio 1

❶ Fino a quando rimani? ❷ Fino a domenica prossima. ❸ Il primo maggio è la Festa del Lavoro. ❹ In quel bar ci sono stuzzichini di ogni tipo. ❺ Il giorno di Natale è un giorno festivo.

Ejercicio 2: Complete

1. Impererai lo spagnolo studiandolo.

   . . . . español . . . .

2. Arriveremo all'una o alle due.

   . . . . a la una . . . . . a las dos.

3. Quale che sia la tua decisione, la rispetteremo.

   . . . . tu decisión la

   . . . .

* * *

El calendario oficial, il calendario ufficiale, *dei giorni festivi in Spagna è il seguente:*

Año Nuevo	**1 de Enero**	*Capodanno*
Epifanía, Reyes	**6 de Enero**	*Epifania, Re Magi*
Viernes Santo		*Venerdì Santo*
Fiesta del Trabajo	**1 de Mayo**	*Festa del Lavoro*
Asunción	**15 de Agosto**	*Assunzione*
Día de la Hispanidad	**12 de Octubre**	*Festa nazionale*
Todos los Santos	**1 de Noviembre**	*Tutti i Santi*
Día de la Constitución	**6 de Diciembre**	*Giorno della Costituzione*
Inmaculada Concepción	**8 de Diciembre**	*Immacolata Concezione*
Navidad	**25 de Diciembre**	*Natale*

70 Lección setenta

Repaso

1 Traduzione di "dove"

Dove può essere un avverbio di luogo o una congiunzione con valore relativo.

☛ Come <u>avverbio di luogo</u>, *dove* si può rendere semplicemente con **donde** (o **en donde**). Quando indica moto a luogo, però, va tradotto **adonde** oppure **a donde**. Per esprimere il moto da luogo e

④ Giovedì prossimo è [un giorno] festivo.
\ldots \ldots\ldots que viene .. ..

⑤ Puoi venire in qualsiasi giorno.

.... ,.......... .... .

Soluzione dell'esercizio 2

① Aprenderás – estudiándolo ② Llegaremos ya sea – ya sea – ③ Cualquiera que sea – la respetaremos ④ El jueves – es festivo ⑤ Puedes venir cualquier día

* * *

Quando ci si accinge a viaggiare in Spagna è bene informarsi per sapere, prima di tutto, se il periodo previsto per il soggiorno coincide o no con un giorno festivo, perché a tutte queste ricorrenze si aggiungono, a seconda della Comunità Autonoma e delle varie città, molti altri giorni festivi e gli spagnoli, non appena si presenta l'occasione, ne approfittano per "costruire" dei **puentes**, *ponti, talvolta così lunghi che si potrebbero chiamare viadotti!*

Seconda ondata: Lección veinte

per luogo ricorreremo rispettivamente a **de donde**, *da dove*, e **por donde**, *per dove*.
Notate che ciascuna di queste forme porta l'accento nelle frasi interrogative, dirette o indirette.

☞ Quando ha <u>valore relativo</u>, *dove* fa riferimento a un luogo appena menzionato nella frase precedente ed è sinonimo della locuzione *in cui*.

→ In spagnolo si può tradurre sia con **donde, en donde, (de donde, por donde**, ecc.) o **en que, en el que (del que, por el que**, ecc.), en el cual (del cual, por el cual, ecc.). Per rendere il moto a luogo useremo invece **adonde, al que, al cual,** ecc.

La playa donde (en que, en la que...) nos bañábamos, *la spiaggia dove facevamo il bagno.*

El hotel en (el) que nos paramos, *l'albergo dove ci siamo fermati.*

La playa adonde (a la que...) solíamos ir a bañarnos, *la spiaggia dove andavamo di solito a fare il bagno.*

El parque adonde me gusta ir a pasear, *il parco dove mi piace andare a passeggio.*

→ La locuzione **en que**, come l'italiano *in cui*, può avere anche valore temporale. Se l'espressione di tempo cui si riferisce non è preceduta da una preposizione, **en** si può omettere.

El día que (en que) nací, *il giorno in cui sono nato / nata.*

2 Il gerundio

Benché il gerundio spagnolo e quello italiano presentino molte analogie nell'uso e nella formazione, ci sono alcuni casi in cui non c'è corrispondenza perfetta tra le due lingue

Per formare il gerundio d'un verbo è sufficiente aggiungere alla sua radice le desinenze **-ando** (per la 1ª coniugazione) e **-iendo** (per la 2ª e la 3ª). Tuttavia alcuni verbi modificano la radice (come **pedir** e **decir**, che al gerundio fanno **pidiendo** e **diciendo**) o modificano la desinenza per ragioni ortografiche (**huir, huyendo; bullir, bullendo**).

Vediamo ora le particolarità dell'uso.

☞ Quando il gerundio è preceduto dalla preposizione **en** non indica simultaneità di due azioni, bensì un rapporto di successione immediata tra una e l'altra. Tuttavia questo impiego, tipico del linguaggio popolare, è sempre meno frequente.

En llegando se sentó delante del televisor, *non appena è arrivato, si è seduto davanti al televisore.*

☞ Due azioni simultanee si esprimono più con la preposizione **al** seguita dall'infinito del verbo che non col gerundio.

Viendo (al ver) que no llegábamos a tiempo, decidimos volver, *vedendo che non saremmo arrivati in tempo, abbiamo deciso di tornare indietro.*

☞ Mentre il verbo **estar** + gerundio esprime un'azione in corso di svolgimento, come in italiano (**estoy comiendo**, *sto mangiando*), il verbo **seguir** + gerundio esprime continuità.
Siguió escribiendo, *continuò a scrivere*.

→ Quando il gerundio è preceduto dal verbo **ir**, invece, denota un'azione graduale o reiterata.
Los invitados iban llegando, *gli invitati arrivavano a poco a poco (via via, uno dopo l'altro, ecc.)*.

Inoltre il gerundio può avere valore relativo. In questo caso l'italiano lo rende con l'infinito o con una perifrasi.
Te vi bailando, *ti ho visto ballare*.

3 Sia…sia

In spagnolo questa struttura correlativa si può tradurre in vari modi:
ya… ya
ya sea… o ya sea
sea… o sea
bien sea… o bien sea
bien… o bien

Notate che:
→ spesso la **o** che precede il secondo termine si omette;
→ il secondo termine può essere sostituito dalla congiunzione **o**, salvo quando usiamo la costruzione **ya… ya**.
Ya por esto, ya por aquello, siempre se encuentra una excusa o **ya sea por esto, (o) ya sea por aquello, siempre se encuentra una excusa**, *in un modo o nell'altro, una scusa si trova sempre*.

4 La classificazione di verbi irregolari: il 1° gruppo

In questi verbi la **e** della radice dittonga in **ie** quando è tonica, ovvero alle prime tre persone del singolare e alla 3ª persona plurale (all'indicativo presente e al congiuntivo presente) e alla 2ª persona dell'imperativo. Tutti gli altri tempi di questo gruppo sono regolari:

Indicativo presente	Congiuntivo presente	Imperativo
p**ie**nso *(io penso)*	p**ie**nse *(che io pensi)*	
p**ie**nsas	p**ie**nses	p**ie**nsa *(pensa)*
p**ie**nsa	p**ie**nse	
pensamos	pensemos	
pensáis	penséis	pensad
p**ie**nsan	p**ie**nsen	

Qualche esempio pratico:

Recome**ndar** → **Te recom**ie**ndo este vino**, *ti consiglio questo vino.*

Ce**rrar** → **¿A que hora c**ie**rran?**, *a che ora chiudono?*

Se**ntarse** → **Si**é**ntate**, *siediti.*

5 *Cualquiera*

Cualquiera può essere aggettivo o pronome, come in italiano.

☞ Come <u>aggettivo</u> si scrive **cualquier** davanti ai sostantivi.
Si tienes un problema, puedes llamarme en cualquier momento y a cualquier hora, *se hai dei problemi, puoi chiamarmi in qualsiasi momento e a qualunque ora.*
Un pretexto cualquiera, *un pretesto qualunque.*

☞ Come <u>pronome</u> può rendere l'italiano *chiunque*.
Cualquiera de nosotros, *chiunque tra noi.*

☞ <u>**Cualquiera + que**</u> equivale all'italiano *qualunque* o *quale che*.
Cualquiera que sea tu opinión, *qualunque sia la tua opinione.*

1 – Esta semana hay un puente de cuatro días. **(69)**

2 – Podríamos ir a Santander; aprovecharíamos para ver el mar **(64)**

3   e ir a visitar algunos pueblos que celebran las fiestas patronales. **(67, 69)**

4 – Me parece una excelente idea. **(26)**

5 – No lejos de la playa del Sardinero, **(65)**

6   conozco un pequeño restaurante en el que se come muy bien. **(65, 70)**

7 – Y… ¿qué nos vas a recomendar? **(68)**

8 – ¡Ya veremos! **(41, 49)**

9   Por el momento, el plato fuerte consiste en: **(68)**

10   ¡madrugar y cuatro horas de carretera! **(65)**

Traducción

1 Questa settimana c'è un ponte di quattro giorni. **2** Potremmo andare a Santander; ne potremmo approfittare per vedere il mare **3** e andare a visitare alcuni paesi che celebrano la festa del santo patrono. **4** Mi sembra un'ottima idea. **5** Non lontano dalla spiaggia del Sardinero **6** conosco un ristorantino dove si mangia molto bene. **7** E… che cosa ci consigli? **8** Vedremo! **9** Per ora il piatto forte è: **10** sveglia all'alba e quattro ore di viaggio!

Seconda ondata: Lección veintiuna

Inocentada ① (traída por los pelos)

1 – **Ho**la **bue**nas, pas**a**ba por a**quí** y…
2   se me ha ocu**rri**do ② que el **ni**ño po**drí**a
     cor**tar**se el **pe**lo. ③
3   A**sí** que… **ve**nimos sin **ci**ta.
4   ¿Es po**si**ble?
5 – **Lle**gan a **pun**to, **den**tro de un ra**ti**to mi
     com**pa**ñera esta**rá li**bre.
6   ¿No les im**por**ta ④ espe**rar** diez mi**nu**tos o
     un **cuar**to de **ho**ra?
7 – Per**fec**to.
8   **Mi**re, **mien**tras le **lle**ga la vez ⑤ y le **cor**ta
     el **pe**lo,

Note

① **Una inocentada**, (da **inocente**, *innocente*), è *uno scherzo nel
   giorno dei Santi Innocenti* (**del día de los Santos Inocentes**),
   ovvero il 28 dicembre, e corrisponde al nostro *pesce d'aprile*.

② Quando il verbo **ocurrir** è pronominale, come in questo caso,
   significa *venire in mente, passare per la testa…*
   Se me ha ocurrido invitar a cenar a César, *mi è venuto in
   mente d'invitare Cesare a cena.*

③ **Cortar el pelo**, *tagliare i capelli.*
   Cortarse el pelo, *farsi tagliare i capelli.*
   Pelo, *pelo* e *capello* (**cabello**), al singolare indica anche i
   capelli, la *capigliatura.*
   Tiene el pelo largo, *ha i capelli lunghi.*
   Esiste anche l'espressione **montar a caballo a pelo**, *cavalcare
   a pelo.*
   Ir a la peluquería, *andare dal parrucchiere.*

④ Nella lezione 67 abbiamo già visto l'espressione **no importa**
   nel suo senso letterale *(non fa niente, non importa)*, ma in

Pesce d'aprile (tirato per i capelli)

1 – *(Ciao)* buongiorno, passavo di *(per)* qui e…
2 mi è venuto in mente che il ragazzo potrebbe [farsi] scorciare *(tagliarsi)* i capelli.
3 Perciò… siamo venuti senza appuntamento.
4 Si può *(è possibile)*?
5 – Capitate al momento giusto *(arrivate a punto)*, fra un momentino la mia collega sarà libera.
6 Non vi dispiace aspettare dieci minuti o un quarto d'ora?
7 – [No], va benissimo *(perfetto)*.
8 Guardi, mentre aspetta il suo turno *(gli arriva la volta)* e [lei] gli taglia i capelli,

TENGO QUE IR A LA PELUQUERÍA.

▸ questo caso **importar** è sinonimo di **molestar** (vedi lezione 45), *disturbare*, ed è preceduto da un pronome complemento indiretto.
¿No te importa que salgamos un poco más tarde?, *ti dispiace se usciamo un po' più tardi?*

⑤ **Vez**, il cui significato principale è *volta*, vuol dire anche *turno*. **Una vez**, *una volta*.
Cuando me llegue la vez, avísame, *quando è il mio turno, avvertimi.*
Si può anche dire, usando un'espressione comune all'italiano, **cuando me toque, me avisas**, *quando tocca a me, avvertimi.*

9   yo voy a ir a ha**cer u**nas ⑥ lla**ma**das
10   y a to**mar** un ca**fé** en el bar de al **la**do.
11   ¿Le pa**re**ce? ⑦⑧
12 – Muy bien.

13   Una **h**ora más **tar**de:

14 – **O**ye, **chi**co, **h**a**ce** ya **u**na **h**o**r**a que tu **pa**dre
       se ha **i**do y…
15   ¡no apa**re**ce! ⑨
16 – No, no **e**ra mi **pa**dre,
17   **e**ra un se**ñor** que me ha **vis**to en la **ca**lle
18   y me ha pregun**ta**do si que**rí**a cor**tar**me el
       pelo **gra**tis.   □

Note

⑥ **Unos** e **unas**, come ricorderete, sono articoli indeterminativi plurali che in italiano si possono tralasciare o tradurre con gli aggettivi indefiniti *alcuni* e *alcune*, *qualche* o con gli articoli partitivi, come nel caso in questione.
   Tomaremos unas pastas, *prenderemo delle paste*.

⑦ Ricordate: **¿qué te parece?**, *che ne dici?, che te ne pare?*, ma **¿te parece?**, *ti va (bene)?, ti piace?*

⑧ **Parecer** e **aparecer** (frase 15) si coniugano come **conocer**, *conoscere*, verbo che costituisce il modello del 3° gruppo nella classificazione dei verbi irregolari da noi proposta. In questi

* * *

Ejercicio 1: Traduzca
① Pasaba por allí y… he llamado a la puerta.
② Tengo que ir a la peluquería. ③ ¿Qué te occurre?
④ Le he visto sólo una vez. ⑤ Nos va a llegar la vez.

9 io vado a fare delle telefonate

10 e prendo *(a prendere)* un caffé al bar [qui] a *(di al)* fianco.

11 *(Le)* va bene?

12 – Benissimo.

13 Un'ora più tardi:

14 – Senti, ragazzo, è già da un'ora che tuo padre se n'è andato e…

15 non si fa vivo *(appare)*!

16 – No, non era mio padre,

17 era un signore che mi ha visto per *(nella)* strada

18 e mi ha chiesto se volevo farmi tagliare i capelli gratis.

▸ verbi si aggiunge una **z** prima della **c** che precede la desinenza nei casi in cui quest'ultima comincia per **a** o per **o**. **Conozco**, *conosco*, ma: **conoces**, *conosci*.
Haz como te parezca, *fai come ti pare*, ma **hago lo que me parece**, *faccio quello che mi pare, faccio come mi pare*.
Per saperne di più, consultate l'appendice grammaticale.

⑨ **Aparecer**, *apparire* o *parere* (**parecer**) si usa anche nel senso di *presentarsi, arrivare, tornare, farsi vivo, capitare*, ecc.
Estamos esperándole desde esta mañana, pero no aparece, *lo stiamo aspettando da stamattina, ma non arriva*. Notate il pronome complemento oggetto attaccato al gerundio.

* * *

Soluzione dell'esercizio 1

❶ Passavo di lì e… ho suonato alla porta. ❷ Devo andare dal parrucchiere. ❸ Che ti succede? ❹ L'ho visto solo una volta. ❺ A momenti è il nostro turno.

Ejercicio 2: Complete

➊ Non conosco la sua famiglia.

. . . . su . . . .

➋ Le dispiace se fumo?

¿. . . . . ?

➌ Il mese prossimo prenderò qualche giorno di ferie.

El mes que viene . . . .

. . . .

* * *

Secondo il calendario spagnolo, il 28 dicembre si festeggiano **los Santos Inocentes**. *Si tratta d'una ricorrenza che commemora la strage degli Innocenti voluta dal re Erode, ma col passar del tempo questo giorno si è trasformato in un'occasione per fare scherzi a scuola, al lavoro, sui giornali, ecc.*
Tutti si abbandonano a ogni sorta di burle e mistificazioni, diffondendo notizie fasulle per fare risaltare **"la inocencia"**, *"l'innocenza", di chi subisce* **la broma**, *lo scherzo, canzonando il prossimo in un'atmosfera di festa generale.*

72 Lección setenta y dos

Lenguas de España

1 – Juraría que en la señal ① que acabamos de
dejar atrás faltaba la ele;

2 quizás ② me equivoque,

Note

① La **señal** (femminile!), *il segnale, il segno*. **Dar la señal**, *dare il segnale*. **Buena / mala señal**, *buon segno / brutto segno*.
Señal de tráfico, *segnale stradale*.
Attenzione, però: **dejar una señal**, *lasciare una caparra*.

④ Arrivi giusto in tempo, stavamo cominciando a mangiare.

. . . . , ... empezar .
. . . . . .

⑤ Non capita qui da un mese.

. . . . por aquí . . . . un mes.

Soluzione dell'esercizio 2

① No conozco a – familia ② Le molesta si fumo ③ – cogeré unos días de vacaciones ④ Llegas a punto, íbamos *(Fate attenzione all'accento, è parte integrante della parola!)* a – a comer ⑤ No aparece – desde hace –

* * *

In quel giorno **las bromas**, gli scherzi, *sono chiamati* **inocentadas** *ed evidentemente non differiscono in modo particolare dai nostri pesci d'aprile, salvo il fatto che avvengono in un altro giorno.*

Gastar una broma, fare uno scherzo.

Seconda ondata: Lección veintidós

Settantaduesima lezione   72

Lingue di Spagna

1 – Giurerei che nel segnale che abbiamo appena
      passato *(finiamo di lasciare indietro)* mancava
      la elle;
2   forse mi sbaglierò *(mi sbagli)*,

② **Quizás** (o **quizá**) vuol dire *forse* (*chissà* si dice **quien sabe**) e, dal momento che esprime un dubbio, è seguito da un verbo al congiuntivo. Talvolta, come in questo caso, si può tradurre con l'indicativo futuro, che a sua volta conferisce una sfumatura d'incertezza alla frase italiana.

3   **pe**ro me ha pare**c**ido ver es**cri**to "A Coru**ñ**a".

4 – No, has le**í**do per**fec**tamente.

5   "La Coru**ñ**a" se **di**ce "A Coru**ñ**a", en ga**lle**go

6   y la se**ñ**aliza**ción** de las carre**te**ras ga**lle**gas se **hace** i**gual**mente en ga**lle**go.

7 – ¡No me **di**gas!

8 – Y en el Pa**ís Vas**co encontra**rás mu**chas se**ñ**ales en eus**que**ra. ③

9   Y… en Catalu**ñ**a, en cata**lán**.

10 – Pues… ¡me**nu**do ④ rompeca**be**zas! ⑤

11 – **To**do **tie**ne sus ven**ta**jas y sus inconve**nien**tes.

12   **Vis**to **des**de **fue**ra **pue**de pare**cer** compli**ca**do;

13   **pe**ro es más sen**ci**llo de lo que pa**re**ce. ⑥

14 – En **to**do **ca**so, Espa**ñ**a ⑦ es un pa**ís ri**co en **len**guas.   □

Note

③ **Eusquera** o **euskera**, *basco* (inteso come lingua).
Euskadi o **País Vasco**, *Paesi Baschi*.

④ Abbiamo già incontrato l'aggettivo **menudo** (usato con funzione espressiva davanti a un sostantivo) nella lezione 39, in un'altra frase esclamativa (**¡menudo rollo!**). La traduzione più frequente è *che* + sostantivo.
¡Menudo día!, *che giornata!*, **¡menuda faena!**, *che brutto scherzo!*

⑤ **Rompecabezas** è una parola composta da **rompe** (dal verbo **romper**, *rompere*) e **cabezas**, *teste*.
Un rompecabezas è anche *un puzzle* in senso letterale.
Il verbo **romper** (pur essendo regolare) ha un participio passato irregolare: *rotto* → **roto**. Niente di proccupante, vista la somiglianza con l'italiano!
He roto las gafas, *ho rotto gli occhiali*.

3 ma mi è sembrato di vedere scritto "A Coruña".

4 – No, hai letto benissimo *(perfettamente)*.

5 "La Coruña" in gallego si dice "A Coruña"

6 e [anche] la segnalazione stradale *(delle strade)*
è *(si fa ugualmente)* in gallego.

7 – Ma no *(non mi dire)*!

8 – E nei Paesi Baschi troverai molti cartelli
(segnali) in basco.

9 E... in Catalogna, in catalano.

10 – Però... è un bel rebus *(che rompicapo)*!

11 – Tutto ha i suoi pro e i suoi contro *(i suoi
vantaggi e i suoi inconvenienti)*.

12 [La cosa], vista da fuori, può sembrare
complicata,

13 ma è più semplice di quanto sembri *(sembra)*.

14 – In ogni caso, la Spagna è un paese con tante
lingue *(ricco in lingue)*.

⑥ **Parece** (che in italiano va tradotto con un congiuntivo) è
all'indicativo perché non esprime un dubbio.

⑦ Ricordate che **España,** come molti altri nomi di Stati, non vuole
l'articolo (eccezione: **los Estados Unidos,** *gli Stati Uniti*).

Ejercicio 1: Traduzca
① Creo que me he equivocado. ② ¿Hay que dejar una señal? ③ ¿Qué te ha parecido? ④ No entiendo lo que has escrito. ⑤ Aún no han dado la señal de salida.

Ejercicio 2: Complete

① Ma no!
¡ .. .. !
② Nei Paesi Baschi si può imparare anche il basco a scuola.
.. .. País Vasco .. .. el
.... en el ....
③ È un buon segno.
.. .. •

* * *

Oltre **el castellano**, il castigliano, *universalmente noto come* **el español**, lo spagnolo, *sono state riconosciute lingue ufficiali* **el catalán** (il catalano) *per* **la Cataluña**, la Catalogna, **el gallego** (il gallego) *per* **la Galicia**, la Galizia, **el vasco** *o* **euskera** (il basco) *per* **el País Vasco**, i Paesi Baschi e **el valenciano** (il valenciano) *per* **la Comunidad Valenciana**.
Da qualche decennio a questa parte queste lingue hanno conosciuto un nuovo impulso e sono molti i giovani che, stimolati dalle campagne istituzionali regionali che mirano a promuoverle e da una voglia crescente di tornare alle origini, hanno ricominciato a impararle.
Inoltre, benché non siano considerati lingue ufficiali e siano meno praticati (essendo più che altro circoscritti a zone rurali), in Spagna sono tutelati anche tre dialetti: **el aragonés**, *l'aragonese,* **el bable**,

Soluzione dell'esercizio 1

❶ Credo di essermi sbagliato. ❷ Bisogna lasciare una caparra? ❸ Come ti è sembrato? ❹ Non capisco quello che hai scritto. ❺ Non hanno dato ancora il segnale di partenza.

❹ Visto da fuori non mi sembra complicato.

. . . .   no me . . . . . .

. . . . •

❺ Tutto ha i suoi pro e i suoi contro.

. . . .

. . . . •

Soluzione dell'esercizio 2

❶ No me digas ❷ En el – se puede aprender también – eusquera – colegio ❸ Es una buena señal ❹ Visto desde fuera – parece complicado ❺ Todo tiene sus ventajas y sus inconvenientes

* * *

l'asturiano *e* **el mallorquín**, il maiorchino, *parlati rispettivamente* **en Aragón** (nell'Aragona), **en Asturias** (nelle Asturie) *e* **en las Islas Baleares** (nelle Isole Baleari).

Seconda ondata: Lección veintitrés

> *Il testo della lezione che segue presenta molte espressioni frequenti nella lingua parlata; si tratta di formule fisse che incontrerete in contesti molto diversi.*

Parecido inverosímil

1 – ¡Jo, **tío**; ① no te **pue**des imagi**nar** lo que te pa**re**ces a mi mu**jer**!
2 **Ca**da vez que te **ve**o…
3 es **co**mo si la estu**vie**ra **vien**do ② a e**lla**.
4 ¡Es la re**pe**ra! ③
5 – ¡No me **di**gas!
6 ¡No se**rá** para **tan**to! ④
7 ¡No que**rrás** que me **tra**gue ⑤ **e**so!
8 – ¡**Co**mo lo **o**yes! ⑥
9 ¡**Bue**no, por su**pues**to, qui**tan**do ⑦ el bi**go**te! ⑧

Note

① **Tío**, *zio*, nel linguaggio popolare o giovanile serve a rivolgere la parola a qualcuno (perciò ricorda l'italiano *capo*), ma anche per riferirsi a uno sconosciuto (*tipo, tizio, individuo*). Inoltre può essere usato con funzione di riempitivo, e in tal caso non va tradotto. **Un tío estupendo**, *un tipo eccezionale*.
Questo termine compare anche, al femminile, in una curiosa espressione: **no hay tu tía**, *non c'è speranza, è inutile*.

② **Como si la estuviera viendo**, *come se la stessi vedendo* (**como si la viera**).
Estuviera e **viera** sono due congiuntivi imperfetti; studieremo questo tempo nella lezione 77.

③ **Repera** non ha un significato proprio e si trova solo nell'espressione **¡es la repera!**, che esprime sorpresa o stupore. Si usa, come **tío**, in situazioni informali e tra i giovani, e significa "*è pazzesco, è incredibile, è la fine del mondo*, ecc." a seconda del contesto. Equivale a **¡anda!**.

④ Abbiamo già visto nella lezione 52 la frase **¡tampoco es para tanto!** (che abbiamo tradotto "*non esageriamo*"). Qui il

Somiglianza inverosimile

1 – Ehi, capo *(zio)*; non *(ti)* puoi immaginare
quanto *(quello che)* somigli a mia moglie!
2 Ogni volta che ti vedo…
3 è come se *(la)* stessi vedendo *(a)* lei.
4 È pazzesco!
5 – Ma no!
6 Non esagerare!
7 Non crederai *(vorrai)* che mi beva *(inghiotta)*
questa!
8 – Ma è proprio così *(come lo senti)*!
9 Beh, naturalmente, tranne i baffi!

▸ significato è simile, anche se il verbo è al futuro.

⑤ **Tragar**, *inghiottire* o *divorare*, in senso figurato vuol dire anche
credere ingenuamente. Come tutti i verbi in **-gar**, anche questo
richiede l'inserimento di una **u** dopo la **g** della radice quando
la desinenza della voce verbale comincia per **e**. Con questo
accorgimento ortografico il suono della radice rimane sempre
lo stesso per tutte le forme del verbo.
Pagar, *pagare*, cong. pres. → **pag<u>ue</u>, pag<u>ue</u>s, pag<u>ue</u>**, ecc.
Apagar, *spegnere*, pass. rem. → **apag<u>ué</u>, apagaste, apagó** ecc.

⑥ **¡Como lo oyes!** (*è così!, ma è proprio così!*) è un'espressione
idiomatica impiegata per confermare qualcosa che è difficile da
credere.

⑦ **Quitando**, *togliendo*, spesso si utilizza in contesti informali col
senso di *tranne, a parte, a eccezione di* (**a / con excepción de,
excepto, fuera de**).

⑧ Naturalmente **bigote** non c'entra niente con *bigotto* (in
spagnolo **mojigato** o **beato**): indica i *baffi* in genere e mantiene
lo stesso significato sia al plurale che al singolare.

10 – ¡No fastidies ⑨, **pe**ro si yo no **ten**go bi**go**te!
11 – Ya lo sé; **pe**ro e**l**la sí.   □

Note

⑨ **¡No fastidies!** (da **fastidiar**, *infastidire, stufare, irritare,
innervosire), nella lingua parlata, denota incredulità o
contrarietà nei confronti dell'interlocutore. Corrisponde
all'italiano *ma dai!, ma figurati!, ma via!…*
Su desconfianza me fastidia, *la sua diffidenza mi dà sui
nervi.*

* * *

Ejercicio 1: Traduzca

❶ ¿Es posible? ❷ Llegas a punto. ❸ ¡Menudo
rompecabezas! ❹ ¡Es la repera! ❺ ¡Vaya día!

Ejercicio 2: Complete

❶ Non esageriamo!

¡ . . . . !

❷ Ma figurati!

¡ . . . . !

❸ Proprio così!

¡ . . . . !

❹ Tranne una o due persone, tutti erano contenti.

. . . . , todos
. . . . contentos.

10 – Ma dai, ma se non porto i *(non ho)* baffi!
11 – Tu no *(già lo so)*; ma lei sì.

¡VAYA DÍA!

* * *

Soluzione dell'esercizio 1

❶ È possibile? ❷ Capiti a proposito. ❸ Che rompicapo! ❹ È pazzesco! ❺ Che giornata!

❺ Non crederai che mi beva questa!

¡ · !

Soluzione dell'esercizio 2

❶ ¡No es para tanto! (o ¡No hay que exagerar!) ❷ ¡No fastidies!
❸ ¡Como lo oyes! ❹ Quitando una o dos personas – estaban –
❺ ¡No querrás que se trague eso!

Seconda ondata: Lección veinticuatro

Con la carta de vinos

1 – ¿Qué preferís para acompañar la comida:
2   tinto, ① blanco o rosado?
3 – A mí me ② gustaría probar un vinito
     blanco.
4 – Yo prefiero comer con tinto.
5 – Yo también.
6   Mira, aquí hay un Ribera del Duero,
     reserva ③ del 94,
7   que parece ser que ④ no está mal.
8 – ¡Adelante, ⑤ entonces!
9 – ¿Y yo? ¿No cuento?
10 – ¡Hoy te toca conducir! ⑥
11   O sea ⑦ que te tendrás que contentar con
     el aperitivo y…

Note

① **Vino tinto**, *vino rosso*. La Spagna ha una grande tradizione
  vinicola; l'origine e la qualità dei suoi vini sono garantite dalla
  denominación de origen, *denominazione d'origine*.
  Ir a tomar un vino, *andare a bere un goccio*.

② Ricordate che in spagnolo non è un errore (anzi, è la regola) dire
  "*a me mi*" (**a mí me**): le forme toniche (**mí, ti, él, ella**, ecc.),
  che hanno la funzione di mettere in evidenza il complemento
  indiretto, vanno accompagnate da quelle atone (*me, te, le,*
  ecc.).
  A él le gustaría irse, *lui vorrebbe andarsene.*

③ Sulle etichette dei vini spagnoli può capitare di leggere il
  termine **cosecha**, *raccolto*, tra la parola **reserva**, *riserva*, e
  l'annata.

④ **Parece (ser) que**, *sembra che* oppure *sembrebbe che*.

Con la carta dei vini

1 – Cosa preferite per accompagnare il pasto:
2   rosso, bianco o rosato?
3 – A me *(mi)* piacerebbe provare un vinello
       bianco.
4 – Io preferisco pasteggiare *(mangiare)* con [un
       vino] rosso.
5 – Anch'io.
6   Guarda, *(qui)* c'è un Ribera del Duero, riserva
       del '94,
7   che non sembra *(pare essere che non sta)* male.
8 – Allora prendiamo questo *(avanti, allora)*!
9 – E io? [Io] non conto?
10 – Oggi tocca a te *(ti tocca)* guidare!
11   Quindi *(o sia che)* ti dovrai accontentare
        dell'aperitivo *(con l'aperitivo)* e…

▸ **Parece que va a nevar**, *sembra che stia per nevicare.*
  Hanno significato simile a quello di **parece (ser) que** altre
  locuzioni come **al parecer, a lo que parece** o **según lo que
  parece**, *a quanto pare, a quanto sembra.*

⑤ L'interiezione **¡adelante!** (lett. *avanti*) è un invito a fare o a
  continuare qualcosa. Si usa anche, come il suo corrispondente
  italiano, per esortare qualcuno a entrare in una casa o in una
  stanza.

⑥ **Conducir**, *condurre*. Notate che i verbi spagnoli in **-ducir**
  corrispondono a quelli italiani in *-durre* perché derivano dai
  composti del verbo latino "ducere". **introducir**, *introdurre*;
  producir, *produrre*; **seducir**, *sedurre*; **traducir**, *tradurre*, ecc.

⑦ **O sea** significa letteralmente *ovvero, ossia* (in questo caso
  corrisponde a *quindi, dunque, di conseguenza*) ed è sinonimo di
  espressioni come **es decir** e **dicho de otra manera**.

12   una bo**te**lla de **a**gua fres**qui**ta. ⑧

13 – ¡**Mi**ra qué ⑨ **lis**tos! ⑩

14 – Ya **sa**bes… si **be**bes, no con**duz**cas. ⑪   ☐

Note

⑧ **Fresquita,** lett. *freschetta*, ha una sfumatura vezzeggiativa; nella traduzione abbiamo provato a renderla con l'aggettivo *bella*.

⑨ In una frase esclamativa, l'espressione **mira qué** seguita da un aggettivo equivale in genere all'italiano *guarda che, guarda com'è* (o *quant'è*) + aggettivo.
¡**Mira qué fácil!**, *guarda com'è facile!*
Nel caso di questo dialogo, però, **mira qué** esprime sorpresa o sconcerto e si può tradurre "*ma guarda che roba!*", "*ma guarda un po'!*" o "*che faccia tosta!*".

* * *

Ejercicio 1: Traduzca

① ¿Quieres probar este vino? ② No está mal. ③ ¿Qué prefieres beber? ④ A mí me gusta más el vino tinto. ⑤ Compra un buen vino.

Ejercicio 2: Complete

① Mi piacerebbe provare quelle scarpe.
Me . . . . esos . . . .

② Per favore, potrebbe portarmi una bottiglia d'acqua?
. . . ., ¿podría . . . .
. . . . . . ?

③ Guarda com'è comodo!
¡ . . . . cómodo!

12   [di] una bottiglia d'acqua [bella] fresca
        (freschetta).

13 –   Furbi loro! *(guarda che furbi)*

14 –   Lo sai *(già sai)*… se bevi non guidare, [se guidi
        non bere].

⑩ **Listo** può significare sia *intelligente* (**inteligente**), *sveglio,
vivace* (**vivo**) e *furbo* (**astuto**). Ricordate la distinzione tra **ser
listo**, *essere intelligente* e **estar listo**, *essere pronto*.

⑪ **Si bebes, no conduzcas**, *se bevi non guidare*, è uno slogan
che è stato utilizzato alcuni anni fa nelle campagne per la
prevenzione degli incidenti stradali e in Spagna è ormai
divenuto una sorta di detto proverbiale saldamente radicato
nell'immaginario collettivo; anche in Italia, comunque, c'è
una campagna pubblicitaria (a cura del Comune di Modena)
con uno slogan che traduce letteralmente, nella prima parte,
quello spagnolo qui presentato (s*e bevi non guidare, se guidi
non bere*).

* * *

Soluzione dell'esercizio 1

❶ Vuoi provare questo vino? ❷ Non è male. ❸ Cosa preferisci bere?
❹ A me piace di più il vino rosso. ❺ Compra un buon vino.

❹ Se bevi non guidare.

. . . . , ...

❺ Ora tocca a te tradurre.

. . . . a ti.

Soluzione dell'esercizio 2

❶ – gustaría probarme – zapatos ❷ Por favor – traerme una botella
de agua ❸ Mira que – ❹ Si bebes no conduzcas ❺ Ahora te toca
traducir –

La Penisola Iberica conosceva la cultura del vino già ai tempi dei Fenici, prima che arrivassero i Romani. Attualmente la Spagna è uno dei paesi produttori di vino più importanti al mondo per quantità, varietà e qualità.
I vini rossi, per esempio si possono classificare in quattro categorie principali:
cosecha → *vini giovani, imbottigliati direttamente;*
crianza → *vini di almeno due anni e invecchiati per un minimo di sei mesi in botti di rovere prima di essere imbottigliati;*
reserva → *vini di tre anni o più, invecchiati per almeno un anno in botti di rovere;*
gran reserva → *vini di almeno quattro o cinque anni e invecchiati in botti di rovere per due anni o più;*
Oltre a questi vini, in Spagna si produce anche una vasta gamma di **vinos blancos**, *vini bianchi;* **licores**, *liquori;* **cavas**, *spumanti e molte altre bevande, la più nota delle quali è certamente* **el jerez**, *lo xeres, pure prodotto in molte varietà.*
Gli Spagnoli amano anche le bevande miste: basti citare la celebre **sangría** *(lett. salasso), miscela esplosiva di* **vino tinto**,

---

75   Lección setenta y cinco

Con pelos y señales ①

1 – **Ten**go un **dí**a muy compli**ca**do y me ha**rí**as un gran fa**vor**
2 si **fue**ras a reci**bir** al dire**ctor** de **nues**tra **Ca**sa Cen**tral**. ②
3 – **Pe**ro si… ¡ni si**quie**ra le co**noz**co!
4 – ¡No se**rá u**na ta**re**a muy di**fí**cil! Es**cu**cha:

Note

① **Con pelos y señales** (lett. *con peli e segnali*), *per filo e per segno, accuratamente, con dovizia di particolari.*

vino rosso, *e* **gaseosa**, gazzosa, *arricchita da altri ingredienti, per esempio pezzi di frutta e zucchero; per prepararla ci si lascia guidare dalla propria fantasia.*

Seconda ondata: Lección veinticinco

Per filo e per segno

1 – Ho una giornata molto impegnativa
  (complicata) e mi faresti un grande favore
2 se andassi a ricevere il direttore della nostra
  sede centrale *(Casa Centrale)*.
3 – Ma se… non lo conosco nemmeno!
4 – Non sarà un incarico molto difficile! Ascolta:

▸ **Explicar algo con pelos y señales**, *spiegare qualcosa per filo e per segno.*

② **La Casa Central** è la sede centrale di un'azienda; le altre sedi sono dette **sucursales** *(succursali o filiali).*

5   Es más bien ba**ji**to, ③ **mi**de un **me**tro
    cin**cuen**ta, **po**co más o **me**nos. ④
6   **Pe**sa alrede**dor** de los no**ven**ta **ki**los.
7   **Tie**ne el **pe**lo cas**ta**ño, ya un **po**co ca**no**so.
8   **Tie**ne los **o**jos a**zu**les y **lle**va bi**go**te, al
    estilo de Da**lí**.
9   En **cuan**to a ⑤ **có**mo esta**rá** vestido,
10 me ha **di**cho que se pon**drá al**go llama**ti**vo
11 **pa**ra que nos **sea fá**cil recono**cer**lo.
12 Lleva**rá u**na ca**mi**sa de **ra**yas ⑥ **ne**gras y
    blancas,
13 un panta**lón** de **pa**na a**zul** y **u**nas zapa**ti**llas
    de de**por**te **ro**jas.
14 Ah, sí, me ha **di**cho tam**bién** que, por si
    a**ca**so, se pon**drá u**na **boi**na.
15 – No **ha**ce **fal**ta ⑦ que **di**gas más.
16 **Cre**o que po**dré** arre**glár**melas. ⑧   □

Note

③ **Bajo**, *basso* o *piccolo* (di taglia).

④ **Poco más o menos**, *più o meno*. Si può anche omettere **poco**, ottenendo così un'espresione che traduce letteralmente l'equivalente italiano.

⑤ **En cuanto a**, *quanto a, per quanto riguarda*.

⑥ **Raya**, *riga* o *striscia* (vedi la lezione 32, frase 4). Notate inoltre l'uso della preposizione **de**, che può avere la funzione di caratterizzare l'oggetto o la persona cui si riferisce.
La mujer del sombrero, *la donna col cappello*.
Una camisa de rayas, *una camicia a righe*.

⑦ **No hace falta**, *non occorre, non c'è bisogno, non è necessario* **(no es necesario)**.

5 È piuttosto bassino, è alto *(misura)* un metro [e] cinquanta, *(poco)* più o meno.

6 Pesa circa *(intorno dei)* novanta chili.

7 Ha i capelli castani, *(già)* un po' brizzolato *(canuto)*.

8 Ha gli occhi azzurri e porta [i] baffi alla Dalí *(allo stile di Dalí)*.

9 *(In)* quanto al suo abbigliamento *(a come sarà vestito)*,

10 mi ha detto che si metterà qualcosa di vistoso

11 per farsi riconoscere facilmente *(perché ci sia facile riconoscerlo)*.

12 Porterà una camicia a righe bianche e nere *(nere e bianche)*,

13 pantaloni di velluto blu e *(delle)* scarpe sportive *(di sport)* rosse.

14 Ah, sì, mi ha detto pure che, se occorre *(per se nel caso)*, si metterà un basco.

15 – Non occorre che [tu] dica altro.

16 Credo che riuscirò a *(potrò)* cavarmela.

▸ **No hace falta que vengas**, *non occorre che tu venga.*
¿Necesitas o te hace falta ayuda?, *hai bisogno di aiuto?, ti serve aiuto?*
In questo caso **hacer falta** va preceduto dal pronome complemento, come avviene per l'italiano *servire* usato con quest'accezione.

⑧ **Arreglarse**, *arrangiarsi, cavarsela.*
Me arreglo con poca cosa, *me la cavo con poco.*
Arreglarse vuol dire anche *agghindarsi, prepararsi* nel senso di *vestirsi* **(vestirse)**.
Se está arreglando para salir, *si sta preparando per uscire.*
¡Arréglatelas como puedas!, *arrangiati da solo!, aggiustatela da te!*

Ejercicio 1: Traduzca

❶ Voy a pedirte un favor. ❷ Fui a recibirla al aeropuerto. ❸ ¿Cuánto mides? ❹ ¿De qué color son sus ojos? ❺ Es una persona muy alta.

Ejercicio 2: Complete

❶ Sarebbe bene che tu venissi domani.
. . . . bien si . . . . mañana.

❷ Si veste in modo molto vistoso.
. . viste . . . . •

❸ Quanto pesa?
¿ . . . . ?

❹ Prendi l'ombrello se occorre.
Coge . . . . •

---

76   Lección setenta y seis

Una compra ①

1 – Voy a sa**lir** a ha**c**er **u**nas **com**pras;
2   ¿me acom**pañ**as?
3 – Ya **s**abes que me **p**one **ma**lo ir de **tien**das.
4 – Ade**más**, tú nece**s**ita**s u**nos pantal**on**es. ②

Note

① **Compra** corrisponde a *spesa* o all'azione di comprare, riferita soprattutto ai generi alimentari e agli articoli per la casa: **hacer compras** o **ir de compras**, *fare spese*; **ir a hacer las compras** o **la compra** (o ancora **ir a la compra**), *andare a fare spese* o *la spesa*.
Ir de escaparates, *andare per vetrine*.

Soluzione dell'esercizio 1

❶ Ti chiedo un favore. ❷ Sono andato a riceverla all'aeroporto.
❸ Quanto sei alto / alta? o Qual è la tua taglia? ❹ Di che colore sono
i suoi occhi? ❺ È una persona molto alta.

❺ Ti serve qualcos'altro?
¿Te .... algo ...?

Soluzione dell'esercizio 2

❶ Estaría – vinieras – ❷ Se – de una forma muy llamativa ❸ Cuánto
pesa ❹ – el paraguas por si acaso ❺ – hace falta – más

Seconda ondata: Lección veintiséis

Un acquisto

1 – Esco a fare *(delle)* spese;
2   mi accompagni?
3 – Sai bene *(già sai)* che detesto *(mi fa star male)*
      andare per *(di)* negozi.
4 – E poi hai bisogno di [un paio di] *(dei)* pantaloni.

② **Pantalones** e **pantalón** si usano indifferentemente per
indicare i *pantaloni*. Allo stesso modo, **tijera** e **tijeras**
significano entrambe *forbici*, **alicate** e **alicates** indicano le
pinze. Naturalmente, una volta scelta una delle due forme, i
verbi, i pronomi e gli aggettivi devono concordare con essa.
Notate che, nella frase 13, passiamo dal plurale al singolare.

5 ¡Ale, así aprovecharemos también para dar una vuelta!

6 En la tienda:

7 – Tenemos también éstos con un corte más moderno; están de moda.

8 – ¿Qué precio tienen? ③

9 – Veamos la etiqueta… Sí, cuestan doscientos euros.

10 – Son demasiado caros.

11 – Entonces, puede probarse éstos.

12 – No, no me van; no es mi talla.

13 – ¿Y éste, ④ de algodón?

14 – Con éste estoy muy cómodo. Me lo quedo. ⑤

15 – Pues si es todo… ya pueden pasar por caja.

16 – Muchas gracias.

17 – Bueno, vamos; estoy mareado. ⑥

18 – Ven, te invito a tomar una horchata. ⑦   □

Note

③ **¿Qué precio tienen?** oppure **¿cuánto cuesta?** o **¿cuánto vale?**
Quando la merce richiesta ha un prezzo che varia spesso si chiede **¿a cómo está?**, *a quanto sta?*
Ovviamente **cuesta, vale** e **está** diventano **cuestan, valen** e **están** quando facciamo riferimento a più oggetti da acquistare. Altri modi per chiedere il prezzo sono **¿cuánto o qué le debo?**, *quanto le devo?* e **¿cuánto es?**, *quant'è?*

④ **Éste** sottintende **pantalón**: si può passare tranquillamente dalla forma plurale, utilizzata finora nel dialogo, a quella singolare e viceversa.

⑤ **Me lo quedo** (lett. *me lo rimango*) è una frase fatta che vuol dire lo *prendo, prendo questo*. Qui usiamo il plurale perché ci riferiamo ai pantaloni.

5   Dai, così [ne] approfittiamo *(approfitteremo)*
anche per fare *(dare)* un giro!

6   Nel negozio:
7 –   Abbiamo anche questi di *(con un)* taglio più
moderno; vanno *(stanno)* di moda.
8 –   Quanto costano *(che prezzo hanno)*?
9 –   Vediamo l'etichetta… Sì, costano duecento
euro.
10 –   Sono troppo cari.
11 –   Allora può provare *(provarsi)* questi.
12 –   No, non mi vanno; non sono della *(non è)* mia
taglia.
13 –   E questi *(questo)* di cotone?
14 –   Questi mi stanno molto comodi *(con questo sto
molto comodo)*. Li prendo *(me lo rimango)*.
15 –   Beh, se è tutto… *(già)* potete passare alla *(per)*
cassa.
16 –   Grazie mille.
17 –   Beh, andiamo; mi gira la testa.
18 –   Vieni, ti offro *(t'invito a prendere)* una
"horchata".

▸ **Quedarse con algo** (lett. *rimanere con qualcosa*) ha lo stesso
significato *(prendere, comprare)*.
Attenzione: **quédese con las vueltas** o **con la vuelta** *(tenga il
resto)* è un'altra espressione idiomatica da tenere a mente.

⑥ **Estar mareado**, di cui abbiamo già parlato nella lezione 43
(**me he mareado**), vuol dire *avere la nausea* o un *capogiro*.

⑦ **La horchata**, una specialità valenciana, è una bibita squisita
e dissetante a base di mandorle dolci e altri frutti spremuti
e mischiati con acqua e zucchero. Somiglia molto al latte di
mandorle e può essere servita con del ghiaccio tritato: in questo
caso si chiama **granizado de horchata**.

Ejercicio 1: Traduzca

❶ ¿Quién va a hacer las compras? ❷ Tengo mucho que hacer, no puedo acompañarte. ❸ En mi casa tengo unos sellos para ti. ❹ ¿Cuánto cuestan esos pantalones? ❺ Son carísimos.

Ejercicio 2: Complete

❶ Quel taglio di capelli va di moda.

Ese . . . . pelo . . . .

❷ Tieni il resto!

¡ . . . . !

❸ Questo pomeriggio andremo a fare compere.

Esta . . . . . iremos . . . .

Soluzione dell'esercizio 1

❶ Chi va a fare la spesa? ❷ Ho molto da fare, non posso accompagnarti. ❸ A casa ho dei francobolli per te. ❹ Quanto costano questi pantaloni? ❺ Sono carissimi.

❹ Vuole provare questa camicia?
¿ . . . . esta . . . . . . ?

❺ Cotone, è scritto sull'etichetta.
. . . . , está escrito en . . . .

Soluzione dell'esercizio 2

❶ – corte de – está de moda ❷ Quédate con las vueltas ❸ – tarde – de compras ❹ Quiere probarse – camisa ❺ Algodón – la etiqueta

Vi sarete certamente accorti che, da qualche lezione, i testi non presentano solo novità grammaticali, ma anche numerose espressioni e costrutti che non vi spieghiamo più dal momento che li abbiamo già incontrati. Se avete raggiunto un'ottima "velocità di crociera", ma avete ancora qualche dubbio su un termine o un argomento, vi esortiamo a rivedere la lezione in cui è trattato. L'indice grammaticale e il lessico che troverete alla fine del manuale vi aiuteranno a rintracciare quel che cercate.

Seconda ondata: Lección veintisiete

Repaso

1 Il congiuntivo imperfetto

Il congiuntivo imperfetto (**pretérito imperfecto de subjuntivo**) ha due forme:

il suffisso -**ara** o -**ase** nei verbi in -**ar**;
il suffisso -**iera** o -**iese** nei verbi in -**er** e in -**ir**.

☞ **Formazione del congiuntivo imperfetto**

Verbi in -**ar** (es. **hablar**, *parlare*):

habl → **ara** /**ase** *(che io parlassi)*
habl → **aras** / **ases**
habl → **ara** / **ase**
habl → **áramos** / **ásemos**
habl → **arais** / **aseis**
habl → **aran** / **asen**

Verbi in -**er** e in -**ir** (es. **comer**, *mangiare* e **subir**, *salire*):

com → **iera** / **iese**	sub → **iera** / **iese**
com → **ieras** / **ieses**	sub → **ieras** / **ieses**
com → **iera** / **iese**	sub → **iera** / **iese**
com → **iéramos** / **iésemos**	sub → **iéramos** / **iésemos**
com → **ierais** / **ieseis**	sub → **ierais** / **ieseis**
com → **ieran** / **iesen**	sub → **ieran** / **iesen**

Attenzione: quando un verbo è irregolare alla 3ª persona del passato remoto (**pretérito indefinido**), l'irregolarità permane in <u>tutte</u> le persone del congiuntivo imperfetto.
Per esempio, il verbo **pedir**, *chiedere*, che al passato remoto fa: **pedí, pediste, pi̠dió, pedimos, pedisteis, pidieron** (*io chiesi, tu chiedesti,* ecc.) al congiuntivo imperfetto si coniugherà come segue: **pidiera / pidiese, pidieras / pidieses, pidiera / pidiese, pidiéramos / pidiésemos, pidierais / pidieseis, pidieran / pidiesen**; *che io chiedessi, che tu chiedessi,* ecc.
Le desinenze restano regolari, ma la radice mantiene l'irregolarità

riscontrata alla terza persona del passato remoto. Questa regola non ha eccezioni.

2 Il periodo ipotetico

Per fortuna questo argomento, noto per la sua complessità, in spagnolo non presenta molte differenze rispetto all'italiano. Nel periodo ipotetico della probabilità, per esempio, il verbo della proposizione principale si coniuga al condizionale (**potencial**) e quello della subordinata condizionale introdotta dal **si** va coniugato al congiuntivo imperfetto.

Si no lloviera (o **lloviese**), **iríamos a dar una vuelta**, *se non piovesse, andremmo a fare due passi.*
Si no estuviera (o **estuviese**) **tan cansado, te acompañaría**, *se non fossi così stanco, ti accompagnerei.*
Si supieras…, *se (tu) sapessi…*

Anche il periodo ipotetico della realtà segue regole comuni all'italiano (*se* + verbo all'indicativo presente = **si** + verbo al **presente de indicativo**):
Si puedo, iré a verle al hospital, *se posso, andrò a trovarlo all'ospedale.*
Si tienes tiempo, llámame, *se hai tempo, chiamami.*

Il periodo ipotetico dell'irrealtà, invece, si può esprimere in più modi.
Si lo hubiera sabido, no lo habría (oppure **hubiera**) **hecho**, *se l'avessi saputo, non l'avrei fatto.*
Abbiamo appena visto due tempi composti: il **pretérito pluscuamperfecto** – corrispondente al nostro congiuntivo trapassato – e il **potencial compuesto** (ovvero il nostro condizionale passato). Avremmo potuto anche dire **de haberlo sabido, no lo hubiera** (o **habría**) **hecho**, ma non è importante ricordare tutte queste forme.

3 Verbi in -*ducir* (-durre)

Nei verbi in **-ducir**, che costituiscono il   4° gruppo nella classificazione dei verbi irregolari, si aggiunge una **z** prima della c che precede la desinenza se quest'ultima comincia per **a** o per **o** (all'indicativo presente e al congiuntivo presente). La stessa particolarità caratterizza i verbi del 3° gruppo (**conocer**, *conoscere*; **parecer**, *parere*; **agradecer**, *ringraziare*).

condu**zc**o *(io guido)*	condu**zc**a *(che io guidi)*
condu**c**es	condu**zc**as
condu**c**e	condu**zc**a
condu**c**imos	condu**zc**amos
condu**c**ís	condu**zc**áis
condu**c**en	condu**zc**an

Inoltre - e per questo motivo costituiscono un gruppo a parte - hanno il passato remoto in **-duje** e conseguentemente il congiuntivo imperfetto in **-dujera** o **-dujese**:

condu**je** *(io guidai)*	condu**jera** / condu**jese** *(che io guidassi)*
condu**jiste**	condu**jeras** /condu**jeses**
condu**jo**	condu**jera** / condu**jese**
condu**jimos**	condu**jéramos** / condu**jésemos**
condu**jisteis**	condu**jerais** / condu**jeseis**
condu**jeron**	condu**jeran** / condu**jesen**

Le altre forme del verbo e di tutti gli altri verbi in **-ducir** si coniugano come il verbo **vivir**, modello della 3ª coniugazione.

4 Alterazioni ortografiche nei verbi

Le alterazioni ortografiche richieste da alcuni verbi ad alcune persone non rappresentano irregolarità propriamente dette, anzi servono a far sì che la radice di un verbo si mantenga sempre uguale (per quanto riguarda la pronuncia) e di conseguenza regolare in tutti i tempi. Per esempio, nel verbo **ejercer**, *esercitare*, la radice mantiene la stessa pronuncia all'infinito e all'indicativo presente cambiando in **z** la **c**: eje**rz**o (e non eje**rc**o), *io esercito*.

• Alterazioni tipiche dei verbi della 1ª coniugazione

Queste alterazioni ricorrono nel passato remoto (1ª persona singolare) e nel congiuntivo presente in tutte le persone.

Verbi in -**car**, -**gar**, -**guar**, -**zar**.

-**car**: c	diventa	**qu**
-**gar**: g	→	**gu**
-**guar**: gu	→	**gü**
-**zar***: z	→	**c**

* I verbi in -**zar** modificano la **z** in **c** solo perché davanti alla **e** o alla **i** non si scrive mai la **z**.

Esempi:

Infinito	Passato remoto	Congiuntivo presente
indicar, *indicare*	**indiqué**	**indique, indiques**, ecc.
pagar, *pagare*	**pagué**	**pague, pagues**, ecc.
apaciguar, *pacificare*	**apacigüé**	**apacigüe, apacigües**, ecc.
adelgazar, *dimagrire*	**adelgacé**	**adelgace, adelgaces**, ecc.

• Alterazioni tipiche dei verbi della 2ª e 3ª coniugazione.

Verbi in -**cer**, -**cir**, -**gir**, -**guir**, -**quir**.

| -**cer** } c | diventa | **z** |
| -**cir** } | | |

| -**ger** } g | → | **j** |
| -**gir** } | | |

| -**guir**: gu | → | **g** |
| -**quir**: qu | → | **c** |

Esempi:

Infinito	Indicativo presente	congiuntivo presente
ejercer, *esercitare*	**ejerzo**	**ejerza, ejerzas**, ecc.
esparcir, *spargere*	**esparzo**	**esparza, esparzas**, ecc.
coger, *prendere*	**cojo**	**coja, cojas**, ecc.
dirigir, *dirigere*	**dirijo**	**dirija, dirijas**, ecc.
distinguir, *distinguere*	**distingo**	**distinga, distingas**, ecc.
delinquir, *delinquere*	**delinco**	**delinca, delincas**, ecc.

1 – Pareces cansado. ¿Qué te pasa? **(10, 20)**
2 – ¡Si supieras lo que me ocurrió ayer…! **(55, 77)**
3   Por la mañana, fui a recibir a la madre de mi mujer al aeropuerto; **(75)**
4   al verme, me dijo que tenía mal aspecto **(57, 58, 70)**
5   y que así no podíamos ir a ninguna parte. **(29)**
6   Primero me llevó a la peluquería; **(71)**
7   luego, fuimos de tiendas porque quería comprarse un traje; **(76)**
8   y, para terminar, se le ocurrió ir a tomar unos vinos. **(71, 74)**
9   A la vuelta tuvimos un accidente. **(49)**
10 ¡Menudo día! **(72)**

---

78   Lección setenta y ocho

Una llamada equivocada ①

1 – Me gusta**rí**a visi**tar** la re**gión** de los **Pi**cos de Eu**ro**pa ② y…
2   qui**sie**ra ③ alqui**lar u**na **ca**sa ru**ral**.

Note

① **Una llamada equivocada**, *una telefonata sbagliata*.
   Equivocarse, *sbagliarsi, sbagliare*, ma anche *equivocare*.
   Equivocar el camino, *sbagliare strada*.

② **El Parque Nacional de los Picos de Europa**, vasta catena montuosa costellata di fiumi, gole, torrenti, grotte e laghi a cavallo tra Asturie, Cantabria e Castiglia-León, costituisce la più grande riserva naturale d'Europa (circa 700 km²). È un

Traducción

1 Sembri stanco. Che cos'hai? **2** Se sapessi cosa mi è successo ieri… ! **3** Di mattina sono andato a prendere la madre di mia moglie all'aeroporto; **4** quando mi ha visto, mi ha detto che avevo un brutto aspetto **5** e che così non saremmo potuti andare da nessuna parte. **6** Per prima cosa mi ha portato dal parrucchiere; **7** poi siamo andati per negozi perché voleva comprarsi un abito; **8** e, per finire, le è venuta l'idea di comprare dei vini. **9** Al ritorno abbiamo avuto un incidente. **10** Che giornata!

Seconda ondata: Lección veintiocho

Una telefonata sbagliata

1 – Mi piacerebbe visitare la regione dei Picos de Europa e…

2   vorrei affittare un casale *(una casa rurale)*.

▸ paradiso per gli escursionisti, gli alpinisti e altri amanti della natura.

③ Mentre per dire *mi piacerebbe* usiamo il condizionale anche in spagnolo (**me gustaría**, frase 2), per dire *vorrei* ricorriamo al congiuntivo imperfetto del verbo **querer**.
Quisiera un vaso de agua, por favor, *vorrei un bicchiere d'acqua, per favore.*
Quisiéramos reservar una mesa para cuatro personas, *vorremmo prenotare un tavolo per quattro persone.*

3 ¿Podría aconse**jar**me al**gu**na por ④ **e**sa **z**ona?

4 – Sé de ⑤ **u**na que es**tá** muy bien **cer**ca de Arenas de Ca**bra**les. ⑥

5 – ¿**Tie**ne i**de**a del **pre**cio?

6 – No, ten**drí**a que po**ner**se en con**tac**to con los propie**ta**rios…

7 – ¿**Sa**be si la al**qui**lan en tempo**ra**da **b**aja?

8 – **Cre**o que sí, **pe**ro no es**toy** se**gu**ro, ten**drí**a que pregun**tar** a…

9 – ¿**Sa**be si hay posibili**dad** de mon**tar** a ca**b**allo en los alrede**do**res? ⑦

10 – Sé que las activi**da**des son muy di**ver**sas, **pe**ro…

11 – ¿**Po**dría proporcio**nar**me ⑧ **o**tros de**ta**lles?

12 – **Oi**ga, **es**te es **u**na ferrete**rí**a y…

13 ¡no la ofi**ci**na de tu**ris**mo! ☐

Note

④ In questo caso **por** indica approssimativamente un luogo o una posizione. Può anche esprimere il moto per luogo.
Los niños corrían por el pueblo, *i bambini correvano per il paese.*
Los niños están por ahí, en el pueblo, *i bambini sono da qualche parte in paese.*

⑤ Al posto di **conocer**, *conoscere*, si può usare anche **saber de**.
Sé de un médico que te recibirá inmediatamente, sin cita, *conosco un medico che ti riceverà subito, senza appuntamento.*
Sé de una tienda donde encontrarás lo que buscas, *conosco un negozio in cui troverai quello che cerchi.*

⑥ L'accogliente regione di Cabrales è una delle porte d'ingresso (o di uscita) sul versante nord dei "Picos" ed è nota anche per il famoso **queso Cabrales**, formaggio di capra dal profumo intenso e dal sapore leggermente piccante.

⑦ **Alrededor** può essere un avverbio *(intorno, attorno)* o un sostantivo: in quest'ultimo caso si usa di solito al plurale e

3 Potrebbe consigliarmene una *(alcuna)* in quella zona?

4 – Ne conosco *(so di)* una che è molto vicina a *(molto bene vicino di)* Arenas de Cabrales…

5 – Ha idea del prezzo?

6 – No, dovrebbe mettersi in contatto con i proprietari…

7 – Sa se la affittano in bassa stagione?

8 – Credo di *(che)* sì, ma non [ne] sono sicuro, dovrebbe chiederlo *(chiedere)* a…

9 – Sa se è possibile *(c'è possibilità di)* cavalcare *(montare a cavallo)* nei dintorni?

10 – So che le attività sono molto numerose, ma…

11 – Potrebbe fornirmi altri dettagli?

12 – Senta, questo è un [negozio di] ferramenta e…

13 non l'ufficio del *(di)* turismo!

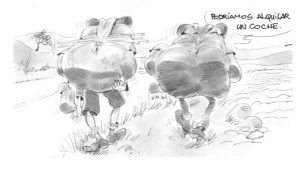

PODRÍAMOS ALQUILAR UN COCHE.

▸ significa *dintorni*.

Alrededor de la mesa, *attorno al tavolo*.

Alrededor de è una locuzione avverbiale che significa *circa, intorno a*.

Ese viaje costará alrededor de mil euros, *questo viaggio costerà circa mille euro*.

En los alrededores de la ciudad, *nei dintorni della città*.

⑧ Oltre a *proporzionare*, **proporcionar** vuol dire anche *fornire*.
Proporcionar asistencia, *fornire assistenza*.

Ejercicio 1: Traduzca

❶ ¿Qué me aconsejarías? ❷ Podríamos alquilar un coche. ❸ ¿Sabes de un buen restaurante en ese pueblo? ❹ Ponte en contacto con la oficina de turismo. ❺ Quisiera hablar con el propietario.

Ejercicio 2: Complete

❶ Cosa mi consigli?

. . . . ?

❷ Possiamo affittare un casale.

. . . . •

❸ Non conosco tutti i dettagli.

. . . . •

❹ Permettimi di dirti che...

. . . . que . . . . . . que...

* * *

In seguito al boom dell'agriturismo, il territorio spagnolo pullula di **casas rurales** *e* **casas rústicas,** *cascine e casali al servizio di chi desidera praticare un turismo alternativo e uscire dai sentieri battuti.*
Queste formule sono l'ideale per un soggiorno in famiglia o tra amici e permettono di conoscere meglio da vicino la vita della gente locale. **Las oficinas de turismo,** *gli uffici del turismo, e gli organi ufficiali per lo sviluppo del* **turismo rural,**

Soluzione dell'esercizio 1

❶ Cosa mi consiglieresti? ❷ Potremmo affittare un'auto. ❸ Conosci un buon ristorante in questo paese? ❹ Mettiti in contatto con l'ufficio del turismo. ❺ Vorrei parlare con il proprietario.

❺ Ci informeremo *(domanderemo)* presso l'ufficio del turismo.

. . . . en . . . . •

Soluzione dell'esercizio 2

❶ ¿Qué me aconsejas? *(Non dimenticate il punto interrogativo rovesciato all'inizio della frase!)* ❷ Podemos alquilar una casa rural ❸ No conozco todos los detalles ❹ Permíteme – te diga – ❺ Preguntaremos – la oficina de turismo

* * *

agriturismo, *forniscono ogni sorta d'informazioni ai villeggianti e agli appassionati di viaggi che vogliono conoscere un aspetto della Spagna meno convenzionale e, rispetto agli itinerari solitamente proposti, molto più naturale e caratteristico.*

Seconda ondata: Lección veintinueve

In questa lezione, costituita da frasi brevi, vi presentiamo una serie di espressioni di uso corrente che vi potrà capitare di sentire in svariati contesti.

Sin respetar ni rey ni roque ①

1 – **Pero**… ¿qué est**ás** ha**cien**do ahí?
2 – **Na**da, e**char** una ojeada; ②
3   **an**do mi**ran**do ③ a ver lo que **tie**nes a**quí dentro.**
4 – ¡**Có**mo que **an**das mi**ran**do?
5   Y… ¿quién te ha **da**do a ti per**mi**so ④
6   **pa**ra an**dar** regis**tran**do en el ca**jón** de mi des**pa**cho?
7   ¿Con qué de**re**cho?
8   ¡Son mis **co**sas! ⑤
9 – De **to**das **for**mas, ⑥ no **ve**o por qué te mo**les**ta;
10   si no tu**vie**ras **na**da que escon**der**…
11 – ¡No se **tra**ta de escon**der** o no!

Note

① **No temer ni rey ni roque** (lett. *non temere re né torre*), *non temere niente e nessuno*. In alcuni contesti si potrebbe rendere con l'espressione *non guardare in faccia nessuno*.
Nel gioco degli *scacchi* (**ajedrez**), *la torre*, **la torre**, è chiamata anche **roque**, dal persiano "rokh". Dalla stessa radice deriva *arroccare* (**enrocar**), voce ben nota agli appassionati di scacchi.

② *Dare un'occhiata* si dice anche **echar un vistazo**.

③ La perifrasi verbale **andar** + verbo al gerundio indica un'azione inderminata e ripetitiva. In italiano si può rendere, secondo il caso, con *stare* + gerundio o *andare* + gerundio.

Senza rispetto per nessuno
(senza rispettare re né torre)

1 – Ma… cosa fai *(stai facendo)* lì?
2 – Niente, davo *(gettare)* un'occhiata;
3 stavo guardando *(cammino guardando a vedere)* che cos'hai *(quello che hai)* qui dentro.
4 – Come [sarebbe a dire] che stavi guardando?
5 E… chi ti ha dato *(a te)* il permesso
6 di frugare *(camminare frugando)* nel cassetto del mio ufficio?
7 Con che diritto?
8 Questa è roba mia *(sono mie cose)*!
9 – In ogni caso *(di tutte forme)*, non capisco *(vedo)* perché ti dia fastidio *(t'infastidisce)*;
10 se non avessi nulla da nascondere…
11 – Non è questione *(si tratta)* di nascondere *(o no)*!

▸ **¿Qué andas buscando?**, *che cosa vai cercando?*
¿Dónde está tu hermano? - Anda preparando el viaje, *dov'è tuo fratello? - Sta preparando il viaggio.*

④ **Permiso** ricorre anche nell'espressione **permiso de conducir**, *patente di guida.*

⑤ **Cosas**, *cose*, qui equivale a *roba.*
Ten cuidado con tus cosas, *fa' attenzione alle tue cose.*

⑥ Il contrario dell'espressione **de todas formas** (o **maneras**), *in ogni caso, ad ogni modo*, è **de ninguna forma** (o **manera**), *in nessun modo.*
De todas formas (maneras), en la carretera hay que ser prudente, *in ogni caso, sulla strada bisogna essere prudenti.*

12 ¡No falt**a**ba más! ⑦
13 ¡Es **u**na cues**tión** de prin**ci**pios!
14 – ¡Los prin**ci**pios me dan i**gual**! ⑧
15 ¡A**ba**jo los prin**ci**pios!
16 ¡**Dé**jate de ⑨ his**to**rias!
17 – No, **pe**ro… ¡tú no es**tás** bien!
18 ¡Si no lo **ve**o, no lo **cre**o! □

Note

⑦ **No faltaba más** o **no faltaría más**, *ci mancherebbe altro* o, in tutt'altro contesto (quando si accorda a qualcuno qualcosa che ha appena chiesto), *si figuri* o *figurati*.

⑧ **Me da igual**, *non me ne importa, per me fa lo stesso* o, più volgarmente, *me ne frego, me ne infischio*.

⑨ **Dejarse** (o **dejar**), quando è seguito da **de** + un nome (o un verbo all'infinito) significa *smetterla* o *basta*: **¡déjate de historias!**. *basta con queste storie!*
¡Déjate de bobadas!, *piantala con queste sciocchezze!, smettila di dire sciocchezze!* (**Deja de decir bobadas**).

* * *

Ejercicio 1: Traduzca

❶ Voy a echar una ojeada. ❷ ¿Qué estás comiendo?
❸ El pasaporte está dentro, en la maleta. ❹ No sé dónde he dejado el permiso de conducir. ❺ ¿Has mirado en el bolsillo de la chaqueta?

Ejercicio 2: Complete

❶ Sta facendo delle compere.

. . . . unas . . . .

❷ No, per me non fa lo stesso.

No, ...

❸ Ci mancherebbe altro!

¡ . . . . !

12 Ci mancherebbe altro *(non mancava più)*!
13 È una questione di principio *(principi)*!
14 – Me ne infischio dei principi!
15 Abbasso i principi!
16 Basta con queste storie *(Lasciati di storie)*!
17 – No, ma… tu non ti senti *(stai)* bene!
18 Roba da non credere *(se non lo vedo, non lo credo)*!

* * *

Soluzione dell'esercizio 1

① Vado a dare un'occhiata. ② Cosa stai mangiando? ③ Il passaporto è dentro, in valigia. ④ Non so dove ho lasciato la patente. ⑤ Hai guardato nella tasca della giacca?

④ Di che si tratta?

¿ · · · · · · · · · · · · · · · ?

⑤ Smettila di giocare con la mia roba!

¡ · · · · · · · jugar · · · · · · · · · · · !

Soluzione dell'esercizio 2

① Anda haciendo – compras ② – no me da igual ③ No faltaba más ④ De qué se trata ⑤ Deja de – con mis cosas

Seconda ondata: Lección treinta

Hacia Santiago

1　El Camino de Santiago, constelado de refugios y albergues ①

2　que jalonan las diferentes etapas,

3　constituye hoy día ② la primera ruta turística europea.

4　A un ritmo de unos treinta ③ kilómetros diarios,

5　hará falta ④ un mes para recorrer los ochocientos kilómetros

6　que separan Roncesvalles ⑤ de Santiago de Compostela.

7　Para los numerosos peregrinos que cada año lo frecuentan,

Note

① *Albergo* si dice **hotel** o **parador** (vedi lezione 59), mentre **albergue** indica un *ostello.*

② **Hoy día** oppure **hoy en día,** *oggigiorno, al giorno d'oggi, attualmente,* o semplicemente *oggi.*

③ **Unos treinta kilómetros,** (oppure **una treintena de kilómetros**), *una trentina di chilometri.*
Había unas veinte personas (una veintena de personas), *c'era una ventina di persone.* In spagnolo si preferisce usare la prima costruzione.

④ **Hará falta un mes,** *ci vorrà un mese.* Abbiamo già visto nella lezione 75 che **hacer falta** e **necesitar** esprimono l'idea di mancanza o bisogno.
Ci vuole + nome si traduce con **hace falta** o **se necesita** se il nome è singolare, con **hacen falta** o **se necesitan** se è plurale.
Hacen falta (o se necesitan) tres vasos más, *ci vogliono altri tre bicchieri.*

Verso Santiago

1 Il Cammino di Santiago, costellato di rifugi e
   [di] ostelli
2 che scandiscono le varie tappe,
3 costituisce oggigiorno il principale *(primo)*
   itinerario turistico europeo.
4 A un ritmo di una trentina *(dei trenta)* di
   chilometri al giorno *(giornalieri)*,
5 ci vorrà un mese per percorrere gli ottocento
   chilometri
6 che separano Roncisvalle da Santiago di
   Compostela.
7 Per i numerosi pellegrini che ogni anno lo
   percorrono *(frequentano)*,

LA MARCHA A PIE CONSTITUYE UN EXCELENTE EJERCICIO.

⑤ Di tutti gli itinerari che anticamente, da ogni angolo d'Europa,
portavano a Santiago di Compostela, restano solo tre cammini
principali una volta superati i Pirenei: il cammino del Nord,
quello che passa per le Asturie, un tempo considerato il più
pericoloso; e quelli che, partendo da Somport e da Roncisvalle, si
congiungono a Puente la Reina e diventano **el Camino francés**
(il Cammino Francese). Attualmente il percorso che comincia da
Roncisvalle, quello più breve, è di gran lunga il più frequentato.

8 ya **sea** por ra**z**ones de **or**den espiri**tual**,
9 por afi**ción** al sende**ris**mo,
10 por el pla**cer** de en**con**trar**se** en con**tac**to con la natura**le**za
11 o por **sim**ple **gus**to por la aven**tu**ra,
12 su re**corri**do, a me**nu**do de ca**rác**ter ini**ciá**tico,
13 constitu**ye** ⑥ una expe**rien**cia inolvi**da**ble. □

Note

⑥ I verbi in **-uir** costituiscono il 10° gruppo nella nostra classificazione dei verbi irregolari. In questi verbi, quando la desinenza comincia per **a**, **e** oppure **o**, s'inserisce una **y** dopo la **u** della radice. Quest'irregolarità ha luogo all'indicativo presente, al congiuntivo presente e all'imperativo.

* * *

Ejercicio 1: Traduzca

① Pasaremos la noche en un refugio. ② Ayer noche el cielo estaba constelado de estrellas. ③ Ha sido un placer. ④ Numerosos peregrinos recorren cada año el Camino de Santiago. ⑤ La marcha a pie constituye un excelente ejercicio.

Ejercicio 2: Complete

① Quanti chilometri avete percorso?

¿ . . . . habéis . . . . ?

② Ci vorranno diverse ore per finire quel lavoro.

. . . . varias horas . . . . ese trabajo.

③ Mi servono altri dieci minuti.

. . . . •

8   sia per ragioni di carattere *(ordine)* spirituale,

9   [o] per amore dell'escursionismo,

10 [o] per il piacere di stare a *(trovarsi in)* contatto
con la natura

11 o semplicemente per il *(per semplice)* gusto
dell'avventura,

12 il suo itinerario, spesso di carattere iniziatico,

13 costituisce un'esperienza indimenticabile.

▶ **Construir** → **construyo**, *io costruisco* (indicativo presente);
Contribuir → **contribuya**, *che io contribuisca* (congiuntivo
presente);
Distribuir → **distribuye**, *distribuisci* (imperativo).
Quando la desinenza comincia per **i**, invece, la **y** non compare
mai: **construimos**, *noi costruiamo* (indicativo presente).

* * *

Soluzione dell'esercizio 1

❶ Passeremo la notte in un rifugio. ❷ Ieri sera il cielo era pieno
di stelle. ❸ È stato un piacere. ❹ Molti pellegrini ogni anno
percorrono il Cammino di Santiago. ❺ Camminare è un esercizio
eccellente.

❹ Alberto distribuisce i regali.
Alberto . . . .

❺ C'è un ostello a una decina di chilometri da qui.
. . . . a . . . .
. . . .

Soluzione dell'esercizio 2

❶ Cuántos kilómetros – recorrido ❷ Harán falta – para acabar –
❸ Necesito diez minutos más ❹ – distribuye los regalos ❺ Hay un
albergue – unos diez kilómetros de aquí

*Da quando, all'inizio del IX secolo, si diffuse la notizia che la tomba di San Giacomo (in spagnolo Santiago) era stata scoperta all'estremo confine occidentale della Penisola Iberica, la Cristianità del Medioevo si mobilitò in massa e fiumi di **peregrinos**, pellegrini (più di mezzo milione all'anno) accorsero a Compostela (da "campus stellae", campo di stelle"), soprattutto a partire dall'XI secolo, per venerare le reliquie del figlio di Zebedeo. Lungo tutto il **Camino** sorgono ostelli, ricoveri, lebbrosari, ecc.; nascono borghi dove si stabiliscono artigiani che mettono a frutto le loro abilità: fabbri, muratori, falegnami e mercanti di ogni genere; si sviluppano città dove s'insediano stranieri di ogni nazionalità, dando vita a una mescolanza che rende il Cammino un tramite*

81 Lección ochenta y una

Concordancia

1 Un hombre**zuelo** ① **ca**si analfa**be**to
2 **pe**ro sin **du**da al**gu**na despabilado, ②
3 lo**gró** que le nom**brar**an ③ ma**e**stro de es**cue**la.

Note

① Il suffisso diminutivo **-uelo**, oltre a indicare che il sostantivo cui si riferisce è piccolo, spesso ha una sfumatura vezzeggiativa, ma a volte può assumere un senso spregiativo e denotare disprezzo; pertanto è meglio non impiegarlo indiscriminatamente con tutti i nomi e va usato con cautela.
Un bribonzuelo, *un birboncello*; **un actorzuelo**, *un attorucolo*. Alcuni termini col suffisso **-uelo** sono diventati, col passar del tempo, sostantivi a tutti gli effetti: è il caso di **pañuelo** (da **paño**, *panno*), *fazzoletto*.

② **Despabilado** può significare *sveglio* (anche in senso letterale), *furbo* o *spigliato*.

③ **Logró que le nombraran**, *riuscì a ottenere a nomina, riuscì a farsi nominare*. Letteralmente suona *"riuscì che lo*

culturale di spicco. Così vengono gettate le basi che permetteranno
la fioritura in Spagna dell'arte romanica e più avanti del gotico.
Oggi **el Camino**, costellato di **catedrales**, cattedrali,
monasterios, monasteri, **iglesias**, chiese, **santuarios**, santuari,
hospitales, ospedali, *ecc.*, molti dei quali sono diventati dei
paradores, è oggetto di una cura particolare. **Los peregrinos**, a
piedi, a cavallo o in bicicletta, trovano un percorso comodo che
permette loro di raggiungere uno degli insiemi architettonici più
belli della Spagna: la città di Santiago di Compostela.

Seconda ondata: Lección treinta y una

Ottantunesima lezione   81

Coerenza *(concordanza)*

1   Un omiciattolo quasi analfabeta
2   ma sicuramente *(senza dubbio alcuno)* sveglio,
3   riuscì a ottenere la nomina d'insegnante *(che lo
       nominassero maestro di scuola)*.

▶ *nominassero*", ma in questo genere di frasi, come già sapete,
l'infinito italiano corrisponde puntualmente al congiuntivo
imperfetto spagnolo. Ne riparleremo successivamente.
Le pedí que viniera, *gli / le chiesi di venire.*

4   Un aldeano ④ bas**tan**te pa**tán**, que por
      su **la**do

5   ha**bía** conse**gui**do que le eli**gie**ran ⑤ al**cal**de,

6   se diri**gió** a él y le **di**jo:

7 – **Ten**go un **tío** que emi**gró** de a**quí ha**ce a**ños**

8   y del que ⑥ no **ten**go no**ti**cias;

9   ¿po**drí**a escri**bir**le **u**na **car**ta por mí?

10   **Lue**go, ⑦ tras ha**ber**sela dic**ta**do,

11   el aldeano le pi**dió** que se la rele**ye**ra: ⑧

12 – **Quie**ro es**tar** se**gu**ro de no ha**ber** olvi**da**do
      nada.

13   El hombre**zue**lo, con**fu**so **an**te su garaba**te**o,
      se excu**só**:

14 – Lo **sien**to, **pe**ro no con**si**go ⑨ desci**frar** lo
    que he es**cri**to.

15 – Pues… si us**ted** no **pue**de leer**la**,

16   ¿**có**mo po**drá** ha**cer**lo mi **tío**?

Note

④ **Aldeano,** *nativo di un paese, paesano,* ma anche *cafone* a seconda del contesto.

⑤ **Había conseguido que le eligieran,** *era riuscito a farsi eleggere.* Anche in questo caso abbiamo un periodo simile a quello analizzato nella nota 3 e i tempi devono concordare: il verbo della principale, infatti, è al passato e per l'esattezza al **pretérito pluscuamperfecto** (**había conseguido,** *era riuscito*), equivalente al nostro trapassato prossimo; di conseguenza il verbo della subordinata va coniugato al congiuntivo imperfetto (**que le eligieran,** *a farsi eleggere,* lett. *che lo eleggessero*).

⑥ *Di cui, del quale, dei quali, della quale, delle quali,* quando si riferiscono a persone, si traducono rispettivamente **de quien,** o **de quienes** (se si parla di più persone), **del que, de la que, de los que, de las que.**

4 Un paesano piuttosto rozzo, che da parte sua

5 era riuscito a farsi eleggere *(aveva ottenuto che lo eleggessero)* sindaco,

6 si rivolse a lui e gli disse:

7 – Ho uno zio emigrato da anni *(che emigrò da qui anni fa)*

8 *(e)* del quale non ho notizie;

9 potrebbe scrivergli una lettera da parte mia *(per me)*?

10 Poi, dopo avergliela dettata,

11 il paesano gli chiese di rileggergliela *(che gliela rileggesse)*:

12 – Voglio essere sicuro di non essermi *(avere)* dimenticato nulla.

13 L'omiciattolo, confuso di fronte ai suoi scarabocchi, si scusò:

14 – Mi dispiace, ma non riesco a decifrare quello che ho scritto.

15 – Beh… se lei non riesce a *(può)* leggerla,

16 come potrà riuscirci (farlo) mio zio?

▸ **La mujer de quien** (o **de la que**) **me enamoré**, *la donna di cui (della quale) mi sono innamorato*.
Los jóvenes de quienes (ou **de los que**) **me ocupo**, *i giovani di (dei quali) cui mi occupo*.

⑦ **Luego**, *poi*, non ha niente che fare con *luogo* (**lugar**). Tra i suoi sinonimi figurano **después** *(dopo)* e **más tarde** *(più tardi)*. **¡Hasta luego!**, *arrivederci!, a più tardi!*

⑧ Confrontate quest'altro esempio di concordanza dei tempi con le frasi 3 e 5 e rileggete le rispettive note.

⑨ In questa lezione avete incontrato, oltre a **consiguió** (**conseguir**, *conseguire, ottenere*), **eligieran** (**elegir**, *scegliere*), nella frase 5, anche **pidió** (**pedir**, *chiedere*) nella frase 11: sono verbi che appartengono al 6° gruppo e hanno la particolarità di modificare in **i** la **e** della radice verbale. Vedremo i casi in cui si verifica questo cambiamento nella prossima lezione di ripasso.

17 – **E**so no es a**sun**to **mí**o; ⑩
18 mi tra**ba**jo con**sis**te en escri**bir** y no en le**er**.
19 – Y, por **o**tra **par**te… es ver**dad** – aña**dió** el
al**de**ano conven**ci**do –
20 ¿con qué de**re**cho va a le**er** **u**na **car**ta que
no es **pa**ra us**ted**? ☐

Note

⑩ **Mío**, *mio*. Ricordate quello che avevamo detto nella lezione 63?
A differenza delle forme atone dell'aggettivo possessivo (**mi**,
mio, mia; **tu**, *tuo, tua*; **su**, *suo, sua*), quelle toniche (**mío, tuyo,** ▸

* * *

Ejercicio 1: Traduzca

❶ Durante los años cincuenta muchos emigraron
a América. ❷ Hace años que no le veo. ❸ ¿Habéis
hecho un dictado en el colegio? ❹ Le pedí que me
acompañara. ❺ ¿En qué consiste tu trabajo?

Ejercicio 2: Complete

❶ Sei sicuro di non esserti dimenticato nulla?
¿..... .... haber ....?

❷ Non sono riuscito ad arrivare in tempo.
.. .. llegar . ...

❸ Gli amici di cui ti ho parlato arriveranno subito.
Los amigos .. .. van
a llegar ....

❹ A chi è indirizzata questa lettera?
¿ . ... esa carta?

17 –   Questo non è affar mio;
18   il mio lavoro è *(consiste in)* scrivere e non *(in)*
       leggere.
19 –   E, d'altra parte… è vero – aggiunse il paesano,
       convinto –
20   con che diritto si mette *(va)* a leggere una lettera
       che non è [indirizzata] a *(per)* lei?

▸ **suyo**) vanno sempre dopo il nome.
  Es tu llave, *è la tua chiave.*
  Esta llave es tuya, *questa chiave è tua.*

* * *

Soluzione dell'esercizio 1

❶ Negli anni '50 molti emigrarono in America. ❷ Sono anni che
non lo vedo. ❸ Avete fatto un dettato a scuola? ❹ Gli / le chiesi di
accompagnarmi. ❺ In cosa consiste il tuo lavoro?

❺ Arrivederci!
  ¡ . . . . !

Soluzione dell'esercizio 2

❶ Estás seguro de no – olvidado nada ❷ No he conseguido – a
tiempo ❸ – de los que te he hablado – enseguida ❹ A quién está
dirigida – ❺ Hasta luego

Seconda ondata: Lección treinta y dos

En el museo

1 – **Cua**tro entra**d**as, ① por fa**vor**.
2 – **Ten**ga, ② los **ni**ños no **pa**gan.
3   Les deseamos **u**na agra**da**ble visita.
4 – **Gra**cias. ¿**Has**ta qué **ho**ra está a**bier**to el museo?
5 – Hoy, **jue**ves, **has**ta las **sie**te.
6   **Llé**vese tam**bién es**te pe**que**ño fol**leto**; ③
7   encontra**rá** en él ④ un **pla**no del mu**se**o
8   con las indica**cio**nes nece**sa**rias **pa**ra orien**tar**se,
9   a**sí co**mo **u**na **se**rie de informa**cio**nes ⑤ **prác**ticas:
10   ho**ra**rio de vi**si**tas con **guí**a,

Note

① **Entrada**, *entrata, ingresso*, ma anche *biglietto* per entrare.
La entrada de la iglesia, *l'entrata della chiesa*.

② **Tenga**, *tenga, ecco* (alla 2ª persona **ten**, *tieni*), ma anche **aquí tiene (las entradas)**, *ecco i biglietti*. La differenza tra **aquí tiene** e **ahí tiene** è, più o meno, la stessa che c'è tra dire *ecco qui* ed *ecco lì*: la scelta dipende dalla distanza dell'oggetto indicato.

③ **Folleto** ha vari significati, più o meno simili tra loro: *prospetto, opuscolo, pieghevole, dépliant*, ma anche *foglietto*. Stando a un decreto del 1966, in Spagna un **folleto** ha più di quattro pagine e meno di cinquanta.

④ La preposizione **en** seguita dal pronome di 3ª persona traduce spesso l'avverbio *ci*, in questo caso omessa nella traduzione: **encontrará en él (el folleto)…**, *ci troverà (nel foglietto)…*

⑤ **Información**, *informazione*. Al plurale significa anche *notizie*,

Al museo

1 – Quattro biglietti, per favore.
2 – Tenga, i bambini non pagano.
3   Vi auguriamo una buona visita.
4 – Grazie. Fino a che ora è aperto il museo?
5 – Oggi, giovedì, fino alle sette.
6   Porti con sé *(si porti)* anche questo piccolo
    dépliant;
7   troverà *(in esso)* una pianta *(un piano)* del
    museo
8   con le indicazioni necessarie per orientarsi,
9   e *(così come)* una serie di informazioni utili:
10 [l']orario delle visite guidate *(di visite
    con guida)*,

ma in questo caso si usa più frequentemente il sinonimo
noticias, che sta anche per *telegiornale*.
Voy a escuchar las noticias, *vado a sentire (sento) le notizie*.
Quiero ver el telediario o **las noticias**, *voglio vedere il
telegiornale*.
Nei luoghi pubblici la scritta **"información"** indica *l'ufficio
informazioni*.

11 **lis**ta de ca**tá**logos que se **pue**den adquir**ir** ⑥
en la **tien**da del mu**se**o,

12 **u**na pe**que**ña descrip**ción** de las princi**pa**les
obras ex**pues**tas, et**cé**tera. ⑦

13 – Se lo agra**dez**co.

14 – ¿**Sa**bes, E**duar**do?

15 Es**toy** encan**ta**da ⑧ de ha**ber** ve**ni**do a ver
todas **es**tas maravi**llas**;

16 Ve**láz**quez, el **Gre**co, Zurba**rán**, **Go**ya,
Da**lí**, Pi**cas**so, Mi**ró**…

17 Esta**rí**a bien te**ner cua**dros a**sí** en **ca**sa…

18 – **Pe**ro, **Mai**te, ⑨ con **to**do el tra**ba**jo que
tengo…

19 ¿de **dón**de **quie**res que **sa**que **tiem**po **pa**ra
pin**tar**? ☐

Note

⑥ **Adquirir**, *acquistare*, *procurarsi*, appartiene al 9° gruppo dei
verbi irregolari, composto da quelli che finiscono per **-irir** e dal
verbo **jugar**, *giocare*.

In **jugar** la **u** che precede la desinenza diventa **ue** e nei verbi
in **-irir** la prima **i** diventa **ie** negli stessi casi in cui i verbi del
2° gruppo (come **volver**, che abbiamo visto nella lezione 49)
modificano la **o** in **ue**. Non è il caso di imparare a memoria
queste regole: vi serviranno solo come punti di riferimento in
seguito!

* * *

Ejercicio 1: Traduzca

① Todavía no he sacado las entradas. ② Creo que
los niños no pagan. ③ ¿Has cogido el folleto con
todas las informaciones? ④ Compraremos un plano
de la ciudad. ⑤ ¿En qué piso se encuentra la sala
de Goya?

11 [l']elenco dei cataloghi che è possibile
procurarsi nel negozio del museo,

12 una succinta *(piccola)* descrizione delle
principali opere esposte, eccetera.

13 – La ringrazio.

14 – Sai, Eduardo?

15 Sono contenta di essere venuta a vedere tutte
queste meraviglie;

16 Velázquez, el Greco, Zurbarán, Ribera, Goya,
Dalí, Picasso, Miró…

17 Sarebbe bello *(bene)* avere [dei] quadri così in
casa…

18 – Ma, Maite, con tutto il lavoro che ho [da fare]…

19 dove credi *(da dove vuoi)* che trovi *(tiri fuori)*
[il] tempo di dipingere?

⑦ **Etcétera** [et**θ**etera], *eccetera*, di solito si scrive abbreviato: **etc.**

⑧ **Encantado / Encantada de conocerle/la**, *lieto / lieta di
conoscerla*.
¡Encantado / Encantada !, *piacere!*

⑨ **Maite,** (o **Mayte**), diminutivo di **María Teresa**, col passar del
tempo è diventato un nome a sé stante.

* * *

Soluzione dell'esercizio 1

❶ Non ho ancora preso i biglietti. ❷ Credo che i bambini non
paghino. ❸ Hai preso il dépliant con tutte le informazioni?
❹ Compreremo una pianta della città. ❺ A che piano si trova la sala
di Goya?

Ejercicio 2: Complete

1 Chiederò quali sono gli orari di apertura.

. . . . cuáles . . . .

. . . . •

2 Ecco i suoi cataloghi.

. . . . sus . . . . •

3 La ringrazio.

. . . . •

El patrimonio (il patrimonio) *della Spagna è così ricco che il turista, dovunque si trovi, prima o poi s'imbatte in un cartello o in un segnale stradale che lo invita a entrare in* **un museo**, *a visitare* **una exposición** (una mostra) *o ad avventurarsi in* **un claustro**, un chiostro.
Los horarios de apertura, gli orari di apertura, *e* **los días de cierre**, i giorni di chiusura, *possono variare da una località all'altra; alcuni posti sono aperti solo al mattino e altri chiudono all'ora di pranzo (dalle 14 alle 16 / 17). Informatevi!*
In molti luoghi considerati **Patrimonio Nacional**, Patrimonio Nazionale, *l'entrata è gratuita per i cittadini dell'Unione Europea; inoltre sono numerosi i musei e i* **monumentos**, monumenti, *con una fascia oraria in cui l'ingresso è gratuito* (**entrada gratuita**).

---

83 Lección ochenta y tres

Alta tecnología

1 Señoras y se**ñ**ores pasa**j**eros:
2 nos dispo**n**emos a atrave**sar** **u**na **z**ona de turbu**len**cias.
3 **Abró**chense el cintu**rón**

④ Questa sera mi piacerebbe vedere il telegiornale.

.... •

⑤ Vuoi che giochi con te?

¿Quieres que ....?

Soluzione dell'esercizio 2

① Preguntaré – son los horarios de apertura ② Aquí tiene – catálogos ③ Se lo agradezco ④ Esta noche me gustaría ver el telediario ⑤ – juegue contigo

Nei piccoli centri, nei paesi e in luoghi più isolati, le chiese, i santuari, i castelli e altri siti che vale la pena di visitare sono spesso chiusi; in tal caso dovrete cercare e chiedere la chiave al custode, al vicino che abita a fianco o ad altre persone importanti del posto (il sindaco, il farmacista, ecc.). In genere riuscirete a trovarla e non sarà una fatica inutile, perché spesso vi capiterà di ascoltare spiegazioni vivaci e colorite, sempre originali e ricche di dettagli che non troverete sui libri...
¡Le deseamos una agradable visita!

Seconda ondata: Lección treinta y tres

Ottantatreesima lezione   83

Alta tecnologia

1   Signore e signori passeggeri:
2   stiamo per *(ci disponiamo ad)* attraversare una zona di turbolenza *(turbolenze)*.
3   Allacciate le cinture *(la cintura)*

4	y perma**nez**can ① en su a**sien**to.
5	**Grac**ias por su aten**ción**.
6	Nos com**place** ② recor**dar**les que se encuen**tran** a **bor**do
7	del **nue**vo apa**ra**to de **ti**po "**Na**ve **dro**ne",
8	que **vue**la de ma**ne**ra au**tó**noma,
9	sin tripula**ción** ③ al**gu**na. ④
10	El pilo**ta**je es com**ple**tamente auto**má**tico.
11	La seguri**dad** es**tá** abso**lu**tamente garanti**za**da,
12	ya que el con**trol** del apa**ra**to
13	se efec**túa**, **des**de la esta**ción** espa**cial** "**Atlan**tis",
14	por **me**dio de un com**ple**jo sis**te**ma elec**tró**nico
15	telediri**gi**do por **ra**yos **lá**ser.
16	Les dese**amos** un fe**liz** viaje…, liz viaj…, liz via…, liz vi… □

Note

① Ricordate che, nelle situazioni formali, quando ci si rivolge a più persone si usa il pronome di cortesia **Ustedes** e i verbi vanno perciò coniugati alla 3ª persona plurale (**abróchense, permanezcan**, ecc.). Nella traduzione abbiamo preferito ricorrere alla 2ª persona plurale (*allacciate, rimanete*), che in italiano è di uso più frequente.

② **Complacer**, *compiacere, fare piacere.*
Complacerse *(compiacersi)*, si usa anche, in contesti molto formali, col significato di *essere lieto, avere il piacere di.*
Nos complace anunciarles que aterrizaremos en breves instantes: *siamo lieti di informarvi che atterreremo fra pochi istanti.*

4 e rimanete seduti al vostro posto
 (permangano in suo posto).
5 Grazie per *(loro)* [l']attenzione.
6 Siamo lieti di *(ci compiace)* ricordarvi che
 siete *(si trovano)* a bordo
7 del nuovo apparecchio del *(di)* tipo "*(nave)*
 drone*",
8 che vola in *(di)* maniera autonoma;
9 senza nessun equipaggio.
10 Il pilotaggio è completamente automatico.
11 La sicurezza è assolutamente garantita,
12 perché *(già che)* il controllo
 dell'apparecchio
13 viene effettuato *(si effettua)* dalla stazione
 spaziale "Atlantis"
14 tramite *(per mezzo di)* un complesso
 sistema elettronico
15 guidato *(telediretto)* da raggi laser.
16 Vi auguriamo buon *(un felice)* viaggio…,
 on viag…, on via…, on vi…

③ **Los miembros de la tripulación**, *i membri dell'equipaggio*.
El personal de a bordo, *il personale di bordo*, è composto dal
pilota (**el piloto**), dalle *hostess* (**las azafatas**) e dagli *steward*
(**los auxiliares de vuelo**).

④ Come abbiamo già detto nella lezione 57 (nota 8), **alguno/na**
corrisponde a *nessuno / nessuna* quando si trova prima o dopo
un nome preceduto da **sin** o da una negazione.
- Vi ricordate?
- **Sin ninguna duda** o **sin duda alguna**, *senza alcun dubbio* o
senza dubbio alcuno.

Ejercicio 1: Traduzca

❶ Les recordamos que está prohibido fumar a bordo. ❷ Nos disponíamos a sentarnos a la mesa. ❸ Los miembros de la tripulación recibieron a los pasajeros. ❹ ¡Abróchate el cinturón! ❺ El cierre de las puertas se efectuará automáticamente.

Ejercicio 2: Complete

❶ Si rivolga all'hostess all'ingresso dell'apparecchio.

. . . . di . . . . que se encuentra
. . . . del aparato.

❷ Mi consigliò di andare *(venire)* a trovarla.

Me aconsejó . . . .

❸ L'apparecchio dispone di un sistema di sicurezza elettronico.

. . . . dispone de . . . .
. . . . electrónico.

❹ Il nostro aereo è in *(ha)* ritardo.

. . . . tiene . . . .

❺ Grazie per l'attenzione.

. . . .

Lección ochenta y cuatro

Repaso

1 La concordanza dei tempi

• La concordanza dei tempi in spagnolo prevede che il verbo della proposizione secondaria sia sempre coniugato al congiuntivo quando il verbo della principale è all'indicativo o all'imperativo, anche dove in italiano useremmo l'infinito preceduto dalla preposizione *di*. In particolare:
☛ se il verbo della principale è all'indicativo presente o futuro (o all'imperativo), il verbo della subordinata dovrà essere coniugato al

Soluzione dell'esercizio 1

❶ Vi ricordiamo che è vietato fumare a bordo. ❷ Stavamo per sederci a tavola. ❸ I membri dell'equipaggio hanno ricevuto i passeggeri. ❹ Allacciati la cintura! ❺ La chiusura delle porte avverrà automaticamente.

Soluzione dell'esercizio 2

❶ Diríjase a la azafata – a la entrada – ❷ – que viniera a verla ❸ el aparato – un sistema de seguridad – ❹ Nuestro avión – retraso ❺ Gracias por su atención

EL CIERRE DE LAS PUERTAS SE EFECTUARÁ AUTOMÁTICAMENTE.

Seconda ondata: Lección treinta y cuatro

congiuntivo presente.

Dile que conduzca con precaución, *digli / dille di guidare con prudenza.*

Me dirá que tenga cuidado, *mi dirà di fare attenzione.*

☞ Se il verbo della principale è al passato (**préterito indefinido, perfecto, imperfecto de indicativo**) o al condizionale, il verbo della subordinata va al congiuntivo imperfetto.

Le recomendé que leyera el periódico, *gli / le ho consigliato di leggere il giornale.*

¿Le aconsejarías que lo leyera?, *gli / le consiglieresti di leggerlo?*

Me gustaría que me acompañaras, *vorrei che tu mi accompagnassi.*

2 I verbi che esprimono necessità e mancanza

I concetti di necessità e di mancanza sono molto simili e spesso vanno espressi in maniera distinta in funzione del contesto e a seconda che si voglia sottolineare il loro carattere personale o impersonale. Le indicazioni generali che vi forniamo in questo paragrafo integrano e completano quelle della lezione 21 sui verbi che esprimono obbligo (personale e impersonale) e le note delle lezioni 75 e 80.

☞ Per esprimere una necessità impersonale:
ci vuole (occorre) + sostantivo → **se necesita** + sost. o **hace falta** + sost.
Ci vuole una persona competente, **se necesita** o **hace falta una persona competente**.

☞ Per esprimere una necessità personale:
ho bisogno di, mi serve + sost. → **necesito** + sost. o **me hace falta** + sost.
Ho bisogno di un cacciavite, **necesito** o **me hace falta un destornillador**.

☞ Per esprimere mancanza è possibile ricorrere al verbo **necesitar** o al verbo **hacer falta** preceduto dal pronome complemento (forma atona). Inoltre si usa anche il verbo **faltar**, *mancare*.
Abbiamo bisogno di un computer in più nell'aula di informatica, **necesitamos** o **nos hace falta un ordenador más en la sala de informática**, o ancora **falta un ordenador más en la sala de informática**.

3 L'avverbio *ecco*

In spagnolo, per mostrare all'interlocutore una persona o un oggetto, ci si serve in genere dei tre avverbi di luogo (**aquí**, **ahí** e **allí**) accompagnati da un verbo (**estar**, **tener**, **haber** e altri) o dai pronomi dimostrativi:
→ **he aquí**, **he ahí** o **he allí**, *(ecco qui, ecco lì, ecco laggiù).* Nella lingua colloquiale, però, si preferiscono altre forme:
→ **éste**, **ése** o **aquél es**.
Éste es mi vaso y ése es el tuyo, *ecco (qui) il mio bicchiere ed ecco (là) il tuo.*
→ **aquí**, **ahí** o **allí está**, oppure **aquí**, **ahí** o **allí viene** (se la persona

o l'oggetto indicato si sta muovendo verso chi parla), o ancora **aquí**, **ahí** o **allí va** (riferendosi a persona o oggetto in movimento verso chi ascolta).

Aquí está mi libro y allí está el de Susana, *ecco (qui) il mio libro ed ecco (laggiù) quello di Susanna.*

Aquí viene Juan, *ecco che arriva Juan.*

Ahí viene el tren, *ecco che arriva il treno.*

Ahí va la pelota, *ecco che arriva la palla.*

→ **Aquí** o **ahí** + **tener** (quando si consegna un oggetto).

¡Aquí tiene!, *eccolo!* Come avviene anche in italiano, non è necessario specificare l'oggetto. Al posto di quest'ultima formula si può ricorrere all'imperativo di **tener** (**ten, tenga**, ecc.).

¡Ten! *(Tieni!), ecco!*

4 Verbi irregolari (i tempi derivati)

Visto che ormai avete un quadro abbastanza esauriente della coniugazione spagnola, possiamo fornirvi alcune regole semplici che vi aiuteranno a ricapitolare e vi serviranno da punto di riferimento per orientarvi nel "labirinto" delle irregolarità.

☞ Se un verbo è irregolare alla 1ª persona singolare dell'indicativo presente, lo sarà anche al congiuntivo presente e all'imperativo (tempi derivati dal **presente de indicativo**).

Conozco → **conozca**, *io conosco, che io conosca.*

Vengo → **no vengas**, *io vengo, non venire.*

☞ Se un verbo è irregolare alla 3ª persona plurale del passato remoto, lo sarà anche al congiuntivo imperfetto e al congiuntivo futuro (tempi derivati dal **pretérito indefinito de indicativo**).

Pidieron → **pidieran** o **pidiesen**, *loro chiesero, che loro chiedessero.*

☞ Se un verbo è irregolare all'indicativo futuro (in tal caso lo è per tutte le persone), lo sarà anche al condizionale (tempo derivato dal **futuro imperfecto de indicativo**).

Diré → **diría**, *io dirò, io direi.*

☞ L'indicativo imperfetto rappresenta un caso a parte, dal momento che i suoi unici verbi irregolari (che conoscete già) sono **ir**, *andare*; **ser**, *essere*, e **ver** (e i suoi composti), *vedere.*

5 Verbi irregolari: 6° gruppo

Conoscete già i verbi di questo gruppo più frequenti: **pedir**, *chiedere*; **servir**, *servire*; **conseguir**, *ottenere, riuscire a*; **vestirse**,

85 *vestirsi*, ecc. La **e** della radice verbale diventa **i** quando è tonica o quando la desinenza del verbo comincia per un dittongo o per **a**, il che avviene nei tempi derivati dal **presente** o dal **pretérito** (vedi paragrafo precedente) e al gerundio.

Siga (Seguir) las instrucciones, *segua le istruzioni.*

Me visto (vestirse) después de ducharme, *mi vesto dopo aver fatto la doccia.*

Consiguieron (conseguir) llegar a tiempo, *sono riusciti/e ad arrivare in tempo.*

Sírvete (servir)!, *serviti!*

Está pidiendo (pedir) la cuenta, *sta chiedendo il conto.*

6 Diálogo recapitulativo

1 – Y si alquiláramos una casita en Galicia, **(77, 78)**
2   sacáramos tres billetes de avión, **(77, 82)**
3   nos fuéramos a Santiago, **(77)**
4   cogiésemos allí un coche y… **(77)**

---

85   Lección ochenta y cinco

Quién sabe… si… quizás… es posible...

1 – Voy a pro**bar** fort**u**na, voy a com**prar** ① un bi**lle**te de lote**rí**a.
2 – Ten cui**da**do, no desa**fí**es a la **suer**te,
3   **pue**de ser peli**gro**so.
4 – ¿**Có**mo, peli**gro**so?

5   cambiáramos de aire durante unos días, **(77)**
6   ¿qué diríais? **(39, 77)**
7 – ¡Estupendo! **(59)**
8 – ¿Cuándo nos vamos? **(27)**
9 – ¡No tan deprisa! **(6, 11)**
10 ¡Parece ser que va a haber una huelga general! **(7, 74)**

Traducción

1 E se affittassimo una casetta in Galicia, **2** se ci procurassimo tre biglietti per l'aereo, **3** andassimo a Santiago, **4** prendessimo là un'auto e…. **5** cambiassimo aria per qualche giorno, **6** che ne direste? **7** Splendido! **8** Quando partiamo? **9** Non avere fretta! **10** Sembra che sia previsto uno sciopero generale!

Seconda ondata: Lección treinta y cinco

Ottantacinquesima lezione   85

Chissà… se… forse… è possibile...

1 –   Tento la fortuna, compro un biglietto della lotteria.
2 –   Fa' attenzione *(tieni cura),* non sfidare la sorte,
3   può essere pericoloso.
4 –   Come [sarebbe a dire] pericoloso?

Note

① Ricordate che la perifrasi **ir a** (**voy a**, **vas a**, ecc.) esprime un futuro molto prossimo. Equivale a *stare per*, ma talvolta il contesto suggerisce di tradurlo con un tempo presente (come in questo caso) o con un futuro.

5 – Si nos **toca** ② el **gor**do, ③
6 es po**si**ble que nos ape**tez**ca ④ cam**biar**nos de **pi**so.
7 – Sí, se**gu**ramente, ¿y qué?
8 – Pues, que ha**brá** que acondicio**nar**lo: pin**tar**lo, deco**rar**lo y…
9 a**ca**so ⑤ discu**ta**mos por no es**tar** de a**cuer**do
10 con res**pec**to al… ⑥ co**lor** de las cor**ti**nas, por e**jem**plo;
11 y **lue**go nos senti**re**mos mal y nos depri**mi**remos y…
12 qui**zás**… ¡qué sé yo? ¡**I**gual ⑦ nos da por ⑧ be**ber**!
13 Y… ¡quién **sa**be incluso si no ha**re**mos una lo**cu**ra!

Note

② **Tocar**, di cui abbiamo già parlato nella lezione 50, significa anche *vincere* (un premio estratto a sorte).
No tocar, recién pintado, *non toccare, la vernice è fresca.*
¿Me toca a mí?, *tocca a me?*
¿Te ha tocado el gordo?, *hai vinto il primo premio?*
Te puede tocar un viaje, *puoi vincere un viaggio.*

③ **Gordo**, *grasso*, in questo caso fa parte dell'espressione colloquiale **premio gordo**, *primo premio*. Il sostantivo **premio**, infatti, può essere omesso.

④ **Apetecer**, *desiderare*, *avere voglia.*
¿Te apetece un helado?, *ti va un gelato?*
Hoy no me apetece nada salir a cenar, *oggi non ho nessuna voglia di uscire a cena.*
Me apetece ir al cine, *ho voglia di andare al cinema.*

⑤ Dopo gli avverbi che esprimono un dubbio come **acaso, tal vez, quizá/s**, *forse*, il verbo va al congiuntivo, un po' come avviene in italiano dopo l'espressione *può darsi che*, **puede (ser) que**.

5 – Se vinciamo il primo premio *(se ci tocca il grasso)*,

6 può darsi che ci venga voglia di cambiare *(cambiarci di)* appartamento.

7 – Sì, senz'altro, e con questo *(e che)*?

8 – Beh, ci sarà da sistemarlo: dipingerlo, decorarlo e…

9 forse discuteremo perché non siamo *(per non essere)* d'accordo

10 sul… colore delle tendine, per esempio;

11 e poi staremo male, ci deprimeremo e…

12 forse… che so io? Può darsi che cominceremo a bere!

13 E… chissà che non faremo anche una pazzia *(chi sa anche se non faremo una pazzia)*!

▸ **Tal vez llame / puede (ser) que llame**, *forse telefonerà / può darsi che telefoni.*

⑥ Ecco alcune espressioni utili per dire di cosa si sta parlando: **con respecto a**, *su, circa, per quanto riguarda, in relazione a* (**con relación a**), *quanto a* (**en cuanto a**), *per quanto concerne* (**en lo que concierne a**).

⑦ **Igual**, *uguale*, si usa anche per introdurre un'ipotesi e in tal caso ha lo stesso significato dell'espressione **a lo mejor** (vedi lezione 41), *forse, magari, può darsi.*
Igual / a lo mejor tus amigos no beben, *forse i tuoi amici non bevono.*

⑧ La perifrasi verbale **dar por**, seguita da un infinito, vuol dire *mettersi a* e si riferisce a un'azione imprevista e spesso avventata che diventa abituale (può anche corrispondere a *prendere l'abitudine*).
¿Le ha dado por beber?, *si è messo a bere?*
Ahora le da por levantarse a las cinco de la mañana para hacer gimnasia, *ora ha preso l'abitudine di alzarsi alle cinque di mattina per fare ginnastica.*

14 – ¡Qué ho**rror**!
15 Sí, tal vez es ⑨ me**jor** no ju**gar** a la lote**ría**! □

Note

⑨ Dopo gli avverbi **tal vez, acaso, quizá/s**, *forse*, il verbo si può anche coniugare all'indicativo (presente o futuro) se l'azione cui si riferisce è ritenuta molto probabile. ▶

* * *

Ejercicio 1: Traduzca

❶ Vamos a probar fortuna. ❷ ¿A quién le toca?
❸ Quizá lleguemos con retraso. ❹ Igual no bebe.
❺ Le ha dado por la informática.

Ejercicio 2: Complete

❶ Ti va di andare al cinema?

¿ . . . . ?

❷ Forse resterò a casa.

. . . . •

❸. Non vale la pena di discutere per così poco.

. . . . por . . . poca cosa.

* * *

La Spagna è uno dei paesi europei in cui la febbre del gioco d'azzardo è più alta: **lotería nacional**, *lotteria nazionale;* **lotería de la ONCE** *o* **cupón pro ciegos**, *lotteria di beneficenza a favore dei ciechi;* **quinielas**, *scommesse sportive,* **máquinas tragaperras**, *macchinette mangiasoldi, ecc. In tutta questa baraonda,* **el sorteo extraordinario de la lotería de Navidad: el Gordo**, *l'estrazione speciale della lotteria natalizia: "il primo premio", si è ritagliata un posto a parte. Si tratta di un'estrazione a sorte che si svolge il 22 dicembre di ogni anno e, in un certo senso, segna l'inizio delle feste di fine anno. Spesso, per chi va a scuola, coincide col primo giorno delle vacanze. Il sorteggio, effettuato da bambini (che cantano i numeri vincenti!), viene trasmesso in diretta*

14 – È terribile *(che orrore)*!
15 Sì, forse è meglio non giocare alla lotteria!

▸ **Tal vez, acaso, quizá/s** (o **probablemente**) **es** (o **será**) **mejor no jugar a la lotería**, *forse* (o *probabilmente*) *è* (o *sarà*) *meglio non giocare alla lotteria.*

* * *

Soluzione dell'esercizio 1

❶ Tentiamo la fortuna. ❷ A chi tocca? ❸ Forse arriveremo in ritardo. ❹ Magari non beve. ❺ Si è dato all'informatica.

❹ Quest'anno non abbiamo vinto alla lotteria.

. . . . la lotería.

❺ Fa' attenzione, è una strada molto pericolosa.

. . . . , ... carretera . . . . •

Soluzione dell'esercizio 2

❶ Te apetece ir al cine ❷ Quizás me quedaré en casa ❸ No vale la pena discutir – tan – ❹ Este año no nos ha tocado – ❺ Ten cuidado, es una – muy peligrosa

* * *

televisiva e le varie stazioni radiofoniche ne seguono l'esito per tutta la mattina. È difficile, ovunque ci si trovi, sfuggire al suono di queste voci che canticchiano i numeri fortunati e le vincite corrispondenti e spesso sembrano svegliarsi dal loro torpore per gridare i premi più importanti e, in preda a un'incredibile eccitazione, il numero e, a cui corrisponde **el Gordo**. *Questo* **sorteo extraordinario**, *estrazione speciale, è caratterizzato dal fatto di essere un gioco cui, per tradizione, si partecipa in gruppo: in famiglia, tra amici, nelle ditte, nelle associazioni, ecc. Quando si vince, i premi vengono divisi.*
¡Buena suerte!

Seconda ondata: Lección treinta y seis

Del buen comer

1   La cocina española, de sabores ① muy
    variados
2   y caracterizada por un sinnúmero de
    especialidades regionales,
3   es excepcionalmente rica.
4   Los de fino paladar, ②
5   como ③ buenos gastrónomos,
6   aunque ④ también aprecian la llamada
    nueva cocina,
7   y no dudan en paladear ⑤ nuevos sabores,

Note

① In questo caso la preposizione **de** introduce una
caratteristica del nome cui si riferisce e si traduce con *da* seguito
dall'articolo: **una mujer de ojos verdes** (**con los ojos verdes**),
una donna dagli occhi verdi.

② **Paladar**, *palato*, in senso figurato significa anche *gusto.*
Tener el paladar fino (o **delicado**), *avere il palato fine, essere
di gusti raffinati.*
No tengo paladar para apreciar una cocina tan picante, *il
mio palato non apprezza una cucina così piccante.*

③ Qui **como** significa *essendo, in qualità di* (**en calidad de, en
tanto que**), e denota la funzione o il ruolo (ovvero **buenos
gastrónomos**) svolto dal sostantivo (**los de fino paladar**). È
anche una delle numerose traduzioni della preposizione *da.*
Saludó al vencedor, como buen deportista que es, *ha salutato
il vincitore, da bravo sportivo qual è.*

Del mangiar bene

1 La cucina spagnola, dai molteplici sapori *(di sapori molto vari)*

2 e caratterizzata da un'infinità *(un "senza-numero")* di specialità regionali,

3 è eccezionalmente ricca.

4 I palati fini *(quelli di fine palato)*,

5 essendo buongustai *(come buoni gastronomi)*,

6 anche se apprezzano pure la cosiddetta *(chiamata)* "nouvelle cuisine",

7 e non esitano a *(dubitano in)* degustare nuovi sapori,

LA RECETA ES MUY SENCILLA

④ Dopo la congiunzione **aunque**, *anche se, benché, per quanto*, può seguire un verbo all'indicativo o al congiuntivo, ma occorre distinguere:
Aunque + un verbo all'indicativo esprime una certezza: **aunque llueve, vamos a salir**, *usciremo anche se piove* (sta piovendo).
Aunque + un verbo al congiuntivo esprime invece un dubbio: **aunque llueva, saldré**, *uscirò anche se dovesse piovere*.

⑤ **Paladear** (da **paladar**, *palato*), *assaggiare, assaporare* (**saborear**), *degustare*.

8 se deleitan ⑥ sobre todo con las recetas tradicionales,

9 de las más sencillas a las más sofisticadas.

10 Un fenómeno curioso, típicamente español:

11 la creación de sociedades gastronómicas, ⑦

12 de mayor solera ⑧ en el País Vasco,

13 pero cuya ⑨ multiplicación es constante en otras regiones,

14 particularmente en el norte. □

Note

⑥ **Deleitarse** è molto più usato in spagnolo di quanto non lo sia *dilettarsi* in italiano; pertanto è consigliabile tradurlo con *adorare* o, in un contesto gastronomico, con la perifrasi *essere deliziato da*.
Juan se deleita con la literatura del Siglo de Oro, *Juan adora la letteratura del Secolo d'Oro* (il **Siglo de Oro** della letteratura spagnola si situa a cavallo tra il XVI e il XVII secolo).

⑦ **Las sociedades gastronómicas**, *le società gastronomiche*, sono associazioni costituite come club privati che hanno l'obiettivo di organizzare incontri per gustare, in un clima conviviale, cibi di qualità preparati dagli stessi **socios**, *soci*. Una caratteristica di

* * *

Ejercicio 1: Traduzca

❶ Me gusta la buena cocina. ❷ ¿Qué quieres probar? ❸ No duda en probar lo que le presentan. ❹ Prueba esta salsa y saboréala, ¡está deliciosa! ❺ La receta es muy sencilla.

8 sono deliziati *(si dilettano)* soprattutto dalle
(con le) ricette tradizionali,

9 dalle più semplici alle più sofisticate.

10 Un fenomeno curioso, tipicamente spagnolo,

11 [è] la nascita *(creazione)* di società gastromiche,

12 tradizionali dei *(di maggior tradizione nei)*
Paesi Baschi,

13 ma la cui diffusione *(moltiplicazione)* è costante
nelle altre regioni,

14 particolarmente al *(nel)* Nord.

▸ queste società è il fatto che i loro membri sono quasi esclusiva-
mente di sesso maschile. Le prime **sociedades gastronómicas**
sono nate nei Paesi Baschi.

⑧ **Solera** (che ha varie accezioni tra cui *macina* e designa anche
un metodo per tagliare i vini) ha il senso figurato di *tradizione*
(tradición), *antichità* **(antigüedad)** o *invecchiamento* di un
vino: **un vino de solera**, *un vino d'annata*.

⑨ **Cuyo**, *il cui*, e **cuya**, *la cui*, s'impiegano come in italiano, ma
non vogliono l'articolo.
**Se abandonaron los proyectos de las películas cuya produc-
ción era muy cara**, *sono stati abbandonati i progetti dei film la
cui produzione era molto costosa.*

* * *

Soluzione dell'esercizio 1

❶ Mi piace la buona cucina. ❷ Cosa vuoi assaggiare? ❸ Non esiti
ad assaggiare quello che gli / le danno. ❹ Prova questa salsa e
assaporala, è deliziosa! ❺ La ricetta è semplicissima.

Ejercicio 2: Complete

① Quando viaggio, mi piace provare le specialità regionali.

. . . . . . viajo, ...

. . . . •

② Aiuta sua sorella, da buon fratello qual è.

. . . . , ... buen . . . .

. . . . . . •

③ Sa di limone.

. . . . . limón.

* * *

Gli Spagnoli, la cui cultura gastronomica è ricca e varia, si abbandonano volentieri ai piaceri della tavola e alla gioia di pasteggiare insieme.

Questo popolo, per tradizione, si riunisce da sempre a lungo attorno ai frutti della terra. La filosofia del mangiar bene (e la cultura degli stuzzichini ne è un esempio) è una caratteristica della società spagnola e si manifesta dappertutto, diversificata e arricchita secondo i vari stili di vita e le specificità regionali. Così, per esempio, **la época de la matanza**, *la stagione della macellazione dei maiali, per molti rappresenta un'occasione per tornare* **al pueblo**, *in paese, per rifornirsi di vari salumi da dividere e mangiare con i propri familiari, gli amici o i*

---

87 **Lección ochenta y siete**

En todas partes cuecen habas ①

1 – Aunque es**toy** ② con**tigo,**

Note

① **En todas partes cuecen habas** (lett. *dappertutto cuociono fave*) è un proverbio che corrisponde all'italiano *"tutto il mondo è paese"*.

④ Anche se il tempo non è bellissimo, andiamo a passeggiare.

. . . . , nos vamos a pasear.

⑤ Il tassista il cui veicolo è parcheggiato a destra.

El taxista . . . .
. .   . .

Soluzione dell'esercizio 2

① Cuando – me gusta probar las especialidades regionales ② Ayuda a su hermana, como – hermano que es ③ Sabe a – ④ Aunque no hace muy bueno – ⑤ – cuyo vehículo está aparcado a la derecha

* * *

vicini. Inoltre, dato che lo stile di vita si evolve, i costumi cambiano e le tradizioni si adeguano. Perciò oggi troviamo, nelle città e nei dintorni, i **chocos** *(Paesi Baschi), i* **chozos** *(Canarie), i* **chamizos** *(Castiglia) e altri* **merenderos***, locali o localucci più o meno sofisticati, destinati a diventare luoghi di ritrovo per gli amici dove è possibile gustare insieme* **una parrillada***, una grigliata, o altri piatti particolarmente appetitosi.*
¡A saborear! (Da gustare!)

Seconda ondata: Lección treinta y siete

Tutto il mondo è paese

1 –   Anche se sto insieme a te *(con te)*,

② Ricordate: **aunque** è seguito da un verbo all'indicativo quando si riferisce a un fatto che sta accadendo realmente.
Aunque estoy contigo... (sto effettivamente insieme a te), *benché io stia insieme a te, anche se sto insieme a te...*

2   me a**bu**rro ③ en **es**te club nu**dis**ta.

3   ¡Es**toy** cansado de **es**te **ti**po de vaca**cio**nes!

4   **Ha**ce **trein**ta y dos a**ños** que ve**ni**mos a pa**sar** los ve**ra**nos a**quí**

5   y **siem**pre es lo **mis**mo.

6   ¿**Tú** no es**tás** **has**ta las na**ri**ces? ④

7   Te pro**pon**go que ju**gue**mos al **jue**go de **pren**das, ⑤

8   **pe**ro en vez de qui**tar**nos **ca**da vez **u**na **pren**da

9   ha**ce**mos lo con**tra**rio:

10   nos **va**mos po**nien**do ⑥ el calzon**ci**llo, la **bra**ga, los calce**ti**nes,

11   las **me**dias, la cami**se**ta, ⑦ el sujeta**dor** y… **a**sí suce**si**vamente.

12 –   ¡**Tú** no es**tás** bien de la ca**be**za!

13   ¿Te das **cuen**ta de lo que es**tás** di**cien**do?

14   ¿Y si nos ven?

15   ¿**Qué** va a de**cir** la **gen**te? ☐

Note

③ **Me aburro**, *mi annoio*. **Aburrir(se)**, *annoiar(si)*, mentre *aborrire* si dice **aborrecer**.

④ **Estar hasta las narices** o **hasta la coronilla** (lett. *stare fino alle naso* o *fino al cocuzzolo*), *averne fin sopra i capelli, averne le tasche piene* o *averne abbastanza*. Un'espressione più formale, ma altrettanto frequente e di identico significato è **estar harto/ta**, *essere stufo*. **Nariz** vuol dire anche *narice*.

⑤ **Juego de prendas** è il *gioco dei pegni*, ma avremmo potuto, dato il contesto, tradurlo anche con *strip poker*. Infatti **una prenda (de vestir)** signica *capo d'abbigliamento, vestito*, come si deduce anche dalla frase seguente. **Prenda** vuol dire anche *regalo* e *virtù*.

2 mi annoio in questo club nudista.

3 Sono stufo *(stanco)* di questo tipo di vacanze!

4 Sono trentadue anni che passiamo *(veniamo a passare)* l'estate *(le estati)* qui

5 ed è sempre tutto uguale *(lo stesso)*.

6 Tu non ne hai abbastanza?

7 Ti propongo una partita al gioco dei pegni *(che giochiamo al gioco di pegni)*,

8 ma anziché toglierci ogni volta un vestito,

9 facciamo il contrario:

10 ci mettiamo uno dopo l'altro le mutande, i pantaloni, i calzini,

11 le calze, la maglietta, il reggiseno e… così di seguito *(così successivamente)*.

12 – Ma ti senti bene? *(Non stai bene della testa!)*

13 Ti rendi conto *(dai conto)* di quello che stai dicendo?

14 E se ci vedono?

15 Che dirà la gente?

---

⑥ La perifrasi **ir** + verbo al gerundio, già incontrata nella lezione 70, denota un'azione che si svolge gradualmente, a poco a poco o una serie di azioni simili. In italiano possiamo renderla aggiungendo al verbo in questione espressioni come *uno dopo l'altro, via via, a poco a poco*, ecc.

⑦ La **camiseta** è la *maglietta* o, nel ciclismo, la *maglia* che indossa chi è in testa a una delle classifiche di una corsa. La *camicetta* si dice **blusa**.
Tras concluir la etapa, el campeón endosó la camiseta de líder, *al termine della tappa, il campione ha indossato la maglia di leader.*

Ejercicio 1: Traduzca

① Hace mucho tiempo que no le escribo. ② ¿Te aburres? ③ No estoy cansado, estoy en forma. ④ ¡Estoy harta! ⑤ Me han propuesto un empleo que me gusta.

Ejercicio 2: Complete

① Di solito passiamo là il fine settimana.

. . . . allí los . . . .

② Anche se piove, farò la spesa.

. . . . , ... hacer . . . .

③ Dove passerai l'estate quest'anno?

¿ . . . . ?

④ Ti fa male la testa?

¿ . . . . ?

⑤ Si tolga il cappotto, si accomodi!

¡ . . . . el abrigo, póngase . . . . . . !

A la vuelta ①

1 – ¡Qué mo**r**enos est**á**is!
2 – Nos ha **he**cho un **tiem**po estu**pen**do.

Note

① **A la vuelta** (qui si sottintende **del viaje**, *dal viaggio*, o d**e** **Méjico**, *dal Messico*), *al ritorno*.
La locuzione **a la vuelta de**, seguita da un'espressione di tempo significa invece *nel giro di, in capo a*.

Soluzione dell'esercizio 1

❶ È da molto tempo che non gli / le scrivo. ❷ Ti annoi? ❸ Non sono stanco, sono in forma. ❹ Sono stufa! ❺ Mi hanno offerto un lavoro che mi piace.

Soluzione dell'esercizio 2

❶ Solemos pasar – fines de semana ❷ Aunque llueve, voy a – las compras ❸ Dónde vas a pasar el verano este año ❹ Te duele la cabeza ❺ Quítese – cómodo

Seconda ondata: Lección treinta y ocho

Al ritorno

1 – Come siete abbronzati *(che abbronzati state)*!
2 – Abbiamo avuto *(ci ha fatto)* un tempo magnifico.

▸ **A la vuelta de tres meses**, *nel giro di tre mesi.*
   A la vuelta de la esquina, *girato l'angolo.*
   Encontrarás un quiosco a la vuelta de la esquina, *troverai un chiosco girato l'angolo.*

3 Tenéis que ir a Méjico.
4 Nos lo hemos pasado en grande. ②
5 Volvemos un poco cansados
6 porque nos hemos movido ③ mucho;
7 pero ha valido la pena.
8 – ¿Qué es lo que más ④ os ha gustado?
9 – Es difícil de decir…
10 Las pirámides aztecas son impresionantes.
11 – La manera de hablar nos ha resultado ⑤ a
     menudo curiosa:
12 algunas expresiones son para nosotros muy
     llamativas. ⑥
13 – Yo quizá destacaría ⑦ el carácter acogedor
     de los mejicanos. ⑧
14 – Venid, vamos a sentarnos a tomar algo y…

Note

② **Pasárselo bien**, *divertirsi* (**divertirse**).
Pasárselo mal, *annoiarsi* (**aburrirse**).
¿Te lo estás pasando bien?, *ti stai divertendo?, ti diverti?*
Queste espressioni col verbo **pasar** sono molto frequenti.
Pasarlo o **pasárselo en grande**, *divertirsi un mondo, ur
sacco.*
Pasarlo o **pasárselo bomba** (o **fenomenal**), *divertirsi come ur
matto*, è un'espressione altrettanto frequente e più colloquiale.

③ **Moverse**, *muoversi*, è un verbo del 2° gruppo, dunque si coniuga
come **volver**.
No te muevas, voy a hacerte una foto, *non ti muovere, t
faccio una foto.*

④ **Lo que más me gusta** (lett. *quello che più mi piace*), *quello che
mi piace di più*. **Lo que menos me gusta**, *quello che mi piace
di meno.*

⑤ **Resultar** *(risultare)* è un verbo con molte accezioni, tra cu
piacere (quando si riferisce a una persona), *costare, riuscire* e

3   Dovete andare in Messico [a tutti i costi].

4   Ci siamo divertiti un mondo.

5   Siamo tornati *(torniamo)* un po' stanchi

6   perché abbiamo girato parecchio *(ci siamo mossi molto)*;

7   ma [ne] è valsa la pena.

8 – Cosa vi è piaciuto di più?

9 – È difficile dirlo *(di dire)*…

10 Le piramidi azteche sono impressionanti.

11 – Il modo di parlare, spesso, ci è parso curioso:

12 alcune espressioni, per noi, sono molto bizzarre *(sono per noi molto vistose)*.

13 – Per me, quel che mi ha colpito di più è forse *(forse sottolinerei)* il carattere ospitale dei Messicani.

14 – Venite, sediamoci a prendere qualcosa e…

▸ come nel caso in questione, *sembrare*. Si può anche dire **nos ha parecido** anziché **nos ha resultado**.

⑥ **Llamativo**, *vistoso, apparriscente*, si riferisce a ciò che attira molto l'attenzione.
Un color llamativo, *un colore sgargiante.*

⑦ **Destacar**, che vuol dire anche *distaccare*, si usa soprattutto in senso figurato e, benché corrisponda a *sottolineare* **(subrayar)**, *porre in risalto, rimarcare*, talvolta si traduce con una perifrasi come nel nostro dialogo: **en su discurso ha destacado (subrayado) tres ideas principales,** *nel suo discorso ha posto in risalto tre idee principali.* Quando è usato come intransitivo, invece, **destacar** vuol dire *distinguersi, spiccare*: **Julia destaca por su inteligencia,** *Julia si distingue per la sua intelligenza.*

⑧ **Los iraquíes (Irak)**, *gli Iracheni (Iraq)*; **los suecos (Suecia)**, *gli Svedesi (Svezia)*; **los egipcios (Egipto)**, *gli Egiziani (Egitto)*; **los peruanos (Perú)**, *i Peruviani (Perù)*; **los libaneses (Líbano),** *i Libanesi (Libano),* **los guineanos (Guinea)**, *i Guineani (Guinea)* ecc. In spagnolo i nomi dei popoli non vogliono la maiuscola.

15 charlamos y os ense**ñ**amos ⑨ las **fo**tos del **via**je. □

Note

⑨ **Enseñar** vuol dire sia *insegnare*, sia *mostrare, indicare, far vedere*.
Enseñar español, *insegnare spagnolo*.
Enseñar un cuadro, *far vedere un quadro*.

* * *

Ejercicio 1: Traduzca

❶ Lo supe a la vuelta de un año. ❷ Nos hizo un tiempo muy malo. ❸ ¿Te has movido mucho? ❹ Es muy difícil de decir. ❺ Su manera de hablar me resulta familiar.

Ejercicio 2: Complete

❶ Ti sei divertito?

¿ · ?

❷ Cosa ti è piaciuto di meno di questo film?

¿ · de esa película?

❸ Ne vale la pena?

¿ · · · · · · · · · · · · ?

15 chiacchieriamo e vi mostriamo le foto del viaggio.

¡NOS HA HECHO UN TIEMPO ESTUPENDO!

Soluzione dell'esercizio 1

❶ L'ho saputo un anno dopo. ❷ Abbiamo avuto un tempo pessimo. ❸ Hai girato molto? ❹ È difficile dirlo. ❺ Il suo modo di parlare mi suona familiare.

❹ Vuoi che ti mostri le foto?

¿ . . . . ?

❺ C'è un posteggio di taxi appena girato l'angolo.

. . . . parada . . . .
. . . .

Soluzione dell'esercizio 2

❶ Te lo has pasado bien ❷ Qué es lo que menos te ha gustado – ❸ Vale la pena ❹ Quieres que te enseñe las fotos ❺ hay una – de axis a la vuelta de la esquina

*La **lengua española**, la lingua spagnola, è al quarto posto tra le lingue più parlate al mondo. La sua diffusione è in aumento, soprattutto grazie all'esplosione demografica **en Iberoamérica**, in America Latina. Tuttavia, la comunità **hispanohablante**, ispanofona, non è composta soltanto dagli Spagnoli e dagli **hispanoamericanos**, i Latino-americani di lingua spagnola; infatti è rappresentata anche in Asia e in particolare nelle Filippine; in Africa, nelle antiche colonie o nelle zone d'influenza spagnola e in molte isole delle Antille... Negli Stati Uniti, poi, lo spagnolo è divenuto la seconda lingua del Paese con più di venti milioni di parlanti e sta per ottenere lo status di **lengua oficial**, lingua ufficiale, in alcuni Stati. Questa comunità comprende anche molti Sefarditi, sparsi un po' ovunque nel mondo: le colonie più importanti si trovano nei paesi del Mediterraneo (Nord Africa, Vicino Oriente e Balcani). I Sefarditi parlano uno spagnolo arcaico, ovvero il castigliano in uso durante il XVI secolo.*

89   Lección ochenta y nueve

Siamo quasi in dirittura d'arrivo! Vi proponiamo una lezione un po' più lunga del consueto e con molte parole nuove. In compenso, per darvi modo di rifiatare, la novantesima lezione sarà meno impegnativa e costituirà una sorta di ripasso, oltre che un assaggio della novantunesima.

¡Que gane el mejor!

1 – Te **ve**o muy exci**ta**do.

2 – **Sal**go **es**ta **tar**de con mi **hi**jo **pa**ra Barce**lo**na.

3 Ma**ñ**ana se **jue**ga la fi**nal** de la Euro**li**ga de balon**ces**to,

Da questa pluralità deriva una varietà di culture, stili di vita, tradizioni e, conseguentemente, di parlate.

Non c'è da stupirsi, dunque, se quando vi trovate o viaggiate in **América Latina,** America Latina, *per esempio, può capitarvi di sentire accenti, parole, espressioni o modi di dire diversi da quelli che avete imparato.*

Ovviamente, in **Iberoamérica** *o* **América Latina,** *alcune parole o locuzioni non solo differiscono da quelle dello spagnolo peninsulare, ma cambiano anche da un paese all'altro.*

È dunque rimarchevole **la diversidad,** *la varietà dei popoli latino-americani, dei quali fanno parte anche i Brasiliani (che parlano portoghese) e alcune tribù indiane che hanno conservato le loro lingue originarie.*

Seconda ondata: Lección treinta y nueve

Che vinca il migliore!

1 – Ti trovo molto eccitato.
2 – Stasera parto con mio figlio per Barcellona.
3 Domani si gioca la finale dell'Eurolega di basket,

4 y **co**mo ① mi **hi**jo es un gran aficio**na**do, ②
le **lle**vo al par**ti**do.

5 – Creía que ju**ga**ba a balon**ma**no. ③

6 – Sí, en el co**le**gio; le **gus**ta **mu**cho el de**por**te.

7 Tam**bién jue**ga al **te**nis y prac**ti**ca la nata**ción**.

8 – ¿No te queja**rás**?

9 – **Só**lo me **que**jo **cuan**do me **ha**ce co**rrer** a
mí; me **ma**ta.

10 Me **gus**ta ju**gar** con él, **pe**ro…

11 ¡mi de**por**te favo**ri**to es la par**ti**da! ④

12 – ¿**Vais so**los?

13 – No, el Ma**drid** ha organi**za**do un **via**je en
auto**car pa**ra los **so**cios ⑤ del club.

14 **Es**te **año**, no**so**tros es**ta**mos elimi**na**dos y…

Note

① Qui **como** introduce una motivazione ed equivale a *poiché,*
siccome, dato che, ecc.

② **Aficionado,** termine entrato a far parte del nostro vocabolario, sta
per *appassionato, sostenitore* o *amatore, dilettante.* Chi invece è
affezionato è **apegado** (lett. *attaccato*).
Carreras de aficionados, *corse per dilettanti.*
Ser muy aficionado a, *andare matto per.*
Es un gran aficionado a la lectura o **tiene una gran afición a**
la lectura, *ha una grande passione per la lettura.*
Com'è intuibile, **afición** significa *passione, hobby preferito.*
¿Cuál es tu afición principal?, *Qual è il tuo hobby preferito?*

③ I nomi di molti sport, come in italiano, sono composti dalla
parola **balón** (*palla*) e da un altro termine che li caratterizza
balonmano, *pallamano;* **baloncesto** – frase 3 – , *basket*
pallacanestro; **balonvolea** (o **voleibol**), *pallavolo.* Fa eccezione

4 e, dato che *(come)* mio figlio è un *(grande)* appassionato, lo porto a vedere la *(alla)* partita.

5 – Credevo che giocasse *(giocava)* a pallamano.

6 – Sì, a scuola; gli piace molto lo sport.

7 Gioca anche a tennis e pratica il nuoto.

8 – Mica ti dispiace *(non ti lamenterai)*?

9 – Solo *(mi lamento)* quando *(mi)* fa correre [anche] *(a)* me; mi sfinisce *(ammazza)*.

10 Mi piace giocare con lui, però…

11 il mio sport preferito è giocare a carte *(la partitina)*!

12 – Andate soli?

13 – No, il Real *(il Madrid)* ha organizzato un viaggio in pullman per i soci del club.

14 Quest'anno noi siamo stati *(stiamo)* eliminati e…

▶ **fútbol**, *calcio*, che ha soppiantato **balompié** (lett. *palla-piede*), voce ormai rara.

④ In mancanza di informazioni più precise, **la partida**, con l'articolo determinativo, indica una *partita* che si svolge abitualmente tra amici *(la partitina)*, ma senza specificare a che gioco: la traduzione qui fornita, in linea con lo spirito del personaggio, è una delle tante possibili.

Una partida, *una partita* (*a carte*, **de cartas**; *a dama*, **de damas**; *a scacchi*, **de ajedrez**; *a domino*, **de dominó**, ecc.).

Non confondete **una partida** (che riguarda i giochi da tavolo o di società) con **un / el partido**, *un / l'incontro*, *una / la partita*, termine che si usa quando si parla di sport.

⑤ Oltre a **socio**, *socio* (membro di un circolo o d'una associazione, ma anche di un'azienda) ricordiamo altre parole di significato simile: **afiliado**, *iscritto, affiliato*; **abonado**, *abbonato* (a un servizio, ecc.), **suscriptor**, *abbonato* (a una rivista o a un giornale).

15 **va**mos a ani**mar** al **Bar**ça. ⑥
16 **Pa**se por u**na** vez.
17 – **Bue**no, pues… ¡a pa**sar**lo bien! Y que
ten**gáis** un buen **via**je.
18 – **Gra**cias. Que te **va**ya bien. **Pá**salo bien tú
tam**bién**. ⑦ □

Note

⑥ **El Barcelona** o, come si dice in catalano, **el Barça**, termine
usato frequentemente anche in italiano dagli appassionati di
coppe europee.
Nel gergo sportivo il nome di **un equipo**, *una squadra*, viene
frequentemente abbreviato per comodità (in Italia, per esempio,
Inter sta per *Internazionale, Samp* per *Sampdoria,* ecc.). Così
alla frase 13 abbiamo **el Madrid** (o **el Real**), *il Real*, anche se
il nome completo è **el equipo del Real Madrid**, *la squadra del
Real Madrid*.

* * *

Ejercicio 1: Traduzca

❶ Voy a ver la final en la tele. ❷ El partido comienza
a las nueve de la noche. ❸ ¿Haces deporte?
❹ Juego mucho a baloncesto. ❺ ¿Quieres jugar
una partida a las cartas?

Ejercicio 2: Complete

❶ La nostra squadra è stata eliminata, non giocherà la finale.
. . . . está . . . . , ...
. . . .

❷ Di cosa si è lamentato?
¿ . . . . ?

❸ Dopo l'incontro aveva male alla gamba.

15 tiferemo per il Barça!

16 Per questa volta passi *(passi per una volta)*.

17 – Beh, allora… buon divertimento! E fate *(che abbiate un)* buon viaggio.

18 – Grazie e auguri *(che ti vada bene)*. Buon divertimento anche a te *(divertiti tu anche)*.

▸ **El Celta (de Vigo) y el Valencia han empatado**, il *Celta (di Vigo) e il Valencia hanno pareggiato*.

⑦ Quando ci si saluta è possibile ricorrere a varie formule fisse, diversamente strutturate. Eccone tre tipi molto comuni:

- **A** + verbo all'infinito: **a pasarlo bien, a divertirse** o **a disfrutar**: *buon divertimento, divertiti*.

- **Que** + verbo al congiuntivo presente: **que tengáis (un) buen viaje**, *fate buon viaggio*; **que te vaya bien**, *in bocca al lupo*.

- Con un verbo all'imperativo: **pásalo bien, diviértete**, *buon divertimento, divertiti*; **cuídate mucho**, *riguardati, stammi bene*.

* * *

Soluzione dell'esercizio 1

❶ Guarderò la finale alla tivù. ❷ La partita comincia alle nove di sera. ❸ Fai dello sport? ❹ Gioco molto a basket. ❺ Vuoi fare una partita a carte?

Después … ……., le …… .. …… .

❹ Buon divertimento.

… . …… . .

❺ Abbiamo una piccola azienda, siamo tre soci.

……. … pequeña ……. , …… …… . .

Soluzione dell'esercizio 2

❶ Nuestro equipo – eliminado no jugará la final ❷ De qué se ha quejado ❸ – del partido – dolía la pierna ❹ Que te diviertas ❺ Tenemos una – empresa somos tres socios

L'importante rete di **autocares***, pullman, estesa su tutto il paese, costituisce una specificità spagnola. I pullman, mezzi di trasporto molto rapidi ed economici, sono nel complesso comodi e sicuri, servendo anche le piccole località che non sono necessariamente dotate di una stazione ferroviaria. Ogni* **ciudad***, città, dispone di almeno una* **estación de autobuses***, autostazione. Per conoscere*

90 Lección noventa

¿Hay que… ① mirar de otra manera? ②

1 ¿Hay que suble**var**se **an**te ③ la pe**re**za de un **co**che que se **nie**ga ④ a arran**car**? ⑤

2 ¿Hay que admi**rar** la pa**cien**cia de **u**na bu**ta**ca que, **cuan**do nos **va**mos, se **que**da a**hí**, in**mó**vil, en es**pe**ra de ⑥ **nues**tra **vuel**ta?

3 ¿Hay que alte**rar**se **an**te la provoca**ción** que consti**tu**ye **u**na **ca**ma va**cí**a en **u**na habita**ción**?

Note

① **Hay que**, *occorre, bisogna*, è una perifrasi verbale che abbiamo incontrato per la prima volta nella lezione 18 e che serve a esprimere l'obbligo impersonale: confrontatela con altri verbi e costruzioni come **tener que**, **deber**, **hacer falta**, ecc. Per rinfrescarvi la memoria, a titolo di ripasso, vi consigliamo di dare rapidamente un'occhiata ai capoletti delle lezioni (21 e 84) in cui se ne parla.

② **De otra manera** *(diversamente)* e **de otro modo**, *altrimenti*. **Dicho de otra manera**, *in altre parole*.

③ Come **bajo**, *sotto*, **ante**, *davanti, di fronte a*, è una preposizione semplice che si usa soprattutto in senso figurato; per far riferimento alla posizione fisica di una persona o di un oggetto, si ricorre alle locuzioni **delante de** e **debajo de**. **Ante la autoridad competente**, *davanti all'autorità competente*.

gli orari, informatevi presso le stazioni degli autobus che, nella
maggior parte dei casi, si trovano - cosa non disprezzabile - nel
centro della città anziché in periferia.

Seconda ondata: Lección cuarenta

Bisogna… vedere [le cose] diversamente?

1   Bisogna ribellarsi di fronte alla pigrizia di
    un'auto che non vuole saperne di partire *(si nega*
    a partire)?
2   Bisogna ammirare la pazienza di una poltrona
    che, quando ce ne andiamo, resta lì, immobile,
    in attesa del nostro ritorno?
3   Bisogna scomporsi *(alterarsi)* davanti alla
    provocazione costituita da *(che costituisce)* un
    letto vuoto in una camera?

▸ **Delante de la cabina telefónica**, *davanti alla cabina telefonica.*
Bajo las órdenes del alto mando, *agli ordini dell'Alto*
Comando.
Debajo de la silla, *sotto la sedia.*

(4) **Negar**, com'è intuibile, qui non significa tanto *negare*, quanto
rifiutarsi, non volerne sapere, dal momento che è usato alla
forma pronominale; ricordate che, in questo caso, richiede la
preposizione **a**.
Negar la verdad, *negare la verità.*
Esta factura no está a mi nombre; hay un error, me niego a
pagar, *questa fattura non è intestata a mio nome; c'è un errore,*
mi rifiuto di pagarla.

(5) **Arrancar** corrisponde a *strappare* (quando è transitivo) o
a *partire, avviarsi* (intransitivo). *Arrancare* si dice **cojear**
(zoppicare).

(6) **En espera de su respuesta…**, *in attesa di una Sua risposta…*

4 ¿Hay que mostrarse tolerante ⑦ frente a la
falta de comprensión de un ordenador que,
negándose a obedecer, nos deja plantados? ⑧

5 ¿Se debe reaccionar ante el servilismo
de los felpudos en que ⑨ se plantan los
vendedores a domicilio?

6 ¿Hay que mirar cerrando los ojos para
percibir qué es la claridad? ☐

Note

⑦ Anziché **mostrarse tolerante** si può anche dire **dar pruebas** o
**dar muestras de tolerancia, demostrar, mostrar, manifestar
tolerancia**, ecc.
Dio pruebas (o **muestras**) **de / demostró / mostró / manifestó
una gran sangre fría**, *diede prova di gran sangue freddo*.

⑧ **Dejar plantado/a**, *piantare in asso*, è un'espressione familiare
che ha lo stesso senso di **abandonar**, *abbandonare*.
Il verbo **plantar,** *piantare*, (frase 5) ha anche il senso figurato,

* * *

Ejercicio 1: Traduzca

❶ Hacía frío y el coche no arrancaba. ❷ No se puede
negar que es una persona con muchas cualidades.
❸ ¡Qué pereza esta mañana para levantarme! ❹ Es
demasiado pequeña, está bajo la autoridad de sus
padres. ❺ ¡Abre los ojos!

4 Bisogna mostrarsi tolleranti di fronte alla mancanza di comprensione d'un computer che, rifiutandosi di obbedire, ci pianta in asso *(ci lascia piantati)*?

5 Si deve reagire di fronte al servilismo degli zerbini su cui *(in cui)* si piantano i piazzisti *(venditori a domicilio)*?

6 Bisogna guardare con gli occhi chiusi *(chiudendo gli occhi)* per percepire cos'è la chiarezza?

▶ quando è usato come pronominale, di *piantarsi* (in casa altrui). *Piantarsi*, nel senso di *bloccarsi*, si dice **bloquearse**.
Se ha plantado en mi casa sin avisar, *si è piantato in casa mia senza avvisarmi.*
El ordenador se ha bloqueado, *il computer si è piantato.*

⑨ Il pronome relativo **que**, quando è preceduto da preposizione, traduce *cui* o *quale*.
La casa en que nací, *la casa in cui sono nato.*
Los ríos en que me bañaba, *i fiumi in cui facevo il bagno.*

* * *

Soluzione dell'esercizio 1

❶ Faceva freddo e l'auto non partiva. ❷ Non si può negare che sia una persona con molte qualità. ❸ Che fatica stamattina per alzarmi! ❹ È troppo piccola, è soggetta all'autorità dei genitori. ❺ Apri gli occhi!

Ejercicio 2: Complete

Come ormai saprete, *bisogna...?*, in genere reso con **¿hay que...?**, si può tradurre anche diversamente. Nello svolgere l'esercizio, tenete conto delle indicazioni che vi diamo tra parentesi e fate attenzione al pronome: il vostro ripasso sarà ancora più completo.

① Bisogna avvisarlo? (obbligo impersonale)

¿ · · · · · · · · · · · · · · · ?

② Bisogna avvisarla? (obbligo personale)

¿ · · · · · · · · · · · · · · · · · · · ?

③ Bisogna avvirsarli? (obbligo morale)

¿ · · · · · · · · · · · · · · · · ?

④ Bisogna avvirsarle? (bisogno)

¿ · · · · · · · · · · · · · · · · · · ?

⑤ Bisogna avvisarlo? (bisogno / mancanza)

¿ · · · · · · · · · · · · · · · ?

---

91 Lección noventa y una

Repaso

1 La traduzione del congiuntivo italiano

Come regola generale, il congiuntivo italiano si traduce con il congiuntivo spagnolo.

Voglio che tu venga con me, **quiero que vengas conmigo.**
Magari arrivasse!, **¡ojalá llegue!**
Digli che chiami (o di chiamare), **dile que llame.**

Nella lezione 56 vi abbiamo segnalato alcune eccezioni. Eccole nel dettaglio:
☞ dopo le parole *il solo, l'unico,* **el único,** *il primo,* **el primero,** e *l'ultimo,* **el último,** o dopo un superlativo, l'eventuale congiuntivo italiano va reso con l'indicativo spagnolo.
È la persona più simpatica che io conosca, **es la persona más simpática que conozco.**

Soluzione dell'esercizio 2

❶ Hay que avisarle (Bisogna...?) ❷ Tenemos que avisarla (Dobbiamo...?) ❸ Debemos avisarles (Dobbiamo...?) ❹ Necesitamos avisarlas (Abbiamo bisogno di...?) ❺ Hace falta avisarle

¡ABRE LOS OJOS!

Seconda ondata: Lección cuarenta y una

Novantunesima lezione   91

☛ *benché, sebbene, nonostante* + verbo al congiuntivo si traducono con **aunque, a pesar de que** + verbo all'indicativo quando si parla di un fatto reale, che è avvenuto o sta avvenendo. Comunque, si può ricorrere al modo indicativo anche in italiano sostituendo *benché, sebbene,* ecc. con la locuzione *anche se*.
Benché sia tardi (anche se è tardi), andrò a ballare, **aunque es tarde, voy a ir a bailar**.
Quando si parla di un fatto ipotetico, invece, la congiunzione **aunque** è seguita da un verbo al congiuntivo come in italiano.
Aunque mañana nieve, iré a buscarte a la estación, *anche se domani dovesse nevicare, verrò a prenderti alla stazione.*
Aunque sea tarde, iré a bailar, *anche se sarà tardi, andrò a ballare.*
Pertanto sarà il grado di certezza (o d'ipoteticità) dell'azione cui si fa riferimento nella proposizione concessiva a determinare quale sarà il modo da utilizzare. Il verbo dev'essere dunque coniugato sempre al modo indicativo

quando l'azione descritta nella proposizione concessiva è già avvenuta, perché si parla di un fatto certo.

Inoltre, nelle frasi affermative i verbi d'opinione (**creer**, **pensar**, ecc.) sono seguiti dall'indicativo, non da un congiuntivo come avviene in italiano.

Creo que es justo, *credo che sia giusto, mi sembra giusto.*

No creo que sea justo, *non credo che sia giusto, non mi sembra giusto.*

2 *Cuyo, cuya, cuyos, cuyas*

☛ Questo pronome relativo corrisponde rispettivamente a *il cui, la cui, i cui, le cui*. A differenza di quanto avviene in italiano, **cuyo** (**cuya, cuyos, cuyas**) concorda in genere e numero col nome che precede e non vuole mai l'articolo.

El Quijote, cuyo autor es Cervantes, es una novela…, *«Don Chisciotte», il cui autore è Cervantes, è un romanzo…*

Aquellos señores cuya invitación a cenar nos sorprendió…, *quei signori, il cui invito a cena ci ha sorpresi…*

El niño cuyos pantalones están manchados…, *il bambino, i cui pantaloni sono macchiati….*

El árbol cuyas hojas iban cayendo…, *l'albero, le cui foglie stavano via via cadendo…*

☛ **Cuyo** può essere preceduto da una preposizione. In questo caso, spesso, per tradurlo in italiano bisogna ricorrere a una perifrasi.

El amigo en cuya casa pasé unos días…, *l'amico nella cui casa (dal quale, a casa del quale) ho passato alcuni giorni…*

El árbol a cuyo pie estábamos sentados…, *l'albero ai piedi del quale eravamo seduti…*

Los bosques por cuyos senderos nos paseábamos…, *i boschi per i cui sentieri passeggiavamo…*

Las montañas en cuyas laderas las ovejas pastaban…, *le montagne sulle pendici delle quali le pecore pascolavano…*

3 Classificazione dei verbi irregolari: il 12° gruppo

Questo gurppo comprende i verbi **salir**, *uscire, partire*, **valer**, *valere* e i loro derivati. Le loro peculiarità sono:

• l'aggiunta della consonante **g** davanti alla desinenza quando quest'ultima comincia per **a** o per **o** (all'indicativo e al congiuntivo presente): **salgo**, *io esco*; **sales**, *tu esci*, ecc. e **valga**, *che io valga*; **valgas**, *che tu valga*, ecc.

• l'inserimento di una **d** eufonica e la perdita delle vocali **i** ed **e** rispettivamente nel futuro e nel condizionale (tempo derivato dal futuro stesso): **saldré**, *io uscirò*; **saldrás**, *tu uscirai,* ecc., e **valdré**, *io varrò*; **valdrás**, *tu varrai*, ecc.

• perdita della vocale della desinenza all'imperativo: **sal**, *esci*, e **val**, *vali* (ma è corretto anche **vale**).

4 Diálogo recapitulativo

1 – ¡Me han tocado veintidós euros en la lotería! **(85)**
2 – ¡Hay que celebrarlo! **(21, 23, 90)**
3 – Te propongo que nos lleves a un buen restaurante
4   para que podamos deleitarnos con una buena receta tradicional y beber a tu salud. **(86)**
5 – ¡Lo pasaremos en grande! **(88)**
6 – Aunque reconozco que es una buena idea, **(86, 91)**
7   tengo que deciros que estoy harto de ir al restaurante. **(21, 87)**
8   Pero no os preocupéis, lo celebraremos. **(23, 31)**
9   Tengo aquí unos huevos de las gallinas del pueblo de mi tía; biológicos. **(52)**
10   ¡Nos haremos una tortillita! **(28, 49, 52)**

Traducción

1 Ho vinto 22 euro alla lotteria! **2** Bisogna festeggiare! **3** Ti propongo di portarci in un buon ristorante **4** per gustare una buona ricetta tradizionale e bere alla tua salute. **5** Ci divertiremo un mondo! **6** Anche se riconosco che è una buona idea, **7** devo dirvi che sono stufo di andare al ristorante. **8** Ma non vi preoccupate, festeggeremo. **9** Ho qui alcune uova di gallina del paese di mia zia; sono biologiche. **10** Ci faremo una frittatina!

Seconda ondata: Lección cuarenta y dos

El español en el mundo

1   En los albores ① del siglo XXI,
2   el español es la lengua materna de
     cuatrocientos millones de personas.
3   Así, se presenta como
4   la cuarta lengua más hablada en el mundo,
5   tras el chino, el inglés y el hindi.
6   Es también la segunda lengua de
     comunicación internacional.
7   En efecto, el español es el idioma ② oficial
     de una veintena de países.
8   Su difusión está en constante aumento,
9   y su importancia en el plano de las
     relaciones entre los pueblos,
10 a nivel económico, político y cultural,
11 no cesa de crecer. ③   □

Note

① **Albor**, usato al plurale come in italiano, indica la *luce dell'alba* o, per estensione e, in senso traslato, gli *albori*, l'*alba* **(alba)**, l'*inizio* **(principio)**.
   En los albores del Renacimiento, *agli albori del Rinascimento*.

② **Idioma**, *lingua* (nel senso di *linguaggio*); **lengua** indica anche l'organo anatomico.
   Estoy estudiando japonés en una escuela de idiomas, *sto studiando giapponese in una scuola di lingue*.
   Mi lengua materna es el árabe, pero también hablo vietnamita; soy bilingüe, *la mia lingua madre è l'arabo, ma parlo anche vietnamita, sono bilingue*.

③ **No cesa de crecer**, **no deja de crecer** o, meglio ancora, **sigue creciendo**.

Lo spagnolo nel mondo

1   Agli albori del XXI secolo,
2   lo spagnolo è la lingua madre *(materna)* di 400 milioni di persone.
3   Pertanto *(così)* si presenta come
4   la quarta lingua più parlata al mondo,
5   dopo il cinese, l'inglese e l'hindi.
6   È anche la seconda lingua di comunicazione internazionale.
7   In effetti, lo spagnolo è la lingua ufficiale di una ventina di paesi.
8   La sua diffusione è in costante aumento,
9   e la sua importanza sul *(nel)* piano delle relazioni tra i popoli,
10 a livello economico, politico e culturale,
11 continua a *(non cessa di)* crescere.

Ejercicio 1: Traduzca

❶ Y ahora, ¿qué idioma te gustaría aprender?
❷ Me gustaría aprender chino, iré a una escuela de idiomas. ❸ El español es el idioma oficial de numerosos países latinoamericanos. ❹ Vivimos siete años en Egipto, mis hijos hablan árabe. ❺ En algunos países, la difusión de la lengua constituye hoy en día un objetivo cultural.

Ejercicio 2: Complete

❶ Quante lingue parli?

¿ . . . . ?

❷ Sto imparando il tedesco.

. . . .

❸ Qual è la tua lingua madre?

¿ . . . . ?

* * *

*Tra i tanti organismi o altri centri pubblici e privati che hanno il compito di contribuire alla diffusione della cultura spagnola nel mondo, l'**Instituto Cervantes** occupa un posto a parte.*
Istituito dal Parlamento spagnolo nel 1991, con sedi in quattro continenti, ha come obiettivo lo sviluppo e l'insegnamento della lingua e della cultura spagnola e latino-americana nel mondo.
*Al giorno d'oggi l'**Instituto Cervantes** è attivo in una trentina di Paesi (dall'Algeria al Brasile, dall'Ungheria alle Filippine, ecc.) dove organizza corsi di lingua che permettono, tra l'altro, di ottenere certificati e diplomi come il DELE (**Diploma de Español***

Soluzione dell'esercizio 1

❶ E ora, che lingua ti piacerebbe imparare? ❷ Mi piacerebbe imparare il cinese, frequenterò una scuola di lingue. ❸ Lo spagnolo è la lingua ufficiale di numerosi paesi latino-americani. ❹ Abbiamo vissuto sette anni in Egitto, i miei figli parlano l'arabo. ❺ In alcuni paesi, la diffusione della lingua rappresenta oggigiorno un obiettivo culturale.

❹ Mi piacerebbe imparare anche il cinese.

También .. .. •

❺ La famiglia Soley parla spagnolo, catalano, francese e olandese.

.. .. Soley ...., ...,
.... neerlandés.

Soluzione dell'esercizio 2

❶ Cuántos idiomas hablas ❷ Estoy aprendiendo alemán ❸ Cuál es tu lengua materna ❹ – me gustaría aprender chino ❺ La familia – habla español, catalán, francés y –

* * *

como Lengua Extranjera). *Inoltre sostiene la ricerca degli ispanisti, conduce campagne culturali in collaborazione con altri organismi spagnoli e latino-americani e con istituti dei paesi in cui opera, mettendo a disposizione di chi è interessato una vasta rete di biblioteche e mezzi tecnologici avanzati.*

Seconda ondata: Lección cuarenta y tres

España agreste

1   España es uno de los países de Europa occidental
2   que dispone de mayor ① superficie agreste ② protegida.
3   Montañas, humedales, ③ bosques, paisajes volcánicos,
4   islas que albergan importantes colonias de aves ④ y plantas…
5   conforman una gran diversidad de ecosistemas.
6   Así, el país cuenta con más de doscientas reservas naturales;

Note

① **Mayor**, o **más grande**, *maggiore,* è un comparativo irregolare (vedi lezione 38).
   Es la mayor autoridad en ese campo, *è la maggiore autorità in quel campo.*
   El hermano mayor, *il fratello maggiore.*
   Come ricorderete, **mayor**, può significare anche *anziano, più vecchio, maggiorenne.*
   Francisco es mayor que su hermana, *Francisco è più vecchio di sua sorella.*
   Una persona mayor, *una persona anziana.*
   Ya tiene dieciocho años, es mayor, *ha già diciotto anni, è maggiorenne.*

② **Agreste** non significa solo *agreste* o *campestre* **(campestre)**, ma anche *rustico* (pure in senso negativo), *selvaggio* **(salvaje)**.

③ **Humedal** è un terreno umido e corrisponde ad *acquitrino, palude* **(marisma**, nome da cui probabilmente deriva la nostra *Maremma)*.

[La] Spagna selvaggia

1 La Spagna è uno dei paesi dell'Europa occidentale
2 che dispone della *(di)* maggiore superficie
   naturale *(selvaggia)* protetta.
3 Montagne, acquitrini, boschi, paesaggi
   vulcanici,
4 isole che ospitano importanti colonie di uccelli
   e piante…
5 danno luogo a *(formano)* una grande varietà di
   ecosistemi.
6 Perciò *(così)* il paese vanta *(conta con)* più di
   duecento riserve naturali;

④ **Ave**, *uccello, volatile*, si riferisce a tutti gli animali vertebrati e
   ovipari che abbiano ali e siano coperti di piume, perciò designa
   anche il pollame.
   La gallina es un ave de corral, *la gallina è un animale da
   cortile.*
   Pollo de corral, *pollo da cortile.*
   El águila es un ave de presa, *l'aquila è un uccello da preda.*
   Nel linguaggio comune, però, quando si parla di volatili si usa
   il termine **pájaro**, specialmente se sono piccoli.
   **Cada vez se ven menos pájaros, como golondrinas y
   gorriones, en las grandes aglomeraciones**, *nei grandi
   agglomerati urbani si vedono sempre meno uccelli come le
   rondini e i passeri.*

7 de las que una docena ⑤ han **si**do declaradas **par**ques nacio**na**les, ⑥

8 y **mu**chas **o**tras **par**ques natu**ra**les.

9 Se**gun**do pa**ís** más monta**ño**so del conti**nen**te, tras **Sui**za,

10 Es**pa**ña es un para**í**so **pa**ra los aficio**na**dos al sende**ris**mo

11 y de**más** a**man**tes ⑦ de la natura**le**za, de la **fau**na y de la **flo**ra. ☐

Note

⑤ **Una docena**, *una dozzina*; **una decena**, *una decina*; **una veintena**, *una ventina*; **una treintena**, *una trentina*, ecc

⑥ I vari parchi nazionali (tranne quello d'Aiguestortes i Estany de Sant Maurici, amministrato dal Dipartimento dell'Agricoltura della Catalogna) sono gestiti dal **Ministerio de Medio Ambiente**, il *Ministero dell'Ambiente*.

* * *

Ejercicio 1: Traduzca

① España, Italia y Francia son países mediterráneos de Europa occidental. ② ¿De cuánto tiempo dispones? ③ Muchas aves salvajes viven en las reservas naturales protegidas. ④ España es un país montañoso. ⑤ ¿Tiene un pollo de corral para cuatro personas?

7 una dozzina delle quali sono state dichiarate
parchi nazionali,

8 e molti altri parchi naturali.

9 Secondo paese più montuoso del continente,
dopo [la] Svizzera,

10 la Spagna è un paradiso per gli appassionati di
escursionismo

11 e altri amanti della natura, della fauna e della
flora.

▸ Gli altri parchi o riserve naturali sono gestiti dai vari governi
regionali, le **Comunidades Autónomas**.

⑦ **Amante**, sia come sostantivo che come aggettivo, corrisponde
generalmente all'identico termine italiano. Tuttavia **una esposa
amante** è *una moglie innamorata*.
Un amante de la naturaleza, *un amante della natura*.
Un amante de la libertad, *un amante della libertà*.
Tiene una amante, *ha un'amante*.

* * *

Soluzione dell'esercizio 1

① La Spagna, l'Italia e la Francia sono paesi mediterranei
dell'Europa occidentale. ② Di quanto tempo disponi? ③ Molti uccelli
selvatici vivono nelle riserve naturali protette. ④ La Spagna è un
paese montuoso. ⑤ Ha un pollo da cortile per quattro persone?

Ejercicio 2: Complete

➊ I suoi nonni sono molto anziani.

. . . .

➋ La mia sorella maggiore ha una grande passione per l'opera.

. . hermana . . . . . es muy . . . . a la

. . . . . .

➌ Si dice che le rondini annuncino le primavera.

Dicen . . . . la

. . . .

➍ I parchi nazionali ospitano numerose specie d'uccelli.

. . . . nacionales . . . . numerosas

. . . . de . . . . .

---

94   Lección noventa y cuatro

A vueltas con ① el ordenador

1 – No sé lo que **pa**sa ② con mi por**tá**til ③
pero…
2   ¡hay **al**go que no **mar**cha!
3   Y no es la pri**me**ra vez; a**yer** ya me pa**só**.
4   Ten**dré** que lla**mar** a un **téc**nico
5   o lle**var**lo a repa**rar** a la **tien**da.

Note

① **Andar a vueltas con un problema** (lett. *andare a giri con un
problema*), *essere alle prese con un problema, affrontare un
problema*. Spesso si dice semplicemente **a vueltas con** + il
problema, la situazione o la persona con la quale si ha che fare.

② **No sé lo que pasa...** In questo caso il guasto del computer.

. . Parque Nacional de los Picos de Europa . .

.. .. •

Soluzione dell'esercizio 2

❶ Sus abuelos son muy mayores ❷ Mi – mayor – aficionada – ópera
❸ – que las golondrinas anuncian – primavera ❹ Los parques –
albergan – especies – aves ❺ El – es la mayor reserva natural de
Europa

Seconda ondata: Lección cuarenta y cuatro

Alle prese con il computer

1 – Non so cos'abbia *(quello che succede con)* il
       mio portatile, ma…
2   c'è qualcosa che non va!
3   E non è la prima volta; mi è successo già ieri
       (ieri già mi successe).
4   Dovrò chiamare *(a)* un tecnico
5   o portarlo a riparare al negozio.

▸ anché se chi parla non riesce a individuarlo, è un fatto certo,
perciò usiamo l'indicativo.

③ **Portátil** oppure **ordenador portátil**, *(computer) portatile*.
Altri termini legati al computer: **la impresora**, *la stampante*;
el ratón (lett. *il topo*), *il mouse*; **el teclado**, *la tastiera*; **el
disquete**, *il floppy*; **el disco duro**, *il disco rigido*; **el escáner**, *lo
scanner*; **el archivo**, *il file*; **abrir**, *caricare*; **guardar**, *salvare*.

6   El problema es que tengo que hacer una
    consulta en Internet. ④

7 – Pues, ten cuidado, he leído en el periódico
    que hay un virus raro ⑤ en circulación.

8   El artículo dice que son las mismas
    empresas que producen los programas

9   las que lanzan los virus para luego vender
    los antivirus y…

10 ¡matar así dos pájaros de un tiro! ⑥

11 – ¡No lo puedo creer!

12 – Hoy en día … ¡vete a saber!

13   Si quieres te puedo prestar mi nuevo
     antivirus.

14   Lo tengo aquí, lo acabo de comprar.

15   Mira a ver, ¡probar no cuesta nada!

16 – Muy bien, ¡vamos a ver si hay suerte!   □

Note

④ **Hacer una consulta en Internet, en la biblioteca**, ecc. *fare
   una ricerca in Internet, in biblioteca*, ecc.
   Consultar el diccionario, *consultare il dizionario*.
   Già che parliamo di Internet, diamo qualche termine utile: **el
   servidor**, *il server*; **el sitio (Web)**, *il sito (Web)*; **el portal**, *il
   portale*.

⑤ **Raro**, *raro*, spesso acquista il senso di *strano, curioso*.

* * *

Ejercicio 1: Traduzca

❶ Se ha puesto a llover, tendremos que salir más
tarde. ❷ ¿Qué pasa, no te sientes bien? ❸ Ten cuidado, hace mucho frío. ❹ ¿Tienes Internet en casa?
❺ – ¿Qué haces? – Ando a vueltas con la impresora, hay algo que no marcha.

6 Il fatto *(problema)* è che devo fare una ricerca *(una consultazione)* in Internet.

7 – Allora sta' attento, ho letto sul giornale che c'è uno strano virus *(un virus raro)* in circolazione.

8 L'articolo dice che sono le stesse aziende che producono i programmi

9 a diffondere *(quelle che lanciano)* i virus per poi vendere gli antivirus e…

10 prendere così due piccioni con una fava.

11 – Non [ci] *(lo)* posso credere!

12 – Al giorno d'oggi… va' *(vattene)* a sapere!

13 Se vuoi, ti posso prestare il mio nuovo antivirus.

14 [Ce] l'ho qui, l'ho appena comprato.

15 Vediamo un po' *(guarda a vedere)*, provare non costa nulla!

16 – Benissimo, vediamo se funziona *(andiamo a vedere se c'è fortuna)*!

94

▸ **Un fenómeno raro**, *uno strano fenomeno*.
Es raro que se haya ido sin despedirse, *è strano che sia andato via senza salutare.*
¡Qué cosa más rara!, *che cosa strana!, che strano!, curioso!,* ecc.

⑥ **Matar dos pájaros de un tiro** (lett. *ammazzare due uccelli con uno sparo*), *prendere due piccioni con una fava.*

* * *

Soluzione dell'esercizio 1

❶ Si è messo a piovere, dovremo uscire più tardi. ❷ Cosa c'è, non ti senti bene? ❸ Fa' attenzione, fa molto freddo. ❹ Hai Internet a casa? ❺ – Cosa fai? – Sono alle prese con la stampante, c'è qualcosa che non funziona.

Ejercicio 2: Complete

1 Ti piace questo disco? Te lo posso prestare.

¿.. ..... este .....? .. ..

2 Il tecnico non è potuto venire ieri, verrà oggi.

.. .. venir ...., ...

3 È la prima volta che mi capita una cosa simile.

.. .. me ocurre .... así.

4 Non ci posso credere.

... .

5 Provare non costa nulla.

....

El flamenco

1 El flamenco es un grito artístico
espontáneo que expresa,

2 particularmente a través "del cante jondo", ①

3 su forma más desgarradora,

4 los sentimientos íntimos de sufrimiento,
injusticia, tristeza y alegría

5 propios de la existencia.

6 Sus orígenes se sitúan en la baja
Andalucía,

Note

① Con l'espressione **"cante jondo"**, *"canto profondo"*, s'intende
il canto popolare andaluso, da cui è derivato il flamenco. **Jondo**

Soluzione dell'esercizio 2

① Te gusta – disco Te lo puedo prestar ② El técnico no pudo – ayer vendrá hoy ③ Es la primera vez que – algo – ④ No lo puedo creer ⑤ Probar no cuesta nada

Seconda ondata: Lección cuarenta y cinco

Il flamenco

1 Il flamenco è un grido artistico spontaneo che esprime,
2 soprattutto attraverso il "canto profondo",
3 la sua forma più lacerante,
4 i sentimenti intimi di sofferenza, ingiustizia, tristezza e allegria
5 propri dell'esistenza.
6 Le sue origini si situano nella bassa Andalusia,

▸ è una variante ortografica di **hondo**, *profondo*, dovuta al fatto che molti Andalusi delle generazioni più anziane aspirano la **h**. In altri contesti, tuttavia, *canto* si traduce di solito con **canto**. **Voy a clases de canto**, *vado a lezione di canto*.

7 **don**de los gi**ta**nos proce**den**tes del ② **nor**te de la **In**dia,

8 combi**nan**do su **mú**sica con la **á**rabe, la ju**día** ③ y la cris**tia**na,

9 se van estable**cien**do.

10 **Mez**cla de **can**te, gui**ta**rra y **bai**le, ④

11 universal**mente** aso**cia**do a la cul**tu**ra espa**ño**la,

12 el fla**men**co es **an**te **to**do la **que**ja del **al**ma anda**lu**za.

13 Cual**quie**ra que **fue**ren ⑤ sus va**rian**tes,

14 la expre**sión** ar**tís**tica al**can**za su paro**xis**mo

15 cuando **sur**ge el "**duen**de": ⑥

16 la comu**nión** de senti**mien**tos **en**tre el ar**tis**ta y su **pú**blico. □

Note

② **Procedente de**, *proveniente da, originario di*.
El tren procedente de Burgos con destino a Irún, va efectuar su salida, *è in partenza il treno proveniente da Burgon e diretto a Irún*.

③ **Judío,** usato sia come sostantivo che come aggettivo, significa *ebreo* o *ebraico*, ma **judía**, oltre a essere la forma femminile di **judío**, vuol dire anche *fagiolo*.

④ **Baile** indica tanto la *danza* quanto il *ballo*; **danza** si riferisce soprattutto alle danze tradizionali o artistiche.
Bailar, *ballare*.
Elena y José han ido a bailar a una discoteca, *Elena e José sono andati a ballare in una discoteca*.

⑤ **Cualquiera que fueren...** o, più frequentemente, **cualquiera que sean...**, *quali che siano...* **Fueren** è un congiuntivo futuro, tempo ormai caduto in disuso che, nella lingua parlata, è stato sostituito dal congiuntivo presente. Ne diamo qui un esempio a titolo indicativo, affinché sappiate che esiste. Raro nella letteratura contemporaea, è tuttavia frequente in Cervantes e negli

7   dove i gitani provenienti dal nord dell'India,

8   combinando la loro musica con [quella] araba, [quella] ebraica e [quella] cristiana,

9   vanno insediandosi *(stabilendosi)* a poco a poco.

10   Mescolanza di canto, chitarra e danza,

11   universalmente associato alla cultura spagnola,

12   il flamenco è, prima [di] tutto, il lamento dell'anima andalusa.

13   Quali *(qualunque)* che siano le sue varianti,

14   l'espressione artistica raggiunge il *(suo)* parossismo

15   quando si stabilisce *(sorge)* il "duende":

16   la comunione di sentimenti tra l'artista e il suo pubblico.

▶ altri grandi autori spagnoli del passato. Oggi s'incontra ancora nel linguaggio giuridico e in alcune espressioni: **sea lo que fuere** (o **sea lo que sea**), *comunque sia*, ecc.
Per un veloce ripasso confrontate la lezione 33, nota 9, la lezione 48, nota 8 e la lezione 70, paragrafo 5.

⑥ **Duende** (lett. *spirito fantastico, folletto*), termine che la frase 16 spiega approssimativamente, a volte è reso con *sortilegio* **(hechizo)**, *magia* **(magia)**, o *incanto* **(encanto)**. Dal momento che non c'è un equivalente univoco, abbiamo preferito lasciare **duende** nella traduzione in italiano.

Ejercicio 1 : Traduzca

❶ Esta noche asistiremos a un espectáculo de flamenco. ❷ El "cante jondo" expresa sentimientos íntimos. ❸ ¿De qué te quejas? ❹ ¿Sabes tocar la guitarra? ❺ Me gustaría ir a bailar esta noche.

Ejercicio 2: Complete

❶ Esprime facilmente i suoi sentimenti.

. . . . fácilmente . . . .

❷ È molto spontanea.

. . . .

❸ Mori, ebrei e cristiani han convissuto pacificamente in Andalusia.

. . . . . , ... vivieron . . . . . en Andalucía.

* * *

Il flamenco, quale lo conosciamo oggi, si è sviluppato come spettacolo verso la fine del XVIII secolo, così come la chitarra classica che, col passare degli anni, ha subito alcune modifiche per consentire ai musicisti di battere meglio il tempo, e si è imposto gradualmente come arte a tutti gli effetti. Manuel de Falla, quando compose nel 1915 **El amor Brujo***, L'amore Stregone, s'ispirò al flamenco contribuendo alla sua diffusione.*
El cante*, il canto;* **la guitarra***, la chitarra;* **la bailaora y / o el bailaor***, la ballerina e / o il ballerino, sono i pilastri di questa forma di espressione artistica che coinvolge* **la voz***, la voce;* **la música***, la*

Soluzione dell'esercizio 1

❶ Stasera assisteremo a uno spettacolo di flamenco. ❷ Il "canto profondo" esprime sentimenti intimi. ❸ Di che ti lamenti? ❹ Sai suonare la chitarra? ❺ Stasera mi piacerebbe andare a ballare.

❹ L'aereo proveniente da Shanghai arriverà in ritardo.

.. .. Shanghai ....
... . •

❺ Sento una grande gioia.

.... •

Soluzione dell'esercizio 2

❶ Expresa – sus sentimientos ❷ Es muy espontánea ❸ Moros, judíos y cristianos – en paz – ❹ El avión procedente de – llegará con retraso ❺ Siento una gran alegría

* * *

musica; **el baile**, la danza, e ancora **las palmas**, il battito delle mani; *il movimento dei piedi o il crepitare dei tacchi e* **las castañuelas**, le nacchere.
Ogni generazione vede nuovi cantanti, chitarristi e ballerini di talento che contribuiscono a loro volta all'evoluzione del flamenco introducendo elementi rock o di origine latino-americana, oppure ispirandosi alla musica araba o al jazz per attingere vette di virtuosismo.

Seconda ondata: Lección cuarenta y seis

Incomprensión

1 – ¿Qué **haces** a**hí** para**o** ① mir**á**ndome ② as**í**?
2 – Por más **vuel**tas que le doy, ③
3   no con**si**go compren**der**lo.
4   Me lo pre**gun**to y me lo **vuel**vo a
     pregun**tar**, **pe**ro…
5   ¡No hay tu **tía**! ④
6   ¡No me **ca**be en la ca**be**za! ⑤
7 – **Bue**no, **pe**ro ¿de qué se **tra**ta?
8 – Pues, me es**ta**ba pregun**tan**do
9   **có**mo es po**si**ble que yo **ha**ya po**di**do
     encon**trar**te a mi **gus**to.
10   No lo en**tien**do. ⑥

Note

① Nel parlato quotidiano può capitare di sentire la desinenza
  del participio passato **-ado** pronunciata **ao**. Così **parado**,
  participio passato di **parar**, *fermare*, si pronuncia spesso **parao**.
  Questo è dovuto al fatto che la **d** spagnola, più debole di quella
  italiana, si sente appena e a volte scompare del tutto. Qualcosa di
  simile avviene nella pronuncia fiorentina, secondo cui la *t* della
  desinenza *-ato* si pronuncia come la *th* dell'inglese *thing* o non
  si sente affatto.

② In questo caso il verbo al gerundio è legato a quello precedente
  (**parao**) e in genere si rende in italiano con l'infinito preceduto
  dalla preposizione *a*. Talvolta, nella traduzione, si può anche
  lasciare il verbo al gerundio.
  He pasado la tarde en mi habitación leyendo una novela, *ho*
  passato il pomeriggio in camera mia a leggere un romanzo /
  leggendo un romanzo.

Incomprensione

1 –   Che [ci] fai lì impalato *(fermato)* a guardarmi?
2 –   Per quanto mi ci arrovelli *(per più giri che gli do)*,
3   non riesco [a] capirlo.
4   Me lo chiedo e me lo richiedo, ma…
5   È inutile *(non c'è tua zia)*!
6   Non me ne capacito!
7 –   D'accordo *(buono)*, ma di che si tratta?
8 –   Beh, mi stavo chiedendo
9   come sia *(è)* possibile che io abbia potuto
        trovarti interessante *(a mio gusto)*.
10   Non lo capisco *(comprendo)*.

③ **Por más que** (o **por mucho que**), *per quanto*. Si tratta di una locuzione che segue le stesse regole della congiunzione **aunque**, *anche se, benché* (vedi la lezione 91, paragrafo 1):
   Por más que se lo repetías, le daba igual, *per quanto tu glielo ripetessi, non gliene importava.*
   Por más que digas, le dará igual, *per quanto tu dica, non gliene importerà.*

④ **¡No hay tu tía!** (lett. *non c'è tua zia!*), *non c'è speranza, è inutile,* è un'espressione che abbiamo visto nella lezione 73. Pare che sia una deformazione di **no hay atutía**, *non c'è tuzia* (la tuzia è un unguento che, secondo la farmacia antica, aveva proprietà curative).

⑤ **¡No me cabe en la cabeza!** (lett. *non mi sta nella testa!*), *non mi capacito!*

⑥ **Entender**, *capire, intendere,* ma non nel senso di *udire* (**oír**).
   Perdone, no le he entendido; ¿puede repetir, por favor?, *mi scusi, non l'ho capita; può ripetere, per favore?*

11 – ¿**Pe**ro tú no est**ás** bien o qué?
12 – Es evi**den**te.
13   ¡Yo te**ní**a se**sen**ta a**ños me**nos!   □

* * *

Ejercicio 1: Traduzca

① Me pregunto a qué hora va a llegar. ② Hay demasiado ruido, no se oye nada. ③ No entiendo lo que me dice. ④ No sé de qué se trata. ⑤ ¡No me cabe en la cabeza!

Ejercicio 2: Complete

① Per quanto io cerchi di spiegarglielo, non lo capisce.

... . que .. .., no lo entiende.

② Mi sembra evidente.

.. ..

③ Non m'importa.

.. ..

④ Sono rimasto a casa a guardare un film.

.. .. en casa ....

⑤ Ma non stai bene o cosa?

¿ .... ?

11 – Ma non stai bene o cosa *(che)*?
12 – È evidente!
13 Avevo sessant'anni [di] meno!

* * *

Soluzione dell'esercizio 1

❶ Mi chiedo a che ora verrà. ❷ C'è troppo rumore, non si sente niente. ❸ Non capisco quello che mi dice. ❹ Non so di cosa si tratti. ❺ Non me ne capacito!

Soluzione dell'esercizio 2

❶ Por mucho – se lo explico – ❷ Me parece evidente ❸ Me da igual ❹ Me he quedado – viendo una película ❺ Pero tú no estás bien o qué

Seconda ondata: Lección cuarenta y siete

Apuntes de geografía

1   España ① **tiene u**na superficie
2   de qui**nie**ntos **cua**tro mil sete**cie**ntos
    o**chen**ta y dos kilómetros cua**dra**dos,
3   in**clui**dos los archi**pié**lagos bale**ar** y ca**na**rio.
4   **Tiene u**na pobla**ción** que su**pe**ra los
    cua**ren**ta mi**llo**nes de habi**tan**tes.
5   Limi**ta** al **Nor**te con el mar Can**tá**brico ② y
    Francia;
6   al Sur con el conti**nen**te afri**ca**no,
7   del que **sólo** la se**pa**ran **u**nos **quin**ce
    kilómetros:
8   el es**tre**cho de Gibral**tar**;
9   al **Es**te con el Mar Mediter**rá**neo
10 y al Oeste con Portu**gal** y el O**cé**ano At**lán**tico.
11 Los princi**pa**les **rí**os ③ son el **E**bro y el
    Duero, al **nor**te;
12 el **Ta**jo, en el **cen**tro;
13 y el Gua**dia**na y el Guadalqui**vir**, al sur.

Note

① Come ricorderete, la maggior parte dei nomi delle regioni c
   degli Stati non vanno preceduti dall'articolo, tranne quando
   sono accompagnati da un aggettivo o da un complemento che l
   specifica:
   España y Portugal forman la península Ibérica, *la Spagna e*
   il Portogallo formano la penisola Iberica.
   Egipto y Jordania son países de Oriente Próximo, *l'Egitto e*
   la Giordania sono paesi del Vicino Oriente.

Appunti di geografia

1   [La] Spagna ha una superficie
2   di 504 782 km²,
3   compresi *(inclusi)* gli arcipelaghi delle Baleari e
       delle Canarie *(baleare e canario)* .
4   Ha una popolazione di oltre *(che supera i)*
       quaranta milioni di abitanti.
5   Confina a *(limita al)* nord col Golfo di Biscaglia
       e [con la] Francia;
6   a sud col continente africano,
7   dal quale dista soltanto *(da cui soltanto la
       separano)* circa quindici chilometri *(:)*
8   [costituiti dallo] *(lo)* Stretto di Gibilterra;
9   a est [confina] con il Mar Mediterraneo
10   e a ovest con [il] Portogallo e l'Oceano
       Atlantico.
11   I fiumi principali *(principali fiumi)* sono l'Ebro
       e il Duero, al nord;
12   il Tago, al *(nel)* centro;
13   e il Guadiana e il Guadalquivir, al sud.

▸ **La Italia central**, *l'Italia centrale.*
  La Rusia de los zares, *la Russia degli zar.*

② **El mar Cantábrico**, *il Mar Cantabrico*, è la denominazione
  spagnola del *Golfo di Biscaglia* (**golfo de Vizcaya**), chiamato
  anche *Golfo di Guascogna.*

③ **Río** significa *fiume* e non *rio* (nel senso di *ruscello*), che in
  spagnolo si dice **arroyo**.

14 Administrativamente, el país está dividido
15 en diecisiete Comunidades Autónomas, que suman cincuenta y dos provincias.
16 Por estar ④ situada entre dos continentes y dos mares,
17 por su carácter peninsular, su relieve accidentado
18 y un clima que roza los extremos,
19 España ocupa un lugar singular en Europa. □

Note

④ Nel caso specifico questa costruzione (**por** + verbo all'infinito) indica una causa (ma potrebbe anche indicare uno scopo). In italiano si traduce in vari modi a seconda dei casi: col gerundio, con le congiunzioni *poiché, perché,* con le locuzioni *dato che, dal momento che,* ecc seguite da un verbo coniugato a un tempo composto.
Le dieron un trofeo por haber ganado, *Gli diedero un trofeo perché aveva vinto.*

* * *

Ejercicio 1: Traduzca

❶ ¿Qué superficie tiene España? ❷ ¿Cuántos millones de habitantes tiene Europa? ❸ El estrecho de Gibraltar separa los continentes europeo y africano. ❹ Me gusta también bañarme en el río. ❺ Los archipiélagos balear y canario se encuentran en el mar Mediterráneo y en el océano Atlántico respectivamente.

14 Dal punto di vista amministrativo *(amministrativamente)*, il Paese è diviso

15 in diciassette Comunità Autonome che comprendono in tutto *(che sommano)* cinquantadue province.

16 Essendo *(per essere)* situata fra due continenti e due mari,

17 [e avendo un] *(per il suo)* carattere peninsulare, rilievi accidentati *(il suo rilievo accidentato)*

18 e un clima che sfiora gli estremi,

19 [la] Spagna occupa un posto a parte *(singolare)* in Europa.

Soluzione dell'esercizio 1

❶ Qual è la superficie della Spagna? ❷ Quanti milioni di abitanti ha l'Europa? ❸ Lo Stretto di Gibilterra separa il continente europeo da quello africano. ❹ Mi piace anche fare il bagno nel fiume. ❺ Gli arcipelaghi delle Baleari e delle Canarie si trovano nel Mar Mediterraneo e nell'Oceano Atlantico rispettivamente.

Ejercicio 2: Complete

① Non sono arrivato in tempo perché ho perso l'autobus.

. . . . haber perdido . . .

. . . .

② Abita vicino al mare, a circa dodici chilometri.

. . . ., a . . . .

. . . .

③ L'Andalusia occupa la parte meridionale *(sud)* della Spagna.

. . . . la parte . . . .

④ All'università si lavora spesso con degli appunti.

En la . . . . trabaja . . . .

. . . .

⑤ La penisola Iberica si trova nell'estremo sud dell'Europa.

La península . . . . el

extremo . . . .

Repaso

1 L'accento

☞ **L'accento tonico**

In spagnolo, come in italiano, tutte le parole con più di una sillaba hanno una vocale su cui la voce si appoggia con maggiore intensità rispetto alle altre. Nei dialoghi del corso abbiamo evidenziato in grassetto le sillabe che recano l'accento tonico; ora vedremo nel dettaglio le sue caratteristiche e le sue regole.
Lasciando da parte i monosillabi, distinguiamo quattro tipi di parole secondo l'accento:
- **Palabras agudas** *(parole tronche)*: hanno l'accento tonico sull'ultima sillaba: **verdad**, *verità*; **intensidad**, *intensità*; **salud**, *salute*; **adiós**, *arrivederci*; **humor**, *humor*, ecc.

Soluzione dell'esercizio 2

❶ No llegué a tiempo por – el autobús ❷ Vive cerca del mar, – unos doce kilómetros ❸ Andalucía ocupa – sur de España ❹ – universidad se – a menudo con apuntes ❺ – Ibérica se encuentra en – sur de Europa

* * *

Il clima spagnolo è noto per la sua mitezza, ma vale la pena di osservare una sua caratteristica molto meno nota: le temperature possono variare da un estremo all'altro. Lontano dal litorale mediterraneo, infatti, nelle regioni interne, non è affatto raro che, per lunghe settimane **el termómetro**, *il termometro, segni temperature nettamente* **bajo cero**, *con* **inviernos**, *inverni, molto freddi che si alternano a estati canicolari.*

Seconda ondata: Lección cuarenta y ocho

Novantottesima lezione   98

- **Palabras llanas** *(parole piane)*: hanno l'accento tonico sulla penultima sillaba: **libro**, *libro*; **amigo**, *amico*; **árbol**, *albero*; **sombra**, *ombra*; **lápiz**, *matita*; **completo**, *completo*, ecc.
- **Palabras esdrújulas** *(parole sdrucciole)*: hanno l'accento tonico sulla terzultima sillaba: **sílaba**, *sillaba*; **dímelo**, *dimmelo*; **árboles**, *alberi*; **pájaro**, *uccello*; **cógelo**, *prendilo*, ecc.
- **Palabras sobresdrújulas** *(parole bisdrucciole)*: hanno l'accento tonico prima della terzultima sillaba: **cuéntamelo**, *raccontamelo*; **irónicamente**, *ironicamente*, ecc.

☛ **Regole generali sull'accento**

- L'accento grafico non si segna nelle parole che finiscono per vocale, per **n** o per **s** e hanno l'accento sulla penultima sillaba (**palabras llanas** *parole piane*): **hoja**, *foglia*; **familia**, *famiglia*; **padre**, *padre*; **madre**, *madre*, **tenis**, *tennis*, ecc.

- Anche le parole che finiscono per consonante diversa da **n** o **s** e hanno l'accento sull'ultima sillaba (**palabras agudas**, *parole tronche)* non richiedono l'accento grafico: **estudiar**, *studiare*; **amistad**, *amicizia*; **papel**, *carta*, ecc.

- L'accento grafico si segna sempre, invece, in tutti gli altri casi: nelle parole che finiscono per vocale, per **n** o per **s** e hanno l'accento sull'ultima sillaba (**así**, *così*; **también**, *anche*, ecc.), nelle parole che finiscono per vocale diversa da **n** o **s** e hanno l'accento sulla penultima sillaba (**fácil**, *facile*; **árbol**, *albero,* ecc.) e nelle parole che hanno l'accento tonico sulla terzultima sillaba o su una sillaba precedente (**palabras esdrújulas** o **sobresdrújulas**: **pájaro**, *uccello*; **sílaba**, *sillaba*; **cantándotelo**, *cantandotelo*; **paradójicamente**, *paradossalmente*, ecc.).

Per approfondire l'argomento, consultate l'introduzione ai paragrafi 7, 8 e 9 del capitolo sulla pronuncia e le note delle lezioni 7, 15, 16 e 35.

2 Verbi irregolari: 7° gruppo

Il 7° gruppo è costituito dai verbi che finiscono in **-eír** e in **-eñir**. **Reír**, *ridere*, è il verbo di questo gruppo che si usa più di frequente ed è impiegato anche nella forma pronominale **reírse**.

In questi verbi la **e** della radice è sostituita da una **i** quando è tonica o quando la desinenza comincia con un dittongo o per **a**. Inoltre si perde la **i** atona della desinenza al gerundio, alla 3ª persona singolare e plurale del passato remoto e, di conseguenza, al congiuntivo imperfetto. State tranquilli, non è necessario imparare a memoria queste informazioni; leggetele soltanto e tornate eventualmente a rivederle per un approfondimento quando vi sarete impratichiti con questi verbi.

Sonríes, *tu sorridi* (indicativo presente).
No le riñas, *non lo sgridare* (congiuntivo presente e imperativo).
Estoy friendo las patatas, *sto friggendo le patate* (gerundio).
(Ella) se rió, *lei ha riso, lei rise* (passato remoto).
Quien ríe el último ríe mejor (lett. *chi ride l'ultimo ride meglio*), *ride bene chi ride ultimo*.

3 Verbi irregolari: 8° gruppo

Sono i verbi in **-entir**, **-erir** **-ertir**, **-ervir** (tranne **servir**, *servire*, che costituisce un'eccezione e si coniuga come **pedir**, *chiedere*). A questo gruppo appartengono, per esempio, **divertirse**, *divertirsi*,

herir, *ferire*, **hervir**, *fervere* e **sentir**, *sentire, provare, dispiacersi.*
Questo gruppo presenta le seguenti caratteristiche:
• Il presente indicativo e i tempi che da esso derivano (il congiuntivo presente e l'imperativo) hanno la stessa irregolarità dei verbi del 1° gruppo (vedi lezione 70): la **e** della radice, quando è tonica, diventa **ie**.
• Nei tempi derivati dal presente e dal passato remoto (**pretérito indefinido de indicativo**), nonché al gerundio, hanno la stessa irregolarità dei verbi del 6° gruppo (vedi lezione 84): la **e** della radice diventa **i** quando è tonica o quando la desinenza comincia per un dittongo o per **a**.
Inizialmente preoccupatevi solo di prendere confidenza con questi verbi!

Lo s<u>ie</u>nto, *mi dispiace* (indicativo presente).
¿Qué pref<u>ie</u>res?, *cosa preferisci?* (indicativo presente).
¿Cómo te s<u>ie</u>ntes?, *come ti senti?* (indicativo presente).
No m<u>ie</u>ntas, *non mentire* (congiuntivo presente / imperativo).
Me adv<u>i</u>rtió con antelación, *mi ha avvertito in anticipo* (passato remoto).
Nos estamos div<u>i</u>rtiendo, *ci stiamo divertendo* (gerundio).

4 Diálogo recapitulativo

1 – Sí, ¿qué desean? **(50)**
2 – Mire, estamos aprendiendo árabe **(13, 41, 95)**
3 y quisiéramos poder estudiar también por ordenador. **(78, 94)**
4 – Pues tenemos justamente un cederrón muy interesante. **(47)**
5 Se lo voy a enseñar. **(46)**
6 ¡De todas formas, han elegido ustedes un idioma difícil! **(92)**
7 ¿Cómo así les ha dado por el árabe? **(30, 85)**
8 – Pues hemos adoptado un niño libanés que tiene ya dos **(25, 88)** años;
9 y como pronto empezará a hablar…
10 ¡nos gustaría poder entender lo que dice! **(33, 96)**

Traducción

1 Sì, cosa desiderate? **2** Ecco, stiamo imparando l'arabo **3** e ci piacerebbe potere studiare anche col computer. **4** Beh, abbiamo appunto un cd-rom molto interessante. **5** Ve lo mostro. **6** In ogni caso avete scelto una lingua difficile! **7** Com'è che vi siete messi a studiare l'arabo? **8** Beh, abbiamo adottato un bambino libanese che ha già due anni; **9** e poiché comincerà presto a parlare… **10** ci piacerebbe riuscire a capire quello che dice!

---

99 Lección noventa y nueve

E ora non ci resta altro che dirvi ¡**enhorabuena y… hasta la vista!**, congratulazioni e... arrivederci!

¡Enhorabuena!

1 ¡Enhora**bue**na!
2 Por ha**ber** afron**ta**do con **é**xito ① las dificul**ta**des de la **len**gua,
3 por su tenaci**dad**, por su perseve**ran**cia;
4 en **u**na pa**la**bra: por el tra**ba**jo realiz**a**do.
5 **Pero**…¿y a**ho**ra?
6 A**ho**ra**,** se **tra**ta de ¡mant**ener** el con**tac**to!
7 No **du**de en e**char**se al **ruedo** ②
8 y po**ner**se **an**te el **to**ro: la **prác**tica **dí**a a **dí**a,

Note

① **Éxito** indica sempre un risultato positivo (*successo*); *esito* si dice **resultado**.

② **Echarse al ruedo** corrisponde a *gettarsi nella mischia, entrare in lizza* (**entrar en liza**).
El ruedo significa letteralmente *l'orlo* e definisce prima di tutto una circonferenza, ma per traslato è anche *l'arena* (**la arena**)

Eccovi quasi giunti alla fine della "prima ondata". Nelle ultime due lezioni vi proporremo un testo che abbiamo diviso in due parti per facilitarvi il lavoro. Mettetevi alla prova con queste frasi e, in seguito, cercate di tenere a mente alcune delle raccomandazioni che vi faremo.

Novantanovesima lezione   99

Congratulazioni!

1   Congratulazioni!
2   Per avere affrontato con successo le difficoltà della lingua,
3   per la sua tenacia, per la sua perseveranza;
4   in una parola: per il lavoro svolto *(realizzato)*.
5   Ma… e ora?
6   Ora si tratta di mantenere i contatti *(il contatto)*!
7   Non esiti a gettarsi nella mischia *(arena)*
8   e [a] prendere il toro per le corna *(mettersi davanti al toro)*: la pratica giorno per *(a)* giorno,

▸ in cui si svolgono le corride. Tra l'altro la prima accezione di **arena** è *sabbia*, come in italiano.
La arena de esta playa es muy fina, *la sabbia di questa spiaggia è molto fine.*
Nella frase successiva avremmo potuto usare un'espressione identica a quella italiana: **coger el toro por los cuernos**, *prendere il toro per le corna.*

9 con motivo de ③ una conversación con un hispanohablante,

10 viendo una película en versión original,

11 navegando por Internet,

12 tratando de ④ ver una cadena española de televisión,

13 leyendo un periódico o una revista;

14 en suma, aprovechando cualquier oportunidad ⑤ para entrar en relación directa con el español...

15 ¡ahí está el verdadero test! □

Note

③ **Con motivo de**, *in occasione di, durante*.

④ **Tratar**, *trattare*, quando è seguito dalla preposizione **de** e da un verbo all'infinito vuol dire *cercare di*. **Trataré de pedir una cita**, *cercherò di chiedere un appuntamento*.

Tratarse de (che avete incontrato nella frase 6), invece, non riserva sorprese e significa *trattarsi di*. **¿De qué se trata?**, *di che si tratta?*

⑤ **Aprovechando cualquier oportunidad**, *approfittando di qualsiasi opportunità (occasione)* Ricordate che il verbo **aprovechar** è transitivo.

Si può dire anche **no dejar escapar (pasar) la oportunidad**, *non lasciarsi scappare l'occasione*.

* * *

Ejercicio 1: Traduzca

❶ ¡Enhorabuena! ¡Buen trabajo! ❷ ¿Qué vas a hacer ahora? ❸ Quiero mantener el contacto; voy a seguir estudiando. ❹ Si me necesitas, no dudes en llamarme. ❺ ¡No dejes escapar la oportunidad!

9   in occasione *(con motivo)* di una conversazione
con un ispanofono,

10   guardando un film in versione originale,

11   navigando in *(per)* Internet,

12   cercando di vedere un canale spagnolo in *(di)*
televisione,

13   leggendo un giornale o una rivista;

14   insomma, approfittando di qualsiasi opportunità
per entrare in contatto diretto *(relazione diretta)*
con lo spagnolo...

15   ecco qual è *(lì sta)* il vero test!

Soluzione dell'esercizio 1

❶ Congratulazioni! Buon lavoro! ❷ Che fai adesso? ❸ Voglio mantenere i contatti; continuerò a studiare. ❹ Se hai bisogno di me, non esitare a chiamarmi. ❺ Non lasciarti scappare l'occasione!

Ejercicio 2: Complete

① È successo *(c'è stato)* di tutto, alti e bassi.

.. .. todo, ...

② Ma siamo riusciti a superare le difficoltà.

.... hemos ....

....

③ Ora bisogna gettarsi nella mischia, con brio, senza paura.

Ahora ... ... echarse .. .. , con .... ,

... .

---

100 Lección cien

¡Hasta la vista!

1 En ade**lan**te prac**ti**que en **cuan**to ① la
   oca**sión** se pre**sen**te;
2 es ha**cien**do **fren**te ② con tranquili**dad** a lo
   que se pre**sen**te ③ de ma**ne**ra impre**vis**ta,
3 sin te**ner mie**do de no es**tar** a la al**tu**ra,
4 de no enten**der**, de ha**cer fal**tas, etc.,
5 **co**mo po**drá** eva**luar** su verda**de**ra **fuer**za,
6 la ampli**tud** de sus conoci**mien**tos, el ni**vel**
   que ha alcan**za**do.

Note

① **En cuanto**, *mentre, non appena, nel momento in cui.*
Te llamaremos en cuanto lleguemos, *ti chiameremo non
appena saremo arrivati.*

② **Hacer frente**, *far fronte, affrontare* (**afrontar**).
Es una persona que no rehuye la dificultad, siempre hace

④ Può capitare in qualsiasi momento.

. . . . . llegar . . . .

⑤ Congratulazioni! Ha saputo approfittare dell'occasione!

¡ . . . . ! ¡Ha sabido . . . .
. . . .

Soluzione dell'esercizio 2

① Ha habido de – altos y bajos ② Pero – conseguido superar las dificultades ③ – hay que – al ruedo – con brío sin miedo ④ Puede – en cualquier momento ⑤ Enhorabuena – aprovechar la opurtunidad

Seconda ondata: Lezione cincuenta

Arrivederci!

1   D'ora in poi, si eserciti *(pratichi)* non appena se [ne] presenta *(presenti)* l'occasione;
2   è affrontando con tranquillità gli imprevisti *(ciò che si presenti in maniera imprevista)*,
3   senza avere timore di non essere all'altezza,
4   di non capire, di fare errori, ecc.,
5   che *(come)* potrà valutare la sua vera forza,
6   il suo grado di conoscenza *(l'ampiezza delle sue cognizioni)*, il livello *(che ha)* raggiunto.

▸ **frente**, *è una persona che non evita i problemi, li affronta sempre.*

③ Qui **presentarse** è al congiuntivo perché si riferisce a fatti ipotetici che potrebbero accadere in futuro (vedi anche la frase 8).

7 ¡Quedará sorprendido!

8 Así mismo, cuando sienta la necesidad,

9 vuelva aquí para reponer fuerzas:

10 relea una lección en voz alta, trabaje una frase,

11 repase una nota, vuelva a hacer un ejercicio,

12 eche una ojeada a la conjugación,

13 busque en el léxico, consulte un punto de gramática…

14 Practicar, practicar, practicar, ¡ése es ④ el secreto de todo arte!

15 Es a través de la práctica, del contacto asiduo,

16 como ⑤ la lengua llegará a serle ⑥ familiar,

17 como se hará cada vez más dueño de sus conocimientos

18 y como estará en condiciones de ⑦ afrontar nuevos desafíos.

Note

④ **Ése es**, *quello è*, nella frase in questione si può tradurre *ecco* oppure *questo è*. Per completare l'argomento, tornate al paragrafo 3 della lezione 84.

⑤ **Es a través de la práctica… como…**, *è con l'esercizio… che…*; **…como se hará…**, *…che diventerà …* (frase 17); **…y como estará…**, *…e che sarà…* (frase 18).
In questo caso il *che* italiano è reso in spagnolo con **como, donde, cuando** o **por que**, a seconda che indichi un modo, un luogo, un'espressione di tempo o una causa. In questa lezione c'è un altro esempio di questa struttura: **es haciendo frente…** (frase 2) **como…** (frase 5), *è affrontando… che…*

7 [Ne] resterà sorpreso!

8 Così *(così stesso)*, quando ne avrà bisogno *(quando senta la necessità)*,

9 torni al manuale *(qui)* per recuperare le forze *(riporre forze)*:

10 rilegga una lezione a voce alta, studi una frase,

11 ripassi una nota, rifaccia un esercizio,

12 dia un'occhiata alla coniugazione,

13 cerchi nel lessico, consulti un argomento grammaticale *(un punto di grammatica)*…

14 Esercizio *(praticare)*, esercizio, esercizio, ecco il segreto di tutto *(tutta arte)*!

15 È con *(attraverso di)* l'esercizio, il contatto assiduo,

16 che *(come)* la lingua le diventerà *(arriverà a essere)* familiare,

17 che *(come)* acquisterà sempre di più la padronanza *(diverrà ogni volta più padrone)* delle sue cognizioni,

18 e che sarà in grado *(in condizioni)* di affrontare nuove sfide.

▸ **Fue en Nueva Zelanda donde** conocí a la que es hoy mi **mujer**, *è (fu) in Nuova Zelanda che ho conosciuto quella che adesso è mia moglie.*

⑥ **Llegar a ser** (lett. *arrivare a essere*), *divenire,* indica un cambiamento che comporta fatica e impegno.
Llegar a ser piloto, sastre, fontanero, abogado, carpintero, *diventare pilota, sarto, idraulico, avvocato, falegname.*

⑦ **Estar en condiciones de**, *essere in grado di, essere in condizione di.*
No estoy en condiciones de acompañaros, *non sono in condizione di accompagnarvi.*

19 **Ahí** esta**re**mos para ayu**dar**le a
conse**guir**lo.

20 ¡Buen **via**je y… **has**ta **pron**to! ⑧ □

Note

⑧ *Arrivederci* si dice **hasta la vista** oppure **adiós**, ma si può dire
anche **hasta pronto**, *a presto*, di uso altrettanto comune. **Hasta
la vista**, tuttavia, è un po' più confidenziale.

* * *

Ejercicio 1: Traduzca

❶ Ven en cuanto puedas. ❷ Voy a echar una
ojeada al periódico. ❸ Practicar y practicar; ésa es
la mejor manera de familiarizarse con la lengua.
❹ Cada vez conozco más expresiones. ❺ ¿Qué te
gustaría llegar a ser?

Ejercicio 2: Complete

❶ Studiando s'impara *(è studiando che s'impara)*.

. . . .

❷ Ripassa, cerca, consulta; in una parola: studia!

. . . . . . , ... , ... ; . . . . :
¡estudia!

❸ Torni a trovarci, la aspettiamo.

. . . . , le . . . .

❹ Affrontare ed essere all'altezza.

. . . .

❺ Coraggio! A presto!

¡ . . . . . ! ¡ . . . . !

19 Là ci saremo noi *(lì staremo)* per aiutarla a
riuscirci.

20 Buon viaggio e… a presto!

Soluzione dell'esercizio 1

❶ Vieni appena puoi. ❷ Do un'occhiata al giornale. ❸ Esercizio e ancora esercizio; ecco il modo migliore per prendere confidenza con la lingua. ❹ Conosco un numero di espressioni sempre maggiore. ❺ Che ti piacerebbe diventare?

Soluzione dell'esercizio 2

❶ Es estudiando como se aprende ❷ Repasa busca consulta en una palabra – ❸ Vuelva a vernos – esperamos ❹ Hacer frente y estar a la altura ❺ Ánimo – Hasta pronto

Seconda ondata: Lección cincuenta y una

Non dimenticate di terminare la seconda ondata: proseguite con la fase attiva del vostro studio, giorno per giorno, fino alla centesima lezione!

Appendice grammaticale (coniugazione dei verbi)

Questa breve appendice, che si ricollega al contenuto delle lezioni trattando elementi che avete incontrato durante il vostro apprendimento, è da considerarsi una guida che vi aiuterà nello studio dei verbi e delle loro caratteristiche principali (le coniugazioni, la formazione dei tempi semplici e dei tempi composti, gli elementi di base dei verbi irregolari, ecc.).
Inoltre, consultando l'indice analitico, potrete ritrovare facilmente la lezione in cui è trattato l'argomeno che cercate e fare il punto sulle nozioni imparate.

Sommario

1 Le coniugazioni 449
2 Formazione dei tempi semplici dei verbi regolari 449
3 I tempi composti 449
4 Il participio passato 450
5 La prima coniugazione: i verbi in **-ar** 452
6 La seconda coniugazione: i verbi in **-er** 453
7 La terza coniugazione: i verbi in **-ir** 454
8 I verbi **haber, tener, ser** e **estar** 455
9 Norme di coniugazione dei verbi irregolari 459
10 Classificazione dei verbi irregolari 459
11 Verbi con irregolarità proprie 463

1 Le coniugazioni

I verbi spagnoli si dividono in tre coniugazioni:
1ª coniugazione: verbi con l'infinito in **-ar**
2ᵉ coniugazione: verbi con l'infinito in **-er**
3ᵉ coniugazione: verbi con l'infinito in **-ir**

2 Formazione dei tempi semplici dei verbi regolari

I tempi semplici dei verbi spagnoli si formano a partire da:

a) la radice del verbo
- indicativo presente
- congiuntivo presente
- imperativo
- indicativo imperfetto
- passato remoto
- gerundio
- participio passato

b) l'infinito
- futuro
- condizionale

c) il passato remoto
- congiuntivo imperfetto
- congiuntivo futuro*

* Vedi la lezione 95.

3 I tempi composti

I tempi composti si formano come in italiano, ovvero ricorrendo al verbo ausiliare (che in spagnolo è **haber**, *avere*, per tutti i verbi) seguito dal participio passato del verbo da coniugare.
Il participio passato che segue **haber** è sempre invariabile.

Per quanto riguarda la forma passiva, invece, l'ausiliare impiegato è sempre **ser**, *essere*, seguito dal participio passato del verbo da coniugare. Questo participio passato concorda col soggetto, come in italiano.

4 Il participio passato

Formazione:

1ª coniugazione (verbi in **-ar**) → radice del verbo + **ado**
2ª coniugazione (verbi in **-er**) } → radice del verbo + **ido**
3ᵉ coniugazione (verbi in **-ir**) }

La maggior parte dei participi passati irregolari finisce per **-to**, **-so** o **-cho**: **abrir** →**abierto** *(aprire, aperto)*; **imprimir** → **impreso** *(imprimere, impresso)*; **hacer** → **hecho** *(fare, fatto)*.

I tempi composti di tutti i verbi si formano con l'ausiliare **haber** seguito dal participio passato del verbo da coniugare.
Il participio passato, dopo **haber**, è sempre invariabile.
Quando è preceduto dal verbo **ser**, *essere*, il participio passato serve a ottenere la forma passiva dei verbi transitivi.

Alcuni verbi hanno due participi passati, uno regolare e l'altro irregolare.
Il participio passato regolare è impiegato nella formazione dei tempi composti ed è preceduto dal verbo **haber**.
Il participio passato irregolare è impiegato generalmente da solo, come aggettivo; talvolta può essere accompagnato da **estar**, *essere, stare* o da **tener**, *avere*.

Solo i participi irregolari **frito** (da **freír**, *friggere*), **impreso** (da **imprimir**, *imprimere*) e **provisto** (da **proveer**, *provvedere*) possono sostituire il participio passato regolare preceduto dall'ausiliare **haber**.

Elenco dei verbi più comuni con due participi passati:

absorber	*assorbire*	**absorbido**	**absorto**
abstraer	*astrarre*	**abstraído**	**abstracto**
atender	*soddisfare*	**atendido**	**atento**
bendecir	*benedire*	**bendecido**	**bendito**
completar	*completare*	**completado**	**completo**
concretar	*concretare*	**concretado**	**concreto**
confesar	*confessare*	**confesado**	**confeso**
confundir	*confondere*	**confundido**	**confuso**
convertir	*convertire*	**convertido**	**converso**
corregir	*correggere*	**corregido**	**correcto**
cultivar	*coltivare*	**cultivado**	**culto**
despertar	*svegliare*	**despertado**	**despierto**
difundir	*diffondere*	**difundido**	**difuso**
distinguir	*distinguere*	**distinguido**	**distinto**
dividir	*dividere*	**dividido**	**diviso**
elegir	*scegliere*	**elegido**	**electo**
exceptuar	*escludere*	**exceptuado**	**excepto**
expresar	*esprimere*	**expresado**	**expreso**
extender	*estendere*	**extendido**	**extenso**
fijar	*fissare*	**fijado**	**fijo**
concluir	*concludere*	**concluido**	**concluso**
freír	*friggere*	**freído**	**frito**
hartar	*saziare*	**hartado**	**harto**
imprimir	*imprimere*	**imprimido**	**impreso**
incluir	*includere*	**incluido**	**incluso**
invertir	*investire*	**invertido**	**inverso**
juntar	*unire*	**juntado**	**junto**
maldecir	*maledire*	**maldecido**	**maldito**
manifestar	*manifestare*	**manifestado**	**manifiesto**
molestar	*infastidire*	**molestado**	**molesto**
ocultar	*nascondere*	**ocultado**	**oculto**
omitir	*omettere*	**omitido**	**omiso**
pervertir	*pervertire*	**pervertido**	**perverso**
poseer	*possedere*	**poseído**	**poseso**
precisar	*precisare*	**precisado**	**preciso**
proveer	*provvedere*	**proveído**	**provisto**
remitir	*spedire, rimettere*	**remitido**	**remiso**
soltar	*lasciare*	**soltado**	**suelto**
suspender	*sospendere*	**suspendido**	**suspenso**
sustituir	*sostituire*	**sustituido**	**sustituto**
tender	*tendere*	**tendido**	**tenso**

5 La prima coniugazione: i verbi in -*ar*

cantar, *cantare*

Indicativo presente	Imperativo	Congiuntivo presente
cant o, *io canto*		**cant e,** *che io canti*
cant as	**canta,** *canta*	**cant es**
cant a		**cant e**
cant amos		**cant emos**
cant áis	**cant ad**	**cant éis**
cant an		**cant en**

Indicativo imperfetto	Gerundio
cant aba, *io cantavo*	**cant ando,** *cantando*
cant abas	
cant aba	Participio passato
cant ábamos	
cant abais	**cant ado,** *cantato*
cant aban	

Futuro	Condizionale
cantar é, *io canterò*	**cantar ía,** *io canterei*
cantar ás	**cantar ías**
cantar á	**cantar ía**
cantar emos	**cantar íamos**
cantar éis	**cantar íais**
cantar án	**cantar ían**

Passato remoto	Congiuntivo imperfetto	Congiuntivo futuro
cant é, *io cantai*	**cant ara** e **cant ase**	**cant are**
cant aste	**cant aras / -ases**	**cant ares**
cant ó	**cant ara / -ase**	**cant are**
cant amos	**cant áramos / -ásemos**	**cant áremos**
cant asteis	**cant arais / -aseis**	**cant areis**
cant aron	**cant aran / -asen**	**cant aren**

6 La seconda coniugazione: i verbi in -er

comer, *mangiare*

Indicativo presente	Imperativo		Congiuntivo presente
com o, *io mangio*			**com a**, *che io mangi*
com es	**com e**, *mangia*		**com as**
com e			**com a**
com emos			**com amos**
com éis	**com ed**		**com áis**
com en			**com an**

Indicativo imperfetto	Gerundio
com ía, *io mangiavo*	**com iendo**, *mangiando*
com ías	
com ía	Participio passato
com íamos	
com íais	**com ido**, *mangiato*
com ían	

Futuro	Condizionale
comer é, *io mangerò*	**comer ía**, *io mangerei*
comer ás	**comer ías**
comer á	**comer ía**
comer emos	**comer íamos**
comer éis	**comer íais**
comer án	**comer ían**

Passato remoto	Congiuntivo imperfetto	Congiuntivo futuro
com í, *io mangiai*	**com iera** e **com iese**	**com iere**
com iste	**com ieras** / **-ieses**	**com ieres**
com ió	**com iera** / **-iese**	**com iere**
com imos	**comi éramos** / **-iésemos**	**com iéremos**
com isteis	**com ierais** / **-ieseis**	**com iereis**
com ieron	**com ieran** / **-iesen**	**com ieren**

7 La terza coniugazione: i verbi in -*ir*

vivir, *vivere*

Indicativo presente	Imperativo	Congiuntivo presente
viv o, *io vivo*		**viv a**, *che io viva*
viv es	**viv e**, *vivi*	**viv as**
viv e		**viv a**
viv imos		**viv amos**
viv ís	**viv id**	**viv áis**
viv en		**viv an**

Indicativo imperfetto	Gerundio
viv ía, *io vivevo*	**viv iendo**, *vivendo*
viv ías	
viv ía	Participio passato
viv íamos	
viv íais	**viv ido**, *vissuto*
viv ían	

Futuro	Condizionale
vivir é, *io vivrò*	**vivir ía**, *io vivrei*
vivir ás	**vivir ías**
vivir á	**vivir ía**
vivir emos	**vivir íamos**
vivir éis	**vivir íais**
vivir án	**vivir ían**

Passato remoto	Congiuntivo imperfetto	Congiuntivo futuro
viv í, *io vissi*	**viv iera** e **viv iese**	**viv iere**
viv iste	**viv ieras / -ieses**	**viv ieres**
viv ió	**viv iera / -iese**	**viv iere**
viv imos	**viv iéramos / -iésemos**	**viv iéremos**
viv isteis	**viv ierais / -ieseis**	**viv iereis**
viv ieron	**viv ieran / -iesen**	**viv ieren**

8 I verbi *haber*, *tener*, *ser* e *estar*

● **haber,** *avere* (ausiliare)

Indicativo presente	Imperativo	Congiuntivo presente
he, *io ho*		**haya**, *che io abbia*
has	**he**, *abbi*	**hayas**
ha		**haya**
hemos		**hayamos**
habéis	**hab ed**	**hayáis**
han		**hayan**

Indicativo imperfetto	Gerundio
hab ía, *io avevo*	**hab iendo**, *avendo*
hab ías	
hab ía	**Participio passato**
hab íamos	
hab íais	**hab ido**, *avuto*
hab ían	

Futuro	Condizionale
habr é, *io avrò*	**habr ía**, *io avrei*
habr ás	**habr ías**
habr á	**habr ía**
habr emos	**habr íamos**
habr éis	**habr íais**
habr án	**habr ían**

Passato remoto	Congiuntivo imperfetto	Congiuntivo futuro
hub e, *io ebbi*	**hub iera** e **hub iese**	**hub iere**
hub iste	**hub ieras** / **-ieses**	**hub ieres**
hub o	**hub iera** / **-iese**	**hub iere**
hub imos	**hub iéramos** / **-iésemos**	**hub iéremos**
hub isteis	**hub ierais** / **-ieseis**	**hub iereis**
hub ieron	**hub ieran** / **-iesen**	**hub ieren**

• **tener,** *avere*

Indicativo presente	Imperativo	Congiuntivo presente
tengo, *io ho*		**teng a**, *che io abbia*
tien es	**ten**, *abbi*	**teng as**
tien e		**teng a**
ten emos		**teng amos**
ten éis	**ten ed**	**teng áis**
tien en		**teng an**

Indicativo imperfetto	Gerundio
ten ía, *io avevo*	**ten iendo**, *avendo*
ten ías	
ten ía	Participio passato
ten íamos	
ten íais	**ten ido**, *avuto*
ten ían	

Futuro	Condizionale
tendr é, *io avrò*	**tendr ía**, *io avrei*
tendr ás	**tendr ías**
tendr á	**tendr ía**
tendr emos	**tendr íamos**
tendr éis	**tendr íais**
tendr án	**tendr ían**

Passato remoto	Congiuntivo imperfetto	Congiuntivo futuro
tuv e, *io ebbi*	**tuv iera** e **tuv iese**	**tuv iere**
tuv iste	**tuv ieras / -ieses**	**tuv ieres**
tuv o	**tuv iera / -iese**	**tuv iere**
tuv imos	**tuv iéramos / -iése-mos**	**tuv iéremos**
tuv isteis	**tuv ierais / -ieseis**	**tuv iereis**
tuv ieron	**tuv ieran / -iesen**	**tuv ieren**

Indicativo presente	Imperativo		Congiuntivo presente
soy, *io sono*			**se a**, *che io sia*
eres	**sé**, *sii*		**se as**
es			**se a**
somos			**se amos**
sois	**sed**		**se áis**
son			**se an**

Indicativo imperfetto	Gerundio
era, *io ero*	**s iendo**, *essendo*
eras	
era	Participio passato
éramos	
erais	**s ido**, *stato*
eran	

Futuro	Condizionale
ser é, *io sarò*	**ser ía**, *io sarei*
ser ás	**ser ías**
ser á	**ser ía**
ser emos	**ser íamos**
ser éis	**ser íais**
ser án	**ser ían**

Passato remoto	Congiuntivo imperfetto	Congiuntivo futuro
fu i, *io fui*	**fu era** e **fu ese**	**fu ere**
fu iste	**fu eras** / **-eses**	**fu eres**
fu e	**fu era** / **-ese**	**fu ere**
fu imos	**fu éramos** / **-ésemos**	**fu éremos**
fu isteis	**fu erais** / **-eseis**	**fu ereis**
fu eron	**fu eran** / **-esen**	**fu eren**

Indicativo presente	Imperativo	Congiuntivo presente
estoy, *io sto*		**est é,** *che io stia*
est ás	**est á,** *stai*	**est és**
est á		**est é**
est amos		**est emos**
est áis	**est ad**	**est éis**
est án		**est én**

Indicativo imperfetto	Gerundio
est aba, *io stavo*	**est ando,** *stando*
est abas	
est aba	Participio passato
est ábamos	
est abais	**est ado,** *stato*
est aban	

Futuro	Condizionale
estar é, *io starò*	**estar ía,** *io starei*
estar ás	**estar ías**
estar á	**estar ía**
estar emos	**estar íamos**
estar éis	**estar íais**
estar án	**estar ían**

Passato remoto	Congiuntivo imperfetto	Congiuntivo futuro
estuv e, *io stetti*	**estuv iera** e **estuv iese**	**estuv iere**
estuv iste	**estuv ieras / -ieses**	**estuv ieres**
estuv o	**estuv iera / -iese**	**estuv iere**
estuv imos	**estuv iéramos / -iésemos**	**estuv iéremos**
estuv isteis	**estuv ierais / -ieseis**	**estuv iereis**
estuv ieron	**estuv ieran / -iesen**	**estuv ieren**

9 Norme di coniugazione dei verbi irregolari

Un verbo è irregolare se, rispetto alle desinenze dei verbi regolari in **-ar**, **-er** o **-ir**, secondo il caso, ha:
• la 1ª persona singolare dell'indicativo presente irregolare,
• la 3ª persona plurale del passato remoto irregolare,
oppure se
• la 1ª persona singolare dell'indicativo futuro è irregolare.

Se un verbo è regolare all'indicativo presente, al passato remoto e al futuro, sarà regolare anche negli altri tempi.

• Per contro, se un verbo è irregolare alla 1ª persona singolare dell'indicativo presente, lo sarà anche al congiuntivo presente e all'imperativo.
• Se un verbo è irregolare alla 3ª persona plurale del passato remoto, lo sarà anche al congiuntivo imperfetto e al congiuntivo futuro.
• Se un verbo è irregolare alla 1ª persona singolare dell'indicativo futuro, lo sarà anche al condizionale.

Queste osservazioni ci permettono di dividere i tempi in tre categorie:
• l'indicativo presente e i tempi da esso derivati: il congiuntivo presente e l'imperativo;
• il preterito (passato remoto) e i tempi da esso derivati: il congiuntivo imperfetto e il congiuntivo futuro;
• l'indicativo futuro e il condizionale da esso derivato.

L'indicativo imperfetto costituisce un caso a parte, perché i soli verbi irregolari di questo tempo sono **ir**, *andare*; **ser**, *essere*, **ver**, *vedere* e i suoi composti.

10 Classificazione dei verbi irregolari

Gruppo 1

Ne fanno parte numerosi verbi in cui l'ultima vocale della radice è una **e**.

Irregolarità: alternanza **e** → **ie**.

Tempi irregolari: tempi derivati dal presente.

Esempi: **pensar**, *pensare*; **perder**, *perdere* (lezione 70).

Gruppo 2

Ne fanno parte numerosi verbi in cui l'ultima vocale della radice è una **o**.

Irregolarità: alternanza **o → ue**.

Tempi irregolari: tempi derivati dal presente.

Esempi: **contar**, *raccontare*; **volver**, *tornare* (lezione 53).

Gruppo 3

Verbi in **-acer, -ecer, -ocer, -ucir**.

Irregolarità: alternanza **c → zc**.

Tempi irregolari: tempi derivati dal presente.

Esempi: **nacer**, *nascere*; **conocer**, *conoscere*; **agradecer**, *ringraziare*; **lucir**, *brillare* (lezione 77).

Gruppo 4

Verbi in **-ducir**.

Irregolarità: alternanza **c → zc** e passato remoto in **-duje**.

Tempi irregolari: tempi derivati dal presente
tempi derivati dal preterito.

Esempio: **conducir**, *condurre, guidare* (lezione 77).

Gruppo 5

Verbi in **-añer, -añir, -iñir, -uñir, -eller, -ullir**. Questi verbi sono più rari dei precedenti.

Irregolarità: caduta della **i**.

Tempi irregolari: tempi derivati dal presente
gerundio.

Esempi: **tañer**, *suonare*; **engullir**, *ingoiare*.

Gruppo 6

Servir, *servire*, e i verbi in **-ebir, -edir, -egir, -eguir, -emir, -enchir, -endir, -estir, -etir.**

Irregolarità: alternanza **e → i**.

Tempi irregolari: tempi derivati dal presente
 tempi derivati dal preterito
 gerundio.

Esempi: **pedir**, *chiedere*; **decidir**, *decidere*; **exigir**, *esigere*; **seguir**, *continuare, seguire*; **gemir**, *gemere*; **henchir**, *riempire*; **rendir**, *cedere*; **vestir**, *vestire*; **repetir**, *ripetere* (lezione 84).

Gruppo 7

Reír, *ridere*, e i verbi in **-eír, -eñir.**

Irregolarità: alternanza **e → i**
 caduta della **i**.

Tempi irregolari: tempi derivati dal presente
 tempi derivati dal preterito
 gerundio.

Esempi: **reír**, *ridere*; **teñir**, *tingere* (lezione 98).

Gruppo 8

Verbi in **-entir, -erir, -ertir.**

Irregolarità: alternanza **e → i**
 caduta della **i**.

Tempi irregolari: tempi derivati dal presente
 tempi derivati dal preterito
 gerundio.

Esempi: **sentir**, *sentire*; **preferir**, *preferire*; **divertir**, *divertire* (lezione 98).

Gruppo 9

È composta dal verbo **jugar**, *giocare*, e dai verbi in **-irir**.

Irregolarità: alternanza **u → ue**
alternanza **i → ie**.

Tempi irregolari: tempi derivati dal presente.

Esempi: **jugar**, *giocare*; **adquirir**, *acquistare* (lezione 82).

Gruppo 10

Verbi in **-uir**.

Irregolarità: si aggiunge una **y** davanti ad **a**, **e** e **o**.

Tempi irregolari: tempi derivati dal presente
gerundio.

Esempio: **construir**, *costruire* (lezione 80).

Gruppo 11

Dormir, *dormire*, e **morir**, *morire*.

Irregolarità: alternanza **o → ue**
alternanza **o → u**.

Tempi irregolari: tempi derivati dal presente
tempi derivati dal preterito
gerundio.

Gruppo 12

Salir, *uscire, partire*, **valer**, *valere* (lezione 91) e i loro composti.

Irregolarità: si aggiunge una **g** davanti ad **a** e **o**
la **i** e la **e** vengono sostituite da una **d** eufonica
(al futuro)
apocope all'imperativo.

Tempi irregolari: tempi derivati dal presente
tempi derivati dal futuro.

11 Verbi con irregolarità proprie

In spagnolo c'è una ventina di verbi che presentano un'irregolarità particolare e non possono pertanto rientrare in nessuno dei gruppi di verbi irregolari trattati nelle pagine precedenti.

Sono, come nella maggior parte delle altre lingue, verbi di uso comune cui si deve ricorrere spesso per formare frasi semplici che si dicono e si sentono tutti i giorni. Ecco l'elenco, in ordine alfabetico, di quelli più usati:

andar	*camminare, funzionare*
caber	*entrare, starci, spettare*
caer	*cadere*
dar	*dare*
decir	*dire*
estar	*essere, stare*
haber	*avere* (ausiliare)
hacer	*fare*
ir	*andare*
oír	*sentire, ascoltare*
poder	*potere*
poner	*mettere*
querer	*volere, amare*
saber	*sapere*
ser	*essere*
tener	*avere, tenere*
traer	*portare*
venir	*venire*
ver	*vedere*

Ecco, nelle tabelle che seguono, i tempi in cui questi verbi presentano voci irregolari. Gli altri tempi si coniugano secondo i modelli regolari in **-ar**, **-er** o **-ir** che trovate rispettivamente alle pagine 452, 453 et 454. Le alterazioni ortografiche, non costituendo irregolarità vere e proprie, sono segnalate solo in via eccezionale; per rinfrescarvi la memoria al riguardo, date un'occhiata alle lezioni 61 e 77.

andar, *camminare, funzionare*

Passato remoto	Congiuntivo imperfetto	Congiuntivo futuro
anduve, *camminai*	**anduv iera** e **anduv iese**	**anduviere**
anduviste	**anduv ieras /-ieses**	**anduvieres**
anduvo	**anduv iera / -iera**	**anduviere**
anduvimos	**anduv iéramos / -iésemos**	**anduviéremos**
anduvisteis	**anduv ierais / -ieseis**	**anduviereis**
anduvieron	**anduv ieran / -iesen**	**anduvieren**

caber, *entrare*

Indicativo presente	Congiuntivo presente	
quepo, *io entro*	**quepa,** *che io entri*	
cabes	**quepas**	
cabe	**quepa**	
cabemos	**quepamos**	
cabéis	**quepáis**	
caben	**quepan**	
Futuro	Condizionale	
cabré, *io entrerò*	**cabría,** *io entrerei*	
cabrás	**cabrías**	
cabrá	**cabría**	
cabremos	**cabríamos**	
cabréis	**cabríais**	
cabrán	**cabrían**	
Passato remoto	Congiuntivo imperfetto	Congiuntivo futuro
cupe, *io entrai*	**cupiera** e **cupiese**	**cupiere**
cupiste	**cupieras / cupieses**	**cupieres**
cupo	**cupiera / cupiese**	**cupiere**
cupimos	**cupiéramos / cupiésemos**	**cupiéremos**
cupisteis	**cupierais / cupieseis**	**cupiereis**
cupieron	**cupieran / cupiesen**	**cupieren**

caer, *cadere*

Indicativo presente	Congiuntivo presente
caigo, *io cado*	**caiga**, *che io cada*
caes	**caigas**
cae	**caiga**
caemos	**caigamos**
caéis	**caigáis**
caen	**caigan**

dar, *dare*

Indicativo presente		
doy, *io do*		
das		
da		
damos		
dais		
dan		

Passato remoto	Congiuntivo imperfetto	Congiuntivo futuro
di, *io diedi*	**diera** e **diese**	**diere**
diste	**dieras** / **dieses**	**dieres**
dio	**diera** / **diese**	**diere**
dimos	**diéramos** / **diésemos**	**diéremos**
disteis	**dierais** / **dieseis**	**diereis**
dieron	**dieran** / **diesen**	**dieren**

decir, *dire*

Indicativo presente	Imperativo	Congiuntivo presente
digo, *io dico*		**diga**, *che io dica*
dices	**di**, *dì*	**digas**
dice		**diga**
decimos		**digamos**
decís	**decid**	**digáis**
dicen		**digan**
Futuro	Condizionale	
diré, *io dirò*	**diría**, *io direi*	
dirás	**dirías**	
dirá	**diría**	
diremos	**diríamos**	
diréis	**diríais**	
dirán	**dirían**	
Passato remoto	Congiuntivo imperfetto	Congiuntivo futuro
dije, *io dissi*	**dijera** e **dijese**	**dijere**
dijiste	**dijeras / dijeses**	**dijeres**
dijo	**dijera / dijese**	**dijere**
dijimos	**dijéramos / dijésemos**	**dijéremos**
dijisteis	**dijerais / dijeseis**	**dijereis**
dijeron	**dijeran / dijesen**	**dijeren**
Gerundio	Participio passato	
diciendo, *dicendo*	**dicho**, *detto*	

estar, *essere, stare*

Vedi la coniugazione a pag. 458

haber, *avere* (ausiliare)

Vedi la coniugazione a pag. 455

hacer, *fare*

Indicativo presente	Imperativo	Congiuntivo presente
hago, *io faccio* **haces** **hace** **hacemos** **hacéis** **hacen**	**haz,** *fai* **haced**	**haga,** *che io faccia* **hagas** **haga** **hagamos** **hagáis** **hagan**
Futuro	Condizionale	
haré, *io farò* **harás** **hará** **haremos** **haréis** **harán**	**haría,** *io farei* **harías** **haría** **haríamos** **haríais** **harían**	
Passato remoto	Congiuntivo imperfetto	Congiuntivo futuro
hice, *io feci* **hiciste** **hizo** **hicimos** **hicisteis** **hicieron**	**hiciera** e **hiciese** **hicieras / hicieses** **hiciera / hiciese** **hiciéramos / hiciésemos** **hicierais / hicieseis** **hicieran / hiciesen**	**hiciere** **hicieres** **hiciere** **hiciéremos** **hiciereis** **hicieren**
	Participio passato	
	hecho, *fatto*	

ir, *andare*

Indicativo presente	Imperativo	Congiuntivo presente
voy, *io vado* **vas** **va** **vamos** **vais** **van**	**ve,** *vai* **id**	**vaya,** *che io vada* **vayas** **vaya** **vayamos** **vayáis** **vayan**
Indicativo imperfetto		
iba, *io andavo* **ibas** **iba** **íbamos** **ibais** **iban**		
Passato remoto	Congiuntivo imperfetto	Congiuntivo futuro
fui, *io andai* **fuiste** **fue** **fuimos** **fuisteis** **fueron**	**fuera** e **fuese** **fueras / fueses** **fuera / fuese** **fuéramos / fuésemos** **fuerais / fueseis** **fueran / fuesen**	**fuere** **fueres** **fuere** **fuéremos** **fuereis** **fueren**
Gerundio		
yendo, *andando*		

oír, *sentire*

Indicativo presente	Imperativo	Congiuntivo presente
oigo, *io sento* **oyes** **oye** **oímos** **oís** **oyen**	**oye,** *senti* **oíd**	**oiga,** *che io senta* **oigas** **oiga** **oigamos** **oigáis** **oigan**
Gerundio		
oyendo, *sentendo*		

poder, *potere*

Indicativo presente	Imperativo		Congiuntivo presente
puedo, *io posso* **puedes** **puede** **podemos** **podéis** **pueden**	**puede** **poded**		**pueda,** *che io possa* **puedas** **pueda** **podamos** **podáis** **puedan**
Futuro		Condizionale	
podré, *io potrò* **podrás** **podrá** **podremos** **podréis** **podrán**		**podría,** *io potrei* **podrías** **podría** **podríamos** **podríais** **podrían**	
Passato remoto	Congiuntivo imperfetto		Congiuntivo futuro
pude, *io potei* **pudiste** **pudo** **pudimos** **pudisteis** **pudieron**	**pud iera** e **pudiese** **pud ieras / -ieses** **pud iera / -iese** **pud iéramos / -iésemos** **pud ierais / -ieseis** **pud ieran / -iesen**		**pudiere** **pudieres** **pudiere** **pudiéremos** **pudiereis** **pudieren**
Gerundio			
pudiendo, *potendo*			

poner, *mettere*

Indicativo presente	Imperativo	Congiuntivo presente
pongo, *io metto*		**ponga**, *che io metta*
pones	**pon**, *metti*	**pongas**
pone		**ponga**
ponemos		**pongamos**
ponéis	**poned**	**pongáis**
ponen		**pongan**

Futuro	Condizionale
pondré, *io metterò*	**pondría**, *io metterei*
pondrás	**pondrías**
pondrá	**pondría**
pondremos	**pondríamos**
pondréis	**pondríais**
pondrán	**pondrían**

Passato remoto	Congiuntivo imperfetto	Congiuntivo futuro
puse, *io misi*	**pusiera** e **pusiese**	**pusiere**
pusiste	**pus ieras / -ieses**	**pusieres**
puso	**pus iera / -iese**	**pusiere**
pusimos	**pus iéramos / -iémos**	**pusiéremos**
pusisteis	**pus ierais / -ieseis**	**pusiereis**
pusieron	**pus ieran / -iesen**	**pusieren**

	Participio passato	
	puesto, *messo*	

querer, *volere*

Indicativo presente	Imperativo	Congiutivo presente
quiero, *io voglio*		**quiera,** *che io voglia*
quieres	**quiere,** *vuoi*	**quieras**
quiere		**quiera**
queremos		**queramos**
queréis	**quered**	**queráis**
quieren		**quieran**

Futuro		Condizionale	
querré, *io vorrò*		**querría,** *io vorrei*	
querrás		**querrías**	
querrá		**querría**	
querremos		**querríamos**	
querréis		**querríais**	
querrán		**querrían**	

Passato remoto	Congiuntivo imperfetto	Congiuntivo futuro
quise, *io volli*	**quisiera** e **quisiese**	**quisiere**
quisiste	**quis ieras / -ieses**	**quisieres**
quiso	**quis iera / -iese**	**quisiere**
quisimos	**quis iéramos / -iémos**	**quisiéremos**
quisisteis	**quis ierais / -ieseis**	**quisiereis**
quisieron	**quis ieran / -iesen**	**quisieren**

saber, *sapere*

Indicativo presente	Congiuntivo presente
sé, *io so*	**sepa**, *che io sappia*
sabes	**sepas**
sabe	**sepa**
sabemos	**sepamos**
sabéis	**sepáis**
saben	**sepan**

Futuro	Condizionale
sabré, *io saprò*	**sabría**, *io saprei*
sabrás	**sabrías**
sabrá	**sabría**
sabremos	**sabríamos**
sabréis	**sabríais**
sabrán	**sabrían**

Passato remoto	Congiuntivo imperfetto	Congiuntivo futuro
supe, *io seppi*	**supiera** e **supiese**	**supiere**
supiste	**sup ieras / -ieses**	**supieres**
supo	**sup iera / -iese**	**supiere**
supimos	**sup iéramos / -iésemos**	**supiéremos**
supisteis	**sup ierais / -ieseis**	**supiereis**
supieron	**sup ieran / -iesen**	**supieren**

ser, *essere*

Vedi la coniugazione a pag. 457

tener, *avere, tenere*

Vedi la coniugazione a pag. 456

traer, *portare*

Indicativo presente	Congiuntivo presente
traigo, *io porto*	**traiga,** *che io porti*
traes	**traigas**
trae	**traiga**
traemos	**traigamos**
traéis	**traigáis**
traen	**traigan**

Passato remoto	Congiuntivo imperfetto	Congiuntivo futuro
traje, *io portai*	**trajera** e **trajese**	**trajere**
trajiste	**traj eras / -eses**	**trajeres**
trajo	**traj era /-ese**	**trajere**
trajimos	**traj éramos / -ésemos**	**trajéremos**
trajisteis	**traj erais / -eseis**	**trajereis**
trajeron	**traj eran / -esen**	**trajeren**

venir, *venire*

Indicativo presente	Imperativo	Congiuntivo presente
vengo, *io vengo*		**venga,** *che io venga*
vienes	**ven,** *vieni*	**vengas**
viene		**venga**
venimos		**vengamos**
venís	**venid**	**vengáis**
vienen		**vengan**
Futuro	Condizionale	
vendré, *io verrò*	**vendría,** *io verrei*	
vendrás	**vendrías**	
vendrá	**vendría**	
vendremos	**vendríamos**	
vendréis	**vendríais**	
vendrán	**vendrían**	
Passato remoto	Congiuntivo imperfetto	Congiuntivo futuro
vine, *io venni*	**viniera** e **viniese**	**viniere**
viniste	**vin ieras / -ieses**	**vinieres**
vino	**vin iera / -iese**	**viniere**
vinimos	**vin iéramos / -iésemos**	**viniéremos**
vinisteis	**vin ierais / -ieseis**	**viniereis**
vinieron	**vin ieran / -iesen**	**vinieren**
Gerundio		
viniendo, *venendo*		

ver, *vedere*

Indicativo presente	Congiuntivo presente
veo, *io vedo*	**vea**, *che io veda*
ves	**veas**
ve	**vea**
vemos	**veamos**
veis	**veáis**
ven	**vean**

Indicativo imperfetto	
veía, *io vedevo*	
veías	
veía	
veíamos	
veíais	
veían	

	Participio passato	
	visto, *visto*	

Indice grammaticale

Abbreviazioni e simboli usati in questo indice

cong.   congiuntivo (modo verbale)
ind.   indicativo (modo verbale)
it.   italiano
pers.   persona
plur.   plurale
pres.   presente (tempo verbale)
~   sostituisce la voce dell'indice trattata
→   sta per "tradotto con".

***

Il primo numero indica la nota, il secondo la lezione.
I numeri sottolineati si riferiscono ai paragrafi e alle lezioni di ripasso.

***

A, preposizione, davanti al complemento oggetto, 4, 4; ~ per indicare moto a luogo, 3, 17; 3, 27.
¿A que...? → *scommettiamo che...* o *non è vero che...?* 3, 36.
Acabar de, 2, 19.
Acaso, 5, 85.
Accento, scritto e ortografico, 5, 16; <u>2, 7</u>; <u>1, 98</u>; ~ grammaticale, 4, 15; ~ sui pronomi e sui pronomi interrogativi, 8, 16; ~ ortografico nei monosillabi, 4, 15.
-ada, suffisso, 1, 54.
Adonde, 1, 5.
Aggettivo dimostrativo, 4, 32; <u>3, 35</u>.
Aggettivi numerali, <u>1, 21</u>.
Aggettivi possessivi, <u>3, 28</u>;; ~ **su**, 3, 58; <u>4, 63</u>; 10, 81.
Agradecer, 5, 40.
Al + infinito, per esprimere simultaneità di due azioni, 6, 57; ~ → *mentre*, 1, 58.
Alcuni/e, 4, 59; 6, 71.
Alguno, in senso negativo, 8, 57; ~ apocope, 4, 59; ~ aggettivo indefinito, 4, 59.

Alterazioni ortografiche, 4, 77; ~ nel verbo **coger**, 5, 6; ~ nei verbi in -car, 7, 61; 4, 77; ~ nei verbi in -gar, 5, 73; 4, 77.

Andar, seguito dal gerundio, 3, 79.

Ante, 3, 90.

Antes, (cuanto ~), 5, 59; ~ **de que**, congiunzione, 6, 61.

Apocope, 2, 14; ~ di **alguno**, 4, 59; ~ di **cualquiera**, 4, 36; ~ di **primero**, 6, 8; ~ di **recientemente**, 2, 9.

¡Aquí tiene!, 2, 1; 2, 82; 3, 84.

Articolo determinativo, 3, 7; ~ con i giorni della settimana, 4, 10; 4, 14; ~ con i nomi degli Stati, 1, 97.

Articolo, forma contratta, 1, 14.

Articolo indeterminativo, 3, 7; 1, 50.

Articolo indeterminativo plurale, 6, 71.

Aunque, 4, 86; 2, 87; 1, 91.

A ver si..., 6, 62.

Avere, **haber** o **tener**, 6, 6; 7, 7.

Avverbi, di luogo, **delante** e **detrás**, 1, 24; ~ di dubbio, 5, 85.

Azioni appena concluse (**acabar de**), 2, 19.

-azo, suffisso, 1, 54; 7, 64.

Bajo, 3, 90.

Benché, 2, 87; 1, 91.

Bueno, apocope, 2, 14.

Caber, 12, 57.

Cada, 4, 47.

Caer, 7, 55.

Cerca, avverbio, 5, 54.

Che, tradotto da **como**, 5, 100.

Chiunque, 5, 70.

Ci, avverbio 4, 82.

¡Claro!, 4, 3.

Coger, alterazione ortografica, 5, 6; ~ in America Latina, 3, 6.

Colori, 2, 35.

Colpo di (un), 1, 54; 7, 64; 2, 79.

Come, 9, 13.

Como, 9, 13; ~ nel comparativo di uguaglianza, 2, 42; ~ traduce *che* quando esprime modo o maniera, 5, 100.

¿Cómo?, nelle frasi interrogative ed esclamative, 9, 13.

Comparativi, di uguaglianza, di maggioranza e di minoranza, 2, 42; ~ irregolari, 6, 47; **mayor**, comparativo irregolare, 1, 93.

Complemento di tempo preceduto dalla preposizione **por**, 5, 10.

Con e il pronome complemento, 5, 66.

Concordanza dei tempi, 3 e 5, 81.

Condizionale, formazione, 12, 39; ~ sostituito dall'indicativo imperfetto, 2, 54.

Congiuntivo, tradotto dall'infinito preceduto da *di*, 3, 25; 4, 37; 4, 55; 2, 56; ~ nelle frasi in cui si esprime un ordine, un invito, una preghiera, ecc., 3, 25; 4, 37; 4, 55; 2, 56; ~ con valore di imperativo, 1, 42; **cuando** + pres. del ~ → *quando* + futuro italiano, 4, 50; 7, 51; formazione del ~ presente, 1, 56; ~ pres. o cong. imperfetto nelle frasi subordinate, 1, 84; ~ uso generale, 1, 49; 2, 56; 1, 91; ~ e gli avverbi che esprimono dubbio, 5, 85; ~ pres. che sostituisce il cong. futuro, 5, 95.

Congiuntivo futuro, 5, 95

Congiuntivo imperfetto, formazione 1, 77; ~ nel periodo ipotetico, 2, 77; ~ al posto del condizionale, 3, 78; ~ nelle frasi subordinate, 3 e 5, 81; 1, 84.

Congiuntivo italiano, traduzione, 2, 56; 1, 91.

Congiuntivo presente, formazione, 1, 56; ~ e la concordanza dei tempi, 1, 84; ~ quando sostituisce il congiuntivo futuro, 4, 95.

Conmigo, 6, 12; 5, 66.

Contigo, 6, 12; 5, 66.

Contrazione, **de** + **el**, 1, 14; **a** + **el**, 1, 14.

Cualquiera, aggettivo e pronome, 5, 70; ~ apocope, 4, 36; ~ pronome, 8, 48; ~ **que**, 6, 69; 5, 70; ~ → *qualunque*, 6, 69; 5, 99.

Cuanto, nelle frasi interrogative, quando si riferisce a un nome o a un verbo, 3, 22; 3, 76; **en** ~ **a**, 5, 75; 6, 85; **en** ~, 1, 100.

Cuyo, accordo, 9, 86; 2, 91.

Da, 4, 27.

Dar con, dar por e altre espressioni, 2, 57; 8, 85; 5, 29; 3, 55.

De, quando indica scopo o caratteristica, 2, 30; 6, 75.

Deber de, per indicare probabilità, 8, 54.

Dejarse, sinonimo di **olvidar** / **olvidarse**, 4, 54; ~ seguito da **de**, 9, 79.

Después, 1, 8.

Del quale, di cui → **de quien, del que**, 6, 81.

Devolver, 8, 47.

Dietro, 7, 57.

Diminutivi, 6, 26; 1, 28; ~ dei nomi propri, 1, 36; 8, 62.

Divenire, diventare → **ponerse**, 4, 43; → **volverse**, 2, 49; → **llegar a ser**, 6, 100.

Doler → *fare male, dolere*, 3, 29.

Donde, 1, 5; 6, 65.

Dove, avverbio di luogo, 1, 5; 6, 65; <u>1, 70</u>; ~ con valore relativo; <u>1, 70</u>; 9, 90.

Dovere → **tener que**, 6, 18; <u>5, 21</u>; 3, 25; 8, 54; ~ quando indica probabilità, 8, 54.

-ducir (verbi in ~), 6, 74; <u>3, 77</u>.

e → **ie** (nei verbi del 1° gruppo), <u>4, 70</u>.

E, 9, 67.

E, 9, 67.

Ecco, 2, 1; 2, 82; <u>3, 84</u>; 4, 100.

Echar, 8, 34; 1, 41; 2, 99.

El, articolo determinativo, 1, 4; <u>3, 7</u>.

El que, la que, ecc. / **el de, la de**, ecc., 7, 32; ~ sostituito da **quien**, 10, 40.

Essere, **ser** o **estar**, 6, 5; <u>8, 7</u>.

Estar, uso, 6, 5; <u>8, 7</u>; 5, 24; coniugazione, <u>8, 7</u>; ~ seguito dal gerundio, 6, 41; <u>2, 70</u>; ~ → *c'è, ci sono*, 4, 69.

Este, aggettivo dimostrativo, 5, 32; <u>3, 35.</u>

Esto, eso, pronomi dimostrativi, 10, 33; <u>3, 35.</u>

Estos, esos / **éstos, ésos**, 4 e 6, 32; <u>3, 35.</u>

Femminile, genere, 1, 1; <u>4, 7</u>.

Fra davanti a un complemento di durata, 3, 59.

Futuro, formazione, <u>3, 42</u>; ~ preceduto da *quando* → congiuntivo presente, 4, 50; 7, 51; congiuntivo ~ , 5, 95.

Genere dei nomi secondo la desinenza, <u>4, 7</u>.

Gerundio, formazione e uso, <u>2, 70</u>; **estar** + ~, 6, 41; **andar** + ~, 3, 79.

Giorni della settimana (i) e l'articolo, <u>4, 14</u>.

Grande, apocope, <u>2, 14</u>.

Haber, uso, 6, 6; <u>7, 7</u>; 3, 8; coniugazione, 7, 7; ~ impersonale, 1, 19; <u>3, 21</u>; ~ seguito da un participio passato, 6, 20.

Hace, davanti a un complemento di tempo, 3, 59; ~ per parlare del tempo atmosferico, 3, 62; ~ **falta**, 7, 75; 4, 80; <u>2, 84</u>.

Hacer falta, 7, 75; 4, 80; <u>2, 84</u>; 1, 90.

Hay, *c'è, ci sono*, 1, 19.

Hay que, 4, 18; <u>4, 21</u>; 7, 26; 1, 90.

¡Hombre!, 1, 16.

i → **ie** (nei verbi del 9° gruppo), 6, 82.

Igual, 7, 85.

-illo, 6, 26; <u>1, 28</u>.

Imperativo, 2ª persona plurale, 4, 33; ~ e i pronomi complemento,

9, 16; 5, 33; <u>1, 35</u>; <u>1, 42</u>; formazione e uso, <u>1, 35</u>; <u>1, 42</u>.

Imperfetto (congiuntivo), formazione <u>1, 77</u>; ~ nel periodo ipotetico, <u>2, 77</u>; ~ al posto del condizionale, 3, 78; ~ nelle frasi subordinate, 3 e 5, 81; <u>1, 84</u>.

Imperfetto (indicativo) dei verbi in **-er** e in **-ir**, 8, 31; ~ per sostituire il condizionale, 2, 54.

Infinito italiano, tradotto dal congiuntivo, 2, 25; 4, 37; 4, 55; 3 e 5, 81; <u>1, 84</u>; ~ preceduto dalla preposizione *a*, 2, 96.

Ipotetico (periodo), <u>2, 77</u>.

Ir / **irse**, 6, 4; 3, 27; ~ **por**, 10, 61; ~ + gerundio, <u>2, 70</u>; 6, 87.

-ito, 1, 22; <u>1, 28</u>.

Jamás, posizione nella frase, 8, 13.

La, articolo determinativo, 1, 4; <u>3, 7</u>; ~ e l'ora, 1, 17.

Le, pronome personale, 1, 25; ~ sostituito da **se**, 7, 48.

Lei, pronome di cortesia, 5, 5.

Llevar, + tempo, 9, 55; ~ per esprimere continuità, 1, 60.

Lo, seguito da **que** → *quello che, ciò che*, 3, 29; 9, 33; **lo... que** → *quanto*, 2, 66.

Mai, 8, 13.

Malo, apocope, <u>2, 14</u>; **malísimo**, 3, 47.

Más... que, <u>2, 42</u>.

Maschile, genere, 1, 1; <u>4, 7</u>.

Mayor, comparativo irregolare, 1, 93.

Mientras, 2, 50.

Mucho, aggettivo, concordanza, 3, 23; ~ avverbio invariabile, 3, 23.

Muy, 7, 8; <u>3, 14</u>.

Nada, contrario di **algo**, 7 e 8, 50.

Nada más, davanti a un infinito, 2, 44.

Necesitar, 7, 75; ~ per esprimere necessità e mancanza, <u>2, 84</u>; **se necesita**, 4, 80; <u>2, 84</u>.

Negazione (parole che esprimono), 8, 13; 7, 20.

Nemmeno **(ni siquiera** o **ni)**, 11, 39.

Nessuno, 8, 57.

Ni → *nemmeno*, 11, 39.

Ninguno, 8, 57.

No, avverbio, casi in cui viene omesso, 8, 13; 7, 20; **no... más que**, <u>3, 63</u>; **no... sino**, <u>3, 63</u>.

Nomi (i) degli Stati e l'articolo, 1, 97.

Non... più, 7, 58; <u>3, 63</u>.

Numeri, cardinali, <u>1, 21</u>; ordinali, <u>1, 21</u>.

Nunca, posizione nella frase, 8, 13; 7, 20; 8, 32.

ñ, 6, 2.

o → **ue**, <u>2, 49</u>; 3, 53.

Obbligo, personale, 3, 12; <u>5, 21</u>; ~ impersonale, 4, 18; <u>4, 21</u>.

Ogni, 4, 47.

Ojalá, 6, 62.

Olvidar / olvidarse, 5, 23; 9, 50; ~ sostituito da **dejarse**, 4, 54.

Ora (esprimere l'), 1, 17; nota al termine della lezione, 17; 1 e 3, 18; <u>2, 21</u>.

Para, per indicare scopo o destinazione, 1, 12.

Parecer, *sembrare*, *"pensare"*, *"dire"*, 5, 26; 4, 74; ~ irregolare, 3° gruppo, 7, 8 e 9, 71.

Participio passato, dei verbi in **-ar**, 3, 4 e <u>6, 7</u>; ~ dei verbi in **-er** e in **-ir**, <u>6, 7</u>; participi passati irregolari, <u>5, 14</u>; ~ con **haber**, 8, 32.

Passato prossimo, 2, 8.

Passato remoto, uso, 5, 22; <u>4, 42</u>; ~ e accento, 5, 58; ~ formazione, <u>1, 63</u>.

Pensar, <u>4, 70</u>.

Per → **para** (per indicare scopo o destinazione), 1, 12; → **por** (complemento di causa o di favore), 1, 12; 5, 20; 4, 97.

Per nulla, 4, 60.

Perché, 4, 12.

Perché?, 4, 12.

¡Perdón! / ¡Perdone!, 3, 5.

Plurale, formazione, 5, 4; <u>5, 7</u>.

Ponerse, 4, 43.

Por, e il complemento di causa, 1, 12; ~ e il complemento di tempo, 5, 10; **¿por qué?**, 4, 12; ~ e il movimento all'interno di un luogo, 6, 48; **dar** ~, 8, 85; ~ nelle locuzioni concessive **por más que, por mucho que**, 3, 96; ~ seguito da un infinito, 4, 97.

¿Por qué?, 4, 12; 8, 16; 5, 20.

Porque, 4, 12.

Possessivo, aggettivo, <u>3, 28</u>; <u>4, 63</u>; ~ **su**, 3, 58; ~ pronome, <u>4, 63</u>.

Preposizioni, uso, 1, 12; **ante** e **bajo**, 3, 90; **con** e il pronome complemento, 5, 66; **de**, quando indica scopo o caratteristica, 2, 30; 6, 75; **en**, 5, 65; **para**, per indicare scopo o destinazione, 1, 12; **por** e il complemento di causa, 1, 12; **por** e il movimento all'interno di un luogo, 6, 48; ~ per esprimere un luogo approssimativo, 4, 78.

Primero, apocope, 6, 8; <u>2, 14</u>; **lo** ~, 9, 66.

Pronome dimostrativo, 6, 32; 10, 33; <u>3, 35</u>.

Pronomi personali complemento, posizione, 6, 4; 9, 16; ~ preceduti dalla preposizione **con**, 6, 12; ~ quando hanno funzione di dativo etico, 2, 26; ~ **le** e **les** → **se**, 7, 48; forme dei ~, <u>3, 49</u>.

Pronomi personali soggetto, non espressi, 1, 2.

Pronomi possessivi, <u>4, 63</u>.

Pronuncia, <u>1, 7</u>.

Pues, 5, 46.

Punteggiatura, punto interrogativo e punto esclamativo, 1, 3; 3, 2.

Qualunque, qualsiasi, 6, 69; <u>5, 70</u>.

Quando + futuro → **cuando** + cong. pres., 4, 50; 7, 51; <u>2, 56</u>.

Quanto → **lo... que**, 2, 66.

Que, con valore relativo, 6, 81; **en** ~, 9, 90.

¿Qué pasa? 1, 20.

¿Qué tal?, 1, 3; 3, 8; 2, 16.

Quello, quella, quelli, quelle...che o *coloro*, 7, 32.

Querer, per esprimere una richiesta (**quisiera**), 4, 19; <u>2, 56</u>; 3, 78.

Quien, al posto di **el que, la que**, ecc., 10, 40; **de quien/nes**, 6, 81

Quisiera, 4, 19; <u>2, 56</u>; 3, 78.

Quizá/ás, 2, 72; 5, 85; 9, 85.

Recientemente, apocope, 2, 9; <u>2, 14</u>.

Salir, 2, 6; 9, 31; ~ → *andare a prendere*, 10, 61; ~ verbo irregolare <u>3, 91</u>.

Se, per esprimere il periodo ipotetico, <u>2, 77</u>.

Seguir, tradotto con *essere* seguito da *ancora* 2, 41; ~ + gerundio, <u>2, 70</u>.

Sentir, 4, 48.

Ser, uso, 6, 5; <u>8, 7</u>; 6, 15; 5, 24; coniugazione, <u>8, 7</u>.

Sí, pronome riflessivo, 9, 40.

Sia... sia, 3, 69; <u>3, 70</u>.

Soggetto sottinteso, 1, 2.

Soler, 7, 43.

Solo, soltanto, 9, 26; <u>3, 63</u>.

Sólo, avverbio, 9, 26; <u>3, 63</u>.

Su, <u>3, 28</u>; ~ e le sue possibili traduzioni, 3, 58.

Suffissi, del superlativo, 3, <u>14</u>; ~ diminutivi, 1, 22; 6, 26; <u>1, 28</u>; 1, 81; ~ **-azo** e **-ada** → *un colpo di*, 1, 54.

Superlativo, assoluto, 7, 8; <u>3, 14</u>; ~ de **malo** et de **bueno**, 7, 8; 3, 47; ~ con l'indicativo <u>2, 56</u>; <u>1, 91</u>.

Tal vez, 5, 85; 9, 85.

Tan → *così, tanto*, 12, 36; **tan... como**, <u>2, 42</u>.

Tanto, apocope, 5, 11; <u>2, 14</u>.

Tener, uso, 6, 6; <u>7, 7</u>; coniugazione, <u>7, 7</u>; **tener que**, 3, 12; 6, 18; <u>5, 21</u>; 3, 25; 1, 90.

Tocar, traduzioni, 3, e 4, 50; 5, 71; 2, 85; alterazioni ortografiche del verbo ~, 7, 61.

Tras, 7, 57.

Tratar, 4, 99.

Tú, pronome personale, e **tu**, aggettivo possessivo, 8, 2; 4, 15.

-uelo, suffisso diminutivo, 1, 81.

-uir, (verbi in ~), 6, 80.

Un, articolo indeterminativo, 1, 1; <u>3, 7</u>; ~ → **algún**, 4, 59.

Un, una, articolo indeterminativo, 1, 1; <u>3, 7</u>.

Usted, ustedes, 5, 5; nota al termine della lezione, 5; 6, 50; 1, 83.

Valer, <u>3, 91</u>; **¡Vale!**, 7, 10.

¡Vaya!, 7, 6.

* * *

Venir, 3, 31; ~ **por**, 10, 61.

Verbi, in **-ar**, 4, 2 et <u>6, 7</u>; presente dei ~ in **-ar**, <u>6, 21</u>; indicativo imperfetto dei ~ in **-er** e in **-ir**, 2, 22; ~ composti, 7, 66.

Verbi irregolari, tempi derivati, <u>4, 84</u>; classificazione dei ~, **pensar**, 1° gruppo (**e → ie**), <u>4, 70</u>; **volver**, <u>2, 49</u>; 2° gruppo (**o → ue**), 3, 53; **conocer** e **conducir**, 3° e 4° gruppo, <u>3, 77</u>; **pedir**, 6° gruppo, 9, 81; <u>4, 84</u>; **reír**, 7° gruppo, <u>2, 98</u>; **divertirse** e **sentir**, 8° gruppo, <u>3, 98</u>; **jugar** e **adquirir**, 9° gruppo, 6, 82; **construir**, 10° gruppo, 6, 80; **salir** e **valer**, 12° gruppo, <u>3, 91</u>.

Volver, <u>2</u> e <u>4, 49</u>.

Volver a, per esprimere ripetizione, 10, 31; <u>2, 49</u>.

Y, con i numeri, <u>1, 21</u>; ~ sostituita da **e**, 9, 67.

Ya, 2, 33; 4, 44; **ya no →** *non... più*, 7, 58; <u>3, 63</u>; **ya no...más que, ya sólo...** e **ya no... sino →** *solo*, <u>3, 63</u>; **ya... ya**, 3, 69; <u>3, 70</u>.

* * *

Indice lessicale

Avvertenze per la consultazione

Questo indice riporta tutte le parole utilizzate nel manuale. Ogni termine è accompagnato dalla traduzione e dal numero della lezione in cui compare per la prima volta.
Non sostituisce in nessun caso un buon dizionario.

• La traduzione proposta è in genere quella fornita nella lezione in cui compare il termine; non vengono indicate le altre accezioni possibili.
• Le lettere "P" e "A" rimandano rispettivamente al capitolo sulla pronuncia e all'appendice grammaticale.
• Alcune parole sono accompagnate da più di un numero quando si incontrano in lezioni diverse con significati diversi o sono corredate di spiegazioni ulteriori contenute in un'apposita nota.
• I verbi sono sempre all'infinito e gli aggettivi al maschile singolare.
• I nomi che hanno il genere diverso dal loro equivalente italiano sono in genere seguiti dall'articolo determinativo tra parentesi.
• I nomi e gli aggettivi che sono invariabili in spagnolo e hanno forme diverse per il maschile e il femminile in italiano sono seguiti dall'indicazione (inv.).
• I nomi e gli aggettivi spagnoli di cui diamo la desinenza del femminile corrispondono a nomi e aggettivi che sono invariabili in italiano.
• Sono seguiti da un asterisco (*) i nomi femminili che cominciano per **a** (o **ha**) accentata e pertanto richiedono l'articolo **el**, *il*, (vedi la lezione 68, nota 2).
• La **ñ** è una lettera a sé stante e, nell'alfabeto spagnolo, è situata tra la **n** e la **o**.

Indice lessicale spagnolo-italiano

A

a	a	4, 14
abandonar	abbandonare	37,86,90
abeja	ape	68
abogado	avvocato	100
abonado	abbonato	89
abrigo	soprabito, cappotto	40, 67, 87
abrir	aprire	14,34,35,42,67,82
abrochar	abbottonare	38, 83
absolutamente	assolutamente	83
absorber	assorbire	A
abstraer	astrarre	A
abuelo	nonno	24
aburrirse	annoiarsi	87
acabar de	avere appena (+ verbo)	72, 94
acabar	finire	13, 19, 42
acaso	forse, può darsi che	85
accidentado	accidentato	97
accidente	incidente	38
acción	azione	64
acelerador	acceleratore	45
acento	accento	P
acentuación	accento	7
acera (la)	marciapiede	54
acercarse	avvicinarsi	37, 65
acompañar	accompagnare	69,76,84,100
acomplejado	complessato	53
acondicionar	sistemare	85
aconsejar	consigliare	56, 78
acontecimiento	avvenimento	69
acordarse	ricordarsi	63
acostarse	andare a letto	60
actitud	atteggiamento	57
actividad	attività	78
acto	atto	8
actorzuelo	attorucolo	81
acudir	andare, recarsi	57
acuerdo	accordo	10
adelantar	sorpassare	38
adelgazar	dimagrire	77
además	inoltre	44
adhesivo	adesivo	33
adiós	arrivederci, addio	1, 7, 98
administrativamente	amministrativamente	97
admirar	ammirare	90
adonde / a donde	dove (moto a luogo)	5, 70
adoptar	adottare	25
adquirir	procurarsi, acquistare	82

aduana	dogana	34
adulto	adulto	22
advertencia (la)	avvertimento, avvertenza	48
advertir	avvertire, ammonire, avvisare, segnalare	48, 98
aeropuerto	aeroporto	18
afición (la)	gusto, passione	16,46,80,89
aficionado	appassionato, tifoso, dilettante	89, 93
afilado	affilato	68
afiliado	iscritto, affiliato	89
africano	africano	97
afrontar	affrontare	100
agarrar	afferrare, prendere	6
agencia	agenzia	25
agitación	agitazione	67
aglomeración	centro abitato, agglomerato urbano	69, 93
agradable	piacevole, buono	82
agradecer	ringraziare	40, 82
agreste	selvaggio, agreste, rustico	93
agua* (el)	acqua	34, 68,74, P
agua mineral	acqua minerale	68
aguantar	sopportare, reggere, contenere	27, 39
agudo	acuto	98
águila* (el)	aquila	93
agujero	buco	6
ahí	là	33, 71
ahijado	figlioccio	P
ahora	ora	1
ahora mismo	subito, immediatamente	1,31,59
aire	aria	P
ajedrez (el)	scacchi	79
al	al	4,14
alba* (el)	alba	65
albergar	ospitare	93
albergue (el)	ostello	80
albor (el)	albori, alba, inizio	92
alcalde	sindaco	37, 81
alcaldía	Comune, municipio	37
alcanzar	raggiungere	95, 100
alcohol	alcool	31
alcohólico	alcolico	65
aldea (la)	frazione, villaggio	69
aldeano	paesano, villano	81
alegre (inv.)	allegro	65
alegría	allegria, gioia	95
algazara (la)	schiamazzo	67
algo	qualcosa	34, 88
algodón	cotone	76
alguien	qualcuno	47, 51, 57
algún	qualcuno, un/una, qualche, alcuni	57, 59
algunos/nas	alcuni/e	57

allí	là, laggiù	41, 71
alma* (el)	anima	24, 95
almohada (la)	cuscino	53
alquilar	affittare, noleggiare	26, 49, 78
alquiler	affitto, noleggio	26, 78
alrededor	intorno, attorno	52, 78, P
alrededor de	circa, intorno a	52, 75,78
alrededores	dintorni	78
alterarse	scomporsi, alterarsi	90
alto	alto	60,100
altura	altezza	100
alumno	alunno, allievo	97
amable	gentile	43
amante	amante, innamorato	93
amargar	amareggiare	51
amargarse	amareggiarsi	51
amarillo	giallo	32, 35
ambulancia	ambulanza	31
americano	americano	40
amigo	amico	4, 14, 98
amistad	amicizia	98
amonestación	ammonizione	48
amor	amore	9
amplitud	ampiezza, grado	100
analfabeto/ta	analfabeta	81
andaluz	andaluso	95
andante	errante	32
andar	camminare, andare	44,57,79
anfetamina	anfetamina	34
animar	tifare, incoraggiare	89
ánimo	coraggio	20
aniversario	anniversario	23
anochecer	pernottare	61
ante	davanti, di fronte	81,90,99
antelación (con ~)	anticipo (in)	98
antes	prima (avverbio)	13
antes de que	prima che	61
antigua	antica	58
antigüedad	antichità	86
antivirus	antivirus	94
anular	annullare	47
anuncio	annuncio	41
anzuelo	amo	46
añadir	aggiungere	69, 81
año	anno	16,23,42,80,96
apaciguar	pacificare	77
apagar	spegnere	73
aparato de radio	apparecchio radio	45
aparato	apparecchio	83
aparcar	parcheggiare	44

aparecer	apparire, presentarsi, arrivare, farsi vivo, capitare, tornare	71
apartado de correos (el)	casella postale	50
apellido	cognome	30
aperitivo	aperitivo	1, 14
apertura	apertura	82
apetecer	avere voglia, desiderare	85
apilar	accatastare	65
aplaudir	applaudire	P
apostar	scommettere	36
apreciación	valutazione	11
apreciar	apprezzare	86
aprender	imparare	46
apretar	premere	29
aprovechar	approfittare	26, 76, 99
apuntes	appunti	97
aquél, aquélla	quello, quella	35
aquello	quello	35
aquí	qui	7, 71, P
aquí está	ecco (qui)	84
árabe	arabo	92, 95
aragonés	aragonese	72
árbol	albero	41,90,98, P
archipiélago	arcipelago	97
arena (la)	sabbia	65
argüir	dedurre	P
arrancar	partire, avviarsi, strappare	45, 90
arreglar	riparare	26
arreglarse	aggiustarsi, mettersi d'accordo, prepararsi, cavarsela	56, 75
arreglárselas	arrangiarsi	75
arreglo (el)	riparazione	26
arte (el)	arte	100
artículo	articolo	47, 94
artista	artista	95
artístico	artistico	95
asar a la plancha	cucinare alla griglia	62
asar	arrostire	62
ascensor	ascensore	57
así	così	30, 34,92,93,96
así como	così come	82
así mismo	così	100
así pues	dunque, allora, perciò	66
así que	dunque, allora, perciò	66
asiduo	assiduo	100
asiento (el)	posto, sedile	43,45, 83
asociado	associato	95
aspecto (el)	cera, aspetto	77
astilla (la)	scheggia	27
asunto (el)	questione, affare	11,81

atar	legare	38
atasco	ingorgo	18, 21
atención	attenzione	38
atender a	occuparsi, accogliere, soddisfare	32, A
aterrizar	atterrare	83
atracción	attrazione	64
atraer	attirare	64
atrás	dietro, indietro	57, 72
atravesar	attraversare	48, 83
aumento (el)	aumento	92
aunque	anche se, benché, per quanto, seppure	86, 87, 91
autobús	autobus	6, 14
autocar	pullman	89
automóvil (el)	automobile	20
autónomo	autonomo	83, 97
autopista	autostrada	38
autor	autore	14, 91
autoridad	autorità	90, 93
autorradio	autoradio	45
autovía	superstrada	38
auxiliar de vuelo	steward	83
ave* (el)	uccello	93
aventura	avventura	80
avión	aereo	18, 21
avisar	avvertire, avvisare	66,71,90
ayer	ieri	39,42,64,94
ayuda	aiuto	12,63,75
ayudar	aiutare	53, 100
ayunar	digiunare	3
ayuntamiento (el)	comune, municipio, amministrazione comunale	37
ayuntar	unire	37
azafata	hostess	83
azteca	azteca	88
azul	blu	32,35,38,65,75

B

bable	asturiano	72
bailaor	ballerino (di flamenco)	95
bailar	ballare	95
baile (el)	ballo, danza	95
bajada de bandera	scatto iniziale (taxi)	21
bajar	scendere	61
bajo cero	sotto zero	97
bajo	basso, piccolo, sotto	75
balear	baleare, delle Baleari	97
balompié	calcio	89
baloncesto	pallacanestro	89
balonmano	pallamano	89
balonvolea	pallavolo	89

bamboleante (inv.)	traballante	65
banco (el)	banca	15, 21
banco (el)	panchina	65
bañarse	fare il bagno	46
bañista	bagnante	37
baño	bagno	59
bar	bar	54, 71
barbaridad	barbarie, enormità, sproposito, moltissimo	52
bárbaro	barbaro	52
barrio	quartiere	63
bastante	abbastanza, piuttosto	40
beber	bere	35, 74, P
bebida	bevanda	61, 65
bendecir	benedire	A
beso	bacio	19
biblioteca	biblioteca	94
bici	bicicletta	57, 58
bicicleta	bicicletta	57
bien	bene	3, P
bien… bien	sia… sia	70
bigote (el)	baffi	73, 75
bilingüe	bilingue	92
billete	biglietto	49, 63,85
blanco	bianco	32,74,75
bloquearse	bloccarsi, piantarsi	90
bobada	sciocchezza	79
boda (la)	nozze, matrimonio	23
boina (la)	basco	75
bolígrafo	penna stilografica	50
bolsa (la)	borsa	33
bolsillo (el)	tasca	6
bonito	bello	36
bordo (a ~)	bordo (a ~)	83
bosque	bosco	48,93
botella	bottiglia	68, 74
braga (la)	pantaloni	87
brasileño	brasiliano	40
breves instantes (en)	pochi istanti (fra)	83
bribonzuelo	birboncello	81
brisa	brezza	62
broma	scherzo	71
bromista	burlone	54
bronca	rissa, zuffa, ramanzina	55
broncear	abbronzarsi	62
buenísimo	ottimo, buonissimo	8, 14
bueno	bello	62
bueno	buono	4, 9,14
bufanda (la)	sciarpa	67
buscar	cercare	40,42,61,91,100
butaca (la)	poltrona	90

| buzón (el) | buca delle lettere | 50, 57 |

C

cabalgar	cavalcare	67
cabalgata (la)	sfilata, cavalcata	67
caballero	cavaliere, signore	32
caballo	cavallo	32
cabello	capello	71
caber	entrare, starci dentro, spettare	57
cabeza	testa	29, 49, 52
cabina	cabina	54
cada	ogni	36, 47
cada día más	ogni giorno di più	36
cada uno	ciascuno	33, 47
cada vez más	sempre di più, sempre più	36,47,100
cada vez mejor	sempre meglio	47
cada vez menos	sempre di meno	47
cada vez peor	sempre peggio	47
cadena	network televisivo	99
caducado	scaduto	18
caer	cadere	55
café	caffè	14,28,71, P
caja	cassa	76
cajera	cassiera	61
cajón	cassetto	79
calcetín	calzino	87
calle	via	5, 7
calor (hace ~)	caldo (fa ~)	62
calzada	carreggiata, strada	38
calzoncillo (el)	mutande	87
cama (la)	letto	59, 90
cama de matrimonio (la)	letto matrimoniale	59
camarero	cameriere	44
cambiar	cambiare	26, 35, 85
camello	cammello	67
caminante (inv.)	viaggiatore	57
caminar	camminare	57
camino	strada, cammino	57, 80
camisa	camicia	35, 75
camiseta	maglietta	87
campeón	campione	87
campestre	campestre	93
campo	campo	93
canadiense	canadese	40
canario	canario, delle Canarie	97
candidato	candidato	41
canoso	brizzolato, canuto	75
cansado	stanco	7
cantar	cantare	21, 98
cante	canto	95

canto	canto	60, 95
caña	canna	46
capital	capitale	69
cara (la)	faccia, viso, espressione, aspetto	11, 41, 64
carácter	carattere	69,80,88,97
caracterizar	caratterizzare	86
caramelo (el)	caramella	64
cargar	caricare	67
carnaval	carnevale	69
carne	carne	61
carne asada	carne arrosto	62
carne picada	carne macinata	61
carnicería	macelleria	52
caro	caro	52, 76
carpintero	falegname	100
carrera	corsa	89
carrete (el)	mulinello, bobina, rullino	46
carretera	strada	58
carro	carro, carrello	61
carroza (la)	carro (di carnevale)	67
carta	carta (del ristorante)	74
carta	lettera	50,67,81
carta certificada	lettera raccomandata	50
cartas	carte (gioco)	89
cartera (la)	portafoglio	10
casa	casa	1, 82
casa central	sede centrale	75
casa consistorial / de la villa	municipio	37
casa de (a, en ~)	da. a casa di	28
casa rural (la)	casale	78
casa rústica	casale	78
casado	sposato	9, 25
casarse	sposarsi	12,14,66
casi	quasi	41, 81
caso	caso	72
castaña (la)	castagna	62
castaño	castano	75
castañuela	nacchera	95
castellano	castigliano	72
casualidad (por)	caso (per)	62
catalán	catalano	72
catálogo	catalogo	82
cava (el)	spumante	74
caza	caccia	P
cebolla (la)	cipolla	52
cederrón	CD-ROM	47
celebración	festa, celebrazione	69
celebrar	festeggiare, celebrare	23
cena	cena	3, 8, 71
cenar	cenare	16, P

centro	centro	61, 97
centro comercial	centro commerciale	61
cerca	vicino, presso	54
cereal	cereale	61
cereza	ciliegia	50
cero	zero	21, 54
cerrar	chiudere	52, 66 ,90
cesar	cessare	92
chaqueta	giacca	38
charcutería	salumeria	52
charlar	chiacchierare	30, 88
chica	donna delle pulizie	65
chico	ragazzo, piccolo, fattorino	46,65,71
chileno	cileno	40
chino	cinese	30, 92
chiringuito	chiosco	65
chocolate	cioccolato	P
chocolate con churros	cioccolato con "churros"	3
chollo	affare	26
chorizo	salsiccia	52
cielo	cielo	41
ciento, cien	cento	21, 31
cierre (el)	chiusura	61, 82
cierto	certo, vero	36, 62
cigarro (el)	sigaretta	44
cine	cinema	4,7,14,28,42,49,P
cinta (la)	nastro	33
cinta de vídeo	videocassetta	33
cinturón (el)	cintura	38, 83
circuito	circuito	P
circulación	circulazione	94
circular	circolare, guidare	38, 42
circunstancia	circostanza	26
cita (la)	appuntamento	10, 50
ciudad	città	40, 78, 89
claridad	chiarezza	90
claro	chiaro	3
clase	lezione	95
claustro	chiostro	82
cliente	cliente	47
clima	clima	97
club	club	87, 89
cocer	cuocere	87
coche (el)	auto, macchina	26, 42
cocina	cucina	86
código postal	codice postale	50
coger	prendere	6,7,21,58
cola	coda	39, 61
colegio (el)	scuola	25,58,89
colgar	riattaccare	54

colonia	colonia	93
color	colore	35, 85, 88
combinar	combinare	95
comer	mangiare	8,14,35,42,50, P
comercio	esercizio commerciale	61
comestibles (tienda de ~)	drogheria	52
cometido (el)	compito, incarico	65
comida (la)	cibo, pasto, mangime	34
comisaría (la)	commissariato	45
como	come, che, poiché	13, 89, 100
cómo	come	2,30,96,P
cómodo/da	comodo	40, 42
compañero/ra	compagno	58
compañía	compagnia	40
comparar	comparare, confrontare	53
compensar	compensare	60
competente	competente	84, 90
complacer	compiacere, fare piacere	83
complacerse	compiacersi, avere il piacere di	83
complejo	complesso	83
completamente	completamente	83
completar	completare	1, A
completo	completo	98
complicado	complicato	72, 75
comportamiento	comportamento	69
compra (la)	acquisto, spesa	76
comprar	comprare, acquistare	25,42,50,85,94
comprender	comprendere	43, 96
comprensión	comprensione	90
comunicación	comunicazione	92
comunidad	comunità	97
comunidad autónoma	comunità autonoma	46, 93
comunión	comunione	95
con	con	3
conceder	accordare, concedere	59
concejo (el)	giunta	37
concentrado	concentrato	61
concentrarse	concentrarsi	63
concluir	concludere	A
concordancia	concordanza, coerenza	81
concretar	concretare	A
condición	condizione	68, 100
conducir	condurre	74, 77
confesar	confessare	A
confirmar	confermare	59
conformar	formare, dare luogo	93
confundir	contondere	9, A
confundirse	sbagliare, confondersi	54
confuso	confuso	81
congelador	congelatore	61

congelados	surgelati	61
congelar	congelare, surgelare	61
conjugación	coniugazione	100
conllevar	implicare	66
conmemoración	memoria, commemorazione	69
conmigo	con me	12
con motivo de	in occasione	99
conocer	conoscere	40, 49
conocimiento (el)	conoscenza	100
conque	per cui, dunque, pertanto	34, 66
con respecto a	su, circa, per quanto riguarda, in relazione a	
	per quanto concerne, quanto a	85
conseguir	riuscire, conseguire, ottenere	81, 84, 96
consejo	consiglio	56, 59, 60
consistir	consistere	81
constante	costante	86, 92
constelar	costellare	80
constituir	costituire	80
construir	costruire	80
consulta	ricerca, consultazione	53, 94
consulta (la)	studio (medico)	29, 53
consulta previa	visita su appuntamento	
petición de hora		53
consultar	consultare	94, 100
consumición	consumazione	38
contacto	contatto	19,78,99,100
contar	contare, raccontare	29,53,93,98,A
contentarse	accontentarsi	74
contento	contento	9, 66
contestar	rispondere, contestare	44
contigo	con te	12 66
continente	continente	93, 97
continuar	continuare	34, 41, 70
contrario	contrario	53
contrato	contratto	40
contribuir	contribuire	80
convencer	convincere	81
conversación	conversazione	99
convertir	convertire	A
convocado	convocato	40
copa (la)	bicchiere, calice	16
corazón	cuore	29
coronilla (la)	cocuzzolo	87
corral	cortile	93
correcto	corretto	30, A
corregir	correggere	A
correo (el)	posta, corriere	50
correo electrónico	posta elettronica, e-mail	50, 59
correos	posta	50
correo urgente	espresso	50

correr	correre	38,42,65,89
corretear	scorrazzare	65
corriente	corrente	13
cortar	tagliare	41
cortarse	tagliarsi	71
corte	taglio	76
cortina	tendina	85
cosa	cosa	13, P
cosas (las)	roba, cose	13, 76, 79
cosecha	raccolto	69, 74
coser	cucire	30
costar	costare	22, 76, 94
coto (el)	riserva	46
creación	creazione	86
crecer	crescere	38, 92
crédito	credito	61
creer	credere	11, 91, 94
crema	crema	62
crema protectora	crema abbronzante	62
cretino	cretino	30
crianza	vino "de crianza" (di almeno due anni)	74
cristiano	cristiano	95
cruce	incrocio	38
cruzarse	incontrarsi, incrociarsi	57, 58
cruz	croce	41
cuadrado	quadrato	97
cuadro	quadro	82
cuál	quale	2, 15, 45
cualquier	qualsiasi, qualunque	36
cualquiera	qualsiasi, qualunque, chiunque	36,48,69,70
cualquiera que	qualunque, quale che	48,69,70,95
cuando	quando	29,31,50,95
cuándo	quando	2, 49, 84
cuánto	quanto	2,16,55,61
cuanto antes	quanto prima, il più presto possibile	59
cuarenta	quaranta	23
cuarto	quarto	17,21,71
cubierto	coperto	41, 68
cubierto	menù	68
cubrirse	coprirsi	68
cuchara	cucchiaio	68
cucharilla	cucchiaino	68
cuchillo	coltello	68
cuenta (la)	conto	13, 52
cuenta corriente (la)	conto corrente	13
cuento (el)	racconto, favola	53
cuerno	corno	99
cuerpo	corpo	29, P
cuestión (la)	questione, affare, tema, problema	11, 79
cuestión de vida o muerte	questione di vita o di morte	11

cuidado	attenzione	38
cultivar	coltivare	A
cultura	cultura	92, 95
cultural	culturale	92
cumpleaños	compleanno	23
cumplir	compiere, eseguire	23, 65
cuñada	cognata	63
curiosidad	curiosità	22
curioso	curioso	29,86,88
curso	corso	40
cuyo, cuya, cuyos, cuyas	il cui, la cui, i cui, le cui	86, 91

D

dactilar	digitale	65
damas	dama	89
danzar	ballare	95
dar	dare	29,35,42, P
dar con	trovare	57
dar las gracias	ringraziare	63
dar pruebas / muestras de	dar prova di	90
darse cuenta	rendersi conto	87
darse la mano	darsi la mano, stringersi la mano	29
darse la vuelta	girarsi, voltarsi	29
dar vueltas	arrovellarsi, girare	96
dátil	dattero	67
de	di	1, 14
debajo de	sotto	90
decidir	decidere	70, A
decir	dire	14,22,28,42,49
decisión	decisione	48
declarar	dichiarare	34, 93
decorar	decorare	85
dedicar	dedicare	15, 69
dedicarse	dedicarsi, occuparsi	15, 28
de dónde	da dove	82
de espaldas a	dando le spalle a	43
de espaldas	di spalle	43
deficiente	deficiente	40
dejar	lasciare, smettere	31,35,42, 79
dejarse	dimenticare	54
del	del	14
del que	del quale	81
delante	davanti	24, 70
delante de	davanti a	70, 90
delatar	rivelare, denunciare	57
deleitarse	dilettarsi, adorare, essere deliziato	86
delinquir	delinquere	77
de manera que	così, dunque, allora, perciò	66
de maravilla	a meraviglia	49
demás	altri	93

demasiado	troppo	33
de modo que	così, dunque, allora, perciò	66
demostrar	dimostrare, dare prova di	90
denominación	denominazione	74
dentro de	fra (tempo)	59, 71
de nuevo	di nuovo	49
de ocasión	d'occasione	26
de otra manera	altrimenti	90
deporte	sport	75, 89
deportista (inv.)	sportivo	86
deprimirse	deprimersi	85
deprisa	in fretta, presto	6, 31
de quien	di cui	81
derecha	destra	5
derecho	diritto	79
de regreso	di ritorno	49
desafiar	sfidare	85
desafío	sfida	100
desastre	disastro	39
desatar	scatenare	67
desayunar	fare colazione	3,7,14
desayuno	colazione	3, 7
descansar	riposare	65
descarado	sfacciato, insolente	44
descifrar	decifrare	81
desconfianza	diffidenza	73
descripción	descrizione	82
desde	da	37,67,83
desear	desiderare	50
desenlace	scioglimento	39
desfile	sfilata	67
desgarrador	lacerante	95
desmontar	smontare	55
desnudarse	spogliarsi, svestirsi	46
desnudo	nudo	46
desocupado	disoccupato	41, 62
despabilado	sveglio, furbo, spigliato	81
despacho	ufficio, scrivania	59, 79
despacio	lento, piano	38, 57
despedirse	salutare	94
despertar	svegliare	39, A
después	dopo	8, 14
destacar	sottolineare, distaccare, porre in risalto, rimarcare	88
detalle	dettaglio	78
de todas formas	in ogni caso, ad ogni modo	46
detrás / detrás de	dietro, indietro	24, 57
devolver	restituire, dare indietro, rimborsare	47
de vuelta	di ritorno	49
día	giorno	1, 3,14,21

día (al ~ siguiente)	il giorno dopo	58
día festivo	giorno festivo	69
diálogo	dialogo	7, 14
diario	al giorno (giornaliero)	80
diccionario	dizionario	53, 94
dicho	detto	14
dictar	dettare	81
diente (de ajo) (el)	spicchio (d'aglio)	52
diferencia	differenza	68
difícil	difficile	75, 88
dificultad	difficoltà, problema	40,99,100
difundir	diffondere	A
difusión	diffusione	92
digital	digitale	65
dinámico	dinamico	30
dinero suelto	spiccioli	6, 54
dinero	soldi, denaro	6, 7
dios	dio	36
dirección	indirizzo	57
directo	diretto	99
director	direttore	40, 75
dirigir	dirigere	40,77,81
dirigirse	rivolgersi, indirizzare	44,51,81
disco compacto	CD	47
disco duro	disco rigido	94
disco	disco	47
discoteca	discoteca	95
disculpar	scusare, discolpare	44
discurso	discorso	88
discutir	discutere, litigare	27, 85
disfrutar	divertirsi	89
disponer	disporre	31,65,66,93
disponerse	disporsi, stare per	31, 83
disquete	floppy, dischetto	94
distinguir	distinguere	77, A
distraído	distratto	45
distribuir	distribuire	80
diversidad	varietà	88, 93
diverso	numeroso	78
divertir(se)	divertire (divertirsi)	88, 89,98,A
dividir	dividere	97, A
docena	dozzina	52, 93
doctor	dottore	29
doler	dolere, far male	29
dolor	dolore	29
doméstico	domestico	34
domicilio	domicilio	53, 90
domingo	domenica	14
dominó	domino	89
dónde / donde	dove	5,7,51,70

donde, en donde	dove	65
dormir	dormire	3, 7, A
dos	due	1
droga	droga	31
drone	drone	83
ducharse	fare una doccia	84
duda (la)	dubbio	57, 81
dudar	esitare, dubitare	86, 99
duende	folletto, spirito fantastico	95
dueño	padrone	100
durante	per	78
duro	duro	51

E

e	e	67
echar	gettare, versare, dare (vedi le espressioni)	34, 79
echar a cara o cruz	giocare a testa o croce	41
echar marcha atrás	fare marcia indietro	57
echarse	gettarsi	99
echarse una crema / una pomada	mettersi una crema / una pomata	62
echar una ojeada	dare un'occhiata	100
económico	economico	92
ecosistema	ecosistema	93
edad	età	22, 95, P
efecto	effetto	24, 92, P
efectuar	effettuare	83, 95
egipcio	egiziano	88
Egipto	Egitto	88, 97
egoísta	egoista	40
ejemplo	esempio	49, 85
ejercer	esercitare	77
ejercicio	esercizio	1, 100
el	il, lo, l'	4, 7
él	lui	7, 12
elección	scelta, elezione	37, 69
electrónico	elettronico	50, 83
elegir	scegliere, eleggere	68, 81, A
eliminado	eliminato	89
ella	lei	7
ellos	loro	7
el que	quello che	32
e-mail	e-mail	59
embarcar	imbarcarsi	14
embrague	frizione	45
emergencia	emergenza	31
emir	emiro	62
emigrar	emigrare	81
empatar	pareggiare	89
empezar	cominciare	22, 98

empleado	impiegato	30
empleo	impiego	41
empresa	azienda, fabbrica, impresa	40
empujar	spingere	64
en	in, a	5, 86
en absoluto	assolutamente no, niente affatto, per niente	60
en adelante	d'ora in poi	100
enamorarse	innamorarsi	81
en calidad de	in qualità di	86
encantado	lieto	36, 82
encantador	incantevole, affascinante	36
encantar	incantare, affascinare	36
encanto	incanto, fascino	36, 95
en casa de	a casa di	27
encender	accendere	45
encendido	acceso	44
encima	per giunta, persino	44, 49
encontrar	trovare, incontrare	57, 96
encontrarse con	incontrare	57
en cuanto	non appena, mentre, nel momento in cui	100
en cuanto a	quanto a, per quanto riguarda	75
enfermo	ammalato	43, 51
enfrente	di fronte, davanti	54
enganchado	agganciato, appassionato, dipendente	31
enganchar	agganciare	31
enhorabuena	congratulazioni!	23, 49, 99
en lo que concierne a	per quanto concerne	85
enorme	enorme	39, 61
en punto	in punto	18
en que, en el que…	dove, in cui, nel quale	65, 70
enrocar	arroccare	79
ensalada	insalata	68
enseguida / en seguida	subito, immediatamente	13, 62
enseñar	insegnare, mostrare	46, 88
entender	capire, intendere	96, 100
entonces	allora	25
en torno a	intorno, a ridosso di	69
entrada	entrata, biglietto, ingresso	82
entrar	entrare	27, 99
entrar en liza	entrare in lizza	99
entre	tra, fra	92, 95
entretanto	intanto, nel frattempo	50
entusiasmo	entusiasmo	67
enviar	mandare, inviare, spedire	31, 59
época	stagione, epoca	86
equipaje (el)	bagagli	33
equis	x	23
equivocado	sbagliato	78
equivocarse	sbagliarsi, sbagliare, equivocare	54, 72, 78
error	errore	90

ésa	quella, codesta	33
escáner	scanner	94
escapar	scappare	99
esconder	nascondere	79
escribir	scrivere	14,42,70,81
escrito	scritto	14
escritor	scrittore	15
escuchar	ascoltare, sentire	75
escuela	scuola	40,81,92
escupir	sputare	44
ese, esa…	quello, quella, codesto, codesta (aggettivo)	32, 35
ése, ésa…	quello, quella, codesto, codesta (pronome)	32,33,35
eso	ciò, quello	29,33,35
espacial	spaziale	83
espalda	schiena	43
español	spagnolo	2,7
esparcir	spargere	77
especialidad	specialità	1
especialista	specialista	53
especie	specie	64
específico	specifico	69
espectador	spettatore	39
espejo	specchio	24
espera	attesa	67, 90
esperar	attendere, aspettare, sperare	6,21,43,71
espiritual	spirituale	80
espontáneo	spontaneo	95
esquí	sci	65
ésta	questa (pronome)	33, P
estación	stazione	6, 83
estación de autobuses	autostazione	89
estadounidense	statunitense	40
estanco	tabaccheria	50
estar	essere, stare	5,7,14,21
estar cómodo	stare comodo	76
estar mareado	avere la nausea, avere il capogiro	76
este	est	97
éste es	ecco (qui)	84
éste, ésta, éstos…	questo, questa, questi… (pronome)	32,33,35
este, esta…	questo, questa…	10,16,32,35
estela (la)	scia	58
estilo	stile	75
estilo de (al)	stile di (nello ~), alla	75
estimar	stimare, stabilire	57
esto	questo, ciò	33, 35
estrecho	stretto	97
estrella	stella	48, 59
estrés	stress	60

estudiar	studiare	41, 98, P
estupendamente	benissimo	47
estupendo	stupendo, splendido, magnifico, eccezionale	4,59,73,88
etapa	tappa	80
etcétera, etc.	eccetera, ecc.	82
etiqueta	etichetta	76
euro	euro	1, 7, 21,91, P
Europa	Europa	78, 93, 97
europeo	europeo	80
eusquera / euskera	basco (lingua)	72
evaluar	valutare	100
evidente	evidente	96
exactamente	esattamente	68
exagerar	esagerare	52
examinar	esaminare	29
excelente	eccellente	60
excepcionalmente	eccezionalmente	86
exceptuar	escludere	A
exceso	eccesso	38
excitado	eccitato	89
excusa	scusa	69
exigir	esigere	A
existencia	esistenza	95
éxito	successo	99
experiencia	esperienza	41, 80
explicar	spiegare	45, 75
exponer	esporre	82
exposición	mostra	82
expresar	esprimere	95, A
expresión	espressione	88, 95
extender	stendere, estendere	62, A
exterior	esteriore	P
extra	extra	P
extranjero	straniero	15
extrañado	sorpreso	58
extraordinario	straordinario, speciale	53, 85
extremo	estremo	65, 97
F		
fácil	facile	75, 98
factura	fattura	90
faena (la)	brutto scherzo	72
falda	gonna	35
falta	mancanza	90
falta (la)	errore	100
faltar	mancare	61,72,79
familia	famiglia	14,30,98, P
familia numerosa	famiglia numerosa	25
familiar	familiare	25, 100

fanático	fanatico	31
farmacia	farmacia	29
fastidiar	infastidire, stufare, irritare, innervosire	73
fauna	fauna	93
favor	favore, cortesia	1, 45, 75
favorito	preferito	89
fax	fax	59
febrilidad	frenesia	67
fecha	data	69
Federación Española de Pesca	Federazione spagnola della pesca	46
felicidad	felicità	23
feliz	felice, buono	23,66,83, P
felpudo	zerbino	90
fenómeno	fenomeno	86, 94
feo	brutto	53
ferretería	negozio di ferramenta	78
ferrocarril	ferrovia	43
festejar	festeggiare	69
festivo	festivo, spiritoso, allegro	69
ficha (la)	gettone	61
fiera	fiera	60
fiesta	festa	23, 67, 69, P
fijar	fissare	A
fijo	fisso	53
filete	bistecca, fettina	68
filme	film	39
fin (el)	fine	10
fin de semana	fine settimana, week-end	10
final	finale	89
fino	fine, sottile	44,86
firma	ditta, firma	40
firmar	firmare	25, 40
físico	fisico	19
flamenco	flamenco	95
flechazo	colpo di fulmine, frecciata	64
flor (la)	fiore	28, 35, P
flora	flora	93
folleto (el)	dépliant, prospetto, opuscolo, pieghevole	82
fontanero	idraulico	100
forma	forma	10, 95
forma de andar	andatura	57
formar	formare	97
fortuna	fortuna	85
foto	foto	88
francamente	francamente, veramente	40, 53
francés	francese	2, 80
frase	frase	26, 100
fraudulenta	fraudolenta	34
frecuentar	frequentare	80

freír	friggere	98
freno	freno	45
frente a	di fronte a	90
fresco	fresco	62, 74
frío	freddo	12, 62
frito	fritto	68
fuegos artificiales	fuochi artificiali	67
fuera	fuori, esterno	60, 72
fuerte	forte	42, P
fuerza	forza	100
fútbol	calcio	89
fumador	fumatore	44
fumar	fumare	44, 63
funcionar	funzionare	41
futuro	futuro	12

G

gafas	occhiali	72
gallego	gallego, galiziano	72
gallina	gallina	52,60,93
gallo	gallo	60
gana	voglia	51
ganar	vincere, guadagnare	66, 97
ganarse la vida	guadagnarsi da vivere	26
ganga	affarone	26
garabateo	scarabocchio	81
garantizado	garantito	83
gas (agua con ~)	gassata (acqua ~)	68
gaseosa	gazzosa	74
gastrónomo	gastronomo	86
gato	gatto	34, 35, P
gaviota	gabbiano	65
gemir	gemere	A
generoso	generoso	64
gente (la)	gente	39, 87
geografía	geografia	97
gitano	gitano	95
golfo	golfo	97
golondrina	rondine	93
golosina	dolce	65
gordo	primo premio, grasso	85
gorrión	passero	93
gota	goccia	P
gozar	godere	66
gracias	grazie	1, 7
gramática	grammatica	100
grande, gran	grande	14, 42
granizado	granita	76
gratis	gratis	71
gratuito	gratuito	82

grave	grave	11, 14
gris (inv.)	grigio	35
grito	grido	43, 95
grúa	gru	38
grúa municipal	carro attrezzi	38
grupo	gruppo	65
guante	guanto	46
guapo	bello	12
guerra	guerra	P
guía (la)	elenco	54, 62
guía	guida	62, 82, P
Guinea	Guinea	88
guineano	guineano	88
guitarra	chitarra	95, P
gusano	verme	46
gustar	piacere	9,14,19,28,88
gusto	gusto	9,69,80,96

H

haba* (el)	fava	87
haber	avere (ausiliare)	3,4,6,7,14,21,P
habitación	camera	59, 96
habitante	abitante	97
hablar	parlare	14,42,P
hace + (espr. di tempo)	(espr. di tempo) + fa	16,59,71
hace falta	occorre, bisogna, è necessario	80
hacer	fare	8,12,14
hacer falta	occorrere, essere necessario, bisognare	75, 80
hacer frente	affrontare, far fronte	100
hacer las compras	fare spese, fare la spesa	76
hacer un favor	fare un favore	75
hacha* (el)	ascia	68
hacia	verso	80
hall	hall	48
hallar	trovare	57
hartar	saziare	A
hasta	fino a	39,82,87
hay	c'è, ci sono	9, 21
hay que	bisogna, occorre, è necessario	21, 90
he aquí	ecco qui	84
hechizo	sortilegio	95
hecho	fatto	8, 14
helado	gelato	65, 85
henchir	riempire	A
hermana	sorella	28, 63
hermoso	bello	30
hidalgo	nobile	5
hielo	ghiaccio	67
higo	fico	67
hijo	figlio	10

hindi	hindi	92
hipermercado	ipermercato	61
hipertensión	ipertensione	60
hispanohablante	ispanofono	88, 99
historia	storia	79
histórico	storico	69
hoja	foglia	91, 98
hombre	uomo	12, 14, P
hombrezuelo	omiciattolo	81
hombro (el)	spalla	43
hondo	profondo	29, 95
honor	onore	40
honrado	onesto, onorato	57, P
hora	ora	2,10,14,21,28,61
hora insular	ora delle isole Canarie	17
hora punta	ora di punta	2
horario de apertura	orario di apertura	61
horario	orario	82
horchata	"horchata", orzata	76
horita	oretta	22
horror	orrore	85
hospital	ospedale	29
hotel	albergo	48, 70
hoy día, hoy en día	oggigiorno, al giorno d'oggi	80
hoy	oggi	6, 14, P
huelga	sciopero	7
huella	orma, traccia, impronta	65
hueso	osso	34
huevo	uovo	52
humedal	acquitrino	93
humor	humor	98

I

ibérico	iberico	52, 97
ida	andata	9
ida y vuelta	andata e ritorno	9, 49
idas y venidas	andirivieni	9
idea	idea	4,7,14
idioma (el)	lingua, idioma	92
ignorar	ignorare	P
igual	uguale, può darsi, forse, magari	68,85,96
imaginar	immaginare	66, 73
imitación	imitazione	34
importa (no ~)	non importa, non fa niente	67
importancia	importanza	92
importante	importante	26, 93
importar	importare, dispiacere	52, 71
importe	prezzo	47
imposible	impossibile	45
impresionante	impressionante	88

impreso	modulo	29, 50
impresora	stampante	94
imprevisto	imprevisto	100
imprimir	imprimere	A
incluido	compreso, incluso	97, A
incluir	includere	A
incluso	anche	40, 85
incomprensión	incomprensione	96
inconveniente	inconveniente	72
indecisión	esitazione	41
indicación	indicazione	82
indicar	indicare	50, 77
INEM	INEM	41
infinidad	infinità	69
influencia	influenza	38
información (la)	informazione, ufficio informazioni	82
informar	informare	7
informática	informatica	84
infusión	infuso	43
inglés	inglese	40, 92
iniciático	iniziatico	80
injusticia	ingiustizia	95
inmediatamente	immediatamente	31
inmóvil	immobile (aggettivo)	90
inmueble	immobile (sostantivo)	57
inocencia	innocenza	71
inocentada (la)	pesce d'aprile	71
inocente	innocente	71
inolvidable	indimenticabile	80
insistir	insistere	44
instante	istante	41, 83
instituto	istituto	41, 92
instrucción	istruzione	84
insular	insulare	17
intelectualillo	intellettualucolo, intellettualotto	26
inteligencia	intelligenza	88
inteligente	intelligente	67, 74
intensidad	intensità	98
intensivo	intensivo	40
interesado	interessato	66
interesante	interessante	41
internacional	internazionale	92
internet	internet	94, 99
íntimo	intimo	95
introducir	introdurre	74
inverosímil	inverosimile	73
invertir	investire	A
invierno	inverno	97
invitación	invito	91
invitado	invitato	70

invitar	invitare	4,7,28
ir	andare	6,7,14,28, 42
Irak	Iraq	88
iraquí (inv.)	iracheno	88
ir de acampada	andare in campeggio	63
ir de compras	fare spese	76
ir de escaparates	andare per vetrine	76
irónicamente	ironicamente	98
ir por	andare a prendere	61
irse	andarsene	4, 27
isla	isola	72, 93
Israel	Israele	P
italiano	italiano	19
izquierda	sinistra	32

J

jaleo	confusione, baccano	39
jalonar	scandire	80
jamás	mai	13
jamón	prosciutto	52
jamón serrano	prosciutto crudo	52
jamón york	prosciutto cotto	52
japonés	giapponese	92
jardín	giardino	12
jarra	brocca	68
jerez	xeres	74
jersey	maglione	45
Jordania	Giordania	97
jornada continua	orario continuato	10
joven	giovane	81
judío	ebreo	95
juego de prendas	gioco dei pegni	87
jueves	giovedì	14
jugar	giocare	41, 82, A, P
julio	luglio	63
juntar	unire	A
junto a	accanto	30, 63
juntos/tas	insieme	16
jurar	giurare	72
justo	giusto	32, 49
juzgar	giudicare	57

K

| kilo | chilogrammo | 75, P |
| kilómetro | chilometro | 65,80,97 |

L

la	la (articolo)	4,7,21
la	la (pronome)	49
labio	labbro	24

ladera (la)	pendice, versante	90
lado	fianco, parte	32,71,81
lado (al ~)	a fianco	32
ladrón	ladro	57
lanzar	lanciare	94
lápiz	matita	98
largo	lungo	67, P
láser	laser	83
latinoamericano	latino-americano	40
lavar	lavare	41, P
le / les	gli, le / loro	13,37,49
lección	lezione	1,7,21,28
leer	leggere	42,81,84,96,99
lejos	lontano	65
lengua	lingua	72,88,92,99,100
leñador	boscaiolo	41
les	loro, a loro	49
letrero	cartello	44, 46
levantarse	alzarsi, sorgere	60,65,67
léxico	lessico	100
ley	legge	P
libanés	libanese	88, 98
Líbano	Libano	88
libre (inv.)	libero	15, 21
libro	libro	47,98, P
licencia de pesca	licenza di pesca	46
licor	liquore	74
liga	lega	89
ligar	legare, amoreggiare, flirtare, rimorchiare	62
ligar con	far colpo su qualcuno	62
lila (la)	lillà	32
limitar	limitare	97
limón	limone	52
limpieza	pulizia	61
lista	lista, elenco	61, 82
lista de correos	fermo posta	50
listo	furbo, intelligente, sveglio, vivace, pronto	18, 74
literatura	letteratura	86
liza	lizza	99
llamada (la)	telefonata, chiamata	40, 54, 69, 86
llamada a cobro revertido	telefonata a carico del destinatario	54
llamado	chiamato, cosiddetto	4, 86
llamar	chiamare, suonare, telefonare	2,4,7,35,42,71,100,P
llamarse	chiamarsi	2
llamativo	vistoso, appariscente, sgargiante	75, 88
llana (palabra)	piana (parola)	98
llave	chiave	81
llegada	arrivo	33
llegado	arrivato	44
llegar	arrivare	10,71,100

llegar a ser	diventare, divenire	100
llevar	portare, metterci	18,26,60,89,94
llorar	piangere	51
llover	piovere	64, 77
lo	ciò, quanto, quello che, lo	48, 49
local	deposito	57
loco	pazzo	36, 49
locura	follia	36, 85
locutorio	posto telefonico pubblico	54
lógica	logica	44
lograr	riuscire	81
lombriz (la)	lombrico	46
loncha	fetta	52
lo primero	la prima cosa	41
lo que	quello che, ciò che	29
los	gli, i	4, 7
lotería	lotteria	85
lucidez	lucidità	53
luego	dopo, poi	16,34,81,85
lugar (el)	luogo, posto	60, 61
limpieza en seco (la)	lavaggio a secco	61
lunes	lunedì	10, 14

M

madera (la)	legno	68
madre	madre	27,98
madrugada (la)	alba	65
madrugar	alzarsi presto, alzarsi di buon'ora	65, 67
maestro	maestro	10, 81
magia	magia	95
mago	mago	67
mal	male, brutto	14, 43, 47
maldecir	maledire	A
malecón	molo, lungomare	65
maleta	valigia	18,42,57
maletero	portabagagli	57
malísimo	pessimo, malissimo	8, 43, 47
mallorquín	maiorchino, di Maiorca	72
malo	ammalato	43
malo, mal	cattivo, brutto	8,14,62
manchar	macchiare	6, 91
mando	telecomando	31
mando	comando	90
manera	modo, maniera	, 46, 57, 88,100
mango	manico	68
manifestación	manifestazione	69
manifestar	manifestare	A
mano	mano	19,26,35,42, P
mantener	mantenere, sostenere, tenere	66, 99
mantequilla (la)	burro	61

513 • quinientos trece

mañana	domani	10, 30
mañana (de la)	mattino (del)	21
mañana (la)	mattino, mattina	10
mañana (por la)	mattina (di)	21, 61
mañana por la mañana	domani mattina	30
maquillar	truccare	24, 28
máquina	macchina	30, 65
máquina tragaperras	macchinetta mangiasoldi	85
mar (el / la)	mare	97
maravilla	meraviglia	19, 82
marcar	segnare, annotare, comporre il numero	54
marcha	marcia	43
marchar	funzionare, marciare	94
marea	marea	65
marearse	avere la nausea, avere il mal di mare	43
marido	marito	25, 56
marisco (el)	frutti di mare	46
marmota	marmotta	60
martes	martedì	14, 42
martillazo	martellata	54
martillo	martello	54
más	più, di più	33,42,75
más bien	piuttosto	75
más o menos	più o meno	75
matanza (la)	macellazione, mattanza (dei maiali)	86
matar	ammazzare	89, 94
materna	materna	92
matrimonio	coppia di sposi	59
matrimonio joven	matrimonio giovane	59
mayo	maggio	69
mayor (inv.)	maggiore, anziano, più vecchio,	
	maggiorenne	38,47,86,93
me	mi	20, 49
mear	orinare	37
media (la)	calza	87
media (y ~)	mezza (e ~)	17, 42
médico	medico	29
medio ambiente	ambiente	93
medio	medio, mezzo	66
medir	misurare	75
mejicano	messicano	88
Méjico	Messico	88
mejor (inv.)	meglio, migliore	47, 85
melón	melone	52
memoria	memoria	50
menor (inv.)	minore, minimo, più piccolo	47, 57
menos	meno	17,42,96
mentir	mentire	22, 98
menú	menù	68
menudo	piccolo, minuto	39, 72

merendar	fare merenda	3, 4
merendero	"merendero" (locale)	86
merienda	merenda	7
mes	mese	14,59,80, P
mesa de despacho (la)	scrivania	59
mesa	tavolo, tavola	14, 37
mesilla	comodino	69
metálico (en ~)	contanti (in ~)	61
metro	metro, metropolitana	6, 75
mezcla (la)	mescolanza	95
mí	me	2, 49
mi	mio, mia	10,14,28,42,63,81
miedo (el)	paura	100
miembro	membro	33, 83
mientras	nel frattempo, intanto, mentre	50, 71
mientras tanto	nel frattempo, intanto	50
miércoles	mercoledì	14
militar	militare	67
millón	milione	92, 97
ministerio	ministero	59
mineral	minerale	68
Ministerio de Asuntos Exteriores	Ministero degli Affari Esteri	47
Ministerio de Medio Ambiente	Ministero dell'Ambiente	93
ministro	ministro	15
minuto	minuto	11
mío, a, os, as	mio, mia, miei, mie	36,63,81
mirar	guardare, vedere	13, 24, 96
mis	miei, mie	10
mismo (lo)	lo stesso, la stessa cosa	87
mismo	stesso	31, 94
mochila (la)	zaino	33
moda	moda	76
modelo	modello	32
moderno	moderno	76
mojar	bagnare	38
molestar	molestare, disturbare, dispiacere, infastidire	45,71,79, A
momento	momento	17, 62
moneda	moneta	6
monedero	portamonete	6, 7, 54
montaña	montagna	91, 93
montañoso	montuoso	93
montar	cavalcare	71
monumento	monumento	82
moreno	bruno, moro, scuro, abbronzato	62, 88
morir	morire	39
mostrar	mostrare, dare prova	90
mostrarse	mostrarsi	90

motivo (el)	motivo, ragione	46, 99
motor	motore	26
moverse	muoversi	88
móvil	portatile, cellulare	20, 21
muchísimo	moltissimo	25
mucho	molto, tanto	9, 14
mueble	mobile	26
muerte	morte	11
mujer	donna, moglie	14,73,86,100
mujer de la limpieza	donna delle pulizie	61
mula (la)	mulo	60
multa	multa	38
multinacional	multinazionale	30
multiplicación	moltiplicazione	86
mundo	mondo	30, 67, 92
municipal	municipale	37
municipio	comune	37
museo	museo	82
música	musica	95
muy	molto	3, 14

N

nacer	nascere	30,70,90, A
nacido	nato	9
nacional	nazionale	41,59,69, 93
nada más	non appena, basta, nient'altro, appena, subito dopo	44
nada	niente	5, 50
nadar	nuotare	46
nadie	nessuno	43
nariz (la)	narice, naso	87
natación	nuoto	89
natalidad	natalità	25
natural	naturale	93
naturaleza	natura	80, 93
nave	nave	83
Navidad (la)	Natale	67, 69
necesario	necessario	82
necesidad (la)	bisogno, necessità	100
necesitar	avere bisogno di	12,14,41,75
neerlandés	olandese	92
negar	negare	90
negarse	rifiutarsi	90
negociación	negoziato	40
negociar	negoziare, discutere	40
negocio	affare	26
negro	nero	35, 75
nevar	nevicare	74, 91
ni	né, nemmeno	39
nieto	nipote (del nonno)	38

nieve	neve	67, 75, P
ninguno, ningún	nessuno, alcuno	29,51,57
niña	bambina	25, 63
niño	bambino	4, 7, 25
ni siquiera	nemmeno	39, 75
nivel	livello	92 ,100
no	no, non	6
noche	notte	10, 21
noche (de la ~)	sera, notte (della ~)	21
nombrar	nominare	81
nombre	nome	30, 63, 90
norte	nord	86, 95, 97
norteamericano	nordamericano	40
nos	ci	10, 49
nosotros	noi	7
nota	nota	100
noticia	notizia	81, 82
novela (la)	romanzo	91, 96
nudista	nudista	87
nuestro/a/os/as	nostro/a/i/e	28,33,49,63
Nueva Zelanda	Nuova Zelanda	100
nuevo	nuovo	26, 94, 100
número	numero	2, 7, 68
numeroso	numeroso	25, 80
nunca	mai	13
nunca jamás	mai più	13

O

obedecer	obbedire	90
obra	opera	8, 82
observación	osservazione	52
obsesionar	ossessionare	53
ocasión	occasione	26, 100
occidental	occidentale	93
océano	oceano	97
ocio (el)	ozio, tempo libero	62
ocioso	ozioso, indolente	62
ocultar	nascondere	A
ocupar	occupare	97
ocuparse	occuparsi	81
ocurrir	succedere, capitare, accadere	55, 71
ocurrirse	venire in mente, passare per la testa	71
oeste	ovest	97
oficial	ufficiale	88
oficina (la)	ufficio	41, 54, 59
oficina de correos	ufficio postale	50
oficina de "Telefónica"	ufficio della compagnia telefonica di bandiera	54
oficina de turismo (la)	ufficio del turismo	59, 78
oficio	mestiere	15

oír	udire	46, 96
ojalá	magari	62, 91
ojeada	occhiata	79, 100
ojo	occhio	24, 75
ola	onda, ondata	49, 65
olvidar	dimenticare, scordare	6,7,21,28,50,67,81
omitir	omettere	A
ópera	opera	62
oportunidad	occasione, opportunità	99
óptimamente	benissimo, ottimamente	47
órbita	orbita	23
orden (el)	carattere	80
orden (la)	ordine	90
ordenador	computer	84,90,94,98
organizar	organizzare	69, 89
oriental	orientale	86, 93
orientarse	orientarsi	82
Oriente Próximo	Vicino Oriente	97
oriente	oriente	97
origen (el)	origine	69, 74, 95
original	originale	99
oro	oro	86
os	vi	49
otra vez	un'altra volta, ancora una volta	49
otro	altro	29, 93
oveja	pecora	91

P

paciencia	pazienza	90
padre	padre	27, 98
pagar	pagare	13,46,77,82
página	pagina	21, 49
país	paese	92, 93, 97, P
paisaje	paesaggio	93
pájaro	uccello	34,93,94,98
palabra	parola	98, 99, P
paladar	palato	86
paladear	assaggiare, assaporare, degustare	86
palanca de cambio	leva del cambio	45
pálido	pallido	43
palmas (las)	battito delle mani	95
palo	bastone, palo	27
palomita de maíz (la)	pop-corn	62
pan	pane	28, 61, P
pana (la)	velluto	75
panadería	panetteria	17
panadero	fornaio	15
pan de molde	pancarrè	61
panecillo	pagnottella	28
pantalón, pantalones	pantaloni	76

pañuelo	fazzoletto, foulard	34,35,81
Papa Noel	Babbo Natale	67
papel	carta	34, 98
para	per	10, 42
parada (la)	fermata, posteggio (di taxi)	19, 57
paradójicamente	paradossalmente	98
parador	"parador", albergo	59
paraguas	ombrello	46, 57
paraíso	paradiso	93
parar(se)	fermarsi	70
parecer	parere, sembrare	10,14,16,26,71
parece (ser) que	sembra che…	26, 74
parecer (al ~)	a quanto pare, a quanto sembra	83
parecerse	somigliare	73
parecido	somiglianza	73
paréntesis (el)	parentesi	67
paro	disoccupazione, sciopero	41
paroxismo	parossismo	95
parque	parco	70, 78, 93
parquímetro	parchimetro	38
parrillada	grigliata	86
parte	parte	29
particular	particolare, privato	40
particularmente	particolarmente	86, 95
partida	partitina	89
partido (el)	partita	89
pasado	scorso	10,14,42,62
pasajero	passeggero	83
pasaporte	passaporto	18
pasar	succedere, passare, capitare	20,30,36,42,43,87,94,96
pasár(se)lo bien	divertirsi	88, 89
pasárselo mal	annoiarsi	88
pascua	pasqua	23
pasear(se)	passeggiare	70, 91
pasta (la)	pasta	71
pastar	pascolare	91
pata (la)	zampa, gamba	11, 52
patada (la)	calcio	54
patán	rozzo	81
patata	patata	68, 98, P
patrimonio	patrimonio	82
patrón	patrono	69
patronal	patronale	69
paz	pace	P
peaje	pedaggio	38
pedal	pedale	45
pedir	chiedere	13,49,64,66,77, 81,84,98
pedir disculpas	chiedere scusa	44
pedir la cuenta	chiedere il conto	84

pegar	incollare	38
pegarse	attaccarsi, litigare	38
película (la)	film	39, 99
peligro	pericolo	38
peligroso	pericoloso	85
pelo	capello, pelo, capigliatura	71
pelo (el) (sing.)	capelli	71, 75
peluquería (la)	parrucchiere	71
pena	pena	88
pendiente	orecchino	44, 69
península	penisola	97
peninsular	peninsulare	97
pensar	pensare	40
pensar en	pensare a	48
peor	peggio, peggiore	8, 47
pequeño	piccolo	25
percatarse	accorgersi	
percibir	percepire	90
perder	perdere	6, 14, A
pérdida	perdita	6
perdón	scusa, scusi	5
perdonar	perdonare	5
peregrinación (la)	pellegrinaggio	69
peregrino	pellegrino	80
pereza	pigrizia	90
perfectamente	perfettamente	72
perfecto	perfetto	71
periódico	giornale	39,61,94,99
períodos	periodi	69
permanecer	restare	83
permiso (el)	permesso, ferie, patente	59, 79
pero	ma, però	19, P
perro	cane	34, P
perseverancia	perseveranza	99
persona	persona	30, 56, 92, 93
persona mayor	persona anziana	38
Perú	Perù	88
peruano	peruviano	88
pervertir	pervertire	A
pesar	pesare	33, 75
pesca	pesca	46
pescadería	pescheria	61
pescadero	pescivendolo	61
pescado	pesce	46, 61
pescar	pescare	46
petición	domanda, richiesta, petizione	66
petróleo	petrolio	62
pie	piede	29, 91
piel	pelle	62
pierna	gamba	29

pijama	pigiama	48
pila	pila	31
pilotaje	pilotaggio	83
piloto	pilota	83, 100
pincho	spiedino	13
pintar	dipingere	82, 85
pintarse	dipingersi, truccarsi, imbellettarsi	24, 28
pintarse los labios	mettersi il rossetto	24
pirámide	piramide	88
pis	pipì, orina	37
piscina	piscina	37
pisito	appartamentino	28
piso	appartamento, piano	21,25,28,85
placer	piacere	80
plano	piano	92
planta	pianta	93
plantar	piantare	90
plato	piatto	68
plato combinado	piatto unico	68
playa	spiaggia	16,62,65,99
plaza	piazza	67
plaza mayor	piazza principale	67
población	popolazione	97
pobre	povero	64
poco	poco	11
poco más o menos	più o meno	75
poder	potere	4, 7, 28, 96
policía	polizia	38
políticamente	politicamente	30
político	politico	92
pollo	pollo	93, P
pomada	pomata	62
poner	mettere	11,14
ponerse	mettersi, diventare	40,42,67
ponerse moreno	abbronzarsi	62
ponerse una crema / una pomada	mettersi una crema / una pomata	62
por	da	40
por	in	78
por	per	9
por aquí, por aquí cerca	qui vicino	54
por cierto	a proposito	62
por la mañana	di mattina	30
por medio de	tramite, per mezzo di	83
por otra parte	d'altra parte	81
por poco	per poco, per un pelo	11
porque	perché (nelle risposte)	12, 14
por si acaso	se occorre, se necessario	75
por supuesto	naturalmente	66
portal	atrio, portone	57

portal (web)	portale (web)	94
portátil (ordenador)	portatile (computer)	94
portero	portinaio	57
Portugal	Portogallo	97
poseer	possedere	A
posible	possibile	96
postal	cartolina	61
postre	dessert	68
poyo	panchina di pietra appoggiata al muro	P
práctica	pratica	99
practicar	esercitarsi, praticare	89, 100
práctico	pratico	20
pradera	prateria	35
precaución	precauzione, prudenza	84
precavido	previdente, avvertito	38
precio	prezzo	38,67,68,76,78
precisar	precisare	A
preferencia	preferenza	38
preferir	preferire	74,98,A
pregunta	domanda	11
preguntar	chiedere, domandare	17,21,64
preguntarse	chiedersi, domandarsi	96
premio	premio	68
prenda (la)	pegno, regalo, virtù	87
prenda de vestir (la)	capo di vestiario, vestito	87
preocuparse	preoccuparsi	31
presa	preda	93
presentar	presentare	41
presentarse	presentarsi	92, 100
prestado	preso in prestito	47
prestar	prestare	94
previsto	previsto	46
primavera	primavera	69
primera	prima (aggettivo)	1, 94
primero	prima (avverbio)	54
primero (lo)	prima cosa (la)	41,66
primero, primer	primo	1,14,41
principal	principale	82, 97
principalmente	principalmente	41
principio	principio, inizio	79, 92
prisa	fretta	38
probablemente	probabilmente	85
probar	provare, assaggiare, tentare	32,74,85,94
probarse	provare (un vestito)	74, 76
problema (el)	problema	11, 94
procedente	proveniente, originario	95
procedente de	proveniente da, originario di	95
producción	produzione	86
producir	produrre	74, 94
producto	prodotto	61

producto de limpieza	detersivo	61
profesión	professione	15
profesor	professore	15
programa	programma	94
prohibido	vietato	37
prohibir	vietare	P
pronto	presto	40
pronunciación	pronuncia	1
propietario	proprietario	78
propina (la)	mancia	21
propio	proprio	33, 95
proponer	proporre	25,28,87
proporcionar	fornire, proporzionare	78
protagonista	protagonista	39
proteger	proteggere	93
proveer	provvedere	A
provincia	provincia	97
provocación	provocazione	90
próximo	prossimo	14, 49
proyecto	progetto	9, 86
psicoanalista	psicanalista	53
público	pubblico	21, 95
pueblo	paese, popolo	69, 86, 92
puede ser que	può darsi che	85
puente	ponte	69
puerta	porta	46, P
puesto	posto	41
punta	punta	2, 65
punto	punto	71, 100
puñado (un)	manciata, pugno	65

Q

que	che, cosa	9, 42
qué	che, cosa (nelle interrogative dirette e indirette)	4, 60
quedar	rimanere, diventare, dare appuntamento	10,14,57,65,100
quedarse con algo	prendere, comprare qualcosa	76
queja	lamento	95
quejarse	lamentarsi	66, 89
quemar, quemarse	bruciare, bruciarsi, scottarsi, prendere una scottatura	62
quemarse la espalda	prendere una scottatura sulla schiena	62
querer	volere, amare	3,7,14,51,66
queso	formaggio	78, P
quien, quienes	chi	40, P
quiniela	scommessa sportiva	85
quiosco	chiosco, edicola	54, P
quitando…	tranne…, a parte…, a eccezione di…	73
quitar	togliere	40, 45, 73

| quitarse | togliersi, levarsi (un vestito) | 55, 87 |
| quizá(s) | forse | 68, 72, 85 |

R

ración	porzione	13
radio	radio	45
raja	fetta, fettina, pezzo	1, 52
raro	strano, raro	14, 94
ratito	momentino	22
rato	momento	15,28,62,71
ratón	topo, mouse	94
raya	striscia, riga	32, 35, 75
rayo	raggio	83
razón	ragione	80
reaccionar	reagire	90
Real Academia Española	Accademia Reale Spagnola	49
realizar	compiere, svolgere, realizzare	99
rebanada	fetta, tartina	52
recapitulativo	di ripasso	7, 14
receta	ricetta	86
recibo	ricevuta	21
recientemente, recién	recentemente, novello	9, 14, 44
recinto (el)	cinta, recinto, luogo	33
recomendar	raccommandare, consigliare	68, 84
reconocer	riconoscere	60, 75
reconstitución	ricostruzione	69
recordar	ricordare	83
recorrer	percorrere	80
recorrido	percorso	67, 80
red (la)	rete	59
red de carreteras españolas	rete stradale spagnola	38
redactar	redigere, scrivere	55
reducir	ridurre	38
refresco (el)	bibita fresca	65
refugio	rifugio	80
regalo	regalo	23, 67
región	regione	69,78,86
regional	regionale	86
registrar	segnalare, frugare	69, 79
regresar	tornare, rientrare	49
regreso	ritorno	40, 49
rehuir	fuggire, evitare	100
reír / reírse	ridere	98, A
relación	rapporto, relazione	92, 99
relativo	relativo	11
releer	rileggere	81, 100
relieve	rilievo	97
religión	religione	48
religioso	religioso	69
rellenar	compilare	50

reloj	orologio	17, 54, P
remitir	spedire, rimettere	A
rendir	cedere	A
reñir	sgridare	98
reparar	riparare	94
repasar	ripassare	100
repaso	ripasso	7, 21
repetir	ripetere	26, 96, P, A
reponer	recuperare	100
resbalar	scivolare	57
reserva	prenotazione, riserva	59, 74
reserva	riservatezza	22
reservado	riservato	22, 44
reservar	prenotare	59, 78
resistir	resistere	64
respetar	rispettare	38, 79
respirar	respirare	29
responder	rispondere	57
responsabilidad	responsabilità	66
respuesta	risposta	90
restaurante	ristorante	44, 47
resultar	parere, risultare, costare, piacere, riuscire	88
retirar	togliere, ritirare	52. 56
retraso	ritardo	18, 21
reunión	riunione	63
revista	rivista	99
revolotear	volteggiare	65
rey	re	62, 67
Reyes Magos	Re Magi	67
rico	ricco	12,72,86
río (el)	fiume	97
ritmo	ritmo	80
rito	rito	P
robar	rubare	45
rodaja	fetta	52
rogar	pregare	37, 49
rojo	rosso	5,35,75
rollo (el)	pizza, bobina, rotolo, matterello, polpettone	39
romería (la)	pellegrinaggio	69
rompecabezas	rebus, rompicapo, puzzle	72
romper	rompere	20, 72
ropa (la)	panni, abiti, biancheria, indumento	55
ropa interior	biancheria intima	55
rosado	rosato	74
roscón de Reyes (el)	focaccia della Befana	67
roto	rotto	29
rozar	rasentare	97
rubio	biondo	62
ruedo	arena, orlo	99

ruido	rumore	43, 50, 65, P
ruina	rovina	P
rural	rurale	78
Rusia	Russia	97
ruta	itinerario, rotta	80

S

sábado	sabato	10, 14
saber de	conoscere	78
saber	sapere	5,7,21, P
sabor	sapore	86
saborear	gustare, degustare, assaporare	86
sacar	tirare fuori, prendere	61, 82
sacar tiempo	trovare il tempo	82
sala	aula, sala	44, 84
salida (la)	uscita, partenza	43
salir	uscire, partire	6,12,21,35
salpicadero	cruscotto	45
salsa	salsa	8
saltar	saltare	38
salud	salute	51,89, 98
saludar	salutare	57, 86
saludo	saluto	58, 67
salvaje	selvaggio	93
sangre (la)	sangue	90
sangría	sangria	74
santo	santo	69
sarta (la)	filza, sfilza, sequela	52
sastre	sarto	100
satélite	satellite	23
se	si (impersonale)	10. 41, 49
se	si (riflessivo), le (pronome complemento)	23, 45, 49
se necesita	ci vuole, occorre, cercasi	80
sección (la)	reparto, sezione	32, 61
secreto	segreto	100
sedal (el)	lenza	65
seducir	sedurre	74
seguir	continuare, seguire	41, 70, 84,A
segundo	secondo (unità di tempo)	11
segundo	secondo (aggettivo)	2, 21, 50, 93
segundo	secondo (piatto)	68
seguramente	sicuramente	85
seguridad	sicurezza	38, 83
seguridad social	servizio sanitario nazionale	29
seguro	sicuro	40, 81
sello	francobollo	14, P
semáforo	semaforo	5, 14
semana	settimana	10
sencillo/lla	semplice	72, 86

senda (la)	sentiero	58, 91
senderismo	escursionismo	80, 93
sentado	seduto	24
sentar bien	fare bene, stare bene	43
sentarse	sedersi	40,42,88
sentido	senso	20
sentimiento	sentimento	95
sentir	sentire, dispiacersi, essere dispiaciuto	48, 98, 100
sentirse	sentirsi	53, 85
señal (la)	segnale, segno, caparra	72
señal de tráfico (la)	segnale stradale	38,72
señalización	segnalazione	72
señor	signore	32
señora	signora	17
señorita	signorina	31
separar	separare	80, 97
ser	essere	1, 7
serie	serie	82
serio	serio	46
servicio	servizio	21, 31
servidor	servitore	94
servilismo	servilismo	90
servilleta (la)	tovagliolo	62, 68
servir	servire	13, 98
seta (la)	fungo	13
si	se	12
sí	sì	1, P
sí	sé	40
si no	sennò, altrimenti	18
siempre	sempre	10, 20, 87
sierra	sega, catena montuosa, cordigliera, montagna	52
siesta	siesta	28
siglo	secolo	21, 86, 92
significar	significare	55
signo	segno	
sílaba	sillaba	98, P
silbotear	fischiettare	65
silla	sedia	57, 65, 90
simpático	simpatico	56
simple	semplice, mero	80
sin	senza	36, 57, 71, 81
sin gas (agua ~)	naturale (acqua minerale ~)	68
sinfín	infinità, marea	69
singular	singolare	97
sinnúmero (un)	infinità, marea	69, 86
sistema	sistema	83
sitio (el)	posto	29, 43, 59
sitio (web)	sito (web)	94
situación	situazione	43, 66
situar	situare	97

527 • quinientos veintisiete

situarse	situarsi, risalire	95
sobre todo	soprattutto	86
sociedad	società	40, 86
socio	socio, membro	86, 89
socorrista	soccorritore, bagnino	37
socorro	soccorso	43
sofá	sofà	40
sofisticado	sofisticato	86
sol	sole	65
soler	avere l'abitudine di, solere	43
solera	tradizione, antichità, invecchiamento	86
sólo	solamente, soltanto, solo	26, 69
solsticio	solstizio	69
soltar	lasciare, gridare, sparare, sciogliere	31,41,A
sombra	ombra	98
sombrero	cappello	75
sonámbulo	sonnambulo	48
sonar	squillare, suonare	31
sonreír	sorridere	98
sonriente	sorridente	9
soportar	sopportare	27, 28
sorprender	sorprendere	91
sorprendido	sorpreso	41, 100
sorteo	estrazione (a sorte)	85
sospecha (la)	sospetto	57
sospechar	sospettare	57
su, sus	suo / sua, suoi / sue, loro	20, 28, 63, 81
subir	salire	6, 56
sublevarse	ribellarsi	90
subordinado	subordinato	40
subrayar	sottolineare	88
sustituir	sostituire	A
sucesivamente	successivamente, di seguito	87
sudamericano	sudamericano	40
Suecia	Svezia	88
suelto (dinero)	spiccioli	6
sueño	sonno	55
suerte	fortuna, sorte	85, 94
suficiente	sufficiente	49, 66
sufrimiento (el)	sofferenza	95
Suiza	Svizzera	93
sujetador	reggiseno	87
suma (en ~)	insomma	99
sumar	sommare	97
superar	superare	97
superficie	superficie	93, 97
supermercado	supermercato	52, 61
suplemento	supplemento	21
suponer	supporre, richiedere	29, 52, 66
sur	sud	97

surgir	sorgere, manifestarsi	95
suscriptor	abbonato	89
suspender	sospendere	A
suyo, a, os, as	suo, sua, suoi, sue	57, 60, 63
T		
tal vez	forse	85
talla	taglia	76
también	anche	25, 98
tampoco	neppure	52
tan… como	(tanto)... come, quanto	42
tanto, tan	così, tanto	11, 14
tapa	stuzzichino	1, 14
tardar	tardare, metterci, impiegare	24, 61
tarde	pomeriggio, sera	10, 21, 96
tarde	tardi	23, 50, 71
tarde (por la ~)	pomeriggio, sera (di ~)	10, 61
tarea	incarico	75
tarjeta de crédito	carta di credito	61
tarjeta de visita	biglietto da visita	61
tarjeta postal	cartolina	61
tarjeta telefónica	scheda telefonica	61
tarjeta	carta, scheda	54, 61
taxi	taxi	18, 19, 21, P
taxista	tassista	19, 21, 38
te	ti	2, 49
té	tè	13
teatro	teatro	8, 14, P
teclado	tastiera	94
técnico	tecnico	94
tecnología	tecnologia	83
tele	tivù	31
telediario	telegiornale	82
teledirigido	telecomandato	83
telefonazo	telefonata, colpo di telefono	54
telefonear	telefonare	4
teléfono	telefono	2, 7
televisión	televisione	31, 99
tema	tema, argomento	11
temer	temere	27
temporada	stagione, periodo, fase, momento	60, 78
temporada alta	alta stagione	60
temporada baja	bassa stagione	60
temprano	presto, di buon'ora	65
ten	tieni, ecco	82
tenacidad	tenacia	99
tender la ropa	stendere i panni	55
tenedor (el)	forchetta	68
tener	avere, tenere	1, 7, 21, A
tener cuidado	fare attenzione, stare attento	38, 94

tener encanto	avere fascino	36
tener ganas	avere voglia	51, 58
tener prisa	avere fretta	38
tener que	dovere	13, 18, 21
tenga	tenga, ecco	82
tenis	tennis	89
tensión	tensione	60
tercera edad	terza età	22
terminal	terminal	33
término (el)	fine, termine	67
termómetro	termometro	97
test	test	99
tiempo	tempo	12, 49, 88
tienda (la)	negozio, tenda	26, 47, 61, 82, 94
tienda de comestibles / de ultramarinos	drogheria	52
tilde	tilde	2, P
tinto	rosso (vino)	74
tío	zio, tipo, tizio, individuo, capo	73, 81
típicamente	tipicamente	86
tipo	tipo	43,69,87
tirarse	tuffarsi	68
tiro	sparo	39, 94
toalla	telo, asciugamano	62
tobogán	toboga, slitta	63
tocar	toccare, suonare, vincere	29,50,85
tocar el gordo	vincere il primo premio	85
tocino	lardo	9
todavía	ancora	8, 49
todo	tutto	10, 14
Todos los Santos	Tutti i Santi	69
tolerante	tollerante	90
tomar	prendere	6,10, 97
tomate (el)	pomodoro	61, P
tomate concentrado	concentrato di pomodoro	61
tonto	stupido	12
toro	toro	99, P
torre	torre	79
tortilla	frittata	1, 7
trabajar	lavorare	10,15,42
trabajo	lavoro	8,15,28,49,82
tradición	tradizione	86
tradicional (inv.)	tradizionale	86
traducir	tradurre	1,74
traer	portare	13, 67
tráfico (el)	circolazione, traffico	38
tragar	inghiottire, divorare, abboccare	31, 73
trampolín	trampolino	37
tranquilidad	tranquillità	100
tranquilizante	tranquillante, calmante	31

tranquilizar	tranquillizzare	31
tranquilo	calmo, tranquillo	25
transportador	trasportatore	33
tras	dopo, dietro	41, 57, 93
trasero	posteriore	45
trasnochar	fare le ore piccole	16
tratar de	cercare di	99
tratarse de	trattarsi di	79, 96, 99
través	attraverso, con	95, 100
tren	treno	6, 11, 43
tripulación (la)	equipaggio	33, 83
tristeza	tristezza	95
trofeo	trofeo	97
tu	tuo, tua	2, 28, 63, 81
tú	tu, te	2, 7
tumbona	sedia a sdraio	65
turbulencia	turbolenza	83
turismo	turismo	59, 78
turístico	turistico	80
turno	turno	50
tuyo, a, os, as	tuo, tua, tuoi, tue	42, 63, 81

U

último	ultimo	14, 91
ultramarinos (tienda de ~)	drogheria	52
un	un, uno (articolo)	1,7,14,21
único	unico	37, 53, 56, 91
universalmente	universalmente	95
universidad	università	46
uno, un	un, uno (numerale)	1,7,8,14,21
unos	dei, degli	50, 71
urgencia	urgenza	31
urgencias	pronto soccorso	29, 31
Uruguay	Uruguay	34
usted	Lei	5, 61, 81
útil	utile	P

V

vacío	vuoto	43, 90
valenciano	valenciano, di Valenciano	72
valer	valere, costare	88, 91
valor	valore	35
variado	molteplice, vario	86
variante	variante	95
vasco	basco	72
vaso	bicchiere	34,68,80
vecino	vicino	59
vehículo	veicolo	26, P
velocidad	velocità	9
vencedor	vincitore	86

vendedor	venditore	90
vender	vendere	34, 94
venenoso	velenoso	13
venida	arrivo	9
venir	venire	8
ventaja (la)	vantaggio	72
ventana	finestra	28
ventanilla (la)	finestrella, sportello, finestrino	28, 50
ver	vedere	9, 14, 49
verano	estate	40,49,62,69
verdad	verità, vero	9, 98
verdaderamente	veramente	
verdadero	vero, autentico	99, 100
verde	verde	32, 35
ver la televisión	guardare la televisione	99
versión	versione	99
vestíbulo	hall, vestibolo	48
vestir	vestire	37,75,A
vez (la)	volta, turno	36,49,71,87, 93
viaje	viaggio	23, P
vida	vita	11
vídeo	video	47
viejo	vecchio	65
viento	vento	62
vientre	ventre	29
viernes	venerdì	14
vietnamita	vietnamita	92
vino	vino	16, 74
viña	vigna	P
virus	virus	94
visera	visiera	65
visita	visita	82
víspera	vigilia	67
vista	vista	58
visto	visto	14
viuda	vedova	P
vivir	vivere	34, A
vivir en	abitare	21
vivo	vivace	74
Vizcaya	Biscaglia	97
volante	volante	45
volar	volare	83
volcánico	vulcanico	93
voluntario	volontario	49
volver a empezar	ricominciare	49
volver a hacer	rifare	100
volver loco	fare impazzire	36
volver	tornare, rendere, diventare, girare	9,31,36,49
vosotros, vosotras	voi	7
voz	voce	31, 95, 100

vuelta (la)	ritorno, giro	9,29,31,49,88
vuestra merced	Vostra Grazia	5
vuestro/a/os/as	vostro/a/i/eo	28, 63

W

walkiria	valchiria	P
web	web	94
whisky	whisky	P

X

xilófono	xilofono	P

Y

y	e	2, 21, P
ya	già	18, P
ya no	non… più	58, 63
ya que	perché, poiché, giacché	83
ya sea… o ya sea	sia… sia, sia... che, tanto... quanto	69, 70, 80
ya… ya	sia… sia, sia... che, tanto... quanto	70
yo	io	2
yogur	yogurt	61
yunta (la)	giogo	37

Z

zapatillas de deporte	scarpe sportive	75
zapato (el)	scarpa	32, 35, 44
zar	zar	97
zona azul	zona blu	38
zona	zona	38,44,78,83
zumo	succo	P

Indice lessicale italiano-spagnolo

A

a	a, en	4, 14, 86
a casa di	en casa de, a casa de	27
a fianco	lado (al ~)	32
a proposito	por cierto	62
a quanto pare	parecer (al ~)	74
a quanto sembra	parecer (al ~)	74
a ridosso di	en torno a	69
abbandonare	abandonar	37, 86, 90
abbastanza	bastante	40
abboccare	tragar	73
abbonato	abonado, sucriptor	89
abbottonare	abrochar	38
abbronzarsi	broncear, ponerse moreno	62
abbronzato	moreno	62, 88
abitante	habitante	97
abitare	vivir en	21
abiti	ropa (la)	55
Accademia Reale Spagnola	Real Academia Española	49
accadere	ocurrir	55, 71
accanto	junto a	30, 63
accatastare	apilar	65
acceleratore	acelerador	45
accendere	encender	45
accento	acento, acentuación	P
acceso	encendido	44
accidentato	accidentado	97
accogliere	atender a	32, A
accompagnare	acompañar	69,74,76,84,100
accontentarsi	contentarse	74
accordare	conceder	59
accordo	acuerdo	10
acqua	agua* (el)	34, 68,74, P
acqua minerale	agua mineral	68
acquistare	comprar, adquirir	82, 94, 100
acquisto	compra (la)	76
acquitrino	humedal	93
acuto	agudo	98
ad ogni modo	de todas formas	46
addio	adiós	1
adesivo	adhesivo	33
adorare	deleitarse	86
adottare	adoptar	99
adulto	adulto	38
aereo	avión	18, 21, 84
aeroporto	aeropuerto	18, 6
affare	chollo, negocio, asunto, cuestión (la)	11, 26, 47

affarone	ganga	26
affascinante	encantador	36
afferrare	agarrar	6
affilato	afilado	68
affiliato	afiliado	89
affittare	alquilar	78
affitto	alquiler	78
affrontare	afrontar, hacer frente	94, 100
africano	africano	97
agenzia	agencia	25
agganciare	enganchar	31
agganciato	enganchado	31
aggiungere	añadir	69, 81
aggiustarsi	arreglarse	59
agglomerato urbano	aglomeración	69, 93
agitazione	agitación	67
agreste	agreste	93
aiutare	ayudar	53, 100
aiuto	ayuda	12,53,63,75
al	al	14
al giorno (giornaliero)	diario	80
al giorno d'oggi	hoy día, hoy en día	80
alba	alba* (el), madrugada, albor (el)	65, 92
albergo	hotel, parador	48, 59, 70
albero	árbol	41,91,98, P
albori	albor (el)	92
alcolico	alcohólico	65
alcool	alcohol	31
alcuni/e	algunos/nas	57
alcuno	ninguno, ningún, algún	29,51,57,59
allegria	alegría	69, 95
allegro	alegre (inv.), festivo	65, 69
allora	entonces, de manera que, de modo que, así que, así pues	25, 66
alta stagione	temporada alta	60
alterarsi	alterarse	90
altezza	altura	100
alto	alto	13, 60, 100
altri	demás	93
altrimenti	de otra manera, si no	90
altro	otro	93
alzarsi	levantarse	60, 65, 67
alzarsi di buon'ora	madrugar	65, 67
alzarsi presto	madrugar	65, 67
amante	amante	93
amare	querer	3,13,51,66
amareggiare	amargar	51
amareggiarsi	amargarse	51
ambiente	medio ambiente	93
ambulanza	ambulancia	31

americano	americano	40
amicizia	amistad	98
amico	amigo	4, 14, 98
ammalato	enfermo, malo	51
ammazzare	matar	89, 94
amministrativamente	administrativamente	97
amministrazione comunale	ayuntamiento	37
ammirare	admirar	90
ammonire	advertir	48
amo	anzuelo	46
amore	amor	9, 95
amoreggiare	ligar	62
ampiezza	amplitud	100
analfabeta	analfabeto/ta	81
anche	incluso, también	25,40,85,98
anche se	aunque	86, 87, 91
ancora	todavía	8, 49
andaluso	andaluz	95
andare	ir, acudir	6,14,42,44,57,79
andare a letto	acostarse	60
andare a prendere	ir por	61
andare in campeggio	ir de acampada	63
andare per vetrine	ir de escaparates	76
andarsene	irse	4, 27, 74
andata	ida	9, 49
andata e ritorno	ida y vuelta	9, 49
andatura	forma de andar	57
andirivieni	idas y venidas	65
anfetamina	anfetamina	34
anima	alma* (el)	24, 68, 95
anniversario	aniversario	23
anno	año	16,23,42,80,96
annoiarsi	aburrirse, pasárselo mal	87, 88
annotare	marcar	54
annullare	anular	47
annuncio	anuncio	41
antichità	antigüedad, solera	86
anticipo (in)	antelación (con ~)	98
antivirus	antivirus	94
anziano	mayor (inv.)	38, 57, 93
ape	abeja	68
aperitivo	aperitivo	1, 14
apertura	apertura	82
apparecchio	aparato	83
apparecchio radio	aparato de radio	45
apparire	aparecer	71
appariscente	llamativo	88
appartamentino	pisito	28
appartamento	piso	21,25,28,85

appassionato	enganchado, aficiondao	31, 89, 93
appena	nada más	44
applaudire	aplaudir	P
apprezzare	apreciar	86
approfittare	aprovechar	26, 76, 99
appuntamento	cita (la)	10, 50
appunti	apuntes	97
aprire	abrir	14,34,35,42,67,82
aquila	águila* (el)	93
arabo	árabe	92, 95
aragonese	aragonés	72
arcipelago	archipiélago	97
arena	ruedo	99
aria	aire	P
arrangiarsi	arreglárselas	75
arrivare	llegar, aparecer, presentarse	18, 71, 100
arrivato	llegado	44
arrivederci	adiós	1, 7, 98
arrivo	llegada, venida	9, 33
arroccare	enrocar	79
arrostire	asar	62
arrovellarsi	dar vueltas	96
arte	arte (el)	100
articolo	artículo	47, 94
artista	artista	95
artistico	artístico	95
ascensore	ascensor	57
ascia	hacha* (el)	68
asciugamano	toalla	62
ascoltare	escuchar	75
aspettare	esperar	6,21,43,71
aspetto	aspecto, cara (la)	11, 41, 77
assaggiare	paladear	86
assaporare	paladear, saborear	86
assiduo	asiduo	100
associato	asociado	95
assolutamente	absolutamente	83
assolutamente no	en absoluto	60
assorbire	absorber	A
astrarre	abstraer	A
asturiano	bable	72
atrio	portal	57
attaccarsi	pegarse	39
atteggiamento	actitud	57
attenzione	atención, cuidado	38
atterrare	aterrizar	83
attesa	espera	67, 90
attirare	atraer	64
attività	actividad	78
atto	acto	8

attorno	alrededor	78, P
attorucolo	actorzuelo	81
attraversare	atravesar	48, 83
attraverso	través	95, 100
attrazione	atracción	64
aumento	aumento	92
autentico	verdadero	99, 100
auto	coche (el)	26, 42
autobus	autobús	6, 14
automobile	automóvil (el)	20, 26
autonomo	autónomo	97
autoradio	autorradio	45
autore	autor	14, 91
autorità	autoridad	90, 93
autostazione	estación de autobuses	89
autostrada	autopista	38
avere (ausiliare)	haber	3,4,6,7,14,21,P
avere appena (+ verbo)	acabar de	19, 72, 94
avere bisogno di	necesitar	12,14,41,75
avere fascino	tener encanto	36
avere fretta	tener prisa	38
avere il capogiro	estar mareado	76
avere il mal di mare	marearse	43
avere il piacere di	complacerse	83
avere l'abitudine di	soler	43
avere la nausea	estar mareado, marearse	43, 76
avere voglia	apetecer, tener ganas	51, 58, 85
avere	tener	1,7,21
avvenimento	acontecimiento	69
avventura	aventura	80
avvertenza	advertencia	48
avvertimento	advertencia (la)	48
avvertire	advertir, avisar	48, 66, 98
avvertito	precavido	13
avviarsi	arrancar	90
avvicinarsi	acercarse	37, 65
avvisare	advertir, avisar	48, 66, 90
avvocato	abogado	100
azienda	empresa	30
azione	acción	64
azteca	azteca	88

B

Babbo Natale	Papa Noel	67
baccano	jaleo	39
bacio	beso	19
baffi	bigote (el)	73, 75
bagagli	equipaje (el)	33
bagnante	bañista	37
bagnare	mojar	38

quinientos treinta y ocho • 538

bagnino	socorrista	37
bagno	baño	59
baleare	balear	97
ballare	bailar, danzar	95
ballerino (di flamenco)	bailaor	95
ballo	baile	95
bambina	niña	25, 63
bambino	niño	4, 7, 25
banca	banco (el)	15, 21
bar	bar	54, 71
barbarie	barbaridad	52
barbaro	bárbaro	52
basco	boina (la)	75
basco	vasco	72
basco (lingua)	eusquera / euskera	72
bassa stagione	temporada baja	60, 78
basso	bajo	75
basta	nada más	44
bastone	palo	27
battito delle mani	palmas (las)	95
bello	bonito, bueno, guapo, hermoso	12, 30, 36, 62
benché	aunque	86, 87, 91
bene	bien	3, P
benedire	bendecir	A
benissimo	estupendamente, óptimamente	47
bere	beber	35, 74, P
bevanda	bebida	61, 65
biancheria	ropa, ropa interior	55
bianco	blanco	32,74,75
bibita fresca	refresco (el)	65
biblioteca	biblioteca	94
bicchiere	vaso, copa (la)	16,34,68,80
bicicletta	bici, bicicleta	57, 58
biglietto	billete, entrada	49,63,82,85
biglietto da visita	tarjeta de visita	61
bilingue	bilingüe	92
biondo	rubio	62
birboncello	bribonzuelo	81
Biscaglia	Vizcaya	97
bisogna	hay que, hace falta	9, 21, 90
bisogno	necesidad (la)	100
bistecca	filete	68
bloccarsi	bloquearse	90
blu	azul	32,35,38,65,75
bobina	carrete (el), rollo (el)	39, 46
bordo (a ~)	bordo (a ~)	83
borsa	bolsa (la)	33
bosco	bosque	48, 93
bottiglia	botella	68, 74
brasiliano	brasileño	40

brezza	brisa	62
brizzolato	canoso	75
brocca	jarra	68
bruciare	quemar, quemarse	62
bruciarsi	quemar, quemarse	62
bruno	moreno	62, 88
brutto	feo, malo, mal	14,47,53,62
brutto scherzo	faena (la)	72
buca delle lettere	buzón (el)	50, 57
buco	agujero	6
buonissimo	buenísimo	8
buono	bueno, feliz, agradable	4,9,14,23,66,82,83
burlone	bromista	54
burro	mantequilla (la)	61

C		
c'è	hay	21
cabina	cabina	54
caccia	caza	P
cadere	caer	55
caffè	café	14,28,71,P
calcio	balompié, fútbol, patada (la)	54, 89
caldo (fa ~)	calor (hace ~)	62
calice	copa (la)	16
calmante	tranquilizante	31
calza	media (la)	87
calzino	calcetín	87
cambiare	cambiar	26, 35, 85
camera	habitación	59, 96
cameriere	camarero	44
camicia	camisa	35, 75
cammello	camello	67
camminare	caminar, andar	44, 57, 79
cammino	camino	80
campestre	campestre	93
campione	campeón	87
campo	campo	93
canadese	canadiense	40
canario, delle Canarie	canario	97
candidato	candidato	41
cane	perro	34, P
canna	caña	46
cantare	cantar	21, 98
canto	cante	95
canto	canto, cante	60, 95
canuto	canoso	75
caparra	señal (la)	72
capelli	pelo (el) (sing.)	71, 75
capello	cabello, pelo	38, 71
capigliatura	pelo	71

capire	entender	96, 100
capitale	capital	69
capitare	aparecer, ocurrir, llegar	20, 55, 71
capo	tío	73
capo di vestiario	prenda de vestir (la)	87
cappello	sombrero	75
cappotto	abrigo	67, 87
caramella	caramelo (el)	64
carattere	carácter, orden (el)	69,80,88,97
caratterizzare	caracterizar	86
caricare	cargar	67
carne	carne	61
carne arrosto	carne asada	62
carne macinata	carne picada	61
carnevale	carnaval	69
caro	caro	52, 76
carrello	carro	61
carro	carro	61
carro (di carnevale)	carroza (la)	67
carro attrezzi	grúa municipal	38
carta	papel	34, 61, 98
carta (dei vini)	carta	74
carta di credito	tarjeta de crédito	61
carte (gioco)	cartas	89
cartello	letrero	44, 46
cartolina	postal, tarjeta postal	61
casa	casa	1, 82
casale	casa rural (la), casa rústica (la)	78
casella postale	apartado de correos (el)	50
caso	caso	72
caso (per)	casualidad (por)	62
cassa	caja	76
cassetto	cajón	79
cassiera	cajera	61
castagna	castaña (la)	62
castigliano	castellano	72
catalano	catalán	72
catalogo	catálogo	82
catena montuosa	sierra	52
cattivo	malo, mal	8, 14
cavalcare	cabalgar, montar	67, 71
cavalcata	cabalgata	67
cavaliere	caballero	32
cavallo	caballo	32
cavarsela	arreglarse	75
CD	disco compacto	47
CD-ROM	cederrón	47
cedere	rendir	A
celebrare	celebrar	23
celebrazione	celebración	69

cellulare	móvil	20, 21
cena	cena	3, 8, 71
cenare	cenar	16, P
cento	ciento, cien	21, 31
centro	centro	61, 97
centro abitato	aglomeración	69
centro commerciale	centro comercial	61
cercare	buscar	40,42,61,100
cercare di	tratar de	99
cercasi	se necesita	41
cereale	cereal	61
certo	cierto	36
cessare	cesar	92
che	que, como	42, 100
che (nelle interrogative dirette e indirette)	qué	4, 60
chi	quien, quienes	40, P
chiacchierare	charlar	30, 88
chiamare	llamar	2, 4, 7, 35,42,100, P
chiamarsi	llamarse	2
chiamata	llamada	54, 69, 86
chiamato	llamado	4
chiarezza	claridad	90
chiaro	claro	3
chiave	llave	81
chiedere	pedir	13,49,64,66,77,81,84,98
chiedere il conto	pedir la cuenta	84
chiedere scusa	pedir disculpas	44
chiedersi	preguntarse	96
chilogrammo	kilo	75, P
chilometro	kilómetro	65, 80, 97
chiosco	chiringuito, quiosco	65, P
chiostro	claustro	82
chiudere	cerrar	52, 66, 90
chiunque	cualquiera	48, 70
chiusura	cierre (el)	61, 82
ci	nos	10, 49
ci sono	hay	21
ci vuole	se necesita	80
ciascuno	cada uno	33, 47
cibo	comida (la)	34
cielo	cielo	41
cileno	chileno	40
ciliegia	cereza	50
cinema	cine	4,7,14,28,42,49, P
cinese	chino	30, 92
cinta	recinto (el)	33
cintura	cinturón (el)	38, 83
ciò che	lo que	29
ciò	lo, eso, esto, eso, aquello	29,33,35,55,100

cioccolato	chocolate	35, P
cioccolato con "churros"	chocolate con churros	3
cipolla	cebolla (la)	52
circa	alrededor de, con respecto a	52,75,78,85
circolare	circular	38
circolazione	tráfico (el), circulación	38, 94
circuito	circuito	P
città	ciudad	40, 78, 89
cliente	cliente	47
clima	clima	97
club	club	87, 89
cocuzzolo	coronilla (la)	87
coda	cola	39, 61
codesto, codesta (aggettivo)	ese, esa...	32, 35
codesto, codesta (pronome)	ése, ésa...	32, 35
codice postale	código postal	50
coerenza	concordancia	81
cognata	cuñada	63
cognome	apellido	30
colazione	desayuno	3, 7
colonia	colonia	93
colore	color	35, 85, 88
colpo di fulmine	flechazo	64
coltello	cuchillo	68
coltivare	cultivar	A
comando	mando	90
combinare	combinar	95
come	cómo, como	2,13,30,96, P
cominciare	empezar	22, 98
commemorazione	conmemoración	69
commissariato	comisaría (la)	45
comodino	mesilla	69
comodo	cómodo/da	40, 42
compagnia	compañía	40
compagno	compañero/ra	58
compensare	compensar	60
competente	competente	84, 90
compiacere	complacer	83
compiacersi	complacerse	83
compiere	cumplir, realizar	23
compilare	rellenar	50
compito	cometido (el)	65
compleanno	cumpleaños	23
complessato	acomplejado	53
complesso	complejo	83
completamente	completamente	83
completare	completar	1, A
completo	completo	98

complicato	complicado	72, 75
comprare	comprar	25,42,50,85,94
comprare qualcosa	quedarse con algo	76
comprendere	comprender	43, 96
comprensione	comprensión	90
compreso	incluido	97
computer	ordenador	84,90,94,98
comune	municipio, alcaldía, ayuntamiento	37
comunicazione	comunicación	92
comunione	comunión	95
comunità	comunidad	97
comunità autonoma	comunidad autónoma	46, 93
con	con, través	3, 100
con me	conmigo	12
con te	contigo	12 66
concedere	conceder	59
concentrarsi	concentrarse	63
concentrato	concentrado	61
concentrato di pomodoro	tomate concentrado	61
concludere	concluir	A
concordanza	concordancia	81
concretare	concretar	A
condizione	condición	68, 100
condurre	conducir	74, 77
confermare	confirmar	59
confessare	confesar	A
confondere	confundir	9, A
confondersi	confundirse	54
confrontare	comparar	53
confusione	jaleo	39
confuso	confuso	81
congelare	congelar	61
congelatore	congelador	61
congratulazioni!	enhorabuena	23, 49, 99
coniugazione	conjugación	100
conoscenza	conocimiento (el)	100
conoscere	conocer, saber de	36,40,77,78
conseguire	conseguir	81, 84
consigliare	aconsejar, recomendar	56,68,78,84
consiglio	consejo	56, 59, 60
consistere	consistir	81
consultare	consultar	94, 100
consultazione	consulta	53, 94
consumazione	consumición	38
contanti (in ~)	metálico (en ~)	61
contare	contar	29, 93
contatto	contacto	19,78,99,100
contenere	aguantar	27
contento	contento	9, 66
contestare	contestar	44

continente	continente	93, 97
continuare	continuar, seguir	34,41,70, A
conto	cuenta (la)	13, 52
conto corrente	cuenta corriente (la)	13
contrario	contrario	53
contratto	contrato	40
contribuire	contribuir	80
conversazione	conversación	99
convertire	convertir	A
convincere	convencer	81
convocato	convocado	40
coperto	cubierto	41, 68
coppia di sposi	matrimonio	59
coprirsi	cubrirse	68
coraggio	ánimo	20
cordigliera	sierra	52
corno	cuerno	99
corpo	cuerpo	29, P
correggere	corregir	A
corrente	corriente	13
correre	correr	38,42,65,89
corretto	correcto	30, A
corriere	correo (el)	50
corsa	carrera	89
corso	curso	40
cortesia	favor	45
cortile	corral	93
cosa	cosa, que	13,26,33,66, P
cosa (nelle interrogative dirette e indirette)	qué	4, 60
cose	cosas	13, 76, 79
così	así, así mismo	11,14,34,36,66,92,93,98,100
	de manera que,	
	de modo que, tanto, tan	
così come	así como	82
cosiddetto	llamado	86
costante	constante	86, 92
costare	costar, resultar, valer	22,33,52,76,78,88,94
costellare	constelar	80
costituire	constituir	80
costruire	construir	80
cotone	algodón	76
creazione	creación	86
credere	creer	11, 91, 94
credito	crédito	61
crema	crema	62
crema abbronzante	crema protectora	62
crescere	crecer	38, 92
cretino	cretino	30
cristiano	cristiano	95

croce	cruz	41
cruscotto	salpicadero	45
cucchiaino	cucharilla	68
cucchiaio	cuchara	68
cucina	cocina	86
cucinare alla griglia	asar a la plancha	62
cucire	coser	30
cultura	cultura	92, 95
culturale	cultural	92
cuocere	cocer	87
cuore	corazón	29
curiosità	curiosidad	22
curioso	curioso	29, 86, 88
cuscino	almohada (la)	53

D

d'altra parte	por otra parte	81
d'occasione	de ocasión	26
d'ora in poi	en adelante	100
da	desde, por, casa de (a, en ~)	9, 27, 40
da dove	de dónde	82
dama	damas	89
dando le spalle a	de espaldas a	43
danza	baile (el)	95
dar prova di	dar pruebas / muestras de	90
dare	dar, echar	29,34,54,56,A,P
dare appuntamento	quedar	10
dare indietro	devolver	47
dare prova	mostrar, demostrar	90
dare un'occhiata	echar una ojeada	79, 100
darsi la mano	darse la mano	29
data	fecha	69
dattero	dátil	67
davanti	delante, ante, enfrente	24,43,70,90
davanti a	delante de	70, 90
decidere	decidir	70, A
decifrare	descifrar	81
decisione	decisión	48
decorare	decorar	85
dedicare	dedicar	15, 69
dedicarsi	dedicarse	15, 28
dedurre	argüir	P
degli	unos	50, 71
degustare	paladear, saborear	86
dei	unos	50, 71
del	del	14
del quale	del que	81
delinquere	delinquir	77
denaro	dinero	6
denominazione	denominación	74

denunciare	delatar	57
dépliant	folleto	82
deposito	local	57
deprimersi	deprimirse	85
descrizione	descripción	82
desiderare	apetecer, desear	50, 85
dessert	postre	68
destra	derecha	5
detersivo	producto de limpieza	61
dettaglio	detalle	78
dettare	dictar	81
detto	dicho	14
di	de	1, 14
di buon'ora	temprano	65
di cui	de quien	81
di fronte	ante, enfrente	54, 81, 90
di fronte a	frente a	90
di mattina	por la mañana	10, 30
di nuovo	de nuevo	49
di ripasso	recapitulativo	7, 14
di ritorno	de regreso, de vuelta	49
di seguito	sucesivamente	87
di spalle	de espaldas	43
dialogo	diálogo	7, 14
dichiarare	declarar	34, 93
dietro	atrás, detrás / detrás de, tras	24, 57
differenza	diferencia	68
difficile	difícil	75, 88
difficoltà	dificultad	40, 99
diffidenza	desconfianza	73
diffondere	difundir	A
diffusione	difusión	92
digitale	dactilar, digital	65
digiunare	ayunar	3
dilettante	aficionado	89
dilettarsi	deleitarse	86
dimagrire	adelgazar	77
dimenticare	olvidar, dejarse	6,7,21,28,50,54,67,81
dimostrare	demostrar	90
dinamico	dinámico	30
dintorni	alrededores	78
dio	dios	36
dipendente	subordinado	40
dipingere	pintar	82, 85
dipingersi	pintarse	24, 28
dire	decir	14,22,28,31,42,49
diretto	directo	99
direttore	director	40, 75
dirigere	dirigir	40, 77, 81
diritto	derecho	79

disastro	desastre	39
disco	disco	47
disco rigido	disco duro	94
discolpare	disculpar	44
discorso	discurso	88
discoteca	discoteca	95
discutere	discutir, negociar	27, 40, 85
disoccupato	desocupado	41, 62
disoccupazione	paro	41
dispiacere	molestar, importar	45, 71
dispiacersi	sentir	48, 98
disporre	disponer	31,65,66,93
disporsi	disponerse	31, 83
distaccare	destacar	88
distinguere	distinguir	77, A
distratto	distraído	45
distribuire	distribuir	80
disturbare	molestar	45,71
ditta	firma	40
divenire	llegar a ser	100
diventare	volver,	10,36,43,49,100
	llegar a ser, ponerse, quedar	
divertire (divertirsi)	divertir(se)	88,89,98, A
divertirsi	disfrutar, pasár(se)lo bien	88, 89
dividere	dividir	97, A
divorare	tragar	73
dizionario	diccionario	53, 94
dogana	aduana	34
dolce	golosina	65
dolere	doler	29
dolore	dolor	29
domanda	pregunta, petición	11, 66
domandare	preguntar	17, 21, 64
domandarsi	preguntarse	96
domani	mañana	10, 30
domani mattina	mañana por la mañana	30
domenica	domingo	14
domestico	doméstico	34
domicilio	domicilio	53, 90
domino	dominó	89
donna	mujer	14, 86
donna delle pulizie	chica, mujer de la limpieza	61, 65
dopo	después, tras, luego	8,14,41,57,16
dormire	dormir	3, 7, A
dottore	doctor	29
dove	dónde / donde, en donde,	5, 65, 70
	en que, en el que	
dove (moto a luogo)	adonde / a donde	5, 70
dovere	tener que	13, 18, 21
dozzina	docena	52, 93

droga	droga	31
drogheria	comestibles (tienda de ~), ultramarinos (tienda de ~)	52
drone	drone	83
dubbio	duda (la)	57, 81
dubitare	dudar	86, 99
due	dos	1
dunque	así pues, así que, conque de manera que, de modo que	66
duro	duro	51

E

e	e, y	2,21,67, P
è necessario	hay que, hace falta	18, 21
ebreo	judío	95
eccellente	excelente	60
eccesso	exceso	38
eccetera, ecc.	etcétera, etc.	82
eccezionale	estupendo	73
eccezionalmente	excepcionalmente	86
eccitato	excitado	89
ecco (qui)	aquí está, éste es, he aquí, tenga, ten	82, 84
economico	económico	92
ecosistema	ecosistema	93
effetto	efecto	24, 92, P
effettuare	efectuar	83
Egitto	Egipto	88, 97
egiziano	egipcio	88
egoista	egoísta	40
eleggere	elegir	81, A
elenco	lista, guía (la)	54, 82
elettronico	electrónico	50, 83
eliminato	eliminado	89
e-mail	e-mail, correo electrónico	50, 59
emergenza	emergencia	31
emigrare	emigrar	81
emiro	emir	62
enorme	enorme	39, 61
enormità	barbaridad	52
entrare	entrar, caber	54,57,99, A
entrare in lizza	entrar en liza	99
entrata	entrada	82
entusiasmo	entusiasmo	67
equipaggio	tripulación (la)	33, 83
equivocare	equivocarse	78
errante	andante	32
errore	error, falta (la)	90, 100
esagerare	exagerar	52
esaminare	examinar	29
esattamente	exactamente	68

escludere	exceptuar	A
escursionismo	senderismo	80, 93
esempio	ejemplo	49, 85
esercitare	ejercer	77
esercitarsi	practicar	100
esercizio	ejercicio	1
esigere	exigir	A
esistenza	existencia	95
esitare	dudar	86, 99
esperienza	experiencia	41, 80
esporre	exponer	82
espressione	expresión, cara (la)	11, 88, 95
espresso	correo urgente	50
esprimere	expresar	95, A
essere	ser, estar	1, 5, 7, 14,21, A
essere deliziato	deleitarse	86
essere dispiaciuto	sentir	48, 98
essere necessario	hacer falta	75
est	este	97
estate	verano	49, 62, 69
estendere	extender	A
esteriore	exterior	P
estrazione (a sorte)	sorteo	85
estremo	extremo	65, 97
età	edad	22, 50, P
etichetta	etiqueta	76
euro	euro	1, 7, 21,91, P
Europa	Europa	78, 93, 97
europeo	europeo	80
evidente	evidente	96
evitare	rehuir	100
extra	extra	P

F

fa (espr. di tempo + ~)	hace + (espr. di tempo)	16, 59, 71
fabbrica	empresa	30
faccia	cara (la)	11, 41, 64
facile	fácil	75, 98
falegname	carpintero	100
famiglia	familia	14,30,98, P
famiglia numerosa	familia numerosa	25
familiare	familiar	25, 100
fanatico	fanático	31
far colpo su qualcuno	ligar con	62
far fronte	hacer frente	100
far male	doler	29
fare	hacer	8,12,14, A
fare attenzione	tener cuidado	38
fare bene	sentar bien	43
fare colazione	desayunar	3, 7, 14

fare il bagno	bañarse	46
fare impazzire	volver loco	36
fare la doccia	ducharse	84
fare la spesa	hacer las compras	76
fare le ore piccole	trasnochar	16
fare marcia indietro	echar marcha atrás	57
fare merenda	merendar	3, 4
fare piacere	complacer	83
fare spese	ir de compras, hacer las compras	76
fare un favore	hacer un favor	75
farmacia	farmacia	29
farsi vivo	aparecer	71
fascino	encanto	36
fase	temporada	60
fatto	hecho	8, 14
fattorino	chico	65
fattura	factura	90
fauna	fauna	93
fava	haba* (el)	87
favola	cuento (el)	53
favore	favor	1, 49, 75
fax	fax	59
fazzoletto	pañuelo	34, 35, 81
Federazione spagnola della pesca	Federación Española de Pesca	46
felice	feliz	23,66,83, P
felicità	felicidad	23
fenomeno	fenómeno	86, 94
fermarsi	parar(se)	70
fermata	parada (la)	57
fermo posta	lista de correos	50
ferrovia	ferrocarril	43
festa	fiesta, celebración	23,67,69, P
festeggiare	festejar, celebrar	23, 69
festivo	festivo	69
fetta	loncha, rodaja, raja, rebanada	52
fettina	filete, raja	52, 68
fianco	lado	32, 71, 81
fico	higo	67
fiera (animale feroce)	fiera	60
figlio	hijo	10
figlioccio	ahijado	P
film	filme, película (la)	39, 99
filza	sarta (la)	52
finale	final	89
fine (sostantivo)	fin (el), término (el)	10, 67
fine (aggettivo)	fino	44, 86
fine settimana	fin de semana	10
finestra	ventana	28
finestrella	ventanilla (la)	28

finestrino	ventanilla (la)	28
finire	acabar	13, 19, 42
fino a	hasta	39, 82, 87
fiore	flor (la)	28, 35, P
firma	firma	40
firmare	firmar	25, 40
fischiettare	silbotear	65
fisico	físico	19
fissare	fijar	A
fisso	fijo	53
fiume	río (el)	97
flamenco	flamenco	95
flirtare	ligar	62
floppy	disquete	94
flora	flora	93
focaccia della Befana	roscón de Reyes (el)	67
foglia	hoja	91, 98
folletto	duende	95
follia	locura	36
forchetta	tenedor (el)	68
forma	forma	10, 95
formaggio	queso	78, P
formare	formar, conformar	93, 97
fornaio	panadero	15
fornire	proporcionar	78
forse	quizá(s), tal vez, acaso, igual	85
forte	fuerte	42, P
fortuna	fortuna, suerte	85, 94
forza	fuerza	100
foto	foto	88
foulard	pañuelo	34
fra (luogo)	entre	92, 95
fra (tempo)	dentro de	59, 71
francamente	francamente	40, 53
francese	francés	2, 80
francobollo	sello	14, P
frase	frase	26, 100
fraudolenta	fraudulenta	34
frazione	aldea (la)	69
frecciata	flechazo	64
freddo	frío	12, 62
frenesia	febrilidad	67
freno	freno	45
frequentare	frecuentar	80
fresco	fresco	62, 74
fretta	prisa	38
friggere	freír	98
frittata	tortilla	1, 7
fritto	frito	68
frizione	embrague	45

frugare	registrar	79
frutti di mare	marisco (el)	46
fumare	fumar	44, 63
fumatore	fumador	44
fungo	seta (la)	13
funzionare	funcionar, marchar	41
fuochi artificiali	fuegos artificiales	67
fuori	fuera	60, 72
furbo	listo, despabilado	18, 74, 81
futuro	futuro	12

G

gabbiano	gaviota	65
gallego	gallego	72
galiziano	gallego	72
gallina	gallina	52, 60, 93
gallo	gallo	60
gamba	pierna, pata	11, 29
garantito	garantizado	83
gassata (acqua ~)	gas (agua con ~)	68
gastronomo	gastrónomo	86
gatto	gato	34, 35, P
gazzosa	gaseosa	74
gelato	helado	65, 85
gemere	gemir	A
generoso	generoso	64
gente	gente (la)	39, 87
gentile	amable	43
geografia	geografía	97
gettare	echar	34, 79
gettarsi	echarse	99
gettone	ficha (la)	61
ghiaccio	hielo	67
già	ya	18, P
giacca	chaqueta	38
giacché	ya que	83
giallo	amarillo	32, 35
giapponese	japonés	92
giardino	jardín	12
giocare	jugar	41,82, A, P
giocare a testa o croce	echar a cara o cruz	41
gioco dei pegni	juego de prendas	87
giogo	yunta (la)	37
gioia	alegría	95
Giordania	Jordania	97
giornale	periódico	39,61,94,99
giorno	día	1, 3,14,21
giorno festivo	día festivo	69
giovane	joven	81
giovedì	jueves	14

girare	volver, dar vueltas	49
girarsi	darse la vuelta	29
giro	vuelta (la)	29,31,49,88
gitano	gitano	95
giudicare	juzgar	57
giunta	concejo (el)	37
giurare	jurar	72
giusto	justo	32, 49
gli (articolo)	los	4, 7
gli (pronome personale)	le	13, 37, 49
goccia	gota	P
godere	gozar	66
golfo	golfo	97
gonna	falda	35
grado	amplitud	100
grammatica	gramática	100
grande	grande, gran	14, 42
grasso	gordo	85
gratis	gratis	71
gratuito	gratuito	82
grave	grave	11, 14
grazie	gracias	1, 7
gridare	soltar	31
grido	grito	43, 95
grigio	gris (inv.)	35
grigliata	parrillada	86
gru	grúa	38
gruppo	grupo	65
guadagnare	ganar, tocar	66
guadagnarsi da vivere	ganarse la vida	26
guanto	guante	46
guardare	mirar	13, 24, 96
guardare la televisione	ver la televisión	99
guerra	guerra	P
guida	guía	62, 82, P
guidare	circular	38, 42
Guinea	Guinea	88
guineano	guineano	88
gustare	saborear	86
gusto	gusto, afición (la)	9,16,46,69,80,96

H

hall	hall	48
hindi	hindi	92
horchata	horchata, orzata	76
hostess	azafata	83
humor	humor	98

I

| i | los | 4, 7 |

i cui	cuyos	86
iberico	ibérico	52, 97
idea	idea	4, 7, 14
idioma	idioma	40
idraulico	fontanero	100
ieri	ayer	39,42,64,94
ignorare	ignorar	P
il cui	cuyo	86, 91
il giorno dopo	día (al ~ siguiente)	58
il (lo, l')	el	4, 7
il più presto possibile	cuanto antes	59
imbarcarsi	embarcar	14
imbellettarsi	pintarse	24, 28
imitazione	imitación	34
immaginare	imaginar	66, 73
immediatemente	inmediatamente, ahora mismo, enseguida/en seguida	13, 31, 60
immobile (aggettivo)	inmóvil	90
immobile (sostantivo)	inmueble	57
imparare	aprender	46
impiegare	tardar	24, 61
impiegato	empleado	30
impiego	empleo	41
implicare	conllevar	66
importante	importante	26, 93
importanza	importancia	92
importare	importar	52, 71
impossibile	imposible	45
impresa	empresa	40
impressionante	impresionante	88
imprevisto	imprevisto	100
imprimere	imprimir	A
impronta	huella	65
in	en, por	5, 78, 86
in cui	en que, en el que…	65, 70
in fretta	deprisa	31
in occasione	con motivo de	99
in ogni caso	de todas formas	46
in punto	en punto	18
in qualità di	en calidad de	86
incantare	encantar	36
incantevole	encantador	36
incanto	encanto	36, 95
incarico	cometido, tarea	65, 75
incidente	accidente	38
includere	incluir	A
incluso	incluido	97, A
incollare	pegar	38
incomprensione	incomprensión	96
incontrare	encontrar, encontrarse con	57, 96

incontrarsi	cruzarse	57, 58
inconveniente	inconveniente	72
incrociarsi	cruzarse	57, 58
incrocio	cruce	38
indicare	indicar	50, 77
indicazione	indicación	82
indietro	atrás, detrás / detrás de	57, 72
indimenticabile	inolvidable	80
indirizzo	dirección	57
individuo	tío	73
indolente	ocioso	62
indumento	ropa (la)	55
INEM	INEM	41
infastidire	molestar, fastidiar	73, 79, A
infinità	infinidad, sinfín, sinnúmero (un)	69, 86
informare	informar	7
informatica	informática	84
informazione	información (la)	82
infuso	infusión	43
inghiottire	tragar	31, 73
ingiustizia	injusticia	95
inglese	inglés	40, 92
ingorgo	atasco	18, 21
ingresso	entrada	82
iniziatico	iniciático	80
inizio	principio, albor (el)	92
innamorarsi	enamorarse	81
innamorato	amante	93
innervosire	fastidiar	73
innocente	inocente	71
innocenza	inocencia	71
inoltre	además	44
insalata	ensalada	68
insegnare	enseñar	46, 88
insieme	juntos/tas	16
insistere	insistir	44
insomma	suma (en ~)	99
insolente	descarado	44
insulare	insular	17
intanto	entretanto, mientras tanto, mientras	50
intellettualotto	intelectualillo	26
intellettualucolo	intelectualillo	26
intelligente	inteligente, listo	18, 67, 74
intelligenza	inteligencia	88
intendere	entender	96
intensità	intensidad	98
intensivo	intensivo	40
interessante	interesante	41
interessato	interesado	66
internazionale	internacional	92

internet	internet	94, 99
intimo	íntimo	95
intorno	alrededor, en torno a	69, 78, P
intorno a	alrededor de	75,78
introdurre	introducir	74
invecchiamento	solera	86
inverno	invierno	97
inverosimile	inverosímil	73
investire	invertir	A
invitare	invitar	4, 7, 28
invitato	invitado	70
invito	invitación	91
io	yo	2
ipermercato	hipermercado	61
ipertensione	hipertensión	60
iracheno	iraquí (inv.)	88
Iraq	Irak	88
ironicamente	irónicamente	98
irritare	fastidiar	73
iscritto	afiliado	89
isola	isla	72, 93
ispanofono	hispanohablante	88, 99
Israele	Israel	P
istante	instante	41, 83
istituto	instituto	41, 92
istruzione	instrucción	84
italiano	italiano	19
itinerario	ruta	80
L		
la (articolo)	la	4, 7, 21
la (pronome)	la	49
là	allí, ahí	84, 87
la cui	cuya	86, 91
la prima cosa	lo primero	41
labbro	labio	24
lacerante	desgarrador	95
ladro	ladrón	57
laggiù	allí	54, 84
lamentarsi	quejarse	66, 89
lamento	queja	95
lanciare	lanzar	94
lardo	tocino	9
lasciare	soltar, dejar	31,35,42, A
laser	láser	83
latino-americano	latinoamericano	40
lavaggio a secco	limpieza en seco (la)	61
lavare	lavar	41, P
lavorare	trabajar	10, 15, 42
lavoro	trabajo	8,15,28,49,82

le (pron. complemento)	se, le	13,25,37,45,49
le cui	cuyas	91
lega	liga	89
legare	atar, ligar	38, 62
legge	ley	P
leggere	leer	42,81,84,96,99
legno	madera (la)	68
lei	ella	7
Lei	usted	5, 61, 81
lento	despacio	38, 57
lenza	sedal (el)	65
lessico	léxico	100
lettera	carta	50, 67, 81
lettera raccomandata	carta certificada	50
letteratura	literatura	86
letto	cama (la)	59, 90
letto matrimoniale	cama de matrimonio (la)	59
leva del cambio	palanca de cambio	45
levarsi (un vestito)	quitarse	55, 87
lezione	clase, lección	1, 95
libanese	libanés	88, 98
Libano	Líbano	88
libero	libre (inv.)	15, 21
libro	libro	47, 98, P
licenza di pesca	licencia de pesca	46
lieto	encantado	36, 82
lillà	lila (la)	32
limitare	limitar	97
limone	limón	52
lingua	lengua, idioma (el)	72,88,92,99,100
liquore	licor	74
lista	lista	61
litigare	pegarse, discutir	27, 38
livello	nivel	92 ,100
lizza	liza	99
lo (pronome personale)	lo	48, 49
lo stesso	mismo (lo)	87
logica	lógica	44
lombrico	lombriz (la)	46
lontano	lejos	65
loro (pron. personale)	ellos	7
loro (pron. complemento)	les	49
lotteria	lotería	85
lucidità	lucidez	53
luglio	julio	63
lui	él	7, 12
lunedì	lunes	10, 14
lungo	largo	67, P
luogo	recinto, lugar	16, 37, 60, 61

M

ma	pero	13, P
macchiare	manchar	6, 91
macchina	máquina, coche (el)	30, 65
macellazione (dei maiali)	matanza (la)	86
macelleria	carnicería	52
madre	madre	27, 98
maestro	maestro	10, 81
magari	ojalá, igual	62, 85, 91
maggio	mayo	69
maggiore	mayor (inv.)	38,47,86,93
maggiorenne	mayor (inv.)	93
magia	magia	95
maglietta	camiseta	87
maglione	jersey	45
magnifico	estupendo	88
mago	mago	67
mai	jamás, nunca	13
mai più	nunca jamás	13
maiorchino	mallorquín	72
male	mal	43, 47
maledire	maldecir	A
malissimo	malísimo	43, 47
mancanza	falta	90
mancare	faltar	61,72,79
mancia	propina (la)	21
manciata	puñado (un)	65
mandare	enviar	31, 59
mangiare	comer	8,14,35,42,50, P
manico	mango	68
maniera	manera	46, 100
manifestare	manifestar	A
manifestazione	manifestación	69
mano	mano	19,26,35,42, P
mantenere	mantener	66, 99
marcia	marcha	43
marciapiede	acera (la)	54
mare	mar (el / la)	97
marea	marea, sinfín, sinnúmero (un)	65, 69
marito	marido	25, 56
marmotta	marmota	60
martedì	martes	14, 42
martellata	martillazo	54
martello	martillo	54
materna	materna	92
matita	lápiz	98
matrimonio	boda (la)	23
matrimonio giovane	matrimonio joven	59
matterello	rollo	39
mattina	mañana (la)	10

mattina (di)	mañana (por la)	10, 21, 61
mattino	mañana (la)	10
mattino (del)	mañana (de la)	21
me	mí	2, 49
medico	médico	29
meglio	mejor (inv.)	47, 85
melone	melón	52
membro	miembro, socio	33, 83, 89
memoria	memoria	50
meno	menos	17, 42, 96
mentire	mentir	22, 98
mentre	mientras, en cuanto	50, 71, 100
menù	menú, cubierto	68
meraviglia	maravilla	19, 82
mercoledì	miércoles	14
merenda	merienda	7
merendero (locale)	merendero	86
mescolanza	mezcla	95
mese	mes	14,59,80, P
messicano	mejicano	88
Messico	Méjico	88
mestiere	oficio	15
metro	metro	75
metropolitana	metro	6,
metterci	llevar, tardar	24, 55, 61
mettere	poner	11, 14
mettersi	ponerse	40, 42, 67
mettersi d'accordo	arreglarse	59
mettersi il rossetto	pintarse los labios	24
mettersi una crema	ponerse una crema	62
mettersi una pomata	ponerse una pomada	62
mezza (e ~)	media (y ~)	17, 42
mezzo	medio	66
mi	me	20, 49
mia (aggettivo)	mi	10, 28, 63
mia (pronome)	mía	36, 63, 81
mie (aggettivo)	mis	10
mie (pronome)	mías	36, 63
miei (aggettivo)	mis	10
miei (pronome)	míos	36, 63
migliore	mejor (inv.)	47
milione	millón	92, 97
militare	militar	67
minerale	mineral	68
minimo	menor (inv.)	57
ministero	ministerio	59
Ministero degli Esteri	Ministerio de Asuntos Exteriores	47
Ministero dell'Ambiente	Ministerio de Medio Ambiente	93
ministro	ministro	15
minore	menor (inv.)	47

minuto (aggettivo)	menudo	39
minuto (sostantivo)	minuto	11
mio (aggettivo)	mi	10, 28, 63
mio (pronome)	mío	36, 63, 81
misurare	medir	75
mobile	mueble	26
moda	moda	76
modello	modelo	32
moderno	moderno	76
modo	manera	57, 88, 100
modulo	impreso	29, 50
moglie	mujer	73, 100
molestare	molestar	45
molo	malecón	65
molteplice	variado	86
moltiplicazione	multiplicación	86
moltissimo	barbaridad, muchísimo	25, 52
molto	mucho, muy	3, 9, 14
momentino	ratito	22
momento	momento, rato,	15,17,28,60,62,71,99
	temporada	
mondo	mundo	30, 67, 92
moneta	moneda	6
montagna	montaña, sierra	52, 91, 93
montuoso	montañoso	93
monumento	monumento	82
morire	morir	39
moro	moreno	62
morte	muerte	11
mostra	exposición	82
mostrare	enseñar, mostrar	46, 88, 90
mostrarsi	mostrarse	90
motivo	motivo (el)	46, 99
motore	motor	26
mouse	ratón	94
mulinello	carrete (el)	46
mulo	mula (la)	60
multa	multa	38
multinazionale	multinacional	30
municipale	municipal	37
municipio	alcaldía, ayuntamiento,	37
	casa consistorial / de la villa	
muoversi	moverse	88
museo	museo	82
musica	música	95
mutande	calzoncillo (el)	87

N

nacchera	castañuela	95
narice	nariz (la)	87

nascere	nacer	30,70,90, A
nascondere	esconder, ocultar	79, A
naso	nariz (la)	87
nastro	cinta (la)	33
Natale	Navidad (la)	67, 69
natalità	natalidad	25
nato	nacido	9
natura	naturaleza	80, 93
naturale	natural	93
naturale (acqua minerale ~)	sin gas (agua ~)	68
naturalmente	por supuesto	66
nave	nave	83
nazionale	nacional	41,59,69,93
né	ni	39
necessario	necesario	82
necessità	necesidad (la)	100
negare	negar	90
negoziare	negociar	40
negoziato	negociación	40
negozio	tienda (la)	47,61,82,94
negozio di ferramenta	ferretería	78
nel frattempo	entretanto, mientras tanto, mientras	50
nemmeno	ni siquiera, ni	39, 75
neppure	tampoco	52
nero	negro	35, 75
nessuno	nadie, ninguno, ningún	29, 43, 57
neve	nieve	67, 75, P
nevicare	nevar	74, 91
nient'altro	nada más	44
niente	nada	5, 50
nipote (del nonno)	nieto	38
no	no	6
nobile	hidalgo	5
noi	nosotros	7
noleggiare	alquilar	26
noleggio	alquiler	26
nome	nombre	30, 63, 90
nominare	nombrar	81
non	no	6
non appena	nada más, en cuanto	44, 100
non fa niente	importa (no ~)	67
non importa	importa (no ~)	67
non… più	ya no	58, 63
nonno	abuelo	24
nord	norte	86, 95, 97
nostro/a/i/e	nuestro/a/os/as	28,33,49,63
nota	nota	100
notizia	noticia	81, 82
notte	noche	10, 21
notte (della ~)	noche (de la ~)	21

novello	recientemente, recién	9
nozze	boda (la)	23
nudista	nudista	87
nudo	desnudo	46
numero	número	2, 7, 68
numeroso	numeroso, diverso	25, 78
nuotare	nadar	46
nuoto	natación	89
Nuova Zelanda	Nueva Zelanda	100
nuovo	nuevo	26, 94, 100

O

obbedire	obedecer	90
occasione	ocasión, oportunidad	26, 99, 100
occhiali	gafas	72
occhiata	ojeada	79, 100
occhio	ojo	24, 75
occidentale	occidental	93
occorre	hay que, hace falta, se necesita	21, 84, 90
occupare	ocupar	97
occuparsi	dedicarse, ocuparse, atender a	15, 32
oceano	océano	97
oggi	hoy	6, 14, P
oggigiorno	hoy día, hoy en día	80
ogni	cada	36, 47
ogni giorno di più	cada día más	36
olandese	neerlandés	92
ombra	sombra	98
ombrello	paraguas	46, 57
omettere	omitir	A
omiciattolo	hombrezuelo	81
onda	ola	49, 65
ondata	ola	49
onesto	honrado	57, P
onorato	honrado	57
onore	honor	40
opera	obra, ópera	8, 62, 82
opportunità	oportunidad	99
opuscolo	folleto (el)	82
ora	hora, ahora	1,2,10,14,21,28,61
ora delle isole Canarie	hora insular	17
ora di punta	hora punta	2
orario	horario	82
orario continuato	jornada continua	10
orario di apertura	horario de apertura	61
orbita	órbita	23
ordine	orden (la)	90
orecchino	pendiente	44, 69
oretta	horita	22
organizzare	organizar	69, 89

orientarsi	orientarse	82
oriente	oriente	97
originale	original	99
originario	procedente	95
originario di	procedente de	95
origine	origen (el)	69, 74, 95
orinare	mear	37
orlo	ruedo	99
orma	huella	65
oro	oro	86
orologio	reloj	17, 54, P
orrore	horror	85
ospedale	hospital	29
ospitare	albergar	93
osservazione	observación	52
ossessionare	obsesionar	53
osso	hueso	34
ostello	albergue (el)	80
ottenere	conseguir	81
ottimo	buenísimo	8, 14
ovest	oeste	97
ozio	ocio (el)	62
ozioso	ocioso	62

P

pace	paz	P
pacificare	apaciguar	77
padre	padre	27, 98
padrone	dueño	100
paesaggio	paisaje	93
paesano	aldeano	81
paese	país, pueblo	69,86,92,93,97, P
pagare	pagar	13,46,77,82
pagina	página	21, 49
pagnottella	panecillo	28
palato	paladar	86
pallacanestro	baloncesto	89
pallamano	balonmano	89
pallavolo	balonvolea	89
pallido	pálido	43
palo	palo	27
pancarrè	pan de molde	61
panchina	banco (el)	65
pane	pan	28, 61, P
panetteria	panadería	17
panni	ropa (la)	55
pantaloni	braga (la), pantalón, pantalones	76, 87
paradiso	paraíso	93
parador	parador	59
paradossalmente	paradójicamente	98

parcheggiare	aparcar	44
parchimetro	parquímetro	38
parco	parque	70, 93
pareggiare	empatar	89
parentesi	paréntesis (el)	67
parere	parecer, resultar	10,26,71,88
parlare	hablar	14, 42, P
parola	palabra	98, 99, P
parossismo	paroxismo	95
parrucchiere	peluquería (la)	71
parte	parte, lado	29, 81
partenza	salida (la)	43
particolare	particular	38
particolarmente	particularmente	86, 95
partire	salir, arrancar	6, 45, 90
partita	partido (el)	89
partitina	partida	89
pascolare	pastar	91
pasqua	pascua	23
passaporto	pasaporte	18
passare	pasar	20,36,42,87,96
passare per la testa	ocurrirse	71
passeggero	pasajero	83
passeggiare	pasear(se)	70, 91
passero	gorrión	93
passione	afición (la)	46, 89
pasta	pasta (la)	71
pasto	comida (la)	34
patata	patata	68, 98, P
patente	permiso (el)	79
patrimonio	patrimonio	82
patronale	patronal	69
patrono	patrón	69
paura	miedo (el)	100
pazienza	paciencia	90
pecora	oveja	91
pedaggio	peaje	38
pedale	pedal	45
peggio	peor	8, 47
peggiore	peor	47
pegno	prenda (la)	87
pelle	piel	62
pellegrinaggio	peregrinación (la), romería (la)	69
pellegrino	peregrino	80
pelo	pelo	71
pena	pena	88
pendice	ladera	91
peninsulare	peninsular	97
penisola	península	97
penna stilografica	bolígrafo	50

pensare	pensar	40
pensare a	pensar en	48
per	durante, para, por	10, 42, 78
per cui	conque	34
per giunta	encima	44
per niente	en absoluto	60
per poco	por poco	11
per quanto	aunque	86
per quanto concerne	en lo que concierne a, con respecto a	85
per quanto riguarda	en cuanto a, con respecto a	75, 85
per un pelo	por poco	11
percepire	percibir	90
perché (nelle domande)	por que	12
perché (nelle risposte)	porque, ya que	12, 14, 83
perciò	de manera que, de modo que, así pues, así que	66
percorrere	recorrer	80
percorso	recorrido	67, 80
perdere	perder	6, 14, A
perdita	pérdida	6
perdonare	perdonar	5
perfettamente	perfectamente	72
perfetto	perfecto	71
pericolo	peligro	38
pericoloso	peligroso	85
periodo	temporada	60, 69
permesso	permiso (el)	59, 79
però	pero	19
perseveranza	perseverancia	99
persino	encima	49
persona	persona	30,56,92,93
pertanto	conque	34
Perù	Perú	88
peruviano	peruano	88
pervertire	pervertir	A
pesare	pesar	33, 75
pesca	pesca	46
pescare	pescar	46
pesce	pescado	46, 61
pesce d'aprile	inocentada (la)	71
pescheria	pescadería	61
pescivendolo	pescadero	61
pessimo	malísimo	8, 47
petizione	petición	66
petrolio	petróleo	62
pezzo	raja	1, 52
piacere (verbo)	gustar, placer, resultar	19, 28, 88
piacere (sostantivo)	placer	80
piana (parola)	llana (palabra)	98
piangere	llorar	51

piano	piso, plano	21, 55, 92
pianta	planta	93
piantare	plantar	90
piantarsi	bloquearse	90
piatto unico	plato combinado	68
piatto	plato	68
piazza	plaza	67
piazza principale	plaza mayor	67
piccolo	pequeño, bajo, menudo, chico	25,39,46,75
piede	pie	29, 91
pieghevole	folleto	82
pigiama	pijama	48
pigrizia	pereza	90
pila	pila	31
pilota	piloto	83, 100
pilotaggio	pilotaje	83
piovere	llover	64, 77
pipì	pis	37
piramide	pirámide	88
piscina	piscina	37
più	más	33, 42, 75
più o meno	más o menos, poco más o menos	75
piuttosto	más bien, bastante	40, 75
pizza	rollo (el)	39
pochi istanti (fra)	breves instantes (en)	83
poco	poco	11
poi	luego	16
poiché	como	89
politicamente	políticamente	30
politico	político	92
polizia	policía	38
pollo	pollo	93, P
polpettone	rollo	39
poltrona	butaca (la)	90
pomata	pomada	62
pomeriggio	tarde	10, 21, 96
pomeriggio (di ~)	tarde (por la ~)	10, 61
pomodoro	tomate (el)	61, P
ponte	puente	69
pop-corn	palomita de maíz (la)	62
popolazione	población	97
popolo	pueblo	92
porre in risalto	destacar	88
porta	puerta	46, P
portabagagli	maletero	57
portafoglio	cartera (la)	10
portamonete	monedero	6, 7, 54
portale (web)	portal (web)	94
portare	llevar, traer	13,18,26,60,67,89,94

portatile (computer)	portátil (ordenador)	94
portinaio	portero	57
Portogallo	Portugal	97
portone	portal	57
porzione	ración	13
possedere	poseer	A
possibile	posible	96
posta	correos, correo (el)	50, 59
posta elettronica	correo electrónico	50, 59
posteggio (di taxi)	parada	19
posteriore	trasero	45
posto	lugar. puesto, sitio, asiento	29,41,43,45,59,60,83,97
posto telefonico pubblico	locutorio	54
potere	poder	4, 7, 28,96
povero	pobre	64
prateria	pradera	35
pratica	práctica	99
praticare	practicar	89, 100
pratico	práctico	20
precisare	precisar	A
preda	presa	93
preferenza	preferencia	38
preferire	preferir	74, 98, A
preferito	favorito	89
pregare	rogar	37, 49
premere	apretar	29
prendere	coger, tomar, agarrar, sacar	6,7,10,21,58,61
prendere qualcosa	quedarse con algo	76
prenotare	reservar	59, 78
prenotazione	reserva	59, 74
preoccuparsi	preocuparse	31
prepararsi	arreglarse	56, 75
presentare	presentar	41
presentarsi	aparecer, presentarse	71, 92, 100
preso in prestito	prestado	47
presso	cerca	54
prestare	prestar	94
presto	pronto, deprisa, temprano	6, 40, 65
previdente	precavido	38
previsto	previsto	46
prezzo	precio, importe	38,47,68,76,78
prima (aggettivo)	primera	1, 94
prima (avverbio)	antes, primero	13, 54
prima che	antes de que	61
prima cosa (la)	primero (lo)	41, 66
primavera	primavera	69
primo	primero, primer	1, 8,14,21,41
primo premio	gordo	85
principale	principal	82, 97

principalmente	principalmente	41
principio	principio	79
privato	particular	40
probabilmente	probablemente	85
problema	problema, cuestión (la), tema	11, 70, 94
procurarsi	adquirir	82
prodotto	producto	61
produrre	producir	74, 94
produzione	producción	86
professione	profesión	15
professore	profesor	15
profondo	hondo	95
progetto	proyecto	9, 86
programma	programa	94
pronto	listo	18, 74
pronto soccorso	urgencias	29, 31
pronuncia	pronunciación	1
proporre	proponer	25, 28, 87
proporzionare	proporcionar	78
proprietario	propietario	78
proprio	propio	33, 95
prosciutto	jamón	52
prosciutto cotto	jamón york	52
prosciutto crudo	jamón serrano	52
prospetto	folleto	82
prossimo	próximo	14, 49
protagonista	protagonista	39
proteggere	proteger	93
provare	probar	32, 74, 94
provare (un vestito)	probarse	74, 76
proveniente	procedente	95
proveniente da	procedente de	95
provincia	provincia	97
provocazione	provocación	90
provvedere	proveer	A
prudenza	precaución	84
psicanalista	psicoanalista	53
pubblico	público	21, 95
pugno	puñado	65
pulizia	limpieza	61
pullman	autocar	89
punta	punta	2, 65
punto	punto	71, 100
può darsi	igual	85
può darsi che	puede ser que, acaso	85
puzzle	rompecabezas	72

Q

quadrato	cuadrado	97
quadro	cuadro	82

qualche	algún	57, 59
qualcosa	algo	34, 88
qualcuno	alguien, algún	47,51,57, 9
quale	cuál	2, 15, 45
quale che	cualquiera que	69, 70, 95
qualsiasi	cualquier, cualquiera	36,48,69,70
qualunque	cualquiera, cualquiera que	36,48,69,70,95
quando	cuando	29,31,50,95
quando (nelle interrogative)	cuándo	2, 49, 84
quanto	cuánto, lo	2,16,55,61
quanto a	con respecto a, en cuanto a	75, 85
quanto prima	cuanto antes	59
quaranta	cuarenta	23
quartiere	barrio	63
quarto	cuarto	17, 21, 71
quasi	casi	41, 81
quella	aquélla, esa, ésa, la	32, 33, 35
quello	aquél, el, ese, ése	32, 33, 35
quello che	el que, lo, lo que	29, 32
questa	esta, ésta	33, 35, P
questione	asunto (el), cuestión	11, 79
questo	este, éste, esto	33, 35, P
qui	aquí	7, 71, P
qui vicino	por aquí, por aquí cerca	54

R

raccolto	cosecha	69, 74
raccommandare	recomendar	68
raccontare	contar	39, 98, A
racconto	cuento (el)	53
radio	radio	45
ragazzo	chico	46, 65, 71
raggio	rayo	83
raggiungere	alcanzar	95, 100
ragione	motivo (el), razón	46, 80
ramanzina	bronca	55
raro	raro	14, 94
re	rey	62, 67
Re Magi	Reyes Magos	67
reagire	reaccionar	90
realizzare	realizar	99
rebus	rompecabezas	72
recarsi	acudir	57
recentemente	recientemente, recién	9, 14, 44
recinto	recinto	37
recuperare	reponer	100
regalo	regalo, prenda (la)	23, 67, 87
reggere	aguantar	27
reggiseno	sujetador	87
regionale	regional	86

regione	región	69, 78, 86
relativo	relativo	11
relazione	relación	92, 99
religione	religión	48
religioso	religioso	69
rendersi conto	darse cuenta	87
reparto	sección (la)	32, 61
resistere	resistir	64
respirare	respirar	29
responsabilità	responsabilidad	66
restare	permanecer	83
restituire	devolver	47
rete	red (la)	59
rete stradale spagnola	red de carreteras españolas	38
riattaccare	colgar	45, 54
ribellarsi	sublevarse	90
ricco	rico	12, 72, 86
ricerca	consulta	94
ricetta	receta	86
ricevuta	recibo	21
richiedere	suponer	52
richiesta	petición	66
ricominciare	volver a empezar	49
riconoscere	reconocer	60, 75
ricordare	recordar	83
ricordarsi	acordarse	63
ricostruzione	reconstitución	69
ridere	reír / reírse	98, A
ridurre	reducir	38
riempire	henchir	A
rientrare	regresar	49
rifare	volver a hacer	100
rifiutarsi	negarse	90
rifugio	refugio	80
riga	raya	35, 75
rileggere	releer	81, 100
rilievo	relieve	97
rimanere	quedar	10, 57, 100
rimarcare	destacar	88
rimborsare	devolver	47
rimettere	remitir	A
rimorchiare	ligar	62
ringraziare	agradecer, dar las gracias	40, 63, 82, A
riparare	arreglar, reparar	26, 94
riparazione	arreglo (el)	26
ripassare	repasar	100
ripasso	repaso	7, 21
ripetere	repetir	26, 96, P, A
riposare	descansar	65
riserva	coto (el), reserva	46, 74

riservatezza	reserva	22
riservato	reservado	22, 44
rispettare	respetar	38, 79
rispondere	responder, contestar	44, 57
risposta	respuesta	90
rissa	bronca	55
ristorante	restaurante	44, 47
risultare	resultar	88
ritardo	retraso	18, 21
ritirare	retirar	56
ritmo	ritmo	80
rito	rito	P
ritorno	regreso, vuelta (la)	9, 40, 49
riunione	reunión	63
riuscire	lograr, conseguir	81, 84, 96
rivelare	delatar	57
rivista	revista	99
rivolgersi	dirigirse	44, 81
roba	cosas (las)	79
romanzo	novela (la)	91, 96
rompere	romper	20, 72
rompicapo	rompecabezas	72
rondine	golondrina	93
rosato	rosado	74
rosso	rojo	5, 35, 75
rosso (vino)	tinto	74
rotolo	rollo	39
rotto	roto	29
rovina	ruina	P
rozzo	patán	81
rubare	robar	45
rullino	carrete (el)	46
rumore	ruido	43,50,65, P
rurale	rural	78
Russia	Rusia	97
rustico	agreste	93
S		
sabato	sábado	10, 14
sabbia	arena (la)	65
sala	sala	44
salire	subir	6, 56
salsa	salsa	8
salsiccia	chorizo	52
saltare	saltar	38
salumeria	charcutería	52
salutare	despedirse, saludar	57, 86, 94
salute	salud	51,89, 98
saluto	saludo	58, 67
sangria	sangría	74

sangue	sangre (la)	90
santo	santo	69
sapere	saber	5,7,21,A, P
sapore	sabor	86
sarto	sastre	100
satellite	satélite	23
saziare	hartar	A
sbagliare	equivocarse, confundirse	54, 72
sbagliarsi	equivocarse	54, 72
sbagliato	equivocado	78
scacchi	ajedrez (el)	79
scaduto	caducado	18
scandire	jalonar	80
scanner	escáner	94
scappare	escapar, pasar	99
scarabocchio	garabateo	81
scarpa	zapato (el)	32,35, 44
scarpe sportive	zapatillas de deporte	75
scatenare	desatar	67
scatto iniziale (taxi)	bajada de bandera	21
scegliere	elegir	68, 81, A
scelta	elección	69
scendere	bajar	61
scheda	tarjeta	54, 61
scheda telefonica	tarjeta telefónica	61
scheggia	astilla (la)	27
scherzo	broma	71
schiamazzo	algazara (la)	67
schiena	espalda	43
sci	esquí	65
scia	estela (la)	58
sciarpa	bufanda (la)	67
sciocchezza	bobada	79
scioglimento	desenlace	39
sciopero	huelga, paro	7, 41
scivolare	resbalar	57
scommessa sportiva	quiniela	85
scommettere	apostar	36
scomporsi	alterarse	90
scottarsi	quemar, quemarse	62
scorso	pasado	10,14,42,62
scritto	escrito	14
scrittore	escritor	15
scrivania	mesa de despacho (la), despacho	59
scrivere	escribir, redactar	14,42,55,70,81
scuola	colegio (el), escuela	25,40,58,81,89,92
scuro	moreno	62
scusa	excusa, perdón	5, 69
scusare	disculpar	44
scusi	perdón	5

se	si	12
sé	sí	40
se occorre	por si acaso	75
secolo	siglo	21, 86, 92
secondo (aggettivo)	segundo	2, 21, 50, 93
secondo (piatto)	segundo	68
secondo (unità di tempo)	segundo	11
sede centrale	casa central	75
sedersi	sentarse	40, 42, 88
sedia	silla	57, 65, 90
sedia a sdraio	tumbona	65
sedile	asiento (el)	43, 45
sedurre	seducir	74
seduto	sentado	24
sega	sierra	52
segnalare	registrar	69
segnalazione	señalización	72
segnale	señal (la)	72
segnale stradale	señal de tráfico (la)	38, 72
segnare	marcar	54
segno	signo, señal (la)	72, P
segreto	secreto	100
seguire	seguir	41,84,A
selvaggio	salvaje, agreste	93
semaforo	semáforo	5, 14
sembra che…	parece (ser) que	26, 74
sembrare	parecer	10, 26
semplice	sencillo, simple	72, 80, 86
sempre	siempre	10, 20, 87
sempre di più	cada vez más	36, 100
sempre meglio	cada vez mejor	47
sempre meno	cada vez menos	47
sempre peggio	cada vez peor	47
sempre più	cada vez más	47
sennò	si no	18
senso	sentido	20
sentiero	senda (la)	58, 91
sentimento	sentimiento	95
sentire	sentir	48, 98, 100
sentirsi	sentirse	53, 85
senza	sin	36, 57, 71, 81
separare	separar	80, 97
sequela	sarta (la)	52
sera	tarde	10, 21,89, 96
sera (della ~)	tarde (de la ~)	21
sera (di ~)	tarde (por la ~)	61
serie	serie	82
serio	serio	46
server	servidor	94
servilismo	servilismo	90

servire	servir	13, 98
servizio	servicio	21, 31
servizio sanitario nazionale	seguridad social	29
settimana	semana	10
sfida	desafío	100
sfidare	desafiar	85
sfilata	desfile, cabalgata	67
sfilza	sarta (la)	52
sfiorare	rozar	97
sgargiante	llamativo	88
sgridare	reñir	98
sì	sí	1, P
si (impersonale)	se	10, 41
si (riflessivo),	se	23, 45, 49
sia... che	ya sea... o ya sea, bien... bien, ya... ya sea	69, 70, 80
sia... sia	ya sea... o ya sea, bien... bien, ya... ya sea	69, 70, 80
sicuramente	seguramente	85
sicurezza	seguridad	38, 83
sicuro	seguro	40, 81
siesta	siesta	28
sigaretta	cigarro (el)	44
significare	significar	55
signora	señora	17
signore	caballero, señor	32
signorina	señorita	31
sillaba	sílaba	98, P
simpatico	simpático	56
sindaco	alcalde	37, 81
singolare	singular	97
sinistra	izquierda	32
sistema	sistema	83
sistemare	acondicionar	85
sito (web)	sitio (web)	94
situare	situar	97
situarsi	situarse	95
situazione	situación	43, 66
smettere	dejar	79
smontare	desmontar	55
soccorritore	socorrista	37
società	sociedad	40, 86
socio	socio	86, 89
soddisfare	atender a	A
sofà	sofá	40
sofferenza	sufrimiento (el)	95
sofisticato	sofisticado	86
solamente	sólo	26
soldi	dinero	6, 7
sole	sol	65

solere	soler	43
solo	sólo	26, 69
solstizio	solsticio	69
soltanto	sólo	26, 69
somiglianza	parecido	73
somigliare	parecerse	73
sommare	sumar	97
sonnambulo	sonámbulo	48
sonno	sueño	55
sopportare	soportar, aguantar	27, 39
soprabito	abrigo	40
soprattutto	sobre todo	86
sorella	hermana	28, 63
sorgere	levantarse, surgir	95
sorpassare	adelantar	38
sorprendere	sorprender	91
sorpreso	extrañado, sorprendido	41, 58, 100
sorridente	sonriente	9
sorridere	sonreír	98
sorte	suerte	85
sortilegio	hechizo	95
sospendere	suspender	A
sospettare	sospechar	57
sospetto	sospecha (la)	57
sostenere	mantener	66
sostituire	sustituir	A
sottile	fino	44
sotto	bajo, debajo de	90
sotto zero	bajo cero	97
sottolineare	subrayar, destacar	88
spagnolo	español	2, 7,
spalla	hombro (el)	43
spargere	esparcir	77
sparo	tiro	94
spaziale	espacial	83
specchio	espejo	24
specialista	especialista	53
specialità	especialidad	1
specie	especie	64
specifico	específico	69
spedire	enviar, remitir	50, A
spegnere	apagar	73
sperare	esperar	6
spesa	compra	76
spettare	caber	57, A
spettatore	espectador	39
spiaggia	playa	62, 65, 99
spicchio (d'aglio)	diente (de ajo) (el)	52
spiccioli	dinero suelto, suelto	6, 54
spiegare	explicar	45, 75

spigliato	despabilado	81
spingere	empujar	64
spiritoso	festivo	69
spirituale	espiritual	80
spogliarsi	desnudarse	46
spontaneo	espontáneo	95
sport	deporte	75, 89
sportello	ventanilla (la)	28, 50
sportivo	deportista (inv.)	86
sposarsi	casarse	12, 14, 66
sposato	casado	9, 25
sproposito	barbaridad	52
spumante	cava (el)	74
sputare	escupir	44
squillare	sonar	31
stabilire	estimar	57
stagione	temporada	60, 78
stampante	impresora	94
stanco	cansado	7
starci dentro	caber	57
stare	estar	5, 7, 14, 21
stare attento	tener cuidado	38, 94
stare bene	sentar bien	43
stare comodo	estar cómodo	76
stare per	disponerse	83
statunitense	estadounidense	40
stazione	estación	6, 83
stella	estrella	48, 59
stendere	extender	62, A
stendere i panni	tender la ropa	55
stesso	mismo	31, 94
steward	auxiliar de vuelo	83
stile	estilo	75
stile di (nello ~)	estilo de (al)	75
storia	historia	69
storico	histórico	69
strada	carretera, calle, camino, calzada	38, 57, 58, 78
straniero	extranjero	15
strano	raro	17, 94
straordinario	extraordinario	53
strappare	arrancar	60, 90
stress	estrés	60
stretto	estrecho	97
stringersi la mano	darse la mano	29
striscia	raya	32,75
studiare	estudiar	41, 98, P
studio (medico)	consulta (la)	29, 53
stufare	fastidiar	73
stupendo	estupendo	4
stupido	tonto	12

stuzzichino	tapa	1, 14
su	con respecto a	85
subito	ahora mismo, enseguida/en seguida	1,13,31,59,62
subito dopo	nada más	44
succedere	ocurrir, pasar	20, 30, 43, 51, 55, 94
successivamente	sucesivamente	87
successo	éxito	99
succo	zumo	P
sud	sur	97
sudamericano	sudamericano	40
sufficiente	suficiente	49, 66
suo / sua, suoi / sue, loro	su, sus	20, 28, 63, 81
suo, sua, suoi, sue	suyo, a, os, as	57, 60, 63, 81
suonare	sonar, llamar, tocar	31, 50, 71, P
superare	superar	97
superficie	superficie	93, 97
supermercato	supermercado	52, 61
superstrada	autovía	38
supplemento	suplemento	21
supporre	suponer	29, 52, 66
surgelare	congelar	61
surgelati	congelados	61
svegliare	despertar	39, A
sveglio	listo, despabilado	74, 81
svestirsi	desnudarse	46
Svezia	Suecia	88
Svizzera	Suiza	93
svolgere	realizar	99
T		
tabaccheria	estanco	50
taglia	talla	76
tagliare	cortar	41
tagliarsi	cortarse	71
taglio	corte	76
tanto	tanto, tan, mucho	9, 11, 14
tappa	etapa	80
tardare	tardar	24, 61
tardi	tarde	23, 50, 71
tartina	rebanada	52
tasca	bolsillo (el)	6
tassista	taxista	19, 21, 38
tastiera	teclado	94
tavolo	mesa	14, 37
taxi	taxi	18, 19, 21, P
te	tú	2, 7
tè	té	13
teatro	teatro	8, 14, P
tecnico	técnico	94
tecnologia	tecnología	83

telecomandato	teledirigido	83
telecomando	mando	31
telefonare	llamar, telefonear	4
telefonata	llamada, telefonazo (el)	40, 54,71,78
telefono	teléfono	2, 7
telegiornale	telediario	82
televisione	televisión	31, 99
telo	toalla	62
temere	temer	27
tempo	tiempo	12, 49, 88
tempo libero	ocio (el)	62
tenacia	tenacidad	99
tenda	tienda (la)	26, 47
tendina	cortina	85
tenere	tener, mantener	66, A
tennis	tenis	89
tensione	tensión	60
tentare	probar	85
terminal	terminal	33
termometro	termómetro	97
terza età	tercera edad	22
test	test	99
testa	cabeza	29, 49, 52
ti	te	2, 49
tifare	animar	89
tilde	tilde	2, P
tipicamente	típicamente	86
tipo	tipo, tío	43, 69, 73, 87
tirare fuori	sacar	61, 82
tivù	tele	31
toboga	tobogán	63
toccare	tocar	29, 50, 85
togliere	quitar, retirar	40, 52, 73
togliersi	quitarse	87
tollerante	tolerante	90
topo	ratón	94
tornare	aparecer, volver, regresar	9, 31, 49, 71
toro	toro	99, P
torre	torre	79
tovagliolo	servilleta (la)	62, 68
tra	entre	92, 95
traballante	bamboleante	65
traccia	huella	65
tradizionale	tradicional	86
tradizione	tradición, solera	86
tradurre	traducir	1,74
traffico	tráfico	38
tramite	por medio de	83
trampolino	trampolín	37
tranne	quitando	73

579 • quinientos setenta y nueve

tranquillante	tranquilizante	31
tranquillità	tranquilidad	100
tranquillizzare	tranquilizar	31
tranquillo	tranquilo	25
trasportatore	transportador	33
trattarsi di	tratarse de	79, 96, 99
treno	tren	6, 11, 43
tristezza	tristeza	95
trofeo	trofeo	97
troppo	demasiado	33
trovare	hallar, encontrar, dar con	12, 57, 96
trovare il tempo	sacar tiempo	82
truccare	maquillar	24, 28
truccarsi	pintarse	24, 28
tu	tú	2, 7
tuffarsi	tirarse	68
tuo, tua (aggetivo)	tu	2, 28, 63, 81
tuo, tua, tuoi, tue (pron.)	tuyo, a, os, as	42, 63, 81
turbolenza	turbulencia	83
turismo	turismo	59, 78
turistico	turístico	80
turno	turno, vez (la)	50, 71
Tutti i Santi	Todos los Santos	69
tutto	todo	10, 14

U

uccello	ave* (el), pajaro	34, 93, 94, 98
udire	oír	96
ufficiale	oficial	88
ufficio	oficina (la), despacho, oficio	15, 41, 54, 59, 79
ufficio del turismo	oficina de turismo (la)	59, 78
ufficio informazioni	información (la)	82
ufficio postale	oficina de correos	50
uguale	igual	67, 68, 85
ultimo	último	14, 91
un/una (articolo)	un/una, algún/alguna	1, 7, 14, 59
un, uno (numerale)	uno, un	1, 8, 14, 21
un'altra volta	otra vez	49
unico	único	37, 53, 56, 91
unire	ayuntar, juntar	37, A
universalmente	universalmente	95
università	universidad	46
uomo	hombre	12, 14, P
uovo	huevo	52
urbano	local (inv.)	54
urgenza	urgencia	31
Uruguay	Uruguay	34
uscire	salir	6, 12, 35
uscita	salida (la)	43
utile	útil	P

V

valchiria	walkiria	P
valenciano	valenciano	72
valere	valer	88, 91
valigia	maleta	18, 42, 57
valutare	evaluar	100
valutazione	apreciación	11
vantaggio	ventaja (la)	72
variante	variante	95
varietà	diversidad	88, 93
vario	variado	86
vecchio	viejo	65
vedere	mirar, ver	9, 14, 24, 49
vedova	viuda	P
veicolo	vehículo	26, P
velenoso	venenoso	13
velluto	pana (la)	75
velocità	velocidad	9
vendere	vender	34, 94
venditore	vendedor	90
venerdì	viernes	14
venire	venir	8
venire in mente	ocurrirse, venir a la cabeza	41, 71
vento	viento	62
ventre	vientre	29
veramente	verdaderamente, francamente	53
verde	verde	32, 35
verità	verdad	9, 98
verme	gusano	46
vero	cierto, verdadero, verdad	9, 36, 99, 100
versare	echar	34
versione	versión	99
verso	hacia	80
vestibolo	vestíbulo	48
vestire	vestir	37, 75, A
vestito	prenda de vestir (la)	87
vi	os	49
via	calle	5, 7
viaggiatore	caminante (inv.)	57
viaggio	viaje	23, P
vicino (sostantivo)	vecino	59
vicino (avverbio)	cerca	54
Vicino Oriente	Oriente Próximo	97
video	vídeo	47
videocassetta	cinta de vídeo	33
vietare	prohibir	P
vietato	prohibido	37
vietnamita	vietnamita	92
vigilia	víspera	67
vigna	viña	P

villano	aldeano	81
vincere	ganar, tocar	85, 97
vincere il primo premio	tocar el gordo	85
vincitore	vencedor	86
vino	vino	16, 74
virtù	prenda	87
virus	virus	94
visiera	visera	65
visita	visita	82
visita su appuntamento	consulta previa petición de hora	53
viso	cara (la)	11, 41
vista	vista	58
visto	visto	14
vistoso	llamativo	75, 88
vita	vida	11
vivace	vivo, listo	74, A
vivere	vivir	34, A
voce	voz	31, 95, 100
voglia	gana	51
voi	vosotros, vosotras	7
volante	volante	45
volare	volar	83
volere	querer	3, 7, 14, 51, 66
volta	vez (la)	36, 49, 71, 87
voltarsi	darse la vuelta	29
volteggiare	revolotear	65
Vostra Grazia	vuestra merced	5
vostro/a/i/eo	vuestro/a/os/as	28, 63
vulcanico	volcánico	93
vuoto	vacío	43, 90

W

web	web	94
week-end	fin de semana	10
whisky	whisky	P

X

x	equis	23
xeres	jerez	74
xilofono	xilófono	P

Y

| yogurt | yogur | 61 |

Z

zaino	mochila (la)	33
zampa	pata (la)	11, 52
zar	zar	97
zerbino	felpudo	90
zero	cero	21, 54

zio	tío	73, 81
zona	zona	38, 44, 78, 83
zona blu	zona azul	38
zuffa	bronca	55

Indice delle espressioni

¡Abajo...!	Abbasso...!	79
A casa de	Da, a casa di	27
¡Adelante!	Forza!, avanti!	28, 50, 56
Ahí está	Ecco dov'è	100
¡Ahí va!	Oh no!	54
Ahí viene	Ecco che arriva	33
A la vuelta de	Nel giro di, in capo a	88
¡Ale!	Su!	67
¿Algo más?	Desidera qualcos'altro?	50
A lo mejor	Forse, magari, può darsi	41, 85
Amargarle la vida a alguien	Amareggiare la vita a qualcuno	51
Amargarse la vida	Amareggiarsi la vita	51
A menudo	Spesso	80, 88
¡Amor mío!	Amore!, amore mio!	36
¡Anda!	Oh no!, è pazzesco!	18
Andar a vueltas con...	Affrontare..., essere alle prese con...	94
¡Ánimo!	Coraggio!	20
A pesar de	Malgrado, nonostante	38
A pesar de que	Benché, sebbene, nonostante	90
¿A que...?	È vero che...?, scommettiamo che...?	36
Aquí tiene	Ecco	1, 52, 84
¡Atención!	Attenzione!	38
A través de	Attraverso, con	95, 100
A última hora	All'ultimo momento	18
A vueltas con...	Alle prese con...	94
¡Ay!	Ahi!	5
¡Buen provecho!	Buon appetito!	1, 13
¡Buen viaje!	Buon viaggio!	100
Buenas	Buongiorno	32
Buenas noches	Buona notte	10
Buenas tardes	Buon pomeriggio, buona sera	10
Buenos días	Buongiorno	1
Cada vez peor	Sempre peggio	47
Caerse de espaldas	Cadere all'indietro	55
Caerse de sueño	Cascare dal sonno	55
¡Caramba!	Diavolo!	30
Celebrar el cumpleaños	Festeggiare il compleanno	23
¡Chica!	Mia cara!, ah!, senti!	62
¡Claro!	Certo!, è vero!, hai ragione!	3, 25
¡Claro que sí!	Certo!, certamente sì!	3
Comer como una fiera / un león	Mangiare come un leone	60
Comer una barbaridad	Mangiare moltissimo	52
¿Cómo estás?	Come stai?	16
Como lo oyes	Ma è proprio così!	73

¿Cómo te va / te ha ido?	Come va / com'è andata?	47
comportarse como un caballero	Comportarsi da galantuomo	32
Con destino a	Diretto a	95
Con pelos y señales	Per filo e per segno, accuratamente	75
Confíe en sí mismo	Abbia fiducia in se stesso	34
Continuará	Continua	57
Cortarse el pelo	Farsi scorciare i capelli	71
¿Cuánto…?	Quanto…?	22
¡Cuánto tiempo!	Da quanto tempo non ci vediamo!	16
¿Cuántos años tienes?	Quanti anni hai?	22
Cuénteme	Mi dica, mi racconti	53
¡Cuernos!	Caspita!	45
¡Cuidado!	Attenzione!	5, 38
Cumplir años	Compiere gli anni	23
Dar gusto	Fare piacere	9
Dar la espalda	Dare le spalle	43
Dar (darse) una vuelta	Fare un giro	29
Dar un telefonazo	Fare una telefonata	54
Darse cuenta	Rendersi conto	55
De acuerdo	D'accordo	10
De cine	Da cinema, da sballo, da favola	39
De película	Da film, da sballo, da favola	39
De segunda mano	D'occasione, di seconda mano	26
De tal palo, tal astilla	Tale padre, tale figlio	27
Dejar plantado	Piantare in asso	90
Déjate de…	Smettila…, basta con…	79
¡Deprisa!	Presto!	6, 38
¡Diga! / ¡dígame!	Pronto!	31
¡Dios de mi vida!	Mio Dio!	36
¡Dios mío!	Mio Dio!	36
Echar de comer a…	Dar da mangiare a…	34
Echar una carta al correo	Imbucare una lettera	50
Echarse al ruedo	Gettarsi nella mischia	99
¿Eh?	Eh?	34
"Emilio"	E-mail	59
En absoluto	Assolutamente no, per niente	40, 68
En condiciones	In buone condizioni, in buono stato	68
En todas partes cuecen habas	Tutto il mondo è paese	87
En vez de	Anziché, invece	87
Encantado de conocerle	Lieto di conoscerla	36
¡Enhorabuena!	Congratulazioni!	23, 49, 99
¡Es la repera!	È pazzesco!, è incredibile!	73
Es verdad	È vero	9
Ése es	Ecco	100
Eso es	Proprio così	33
Eso es lo que cuenta	È questo che conta	29
Está bien	Bene, va bene, d'accordo	13

¿Está claro?	È chiaro?	3
¡Estamos apañados!	Stiamo freschi!, siamo a posto!	17
Estar a la altura	Essere all'altezza	100
Estar de vuelta / de regreso	Essere di ritorno	49
Estar en condiciones de	Essere in grado di	100
Estar harto	Essere stufo	87
Estar hasta la coronilla	Averne fin sopra i capelli	87
Estar hasta las narices	Averne le tasche piene	87
¡Estupendo!	Splendido!, stupendo!, eccellente!	4, 54
¡Felices fiestas!	Buone feste!	23
¡Felicidades!	Auguri!	23
¡Feliz cumpleaños!	Buon compleanno!	23
¡Feliz Navidad!	Buon Natale!	23
¡Feliz viaje!	Buon viaggio!	23
Gastar una broma	Fare uno scherzo	71
Gracias	Grazie	1
¡Habla!	Parla!	39
Hace un frío que pela	Fa un freddo cane	67
Hasta la vista	Arrivederci	99, 100
Hasta luego	A più tardi, arrivederci	81
Hasta mañana	A domani	10
Hasta pronto	A presto	100
¡Hombre!	Ehi!, accidenti!	16
Hoy en día	Oggigiorno, al giorno d'oggi, oggi	94
Idas y venidas	Andirivieni	65
Ir a dar una vuelta	Andare a fare un giro	49
Ir al médico	Andare dal medico	29
Ir de copas	Bersi un bicchiere	16
Ir de escaparates	Andare per vetrine	76
Ir de tapas	Fare il giro dei bar	1
Ir de vinos	Prendere l'aperitivo	16
¡Jo!	Ehi!	73
Llegar con retraso	Arrivare in ritardo	18
Llegar la vez a...	Essere il turno di...	71
Llevar equis tiempo	Metterci "x" tempo	55
Llevar retraso	Essere in ritardo	18
Llevarse una bronca	Prendersi una sgridata	55
Lo siento muchísimo	Mi dispiace davvero, sono mortificato	48
Lo siento	Mi dispiace	48
Mala pata	Che sfortuna	11
Malísimamente	Malissimo	47
Mantenerse en sus trece	Insistere, persistere	66
Más vale tarde que nunca	Meglio tardi che mai!	23
Matar dos pájaros de un tiro	Prendere due piccioni con una fava	94
Me da igual	Non m'importa, per me fa lo stesso.	79
Me da que...	Mi sa che…, ho l'impressione che...	64
Menudo... !	Che…!, maledetto...!	39, 72
Menudo jaleo!	Che confusione!, che baccano!	39

quinientos ochenta y seis • 586

¡Menudo lío!	Che pasticcio!, che imbroglio!	39
¡Menudo rollo!	Che pizza!, che noia!, che barba!	39
¡Menudo tostón!	Che crostino!	39
¡Mi amor!	Cara!, amore!	36
¡Mira esto!	Guarda!	33
¡Mira qué fácil!	Guarda com'è facile!	74
¡Mira qué listos!	Ma guarda un po'!	74
¡Mire!	Guardi!	13
Muchas gracias	Molte grazie	23
¡Mujer!	Ehi!, accidenti!	16
¡Muy buenas!	Buongiorno!	32
Nada	Per niente, assolutamente no	39
Nada de nada	Neanche un po', niente affatto	39
Nada más	Nient'altro, basta	50
Ni te cuento	Non ti dico!	39
No cabe duda	Non c'è dubbio	57
No cabe la menor duda	Non c'è il minimo dubbio /	
	ombra di dubbio	57
No dejar escapar la	Non lasciarsi scappare l'occasione	99
oportunidad		
¡No es para tanto!	Non esageriamo!	52, 73
¡No es posible!	Non è possibile!	47
¡No fastidies!	Ma figurati!, Ma dai!, Ma via!	73
¡No hables!	Non parlare!	39
¡No hay pero que valga!	Non c'è "ma" che tenga!	40
¡No hay tu tía!	Non c'è speranza!, è inutile!	96
No importa	Non importa, non fa niente	52, 71
No me cabe en la cabeza	Non me ne capacito!	96
¡No me digas!	Non mi dire!, Ma no!	20, 72, 72
¡No me hables!	Non me ne parlare!	39
No parar quieto	Non stare fermo (un attimo)	67
No pasa nada	Non importa, non è niente	52
No se preocupe	Non si preoccupi!	31
Nunca se sabe	Non si sa mai	20
¡Oiga!	Senta!, ascolti!	46, 48, 78, 91
¡Ojalá!	Magari!	62
¡Oye!	Senti!, ascolta!	46, 71
¿Para qué?	Per quale motivo?, a che scopo?	20
¡Párate quieto!	Sta' fermo!, stai calmo!	67
Pasárselo en grande	Divertirsi un mondo	88
Pase por una vez	Per questa volta passi	89
Perdón	Scusa, scusi	5
Perdone	Scusi	5
Poner buena / mala cara	Gradire / disapprovare	11
Poner cara de…	Avere una faccia da…	11, 64
Poner cara de entierro	Avere una faccia da funerale	64
Poner enfermo (malo)	Fare star male	43
Ponerse enfermo (malo)	Ammalarsi	43

Por favor	Per favore	1
Por más / mucho que	Per quanto	96
¿Por qué?	Perché?	12, 16
Pues…	Beh…	41
¡Qué…!	Che…!	19
¡Qué barbaridad!	Roba da matti!, pazzesco!, che orrore!	52
¡Qué cara dura!	Che sfacciato!, che faccia tosta!	41
¡Qué cosa más rara!	Che strano!, che cosa strana!, curioso!	94
¿Qué edad tienes?	Quanti anni hai?	22
¿Qué es de ti?	Come stai?, che mi racconti di bello?	51
¡Qué extraño!	Che strano!	29
¿Qué hora es?	Che ora è?	17
¡Qué mala pata!	Che sfortuna!	11
¡Qué más da!	Che importa?, che importanza ha?	41
¿Qué me dices?	Ma cosa stai dicendo?	51
¿Qué ocurre?	Che cosa c'è?, che succede?	55
¿Qué pasa?	Cosa c'è?, cosa succede?, e allora? E con ciò?, che c'è di strano?	20, 30
¡Qué raro!	Che strano!	17
¿Qué tal?	Come stai?, come va?	3
¡Que te den morcilla!	Va' al diavolo!	39
¿Qué te ocurre?	Che cos'hai?, che ti succede?	55
¿Qué te parece?	Che ne dici?, che ne pensi Che te ne pare?	10,16,71
¿Qué te pasa?	Che cos'hai?, che ti succede?	20, 43
¡Qué tostón!	Che pizza!, che noia!	39
¿Qué va a ser de mí?	Che sarà di me?,	51
Quien ríe el último ríe mejor	Ride bene chi ride ultimo	98
Quitarse la ropa	Togliersi gli abiti	55
¡Rápido!	Via!, presto!	45, 67
Saber nadar y guardar la ropa	Salvare capra e cavoli	55
Saltarse un semáforo	Passare col rosso	38
Sea lo que sea	Comunque sia	95
Ser un caballero	Essere un galantuomo	32
Ser un cara dura	Avere la faccia tosta, essere uno sfacciato	41
Ser un encanto	Essere incantevole, essere un incanto	36
¡Si no lo veo, no lo creo!	Roba da non credere!	79
Sin duda alguna	Senza alcun dubbio	57
Sin ninguna duda	Senza alcun dubbio	57
Sin noticias, buenas noticias	Nessuna notizia, buona notizia	50
Sin respetar ni rey ni roque	Senza rispetto per nessuno	79
Son equis euros	Fanno "x" euro	1
¡Tampoco es para tanto!	Non esageriamo!, Non è il caso di esagerare!	54
Ten cuidado	Fa' attenzione, sta' attento	85

quinientos ochenta y ocho • 588

¡Ten!	Ecco!, tieni!	84
Tener buena cara	Avere una buona cera	11
Tener cara	Essere sfacciato	41
Tener dinero suelto	Avere spiccioli	6
Tener en cuenta	Tenere presente	52
Tener mala pata	Avere sfortuna	11
¿Te parece?	Ti va?, ti piace?	71
¿Te parece mal?	Non sei d'accordo?	10
¿Tienes hora?	Hai l'ora?	17
¡Toma!	Prendi!	33
Trabajar como una mula	Lavorare come un mulo	60
Traído por los pelos	Tirato per i capelli	71
Tranquilo	Stia tranquillo!	45
¡Vale!	Va bene!, okay!	10
¡Vamos!	Andiamo!, insomma!	18, 48, 67
Vamos a ver si hay suerte	Vediamo se funziona	94
¡Vaya!	Accidenti!, maledizione!	6
¡Ven!	Vieni!	39
¿Verdad?	Vero?	9
¿Verdad que…?	È vero che…?	36
Volver la cabeza	Girare la testa	49
Volverse loco	Impazzire, diventare matto	49
¿Y ahora?	E ora?	17
¡Y dale!	E dagli!	44
¡Y dale que dale!	Ancora!, Sempre la stessa storia!	44
Ya verás	Vedrai!	41

Vincenzo Bona S.p.A.
Strada Settimo, 370/30 - 10156 Torino

Stampato in Italia
Ottobre 2011